# Acesso à Justiça

# Acesso à Justiça

O DIREITO FUNDAMENTAL EM UM AMBIENTE
DE RECURSOS ESCASSOS

**2020**

Ricardo Geraldo Rezende Silveira

**ACESSO À JUSTIÇA**
O DIREITO FUNDAMENTAL EM UM AMBIENTE DE RECURSOS ESCASSOS
© ALMEDINA, 2020

AUTOR: Ricardo Geraldo Rezende Silveira
DIAGRAMAÇÃO: Almedina
DESIGN DE CAPA: Roberta Bassanetto
ISBN: 978-85-8493-539-0

Dados Internacionais de Catalogação na Publicação (CIP)
(Câmara Brasileira do Livro, SP, Brasil)

---

Silveira, Ricardo Geraldo Rezende
Acesso à justiça: o direito fundamental em um
ambiente de recursos escassos / Ricardo Geraldo
Rezende Silveira. – São Paulo: Almedina, 2020.

Bibliografia.
ISBN 978-85-8493-539-0

1. Acesso à justiça 2. Acesso à justiça – Brasil
3. Direito constitucional 4. Direitos fundamentais
5. Economia I. Título.

19-32232                                                                 342.7:347.9(81)

---

Índices para catálogo sistemático:

1. Brasil: Direitos fundamentais e acesso à justiça:
Direito constitucional 342.7:347.9(81)

Cibele Maria Dias – Bibliotecária – CRB-8/9427

Este livro segue as regras do novo Acordo Ortográfico da Língua Portuguesa (1990).

Todos os direitos reservados. Nenhuma parte deste livro, protegido por copyright, pode ser reproduzida, armazenada ou transmitida de alguma forma ou por algum meio, seja eletrônico ou mecânico, inclusive fotocópia, gravação ou qualquer sistema de armazenagem de informações, sem a permissão expressa e por escrito da editora.

Fevereiro, 2020

EDITORA: Almedina Brasil
Rua José Maria Lisboa, 860, Conj. 131 e 132, Jardim Paulista | 01423-001 São Paulo | Brasil
editora@almedina.com.br
www.almedina.com.br

Sempre e sempre à minha amada família.
Agora completa.

## PREFÁCIO

Após mais de trinta anos de intensa judicialização sob a vigência da Constituição de 1988, faz-se necessário pensar nas bases estruturais do modelo brasileiro de acesso à Justiça. Tal fenômeno decorre da crença de que a proteção judicial se encerraria na garantia de livre ingresso no Judiciário, ideia esta facilmente confrontada pela importância de efetividade na prestação jurisdicional.

A ordem constitucional brasileira assegura, de forma expressa, desde a Constituição de 1946 (art. 141, § 4º), que a lei não excluirá da apreciação do Poder Judiciário lesão ou ameaça a direito (CF/88, art. 5º, inciso XXXV). Tem-se aqui, pois, de forma clara e inequívoca, a consagração da tutela judicial efetiva, na forma do princípio da inafastabilidade.

Demais disso, o seu art. 37, *caput*, abarca, como princípio orientador da Administração Pública, a eficiência. Tal preceito foi introduzido pela Emenda Constitucional nº 19/98, que, embora tenha incorrido em uma obviedade, mereceu aplausos de quem compreendia, ao tempo da inclusão, a necessidade de se reafirmarem os pressupostos do exercício dos poderes administrativos. Semelhante medida também foi introduzida expressamente no âmbito do Poder Judiciário por meio da Emenda Constitucional nº 45/2004, com a consagração do princípio da duração razoável do processo (art. 4º, LXXVIII).

De fato, a atividade da Administração Pública – inclusive do Estado-Juiz – deve ter em mira a obrigação de ser eficiente. Trata-se de um alerta, de uma advertência e de uma imposição do constituinte derivado, que busca um Estado avançado, cuja atuação prime pela correção e pela competência. Não apenas o cumprimento das normas legais é apontado como necessário ao bom desempenho das funções administrativas, mas, também, a efetiva obtenção do resultado almejado. Com o advento do princípio da eficiência, é correto dizer que Administração Pública deixou de se legitimar apenas pelos meios empregados e passou – após a Emenda Constitucional nº 19/98 – a legitimar-se também em razão de seu resultado.

Nesse sentido, tem-se previsões constitucionais que, em conjunto, asseguram a qualquer cidadão, para além da inafastabilidade da tutela do Judiciário, a necessidade de uma proteção eficiente, devendo-se sempre ressaltar a importância de se observar tais princípios em harmonia. Trata-se de tarefa árdua e que exige um aprofundado exame dos parâmetros estruturais que alicerçam o modelo de acesso à justiça como direito fundamental no Brasil.

Em bom momento, esta obra traz relevantes estudos acerca desse modelo, que, sob o prisma da eficiência, revela importantes conceitos, dados empíricos e suas implicações sociais.

Ricardo Geraldo Rezende Silveira desenvolve, como principais premissas, a seguintes ideias: a jurisdição como um serviço público que deve ser adequado e proporcional; a ponderação de um gasto razoável e legítimo com tal prestação estatal dentro do ambiente socioeconômico brasileiro de recursos escassos; e o modelo de acesso como causa principal dos desequilíbrios.

Dessa forma, são analisados, inicialmente, os princípios supracitados, juntamente ao direito fundamental à boa gestão dos recursos públicos. Em seguida, são desenvolvidos estudos empíricos, pelos quais foram levantados relevantes números e parâmetros comparativos objetivos, baseados em conceitos econômicos para justificar os gargalos do modelo atual e, assim, propor a sua reformulação, calcada em um acesso à Justiça razoável. O autor, nesse particular, levanta dados sobre componentes orçamentários em diversos países, os custos do Poder Judiciário e das funções a ele vinculadas, bem como dos custos de acesso à Justiça. Por fim, são extraídas interessantes conclusões para as soluções que se buscam para que haja um acesso à justiça "restrito, eficiente e realista".

Trata-se, portanto, de uma primorosa contribuição ao tema, que ainda carece de muito debate.

Desejo a todos uma proveitosa leitura!

GILMAR FERREIRA MENDES

# LISTA DE GRÁFICOS, FIGURAS E TABELAS

**Gráficos**

Gráfico 1 – Custo do acesso à justiça em percentual do PIB e PIB *per capita*     49

Gráfico 2 – Acervo processual     92

Gráfico 3 – Audiências realizadas nos mutirões     168

Gráfico 4 – PIBs *per capita*     227

Gráfico 5 – Taxa de litigiosidade     233

Gráfico 6 – Gastos *per capita*     238

Gráfico 7 – Gastos em relação ao PIB     239

Gráfico 8 – Custos por processo baixado     255

Gráfico 9 – Taxas de processos distribuídos por região     263

**Figuras**

Figura 1 – Representação da redução do volume do direito violado
ao direito reparado     192

Figura 2 – Parte do detalhamento dos processos     214

Figura 3 – Parte do detalhamento da posição dos juízes e peritos
em relação ao tema     215

Figura 4 – Percentual do PIB gasto pelos tribunais (*courts*) na Europa     230

Figura 5 – Relação do PIB com o orçamento *per capita* do Ministério Público
(Public Prosecution) na Europa     237

Figura 6 – Relação do PIB com o orçamento *per capita* da Defensoria
(*Legal Aid*) na Europa     276

**Tabelas**

Tabela 1 – Gasto em saúde e educação em percentual do PIB ... 242

Tabela 2 – Levantamento dos processos existentes envolvendo o tema ... 328

Tabela 3 – Previsão de novos processos envolvendo o tema ... 328

# SUMÁRIO

PREFÁCIO        7

LISTA DE GRÁFICOS, FIGURAS E TABELAS        11

INTRODUÇÃO        19

### PRIMEIRA PARTE

1. ESTRUTURA E METODOLOGIA DA PESQUISA        29
   - 1.1. Abordagem inicial        29
     - 1.1.1. Os limites e o sentido da pesquisa na ciência jurídica        29
     - 1.1.2. Áreas de convergência – o que cabe ao direito e à economia        33
     - 1.1.3. As principais referências teóricas e as pesquisas que embasam a tese        38
     - 1.1.4. Os limites da técnica processual e o recurso ao direito comparado        42
     - 1.1.5. O dilema entre aprofundar os institutos *lege lata* ou apostar nos *lege ferenda*        45
   - 1.2. Objetivos: premissas iniciais        48
     - 1.2.1. Explicitação da metodologia e do conteúdo da pesquisa        48
     - 1.2.2. Ineficiência – o custo da atual concepção de acesso à justiça        51
     - 1.2.3. O direito de ação/acesso sob uma perspectiva de razoabilidade – a contraposição do princípio constitucional da inafastabilidade aos da eficiência, economia e celeridade        55

1.2.4. O formato institucionalizado do acesso à justiça brasileiro como fator de ineficiência do sistema e as possibilidades de sua racionalização ....... 58

1.2.5. Conformação da tese ao sistema jurídico positivado ....... 60

2. O SISTEMA EM CRISE ....... 63

2.1. O conceito do acesso à Justiça, ao Judiciário e ao Direito e sua evolução ....... 63

2.1.1. A distribuição liberal das funções do poder estatal no Brasil ....... 63

2.1.2. A sociedade atual, as demandas de hoje e o Judiciário do século XIX ....... 66

2.1.3. A conexão (des)necessária entre Estado e jurisdição – A evolução do conceito nas legislações brasileira e estrangeira ....... 69

2.1.4. Jurisdição, acesso à justiça e burocracia estatal ....... 72

2.1.5. Jurisdição como serviço público – as ideias de Adrian Zuckerman ....... 75

2.2. Bases teóricas para a compreensão do problema ....... 78

2.2.1. O reconhecimento do desequilíbrio financeiro do sistema brasileiro ....... 78

2.2.2. O direito fundamental à boa gestão ....... 82

2.2.3. As opções da sistemática processual – do revogado Código de Processo Civil (1973 com as reformas) ao novo Código de Processo Civil (2015) ....... 87

2.2.4. As reformas processuais e a ideia do isomorfismo reformista ....... 93

2.2.5. Déficit democrático e crise de credibilidade ....... 96


SEGUNDA PARTE

3. O MODELO JURÍDICO-CONSTITUCIONAL DO ACESSO À JUSTIÇA ....... 103

3.1. O arcabouço jurídico da visão tradicional ....... 103

3.1.1. O conteúdo jurídico-normativo do artigo 5.º da Constituição Federal ....... 103

3.1.2. A validade categorial dos principais argumentos contrários à revisão do conceito ....... 106

3.1.3. Regime democrático e superação harmônica de postulados válidos antagônicos ....... 109

3.1.4. O inciso XXXV e sua interpretação tradicional – os riscos reais da redução do alcance da norma — 113

3.1.5. Os primeiros fundamentos para uma nova concepção jurídica do acesso à justiça — 116

3.2. O direito constitucional de ação e o princípio da inafastabilidade da jurisdição revisitados — 119

3.2.1. O direito constitucional processual e acesso à justiça — 119

3.2.2. Interpretação e alcance das normas e dos princípios. O direito como integridade — 122

3.2.3. O atual cotejo de princípios constitucionais em espiral retórico vicioso — 125

3.2.4. Base constitucional jurídico-interpretativa da concepção de acesso à justiça razoável — 128

3.2.5. Revisitando o "one day on court" — 131

3.2.6. Princípio democrático e republicanismo processual — 134

4. UM PRIMEIRO DEBATE SOBRE ACESSO RAZOÁVEL — 139

4.1. As pesquisas que embasam a tese sob o prisma da realidade brasileira — 139

4.1.1. Referencial teórico da discussão – acesso à justiça na obra de Cappelletti e Garth e os relatórios de Florença — 139

4.1.2. Acesso à Justiça na obra Civil justice in crisis, de Adrian Zuckerman, e nos relatórios (interim e final) de Lord Woolf — 143

4.1.3. Atualização das ideias de acesso à justiça no tempo e no espaço e as dimensões da justiça civil em *Ugo Mattei* e nos estudos da Cepej — 147

4.1.4. As limitações e riscos do enfoque de acesso à justiça – atualidade das advertências de Cappelletti e Garth e "O mito da reforma processual civil" em John Leubsdorf — 150

4.1.5. A reforma do sistema no Reino Unido e uma concepção diferente de acesso à justiça — 153

4.2. O sistema brasileiro de resolução de conflitos – o problema no modelo de acesso — 158

4.2.1. Solução de conflitos e tutela jurisdicional estatal — 158

4.2.2. A experiência brasileira na tutela coletiva de direitos — 161

4.2.3. O caminho dos meios consensuais na política judicial brasileira – a eterna espera pelo consenso — 165

4.2.4. A arbitragem em um nicho específico e limitado no contexto nacional — 169

4.2.5. A decisão administrativa e a condição resolutiva
judicial ............................................................... 172

5. AMPLIANDO O DEBATE .................................................. 177
5.1. Os caminhos de um acesso à justiça razoável: ideias gerais ... 177
5.1.1. A evolução (histórica) da visão sobre o acesso à justiça
e os limites racionais de acesso ao Judiciário ......... 177
5.1.2. O acesso à justiça numa nova visão – O direito fundamental
condicionado ao meio adequado ............................. 181
5.1.3. Ideias possíveis e caminhos prováveis ................... 184
5.1.4. Norma instrumental e norma material, técnica de
prestação de um serviço público – quantidade ou volume
de direito material tutelado em cada processo .......... 189
5.1.5. Acesso razoável à justiça e acesso limitado ao Judiciário ... 194
5.2. Os caminhos de um acesso à justiça razoável: ideias para
o sistema brasileiro ............................................... 197
5.2.1. Uma proposta de democratização das discussões
– As decisões num ambiente de recursos escassos
e as influências da Law and Economics (LaE) ......... 197
5.2.2. A paradoxal situação do problema debatido no restrito
âmbito dos que se beneficiam dele ......................... 200
5.2.3. O disfuncional sistema de criação de atores processuais
no País retroalimentando a disfuncionalidade .......... 205
5.2.4. Uma breve análise dos grandes litigantes em juízo – custo
tangível e intangível ........................................... 209
5.2.5. Acesso razoável à justiça como fator de competitividade
e desenvolvimento do País ................................... 216

TERCEIRA PARTE

6. ARGUMENTO ECONÔMICO E PESQUISA EMPÍRICA ......... 223
6.1. Dados numéricos e um panorama dos sistemas de justiça ...... 223
6.1.1. Os componentes orçamentários nos diversos países
e o que torna nosso acesso à justiça não razoável ..... 223
6.1.2. Quanto custa o Poder Judiciário, a quem serve e quem
paga a conta? ..................................................... 231
6.1. 3 As funções ligadas ao Poder Judiciário e os custos envolvidos
em diversos países – As distorções que se acentuam .... 235
6.1.4. O que representa 1,4% do PIB nacional ................. 241

6.1.5. Eficiência e proporcionalidade levadas a sério – O respeito aos princípios de acordo com modelos econômicos ..... 244

6.1.6. A superação da "tragédia dos comuns" e a necessidade de um acesso à justiça racional ..... 248

6.2. O custo do acesso à justiça ..... 252

6.2.1. Temos muitos processos, nossos processos são muito caros, ou ambos? ..... 252

6.2.2. O custo e o custeio do direito de litigar – o custo do processo para as partes nos sistemas estrangeiros ..... 259

6.2.3. A pseudogarantia do acesso ao Judiciário – dados ..... 262

6.2.4. Custas processuais como taxas: justiça fiscal no processo – análise da legislação de custas, suas distorções e os melhores exemplos ..... 267

6.2.5. Os hipossuficientes e a justiça gratuita ..... 273

7. PREPARANDO AS CONCLUSÕES ..... 283

7.1. A proposta no atual panorama normativo e jurisprudencial brasileiro – Garimpando a jurisprudência, a legislação e o novo Código de Processo Civil ..... 283

7.1.1. A posição do Superior Tribunal de Justiça e do Supremo Tribunal Federal acerca do acesso à Justiça – Tendência de uma evolução jurisprudencial ..... 283

7.1.2. A cooperação dos sujeitos do processo na busca de uma decisão de mérito justa, efetiva e em tempo razoável – o dever de cooperação na busca da eficiência da tutela jurisdicional ..... 286

7.1.3. Infrações ao dever de cooperação e obstáculos não razoáveis a alternativas eficientes de solução da controvérsia ..... 289

7.1.4. Abuso do processo e exercício inadmissível de posição jurídica – Case management, compliance e contempt of court ..... 292

7.1.5. Sanções para o abuso (custas, multas etc.) e possíveis repercussões ..... 295

7.2. Modelos estrangeiros e experiências comparadas de acesso razoável – formatando um novo sistema ..... 298

ACESSO À JUSTIÇA

7.2.1. As class actions americanas e as ações coletivas como imperativo inafastável de racionalização do acesso à justiça brasileiro — 298

7.2.2. A arbitragem "incentivada" na common law e no direito português – solução para causas que tumultuam o Judiciário — 302

7.2.3. A judicialização da Administração no Brasil e em sistemas mais avançados — 305

7.2.4. A peritagem, a avaliação prévia independente, a decisão por especialista e a separação de questões técnicas — 310

7.2.5. O sucesso do sistema holandês — 312

7.3. Propostas e prognósticos — 316

7.3.1. Meios adequados de solução de conflitos como forma de constitucionalização do conteúdo jurídico do acesso à justiça — 316

7.3.2. A análise da superioridade da tutela coletiva de direitos nas class actions e sua aplicação para outras formas de resolução de conflitos — 321

7.3.3. Conciliação, mediação e arbitragem em uma nova realidade cooperativa – O Judiciário como última opção — 323

7.3.4. A possibilidade de robotização das funções do Judiciário — 325

7.3.5. As potencialidades do Judiciário atuando corretamente em políticas pública – O projeto de lei do processo estrutural e outros em debate — 328

CONCLUSÃO — 333

REFERÊNCIAS — 337

# Introdução

O presente trabalho busca contribuir com uma análise do conceito, alcance e principalmente das implicações sociais do modelo de acesso à justiça como direito fundamental no Brasil.

Numa leitura seguramente mais realista do texto constitucional, constatamos uma incoerência interpretativa da concretização da previsão do acesso à justiça ou da inafastabilidade do controle jurisdicional. A incoerência acentua-se e será mais destacada quando o formato atualmente vivenciado for confrontado com a verificação da sua ineficiência econômico-orçamentária, por meio de dados numéricos, tudo de acordo com o que se espera do sistema de justiça, como um serviço público voltado aos cidadãos e à cidadania. Não se trata de uma pesquisa aprofundada sobre as finanças públicas do Estado, nem de uma elaborada teoria de legitimidade política, mas de uma visão mais detalhada sobre uma grave consequência decorrente das falhas estruturais oriundas do nosso modelo processual.

Temos no Estado brasileiro um gigante lento e ineficiente e no Judiciário uma parte desse gigantismo. Toda essa magnitude judiciária encontra-se em descompasso com a nossa realidade socioeconômica e o principal entrave ao equilíbrio, a nosso ver e o que tentaremos comprovar, é o sistema de acesso à justiça adotado. Em alguma medida, encaminhamos o trabalho como um ensaio de comparação empírica, com uma análise, a mais aprofundada possível, de dados relacionados ao sistema nacional e ao de outros países.[1]

---

[1] Lord Mustill, no prólogo do livro de Neil Andrews, traduzido e lançado no Brasil pela Editora Revista dos Tribunais, aponta que a comparação e a aproximação de sistemas

Segundo Diogo de Figueiredo Moreira Neto:

> Independentemente de ideologias, insista-se, tanto regimes de esquerda, de direita, como de centro acabaram, igualmente, produzindo os hiperestados que, na política, caracterizaram este século (XX) e somente agora, no seu final, estão retrocedendo a dimensões mais humanas e, até, mais eficientes, na busca de novas formas organizativas que dominarão o século XXI.[2]

No Brasil, não há qualquer indicativo de uma convergência para a redução dos gastos ou para a reformulação do modelo em busca de um incremento da eficiência desse ou de qualquer outro serviço público.

As premissas principais a serem trabalhadas ao longo do texto são a jurisdição como um serviço público que deve ser adequado e proporcional; o gasto razoável e legítimo com tal prestação estatal dentro do ambiente socioeconômico brasileiro de recursos escassos; o modelo de acesso como causa principal dos desequilíbrios.

A primeira questão que colocamos é: quanto o Estado brasileiro gasta e quanto poderia razoavelmente gastar para proporcionar a seus cidadãos um acesso à justiça realístico e que não malfira os próprios direitos materiais cujo reconhecimento se pretende? A dúvida a ser respondida torna-se mais relevante em um momento de crise econômica mundial, pois ficam ressaltados os limites financeiros do Estado e que este deve

---

processuais é muitas vezes mais difícil que o mesmo processo das leis substantivas e que: "Qualquer um que tentar empreender esta tarefa deve aceitar que estes métodos são reflexo do ambiente cultural geral em que o indivíduo se inseriu, durante toda sua vida, e que ele pode – de maneira inconsciente – levar isso para o mundo especializado do regime processual nacional, em que até mesmo advogados com as mentes mais abertas podem afirmar que seu sistema pessoal é o melhor, simplesmente porque ele está de acordo com a sua formação intelectual. Por esse motivo, o melhor remédio é obter informações sobre outros sistemas, informações estas que devem ser claras, isentas de tendências nacionalistas e com conteúdo suficiente para atingir o leitor não apenas por meio das normas prescritas, mas também por meio de pelo menos uma parcela dos motivos pelos quais eles assumiram os padrões que adotaram. Informados dessa maneira, os profissionais ficam em posição bem melhor para formar uma opinião equilibrada e sem preconceitos" (ANDREWS, Neil. *O moderno processo civil*: formas judiciais e alternativas de resolução de conflitos na Inglaterra. Orientação e revisão da tradução Teresa Arruda Alvim Wambier. São Paulo: RT, 2009. p. 12).

[2] MOREIRA NETO, Diogo de Figueiredo. *Direito da participação política*. Rio de Janeiro: Renovar, 1992. p. 185.

INTRODUÇÃO

atender a outras prioridades, inclusive mais básicas e fundamentais, como saúde, educação, segurança, moradia etc. Essa é a visão do acesso à justiça em um ambiente de recursos escassos, ou seja, não o melhor acesso, mas o melhor acesso possível levando em conta outras prestações fundamentais.

Abordamos o tema a partir de uma premissa econômica básica, a escassez de recursos do Estado para o atendimento às numerosas demandas da população, desde as mais vitais até outras relacionadas a direitos cuja efetiva essencialidade é discutível. Trazemos para a análise a noção lembrada por Gustavo Amaral de *trade-off*,[3] ou seja, o ato político de escolha ou a opção por um na impossibilidade de contemplar ambos. E também a significação da opção pelo atual modelo e pelo custo que ele representa, o que implica afastar alternativas e o que elas trazem consigo no tocante a benefícios.

Como num ensaio superficial sobre a legitimidade política, buscamos minimamente tangenciar as principais teorias reservando maior atenção à que também nos parece mais adequada, a teoria democrática.[4]

---

[3] No *post scriptum* da obra publicada em primeira edição, há uma passagem acerca da noção de *trade-off*, destacando o autor dados de ações judiciais do Estado do Rio Grande do Sul, onde as decisões transferem para a compra de medicamentos cerca de 50% de todo o orçamento destinado à saúde. A ideia do *trade-off* é que existe uma escolha, ou seja, ao determinar a compra de tais medicamentos, o Judiciário escolhe não aplicar toda essa quantia em hospitais, vacinas, medicamentos populares etc. Não há ainda juízo de valor sobre tal escolha, mas apenas o enfoque no fato de que existe nesse ato uma opção que exclui necessariamente algo (AMARAL, Gustavo. *Direito, escassez & escolha*. 2. ed. Rio de Janeiro: Lumen Juris, 2010. p. 150).

[4] Segundo Shapiro, as principais teorias sobre legitimidade política, além da democrática, seriam a utilitarista, capitaneada por Jeremy Bentham e trabalhada a partir da linha de análise de Vilfredo Pareto; a marxista, com origem nas obras de Karl Marx, mas com diversas variações mais modernas como Gramsci; as teorias sustentadas no contrato social, pautadas pelas teorias de Thomas Hobbes e John Locke, mas com uma profunda revisão a partir da obra de John Rawls; e, finalmente, as linhas de pensamento anti-iluministas, com base principal na obra de Edmund Burke (SHAPIRO, Ian. *Os fundamentos morais da política*. Tradução de Fernando Santos. São Paulo: Martins Fontes, 2006. p. 4-6). Shapiro também defende os mecanismos democráticos como a melhor forma de buscar legitimar as opções políticas do Estado. De toda forma, procuramos ressaltar que a opção pelo atual modelo de acesso à justiça não passa pelo crivo de nenhuma das teorias examinadas, seja qual for o prisma da análise. Apenas as teorias anti-iluministas não foram abordadas, pois não nos pareceu adequado tratar de um tema jurídico-econômico com base em tradições reconhecidas.

Nos debruçamos sobre a inescapável realidade dos custos dos direitos,[5] dos limites das estruturas estatais que os asseguram e da relação direta do montante investido com a maior ou menor garantia de um direito ou liberdade. Não se trata de uma concepção ideológica, mas matemática, em que a visão da antiga metáfora do "cobertor curto" resume a ideia central, e pretendemos dar o devido destaque às partes que ora permanecem descobertas.

Um dos objetivos da tese propõe a necessidade de inclusão de um elemento legitimador à concepção de acesso à justiça. Em contrapartida, o conceito desenvolvido não prescinde da comprovação do elemento deslegitimante que permeia o modelo atual, o qual se baseia em uma concepção bastante consolidada doutrinariamente, a da inexistência de direitos absolutos pautados por ditames constitucionais.

A partir daí, a tarefa divide-se em duas linhas interdependentes: a primeira concentra-se num redobrado empenho de argumentação teórica para desbastar os excessos retóricos do conteúdo normativo do acesso à justiça, atualmente aceito e consagrado de forma majoritária; e o segundo em confrontar empiricamente tais excessos, utilizando dados internos e comparados que descortinam, parece-nos por completo, a ausência de razoabilidade e de eficiência do sistema brasileiro.

Pois bem. Retomando: a escassez é o problema econômico central de qualquer sociedade, seja ela próspera ou paupérrima. O natural ambiente de recursos escassos é o terreno da economia, do qual retiramos um referencial importante para o estudo, qual seja, a limitação material do Estado enquanto ente provedor de serviços públicos e a necessidade de razoável distribuição dos recursos entre prioridades definidas, preferencialmente, por meio de um sistema democrático, legítimo e equilibrado.

Se não houvesse escassez, tampouco haveria a necessidade de estudar economia, e a tese ora defendida, da mesma forma, não teria objetivo.[6]

---

[5] "The amount the community chooses to expend decisively affects the extent to which the fundamental rights of Americans are protected and enforced" (HOLMES, Stephen; SUNSTEIN, Cass R. *The cost of rights*: why liberty depends on taxes. New York: Norton, 1999. p. 31).

[6] Ricardo Camargo, em obra específica sobre os custos dos direitos, leciona, citando Andrei Pitten Velloso, que poderiam, em tese, verificar-se quatro hipóteses: "1) há recursos suficientes nos termos da normatividade constitucional e não se verifica a exaustão da capacidade orçamentária; 2) não há recursos suficientes nos termos da normatividade constitucional,

INTRODUÇÃO

De outro lado, num país pobre e desigual como o Brasil, também são objetos de nossa preocupação os desequilíbrios do processo de decisão política acerca da forma de distribuição dos recursos, mediante distorções no exercício do poder, área que tangencia os conteúdos da ciência política.

Como base estruturante ou premissa fundamental, elementos concretos de eficiência e de distribuição de recursos são destacados da atual crise no sistema de acesso à justiça, merecendo atenção especial. Iniciamos por estabelecer parâmetros claros, hábeis a caracterizar uma crise institucional real ou uma situação de incompatibilidade do sistema de prestação da justiça com a conjuntura socioeconômica e com o modelo constitucional posto.

A fonte primeira do argumento, conforme mencionado, é econômica, e não jurídica, diferentemente do que se verifica na maioria dos trabalhos que abordam essa temática processual. Voltamos nossa atenção para uma situação de absoluta inadequação financeira do sistema, inadequação que é o centro das preocupações nas reformas processuais de outros países, mas que apenas lateralmente é objeto de consideração no Brasil.

Complementando a análise, apontamos distorções distributivas que acentuam ainda mais essas incongruências financeiras e reforçam o argumento econômico, além de introduzir no texto a questão da inobservância do princípio democrático, bastante importante na sequência do estudo.

Ao lado do argumento econômico, o prosseguimento do trabalho como estudo jurídico não seria sustentável sem uma base dogmático-interpretativa sólida a amparar o ideário que vem exposto na sequência. Diante de uma doutrina nacional forte a sustentar os conceitos tradicionais de acesso à justiça como sinônimo de ingresso livre no Judiciário, a alternativa metodológica é novamente a comparação com sistemas de

---

mas tampouco se verifica a exaustão da capacidade orçamentária; 3) não há recursos suficientes nos termos da normatividade constitucional e ocorre a exaustão da capacidade orçamentária; 4) há recursos suficientes nos termos da normatividade constitucional mas inexiste capacidade orçamentária". De acordo com o autor, a primeira hipótese enseja o cumprimento da prestação, a segunda, como nos casos relacionados à saúde, também enseja o atendimento ao direito, podendo haver o afastamento das balizas orçamentárias, e a terceira e quarta hipóteses se distinguem pela presença de uma exaustão orçamentária superável ou insuperável. A partir dessas definições, passa a justificar quando a impossibilidade econômica é elisiva do direito, suspensiva ou irrelevante (*Custos dos direitos e reforma do Estado*. Porto Alegre: Fabris, 2008. p. 78).

outros países e tendências neles adotadas. Nessas comparações verificamos que os objetivos colocados em primeiro plano nos sistemas e nas tendências estrangeiras conferem coerência à ideia aqui esposada, objetivos esses, importante dizer, todos expressamente previstos no texto constitucional brasileiro, porém relegados na maior parte das discussões acadêmicas sobre o tema.

Num primeiro esforço mais analítico-dogmático, portanto, ponderando princípios constitucionais, analisamos em um mesmo patamar o princípio da inafastabilidade da jurisdição, o princípio da eficiência e o direito fundamental à boa gestão dos recursos públicos. Além disso, pontuamos as discussões pelo viés do princípio democrático e da jurisdição como serviço público.

Avançamos, então, para uma segunda parte menos dogmática e mais empírica, quando a manutenção do rigor científico-metodológico é a tarefa mais árdua. Desse modo, entendemos que a eficiência,[7] pela sua própria definição, apenas é passível de verificação nessa seara se tomadas por base e confrontadas informações de outras áreas sob a responsabilidade do Estado, além de dados disponíveis de outros países acerca da mesma função estatal. Nessa parte, por conseguinte, pareceu-nos inviável, do ponto de vista metodológico, pretender desacreditar um modelo justificando sua ineficiência sem nos embrenhar em números e parâmetros comparativos objetivos.

Aprofundando ao máximo essas comparações, ressaltamos as disfunções do sistema brasileiro com base nas quais as ideias são estruturadas. Conceitos econômicos são utilizados para justificar o desconforto com as interpretações jurídicas tradicionais pelos seus efeitos perturbadores e para embasar a necessidade de sua reformulação. A adequação dos meios com relação aos fins no que concerne em geral ao acesso à justiça e, mais pontualmente, à jurisdição e ao processo no atual panorama constitucional é o que orienta a incursão teórica sobre o modelo proposto.

---

[7] Segundo o dicionário, eficiência é a capacidade de realizar tarefas ou trabalhos de modo eficaz e com o mínimo de desperdício; produtividade. Virtude ou característica de (alguém ou algo) ser competente, produtivo, *de conseguir o melhor rendimento com o mínimo de erros e/ou dispêndios*. Desse modo, não havendo a comprovação de que um resultado equivalente possa ser obtivo com menores dispêndios, não é possível apontar como ineficiente determinada prática ou modelo (*Dicionário* on line *de português*. Disponível em: <https://www.dicio.com.br/eficiencia/>. Acesso em: 7 maio 2018).

INTRODUÇÃO

Trazer à luz a conjuntura jurídica atual dos mecanismos de resolução de conflitos, em uma primeira abordagem, apresenta-se como a melhor forma de organizar e sistematizar o estudo, pois tanto as análises comparativas quanto as propostas de alteração partem do atual estado de coisas em suas variadas perspectivas.

Buscamos, então, apresentar saídas jurídicas para uma questão que gera efeitos bastante sensíveis, tanto de cunho social quanto político. A opção por um acesso à justiça restrito, eficiente e realista enfrenta mais dificuldades no campo institucional do que propriamente nos conceitos das disciplinas jurídicas. Mais do que vencer os embaraços dogmáticos do tema, é preciso vencer as resistências do sistema e de seus atores, decorrentes das desconexões do sistema político e institucional brasileiro.[8]

---

[8] Paulo Bonavides trata do princípio democrático da identidade como uma ilusão do sistema representativo: "Não fala a vontade popular, não falam os cidadãos soberanos de Rousseau; fala sim, a vontade dos grupos, falam seus interesses, falam suas reivindicações [...] o princípio da 'identidade', tão caro à doutrina democrática, foi 'instrumentalizado' – aqui com máxima eficácia – para colher vivos e sem deformações os interesses prevalentes dos grupos que estão governando a chamada sociedade de massas e lhe negam a vocação democrática" (*Ciência política*. 23. ed. São Paulo: Malheiros, 2016. p. 234-235).

# PRIMEIRA PARTE

# 1.
# Estrutura e Metodologia da Pesquisa

## 1.1. Abordagem inicial

### 1.1.1. Os limites e o sentido da pesquisa na ciência jurídica

Parece-nos recomendável iniciar qualquer trabalho científico com observações de ordem epistemológica, de modo a situar os objetivos em relação ao conteúdo, etapas e limites a serem observados na pretendida formação do conhecimento. Também é importante estabelecer a correção dos métodos e linhas de conclusão, a forma de utilização das teorias e a validade metodológica das pesquisas empíricas empreendidas.

Dito isso, temos que os limites da pesquisa jurídica certamente se encontram nas fronteiras com os campos de estudo das demais disciplinas do pensamento humano, o que pode significar algo indeterminável, posto que são inúmeras as áreas de interseção dentro das ciências sociais. Sendo impraticável abordar todas elas, procuramos acentuar os pontos fundamentais que cabem ao direito, mas ao mesmo tempo contam com nuances ligadas a outras disciplinas, como a ciência política e, principalmente, a economia.

Nesse aspecto, os fundamentos da tese proposta estão, em grande parte, numa fronteira bastante extensa e muitas vezes não explorada devidamente, que é a existente entre o direito e a economia. Fundamentos da ciência econômica serão utilizados por uma perspectiva jurídica, sendo o conceito de escassez o mais importante deles. No ambiente atual de crise econômica, é esperado que a inclusão de elementos metajurídicos na conformação interpretativa de institutos do direito se intensifique. Portanto, aos cientistas de ambas as áreas compete a análise dessa interação interdisciplinar e de suas consequências diretas e indiretas para as respectivas disciplinas. As consequências dos fatos econômicos certamente serão sentidas pela ciência jurídica, de um modo ou de outro, cabendo aos estudos que relacionam os temas oferecer alternativas embasadas para que essas consequências se operem da forma mais benéfica ou menos prejudicial possível à sociedade.

De outro lado, o sentido da pesquisa certamente encontra-se na possibilidade de o conhecimento produzido influenciar concretamente a dinâmica social e a melhoria não só dos institutos jurídicos, mas da sociedade como um todo. Cappelletti e Garth já advertiam sobre as limitações práticas dos estudos acerca do acesso à justiça.[9] No entanto, o impacto concreto de uma pesquisa ou da produção de conhecimento novo pode não ser imediato e não é possível antecipá-los ou prever com segurança suas potencialidades, mormente tratando-se de pesquisa com forte conteúdo empírico.

De todo modo, em regra, a honestidade intelectual e a boa-fé acadêmica genuína dariam sentido próprio ao trabalho apenas pela possibilidade eventual e pela tentativa concreta de contribuir para a melhoria da técnica jurídica e, consequentemente, da vida das pessoas. A inclusão na pesquisa de informações precisas e dados numéricos confiáveis[10] constitui, a nosso ver, um importante avanço metodológico

---

[9] Segundo os autores: "Podemos ser céticos, por exemplo, a respeito do potencial das reformas tendentes ao acesso à Justiça em sistemas sociais fundamentalmente injustos. É preciso que se reconheça que as reformas judiciais e processuais não são substitutos suficientes para reformas políticas e sociais" (CAPPELETTI, Mauro; GARTH, Bryant. *Acesso à justiça*. Tradução de Ellen Gracie Northfleet. Porto Alegre: Fabris, 2002. p. 161).

[10] Barbosa Moreira apontava insistentemente para a necessidade de levantamentos estatísticos rigorosos a orientar a condução das reformas no nosso modelo de acesso à justiça: "A esse respeito, cabe reiterar aqui observação já mil vezes feita, mas até agora ouvida com fraca atenção, ou sem nenhuma, sobre a impostergável necessidade de levantamentos estatísticos rigorosos à luz dos quais se possam identificar os pontos sensíveis do organismo, verificar em que proporção atua cada um dos fatores que influem negativamente na atividade judicial. À míngua de subsídios do gênero, corremos o risco de gastar inúteis energias no combate a moinhos de vento, enquanto deixamos em paz e sossego os verdadeiros inimigos". E aponta certo desalento quanto à repercussão de uma iniciativa própria no tocante a pesquisa

e epistemológico, além de possibilitar a ampliação de sua utilização em atividades do setor público e do setor privado, bem como outros campos correlatos do conhecimento.[11]

Segundo Rawls, a justiça é a primeira virtude das instituições sociais, assim como a verdade é a primeira virtude dos sistemas de pensamento. "Uma teoria, ainda que simples e elegante, deve ser abandonada e modificada se não for verdadeira. Do mesmo modo, leis e instituições, não importa quão eficientes e bem elaboradas sejam, devem ser reformadas ou abolidas se forem injustas."[12] No intuito de fortalecer o sentido e buscar nos aproximar ao máximo da justiça e da verdade na condução de um pensamento analítico acerca de uma instituição social tão importante, direcionamo-nos a uma análise voltada o quanto possível para uma releitura tecnicamente embasada do modelo constitucional. De outro lado, procuramos, com redobrado cuidado, transmitir as ideias e o modesto conhecimento amealhado pela análise dos dados da forma mais clara e direta possível.

De acordo com Mario G. Losano, a pesquisa jurídica pode ser dividida em quatro vertentes, combinando duas estruturais e duas funcionais com

---

empírica. Após descrever um estudo seu sobre a duração dos processos cíveis na capital do Rio de Janeiro, publicada em jornal de grande circulação, Barbosa Moreira concluiu: "Pois bem: a iniciativa teve a repercussão de um tiro n'água. Mesmo a mais severa crítica seria preferível ao silêncio gelado que a recebeu. Provavelmente ninguém utilizou os dados que, a muito custo, lográramos reunir. O fato incontestável é que preferimos argumentar com impressões do que com números. Ora, o impressionismo, que na arte produziu tão belos frutos, decididamente não tem serventia alguma para o direito e para a Justiça" (Estrutura e funcionamento do Poder Judiciário no Brasil. In: ASSOCIAÇÃO DOS MAGISTRADOS BRASILEIROS – AMB (Org.). *Justiça*: promessa e realidade: o acesso à justiça em países ibero-americanos. Tradução de Carola Andréa Saavedra Hurtado. Rio de Janeiro: Nova Fronteira, 1996. p. 33-46).

[11] Um símbolo desse avanço na concepção metodológica da pesquisa jurídica é a Rede de Pesquisa Empírica em Direito (REED). A iniciativa que já conta com centenas de participantes centra seu foco na problematização e na investigação sobre as manifestações concretas do fenômeno jurídico e no permanente diálogo entre diferentes áreas de conhecimento, como a sociologia, a ciência política, a antropologia, a história, a economia, a estatística, entre outras, com o objetivo de melhor compreender o objeto próprio das ciências jurídicas. As iniciativas e eventos podem ser visualizados em <http://reedpesquisa.org/>.

[12] MAFFETONE, Sebastiano; VECA, Salvatore. *A ideia de justiça de Platão a Rawls*. Tradução de Karina Janinini. Revisão da tradução de Denise Agostinetti. São Paulo: Martins Fontes, 2005. p. 385.

duas sobre o direito vigente e duas sobre o direito vivo. Temos então a pesquisa sobre a estrutura do direito vigente e sobre a função do direito vigente, além das pesquisas sobre a estrutura do direito vivo e sobre a função do direito vivo.[13] Interessam-nos de perto essas duas últimas. Nessa linha, estruturalmente, analisamos a demanda de justiça de certa sociedade e a forma da resposta do Judiciário como função do Estado a essa demanda e, mais proximamente, as informações sociológicas e econômicas que alimentam a política e o direito e permitem avaliar a realização das finalidades perseguidas.[14] Como pesquisa funcional de um sistema vivo, o objeto também contempla os efeitos distorcidos na política do direito, os dados sociais errôneos e as equivocadas avaliações dos efeitos da normatização em vigor, tudo decorrente de falhas nos pressupostos democráticos e da atuação desestruturante de grupos de interesse.[15-16]

---

[13] Na obra, as pesquisas sobre a estrutura do direito vivo buscam responder a questões como: O que é a realidade jurídica em relação às normas no papel? Qual é a demanda de justiça de certa sociedade? A estrutura judiciária responde efetivamente a essa exigência? Por sua vez, as pesquisas sobre a função do direito vivo propõem-se a identificar os fins políticos e, em especial, político-econômicos, que certos institutos jurídicos perseguem, quer para individuar sua inadequação em relação às exigências sociais, quer para propor sua realização pelo procedimento legislativo (LOSANO, Mário G. *Os grandes sistemas jurídicos*: introdução aos sistemas jurídicos europeus e extraeuropeus. Tradução de Marcela Varejão. São Paulo: Martins Fontes, 2007. p. 560).

[14] De acordo com Galeno Lacerda, o processo seria um espelho importante da realidade social e de uma conjuntura mais ampla, pois "nele se reflete toda uma cultura considerada como o conjunto de vivências de ordem espiritual e material, que singularizaram determinada época de uma sociedade" (Processo e cultura. *Revista de Direito Processual Civil*, São Paulo, v. 1, p. 75, 1961).

[15] Thomas R. Dye, citando David B. Truman e enquadrando a teoria dos grupos de interesse na ciência política, leciona que: "Os indivíduos só são importantes na política quando agem como parte integrante ou em nome de grupos de interesse. O grupo torna-se a ponte essencial entre o indivíduo e o governo. A política é, na verdade, a luta entre os grupos para influenciar as políticas públicas" (Mapeamento dos modelos de análise de política pública. In: HAIDEMANN, Francisco G.; SALM, José Francisco (Org.). *Políticas públicas e desenvolvimento*: bases epistemológicas e modelos de análise. Brasília: UnB, 2009. p. 99-129).

[16] Tratando da vertente da *public choice* como modelo de análise das políticas públicas: "Na falta de boas informações sobre as preferências dos cidadãos, não são colocados freios às 'tendências naturais' dos políticos e dos burocratas de expandirem seu poder na sociedade. Eles exageram os benefícios dos programas de gastos governamentais e subestimam seus

ESTRUTURA E METODOLOGIA DA PESQUISA

Fatores políticos, éticos e econômicos atuantes no grupo social garantiram a estruturação do modelo brasileiro de acesso à justiça com contornos bastante abrangentes e pautados por um discurso inclusivo, democrático e igualitário. Cabe à ciência revisitar continuamente as bases desse discurso e sua concretização na realidade aferível.

### 1.1.2. Áreas de convergência – o que cabe ao direito e à economia

Conforme verificamos no item anterior, os limites do estudo encontram-se nas zonas de interseção das disciplinas jurídicas com outras áreas do pensamento científico, notadamente a economia, a sociologia e a ciência política. Aqui, as abordagens de cunho econômico são muito mais destacadas do que as sociológicas ou políticas, no entanto, apesar de mais amalgamadas, as referências dessas duas outras ciências estão presentes em todos os capítulos, sendo essencial a compreensão clara de seus fundamentos.

Iniciamos com mais uma observação de Paulo Bonavides, citando o reitor Lowell de Harvard, indicando uma enorme dificuldade de identificar e relacionar as ciências sociais e apontando que faltaria a elas um requisito indispensável às ciências modernas, qual seja, a nomenclatura ininteligível a um homem educado. Desse modo, "[...] qualquer leigo pode hoje levianamente (e na era da internet tal se agravou de forma dramática) ocupar-se de conceitos de 'nação, liberdade, democracia, socialismo', tarefa da qual insignes cientistas e filósofos não conseguem se desincumbir".[17-18] Assim, vamos nos ocupar mais das áreas de con-

---

custos. Várias 'ilusões fiscais' – impostos ocultos, deduções em folha e financiamento do déficit – contribuem adicionalmente para que os cidadãos subestimem os custos do governo. Todas essas 'falhas políticas' contribuem para a oferta excessiva de bens e serviços por parte do governo e para a tributação desmedida dos cidadãos" (DYE, Thomas R. Mapeamento dos modelos de análise de política pública cit., p. 99-129).

[17] BONAVIDES, Paulo. *Ciência política* cit., p. 38.

[18] Amilcar Baiardi, citando Giovanni Sartori, aponta que a economia alcançou uma vantagem em relação às demais ciências sociais ao ordenar sua linguagem, uma vez que conceitos como valor, custo, preço, mercado não são redefinidos a cada momento. Por esse, entre outros motivos, somente a economia foi colocada no mesmo plano das ciências naturais no que tange ao reconhecimento para a premiação por meio do Prêmio Nobel (Elinor Ostrom, a premiação da visão unificada das ciências humanas. *Caderno CRH*, Salvador, v. 24, n. 61, p. 203-216, jan.-abr. 2011).

vergência, ainda que o interesse jurídico seja distante, do que das áreas divergentes, onde talvez nos faltem ferramentas para apartar os temas e as perspectivas de análise dos diversos campos da ciência.

Para Ugo Mattei, uma dimensão fundamental a ser considerada no tema do acesso à justiça é a abordagem interdisciplinar. "O direito comparado deu os primeiros passos nessa direção, abrindo um diálogo com a sociologia, economia, antropologia e ciência política. O acesso à justiça não pode ser estudado sem levar em conta dados que estão além e fora dos parâmetros estabelecidos".[19] Com o devido respeito que merecem todas as iniciativas nesse sentido, um trabalho mais amplo e que pretenda ser assertivo nos campos do acesso à justiça, prestação jurisdicional, controle da litigiosidade e temas congêneres não pode descurar de análises multidisciplinares,[20] principalmente de uma profunda imersão na realidade dos limites econômicos que contingenciam todas as propostas acerca desses assuntos.

Dentro da temática, elementos mais abrangentes da sociologia, como o estudo da organização e do funcionamento das sociedades e das instituições e regras fundamentais que regem as relações sociais, têm papel central na construção do raciocínio que permeia integralmente o trabalho. A realidade do acesso à justiça brasileiro é mais facilmente entendida sob seus aspectos sociológicos do que sob seus aspectos jurídicos, mas

---

[19] Tradução livre: "A second important dimension to consider is interdisciplinary approaches. Comparative Law has started to make a few timid steps in this direction, opening a dialogue with sociology, economics, anthropology and political sciences. Access to justice cannot be studied, interestingly, without considering data that is beyond and outside of the black letter of the law" (MATTEI, Ugo. Access to Justice. A Renewed Global Issue?. *Electronic Journal of Comparative Law*, v. 11.3, Dec. 2007. Disponível em: <www.ejcl.org/ 113/ article113-114.pdf>. Acesso em: 4 abr. 2018.

[20] Comentando sobre o Prêmio Nobel de economia dado em 2010 a Elinor Ostrom e Oliver E. Williamson, Amilcar Baiardi pontua que tais cientistas se distinguem exatamente por estudar e encontrar soluções sociais para problemas econômicos e questiona: "[...] O que têm em comum esses cientistas sociais, considerados na premiação como economistas, mas cujo instrumental teórico e práxis não se situam predominantemente no campo da economia? Têm eles em comum a crença de que não se produz conhecimento pleno de fenômenos sociais com instrumentos de disciplinas isoladas, o que recentemente é reafirmado a partir de grupos de pesquisa que propõem a estudar os sistemas complexos, a sociedade como um deles, a partir de equipes multidisciplinares" (Elinor Ostrom, a premiação da visão unificada das ciências humanas cit., p. 203-216).

ainda é muito mais acentuadamente investigada do ponto de vista restrito dos cientistas do direito, sem uma análise multidisciplinar do fenômeno. Apenas um entendimento mais destacado da organização e do funcionamento do nicho social e das instituições diretamente ligadas à questão é que vai estabelecer os pressupostos necessários à correta fundamentação do estudo ora apresentado.[21] O excesso de burocracia, a influência político-institucional dos atores relacionados ao tema acesso à justiça, a ausência de participação dos diversos setores sociais nas decisões sobre a concretização do direito e sobre os gastos estatais com o modelo atual, são todos elementos sociojurídicos fundamentais para o desencadeamento das ideias dispostas no texto. As comparações dos formatos assumidos pelas instituições políticas em vários países não prescindem também da análise das estruturas e das particularidades das sociedades onde esses modelos se inserem.[22]

Pontualmente ainda, a ciência política imbrica-se com o direito e a economia, de modo que em grande parte as três disciplinas se sobrepõem, sendo difícil, como adrede adiantamos, uma separação conceitual adequada. Trata essa área do conhecimento do estudo dos sistemas, das organizações e dos processos políticos. Nessa atividade, envolve a estrutura das decisões de Estado, no que se entrelaça com a sociologia na análise dos processos democráticos e dos déficits que geram as distorções que serão estudadas no modelo nacional.[23]

---

[21] "De alguma forma, a Sociologia está comprometida com a mudança; mais do que desvendar os mistérios do passado das formações sociais interessa-lhe, a partir desse conhecimento, intervir na realidade das sociedades de forma a contribuir com a construção de seu futuro. O objeto de estudo da sociologia é, portanto, conhecer as formações sociais passadas, presentes e opinar sobre as futuras" (ROCHA, José Manuel de Sacadura. *Sociologia geral e jurídica*: fundamentos e fronteiras. 4. ed. Rio de Janeiro: Forense, 2015. p. 8).

[22] René David aponta que "O direito comparado foi considerado por alguns como um simples aspecto da sociologia jurídica. Embora com reservas sobre este modo de ver, convém reconhecer que entre direito comparado e sociologia jurídica existem numerosos pontos de contato e alguns domínios comuns" (*Os grandes sistemas jurídicos contemporâneos*. Tradução de Hermínio A. Carvalho. 3. ed. São Paulo: Martins Fontes, 1996. p. 10).

[23] Nesse campo, sem nos aprofundarmos desnecessariamente, passaremos pelas teorias predominantes da ciência política, principalmente pelas análises relativas à atuação dos grupos de interesse nos processos que envolvem a definição das políticas públicas. A ideia é verificar as razões que justificam as opções da atual concepção de acesso à justiça a partir de elementos de ambientes distorcidos numa democracia eleitoral majoritária.

Buscamos focar entre diversas vertentes as questões relacionadas à escassez e à forma de distribuição dos bens em ambientes escassos (aspecto econômico). O cerne da tese encontra-se na discussão acerca do custo econômico-financeiro e das consequências geradas pela escolha de certa forma de prestação de um serviço estatal (aspecto sociológico) e a legitimidade advinda da racionalidade dessa opção (aspecto político). Desse modo, a caracterização de um ambiente onde os recursos são insuficientes para todas as demandas torna inafastável a necessidade de realização de escolhas, o que não poderia ser relegado. Tampouco poderia ser de menor importância a análise jurídica da proporcionalidade das opções políticas.

As distinções, no entanto, não se restringem às grandes áreas do pensamento social, pois existem ainda subáreas que englobam as diferentes disciplinas. Entre a sociologia e o direito encontramos a consolidada sociologia jurídica;[24] entre o direito e a economia tem-se a análise econômica do direito, que será objeto de algumas considerações mais detalhadas adiante; há ainda a sociologia política, ligada à análise racional e elementos sociais que legitimam e fundamentam o poder político. Passaremos mais diretamente por essas subáreas, visto que a tese jurídica contém elementos claros de sociologia política, economia e análise econômica do direito.

Os limites da influência ou mesmo da capacidade de determinação de fatores econômicos na esfera jurídica não estão ainda muito claros e demandarão continuado esforço dos estudiosos de ambas as disciplinas. Mesmo com os avanços dos estudos na área de *Law and Economics* (LaE), a resposta a essa questão continua a variar de acordo com o desenvolvimento das instituições democráticas dos diversos países.

As limitações financeiras do Estado são reconhecidas em todas as áreas de sua atuação, razão pela qual não há motivo para que elas não estejam presentes no debate acerca do acesso à justiça. Não parece correta

---

[24] Da mesma forma que destacado na obra de José Manuel de Sacadura Rocha, entendemos e estudamos a sociologia jurídica como um ramo da sociologia geral, e não com um ramo do direito. Segundo Sacadura Rocha: "[...] ao fazer da Sociologia Jurídica uma coisa menor do que ela é, ou transformá-la em um receituário a ser consultado apenas quando se precisa, o próprio Direito se esvazia de um de seus alicerces: o entendimento do social como base para a construção da justiça" (*Sociologia geral e jurídica*: fundamentos e fronteiras cit., p. 2).

ESTRUTURA E METODOLOGIA DA PESQUISA

a ideia de que o cidadão tem um direito individual sagrado, mesmo que não haja razão ou interesse maior que o justifique. De outro lado, aflige a concepção de que o Estado deve tutelá-lo como se ele fosse um inapto, que não teria condições de defender condignamente seus próprios direitos e interesses.[25-26]

Em contrapartida, no entanto, dados concretos que demonstrem a interferência direta na possibilidade de concretização dos direitos por um

[25] Lecionando sobre a constitucionalidade da Lei de Arbitragem diante dos princípios do juiz natural e da inafastabilidade da jurisdição, o Professor Inocêncio Mártires Coelho assinalou: "Nessa perspectiva, pode-se dizer que a condenação dessa lei – nos termos da erudita e minuciosa pronúncia de inconstitucionalidade do eminente Ministro Sepúlveda Pertence –, se vier a se confirmar, terá a fundamentá-la, essencialmente, o peso da doutrina assente e da opinião dominante, uma e outra ideologicamente regressivas e saudosistas, porque voltadas para o passado, em busca de um Estado perdido; de um Estado interventor e provedor geral; de um Leviatã tutelar, onipresente e emasculador, que à força de tudo resolver por todos – genericamente e *et pour cause*, presumidos fracos ou deficientes – impede o livre desenvolvimento da personalidade individual; de um Estado que não respeita, porque não consegue compreendê-los, os valores da autonomia da vontade [...]" (Arbitragem, mediação, e negociação: a constitucionalidade da Lei de Arbitragem. *Revista de Direito Administrativo*, Rio de Janeiro, v. 219, p. 25, jan.-mar. 2000).

[26] Os padrões sociais estadunidenses podem ser considerados uma grande referência mundial, até pela importância daquele país na economia e na geopolítica. No Brasil, essa influência é ainda mais acentuada, dados a relativa proximidade geográfica, a intensa penetração da indústria cultural e de entretenimento e o atraso no desenvolvimento nacional. O padrão ético brasileiro, no entanto, traz ainda muito mais presente a tradição católica e as heranças da colonização. O respeitável e influente Richard Posner leciona com tranquilidade sobre as atribuições do estado em relação ao indivíduo: "se por acaso nascesse retardado e seu produto social líquido fosse negativo, esse indivíduo não teria direito aos meios necessários a seu sustento, mesmo não tendo culpa de ser incapaz de obtê-los. Esse resultado fere a sensibilidade moderna. Mas não vejo meios de contorná-lo que sejam coerentes com qualquer um dos grandes sistemas éticos. [...] Tratar igualmente o inventor e o deficiente mental no que concerne às suas pretensões morais de controle sobre recursos valiosos é não levar a sério as diferenças entre os indivíduos. E qualquer política redistributiva afeta a autonomia daqueles a partir dos quais se faz a redistribuição" (*A economia da justiça*. Tradução de Evandro Ferreira e Silva. Revisão da tradução de Aníbal Mari. São Paulo: Martins Fontes, 2010. p. 92). Obviamente não concordamos com essa visão e mesmo as teorias econômicas mais individualistas defendem um papel ativo do Estado com relação aos indivíduos menos capazes. Contudo, queremos destacar o abismo que existe entre a posição americana e a nacional, sendo surpreendente que, apesar da grande influência daquele país sobre o nosso, trilhamos ainda um caminho diametralmente oposto no tocante à participação estatal no cotidiano dos cidadãos.

desequilíbrio estrutural, que acentua a escassez natural de recursos econômicos do Estado, certamente são matéria de interesse para o Direito, senão um tema central a ser considerado nas mais variadas disciplinas dessa ciência. Não é possível levar os direitos a sério sem considerar a escassez de recursos.

### 1.1.3. As principais referências teóricas e as pesquisas que embasam a tese

As principais bases teóricas da pesquisa encontram-se citadas e detalhadas ao longo de todo o texto. Esse breve apontamento serve apenas para delimitar o percurso metodológico e adiantar algumas premissas do pensamento exposto, coerentes com os escritos utilizados como base estruturante do trabalho e das ideias que o antecedem.

Alguns estudos específicos são marcantes na história doutrinária do processo civil e mais especificamente do instituto do acesso à justiça e, além do espectro de abrangência quase global, destacam-se pela forma mais ou menos linear pela qual operaram a comparação entre os diversos sistemas judiciais ao redor do planeta.

A primeira referência, e talvez a mais importante no Brasil pelo alcance que obteve, seja do ponto de vista doutrinário, seja pela influência nas legislações que se seguiram, é a pesquisa empírica realizada pelo denominado "Projeto Florença". Os relatórios e estudos datados das décadas de 1960 e 1970 deram ensejo à publicação de um "Relatório Geral do Projeto Florença", intitulado de "Access to Justice: The Worldwide Movement to Make Rights Effective – A General Report" e anexos, dispostos em seis tomos e concluídos entre os anos de 1978 e 1979. No Brasil, foi publicada em 1988 a obra *Acesso à justiça*, trazendo a tradução realizada pela ex-Ministra Ellen Grace do relatório geral produzido por Mauro Cappelletti e Bryant Garth.

A maior dificuldade na utilização desse trabalho, no entanto, é a ausência de dados e de uma análise a respeito do caso específico do Brasil, enquanto constam os relatórios provindos de inúmeros outros países, entre eles alguns da América Latina (Chile, Colômbia, México e Uruguai).

Outra referência importante, a nosso sentir até mais relevante para os desdobramentos da tese, é a obra *Justice civil in crisis*, coordenada e editada por Adrian Zuckerman em 1999, também contendo uma série de relatórios sobre o acesso à justiça e a crise dos sistemas nos diversos países. Além dos parâmetros da Justiça Civil, são abordados vários sistemas de *common law* e *civil law*, entre eles o Brasil. A situação nacional foi analisada pelo Professor Sérgio Bermudes, do Rio de Janeiro. A presença de um trabalho específico sobre o acesso à justiça no Brasil e a existência de uma efetiva comparação dos dados nacionais com os estrangeiros conferem uma relevância ímpar à obra mencionada.

Em verdade, não apenas esse estudo em particular, mas um todo do pensamento de Adrian Zuckerman, exposto em diversos artigos e publicações das quais nos utilizamos, é trazido como parâmetro teórico, por sistematizar adequadamente as ideias pertinentes a um acesso à justiça razoável, fornecido de forma racional pelo Estado e a custos proporcionais, exatamente conforme pretendemos tratar.

Contemporâneos à obra de Zuckerman e utilizados como base complementar, os relatórios de Lord Woolf (*interim report* e *final report*), o primeiro de 1995 e o segundo de 1996, que posteriormente tornaram-se a base do atual CPR inglês (1999), também são fonte importante para a pesquisa empreendida. A perspectiva nesse caso é um pouco diversa, uma vez que a metodologia do trabalho não são as comparações acerca do acesso à justiça em diversos países, mas uma análise técnica da conjuntura socioeconômico-jurídica inglesa, que desencadeou uma profunda reformulação do sistema processual daquele país.

Tendo como referência um estudo de diagnósticos, os relatórios de Woolf separam os problemas e as possíveis soluções. No *interim report*, a análise das deficiências do sistema é mais pronunciada (*key problems facing civil justice today*), enquanto no *final report* as soluções passam a ganhar maior destaque. O relatório final concentra sua abordagem em cinco grandes sessões, iniciando com um amplo *overview* que engloba as constatações do *interim*, segue pelo *case management, procedure and evidence, special áreas* e *rules of courts*. Na última sessão, que ele chama de *Maintaining the Pace of Change*, Lord Woolf trata da tecnologia e de outros fatores que alterariam a dinâmica da prestação jurisdicional. O mais interessante e o principal ponto de referência é a visão pragmática da doutrina britânica sobre o sistema de justiça como um serviço público, a necessidade e o procedimento para as reformas. Ocupamo-nos desse trabalho principalmente por sua atenção sobre os custos do sistema, visto que, em uma realidade que historicamente era mais proporcional e adequada que a brasileira no tocante à eficiência, ainda assim, considerou-se necessário destacar e reforçar tal característica no novo modelo reformado, o que não aconteceu no Brasil após o recente Código de Processo Civil de 2015.[27]

Outra obra importante e bastante vasta, com perspectivas críticas e atuais na mesma linha de Zuckerman e Cappelletti/Garth, é a produzida por Ugo Mattei, na Universidade da Califórnia, também responsável por coordenar relatórios sobre o acesso à justiça em diversos países. A obra de Mattei, tal qual a de Cappelletti/Garth, não conta com dados sobre o acesso à justiça brasileiro. O interessante, no entanto, é o fato de ela ser mais abrangente nos aspectos globais, incluindo países orientais e sistemas jurídicos bastante variados, fora do eixo *common law-civil law*.

Também no formato de estudo comparativo a obra de Laura Nader e Harry F. Todd Jr., *The disputing process: law in ten societies*, promove uma análise do acesso à justiça nas dez sociedades que menciona, porém com referencial mais sociológico e antropológico que jurídico.[28] Esse trabalho foi publicado aproximadamente durante o mesmo período em que se desenvolveram as pesquisas de Florença. Algum tempo depois, Laura Nader publicou o trabalho crítico, *No access to law: alternatives to the Judicial System*. Ela ainda apresentou um documentário bastante ousado denominado "Little Injustices".[29] Este último é interessante para com-

---

[27] Segundo Zuckerman, o novo *Civil Procedure Rules* inglês confere um novo equilíbrio às três dimensões do sistema de justiça (*cost, time and rectitude*). Prova disso são os objetivos mencionados expressamente na primeira parte do novo diploma (Part 1.1). Tal decorre de uma nova filosofia implícita nesses objetivos, a *philosophy of distributive justice* (*Civil justice in crisis*: comparative perspectives on civil procedure. Oxford: Oxford University Press, 1999. p. 17-18). Sobre a *philosophy of distributive justice* vide item 4.1.5.

[28] A visão de Laura Nader e H. Todd Jr. é especialmente interessante sob dois aspectos. Primeiro, destacado inclusive por Mattei, no final da década de 1970 os autores demonstravam certo ceticismo com relação ao pensamento dominante de que o Estado de bem-estar nas sociedades ocidentais seria um destino natural dessas sociedades. Esse ceticismo é embasado nas pesquisas sobre o acesso à justiça e seu potencial de resguardar outros bens públicos, depois de já ter assegurado abrigo, saúde e educação para a população, inclusive à mais carente. O segundo é a desconsideração de tais premissas no Brasil, onde o acesso à justiça é alçado a condição igual ou superior à tais prestações básicas. (*The disputing process*: law in ten societies. New York: Columbia University Press, 1978).

[29] O documentário *Little injustices* é a apresentação de cerca de uma hora de um estudo antropológico realizado pela pesquisadora durante as décadas de 1960 e 1970. Ele foi apresentado em uma série de documentários antropológicos denominada Odyssey, produzida pela

ESTRUTURA E METODOLOGIA DA PESQUISA

preender o pensamento de Laura Nader e contextualizar a discussão na obra *The disputing process: law in ten societies.*

O conteúdo do *The disputing process: law in ten societies* compara sob diversas perspectivas os modelos e possibilidades de acesso à justiça em diversas regiões do globo, que vão desde uma pequena comunidade Zapoteca do México, passando por comunidades em Zâmbia, Gana, Turquia, Líbano, até outras ocidentais na Bavária, Sardenha e Escandinávia. Nos dez capítulos, cada um abordando o acesso à justiça em uma comunidade, temas como estrutura das relações sociais, controle de recursos escassos, distribuição de poder, custas, tempo, acesso aos fóruns etc. são abordados para fins de comparação. A perspectiva da análise é absolutamente inovadora e contribuiu decisivamente para uma visão crítica a partir de questionamentos multidisciplinares relacionados ao direito, mas não oriundos dele.

Em outra linha, paralelamente às bases mais teóricas, como ponto de partida das incursões empírico-numéricas do trabalho, utilizamo-nos e buscamos pontualmente complementar a pesquisa do Professor Luciano Da Ros, da Universidade Federal do Rio Grande do Sul, em coautoria com Matthew M. Taylor, da *American University*, que trabalham com afinco e de forma profunda o problema do custo da nossa máquina judicial e das instituições que orbitam em torno dela.

Mais recentemente, os trabalhos coordenados pela European Comission for the Efficiency of Justice (Cepej) fornecem dados bianuais sobre a grande maioria dos países do bloco europeu, apresentando um direcionamento bastante bem ordenado, principalmente no que se refere a proporcionalidade e equilíbrio financeiro e realidade socioeconômica dos diversos Estados. Imaginamos que, doravante, os trabalhos da Cepej passem a ser a principal referência mundial quando se trata de estudo comparativo do acesso à justiça. O que o Projeto Florença apresentou de dados após quase duas décadas de trabalho estão *real time* em maior

---

Public Broadcasting Associates of Boston, com financiamento pelo National Endowment for the Humanities. Trata-se de uma comparação entre sistemas de resolução de conflitos totalmente diversos. As "pequenas injustiças" são reparadas num sistema mais arcaico numa vila nas montanhas do México, enquanto o complexo e caro sistema americano acaba por inviabilizar tal reparação. Disponível em: <https://archive.org/details/ LittleInjustices-LauraNaderLooksAtTheLaw>. Acesso em: 6 jul. 2018.

quantidade e mais detalhados nos gráficos e planilhas da Cepej. Um instituto com fins semelhantes, o Centro de Estudios de Justicia de las Americas (Ceja) promove estudos na mesma linha da Cepej, contudo ainda de forma muito incipiente. A evolução do Ceja aos padrões da Cepej teria efeitos surpreendentemente positivos nos estudos brasileiros.

Marc Galanter, Owen Fiss, Richard Posner, Frank Sander, Ronald Dworkin, Ian Shapiro, Holmes e Sunstein, entre outros, são autores cujo pensamento consideramos adequado abordar. As respectivas pesquisas, por serem mais pontuais, serão descritas na medida em que forem utilizadas com resultado proveitoso para a fundamentação.

Na doutrina nacional, as teses de doutoramento de Henrique Araújo Costa, Julio Cesar Marcellino Jr. e Ivo Gico Jr. auxiliaram enormemente na visão econômica do direito de ação e do acesso à justiça, e, tratando de alguns temas similares, uns trazem um panorama por um viés mais jurídico, outros por um viés mais econômico, não havendo dúvida de que os estudos se completam e dão uma visão integrada e bastante técnica do ponto de vista que aqui defendemos. Todos esses trabalhos que serão oportunamente detalhados embasaram a formulação do pensamento expressado e contribuíram de modo decisivo na construção das conclusões que buscaremos justificar e comprovar.

### 1.1.4. Os limites da técnica processual e o recurso ao direito comparado

A técnica processual brasileira é certamente limitada em termos de enfrentamento de questões problemáticas não por ser pouco desenvolvida ou estruturalmente atrasada, uma vez que temos uma doutrina processual reconhecida mundialmente e um sistema legal em constante modificação. A limitação da técnica nacional para os fins do estudo decorre da própria essência do direito como ciência,[30-31] ou seja, uma técnica local será sempre limitada diante das potencialidades de todas as demais.

---

[30] De acordo com as lições de René David: "Não só o legislador pode utilizar o direito comparado para aperfeiçoar o direito. Idêntica possibilidade está aberta à doutrina e à jurisprudência. A lei pode ter um caráter nacional; o direito jamais se identifica efetivamente com a lei. A ciência do direito tem, pela sua própria natureza de ciência, um caráter transnacional" (*Os grandes sistemas jurídicos contemporâneos* cit., p. 6).

[31] Aponta na mesma linha Marc Ancel: "Gostaríamos de evidenciar com clareza que aquilo que era considerado como um complemento útil do direito nacional, como uma curiosidade,

ESTRUTURA E METODOLOGIA DA PESQUISA

Como pensadores em um mundo globalizado, devemos aprender e ensinar em todas as áreas do conhecimento, e não seria diferente na técnica processual. Apesar de a estrutura jurídico-legal ser particular a cada sistema, a comparação dos conceitos e dos institutos, além, é claro, dos resultados obtidos pelos métodos utilizados, é uma fonte permanente de reflexão e aprimoramento.[32]

De outro lado, como mencionado, não parece cientificamente viável questionar a razoabilidade e, em última análise, a legitimidade de um sistema social sem a apresentação de padrões claros de comparação que somente podem ser obtidos mediante o acesso a informações concretas de sistemas estrangeiros. Se temos um sistema não razoável, cabe a nós demonstrar que há sistemas mais razoáveis e quais os elementos determinantes nessa diferenciação. Temos presente uma lacuna ideológica no tocante ao modelo de acesso.[33] Portanto, tendo com referência o sistema nacional, indispensável a utilização do método comparativo para os objetivos propostos.

Da mesma forma, são inegáveis as contribuições possíveis do direito comparado, devendo ser ele considerado, atualmente, um elemento necessário ao aperfeiçoamento da ciência jurídica de qualquer país. Fundamental destacar, no entanto, além de seu objeto, o método de utilização e a finalidade do direito comparado para o estudo científico, sob pena de sua utilidade se perder na imprecisão dos conceitos e

---

ou como uma preocupação compreensível sobre as realidades externas, até mesmo às vezes como um divertimento de diletante, transformou-se, para o jurista contemporâneo, numa necessidade imprescindível" (*Utilidade e métodos do direito comparado*. Tradução de Sérgio José Porto. Porto Alegre: Fabris, 1980. p. 127-128).

[32] Mais uma vez, Lord Mustill: "quando a tarefa é aproximar o conteúdo das normas jurídicas positivas, os dois pilares vêm a ser o desejo de fazer com que isso funcione e a maturidade para reconhecer que tal desejo deve exigir que o profissional coloque de lado parte do conhecimento que ele custosamente adquiriu e posteriormente honrou por meio de longa experiência" (ANDREWS, Neil. *O moderno processo civil*: formas judiciais e alternativas de resolução de conflitos na Inglaterra cit., Prólogo).

[33] Norberto Bobbio define a lacuna ideológica como "a falta não já de uma solução qualquer que seja ela, mas de uma solução satisfatória, ou, em outras palavras, não já a falta de uma norma, mas a falta de uma norma justa, isto é, de uma norma que se desejaria que se existisse, mas que não existe" (*Teoria do ordenamento jurídico*. Tradução de Maria Celeste C.J. Santos. 10. ed. Brasília: Editora Universidade de Brasília, 1999. p. 140).

nas aproximações descuidadas entre os diversos países e sistemas.[34] O estudo do direito estrangeiro é, por definição, um estudo comparativo entre sistemas, ordens ou institutos jurídicos. Portanto, comparação é a atividade que consiste em estabelecer sistematicamente semelhanças e diferenças, isto é, pesquisar e relacionar tais semelhanças e diferenças segundo um método adequado a um objetivo.[35] O estudo que utiliza o direito comparado deve ter um objeto claro, no caso, a aproximação dos sistemas de acesso à justiça e sua racionalidade relativamente a eficiência; um método descrito, qual seja, a comparação numérica dos modelos e dos custos da atividade estatal nos respectivos países; além de uma finalidade verificável, no caso, apontar as distorções do sistema nacional na comprovação da tese da razoabilidade do acesso como condicionante da sua constitucionalidade.

No que diretamente nos interessa, as comparações serão estruturais e financeiras, ou seja, num primeiro momento, quais as funções desempenhadas pelos modelos de acesso à justiça nas diversas realidades sociais e qual o impacto desse serviço nas contas do Estado. E, num segundo momento, no que nos for possível alcançar, quais as razões para as grandes diferenças de eficiência evidenciadas. Fundamental ainda afastarmo-nos das análises puramente descritivas, pois o método utilizado é essencialmente de confrontação direta, valendo mais os dados disponíveis dos sistemas estrangeiros do que qualquer parte outra de sua dogmática. Assim, o Direito como ciência ou conjunto de conhecimentos ordenados, relacionados e sistematizados é objeto de um processo de investigação voltada para a criação e aprimoramento desses conhecimentos por meio de um método específico.[36]

---

[34] Destacamos o direito comparado apenas como método de estudo e pesquisa, e não como ciência autônoma sem nos aprofundarmos nas discussões existentes. Sobre o tema: CONSTANTINESCO, Leontin-Jean. *Tratado de direito comparado*: introdução ao direito comparado. Rio de Janeiro: Renovar, 1998. p. 286.

[35] FERREIRA DE ALMEIDA, Carlos. *Introdução ao direito comparado*. Coimbra: Almedina, 1998. p.19.

[36] SERRANO, Pablo Jiménez. *Como utilizar o direito comparado para a elaboração de tese científica*. Rio de Janeiro, Forense, 2006. p. 21. O diagrama seguinte também é utilizado para ilustrar as definições e foi parcialmente reproduzido, p. 21.

Ciência (Direito)

Pesquisa (Processo de investigação)

Método (Método comparado)

Procedimentos (Formas de confrontação dos modelos de acesso à justiça)

Para proteger ao máximo as conclusões advindas das comparações estruturais, os exercícios de cotejo entre os sistemas brasileiro e estrangeiros haverão de abranger algumas hipóteses a serem testadas ao longo do estudo por meio dos procedimentos de análise e pesquisa que pudermos estabelecer com relação ao método comparado pelos processos de investigação a nosso alcance e que se afigurem adequados e seguros.

### 1.1.5. O dilema entre aprofundar os institutos *lege lata* ou apostar nos *lege ferenda*

Trabalhos de conteúdo eminentemente jurídico, que atacam pontos muito sensíveis do sistema e sua adequação como um todo, tendem a optar por propostas *lege ferenda*, que dariam bases positivas mais adequadas às ideias ou até mesmo alguma utilidade a elas, visto que o confronto aberto com o direito positivo e com a estrutura posta, em regra, tende a ser de pouca valia. De outro lado, buscar a adaptação *lege lata* apresenta a vantagem inequívoca de tornar aplicáveis as propostas e imediatamente úteis as conclusões. Como confrontar abertamente o sistema positivado não parece muito promissor, um caminho alternativo, porém mais árduo seria empreender um esforço argumentativo maior para encaixar de alguma forma as propostas na estrutura atual.

As vantagens de um método correspondem às desvantagens do outro, pois uma proposta *lege ferenda* pode nunca se tornar aplicável e a adaptação desta a um sistema *lege lata* pode ser sempre incompleta e deficiente. Presente, então, o dilema. A dificuldade de um e outro sistema ou de uma ou outra opção recomenda ponderação e parcimônia no avanço das ideias. São necessárias pausas de reflexão ao longo do texto, notadamente na parte final, em que são tratadas as novas propostas, de modo a verificar pontualmente a adequação e a aplicabilidade delas à atualidade normativa posta.

De um lado, e como primeira opção, temos um esforço concentrado no sentido de promover a melhor adaptação possível da proposta ao sistema atual, pressionando ao máximo os conceitos e buscando aprimorar as interpretações; de outro, por sua vez, propostas de aperfeiçoamento legislativo são sempre importantes, visto que o panorama político-institucional é sempre imprevisível e nunca se sabe quando serão necessários ideias e argumentos que podem redundar em mudanças.[37]

Modelos formais, metodologicamente embasados, dão suporte à noção de acesso à justiça, direito de ação e seu conceito forjado, amplo e inalterável ao longo do tempo. Esse conceito, por sua vez, suporta as teorias contrárias às modificações propostas numa estrutura quase hermética. A pretensão inicial, de alguma forma, é abalar essas estruturas metodológicas e impugnar, por meio dos dados apresentados e da desproporção financeira constatada, as premissas lógicas que fundamentam a noção de acesso e direito na temática abordada. Desse ponto de partida buscamos criar uma alternativa disponível às políticas existentes que possa manter algum vigor científico acaso a oportunidade política venha a surgir em um horizonte próximo.

O trabalho busca transitar da melhor forma entre as duas possibilidades, apresentando opções *lege ferenda* sem se esquivar de enquadrar a proposta *lege lata*, tentando alcançar uma resposta viável ao problema apresentado, além de uma saída constitucionalmente ajustada e legitimada democraticamente pelo alcance dos benefícios sociais de sua

---

[37] Naomi Klein, na obra *A doutrina do choque*, explica com clareza as concepções de Milton Friedman acerca da forma de implementação das ideias por ele desenvolvidas na área econômica. Apesar do conteúdo incisivamente crítico da obra, no ponto específico da concepção friedmaniana, a crise seria o momento de efetivação das reformas e as alternativas às opções existentes deveriam estar prontas e em evidência. Segundo Klein, Allan Meltzer aprimorou a filosofia: "Ideias são alternativas que ficam esperando uma crise para servir de catalisadores da mudança. O modo de Friedman atuar era legitimando ideias, tornando-as toleráveis e válidas para quando as oportunidades surgissem" (*A doutrina do choque*: a ascensão do capitalismo de desastre. Tradução de Vânia Cury. Rio de Janeiro: Nova Fronteira, 2008. p. 168).

ESTRUTURA E METODOLOGIA DA PESQUISA

aceitação.[38] A opção é não avançar em nenhuma proposição que contrarie qualquer preceito legal existente em sua interpretação literal mais clara. Por certo, há nisso alguma subjetividade que também procuramos evitar ou justificar sob nosso ponto de vista e baseados em doutrina ou posição jurisprudencial de linha similar.

A fenda onde pretendemos colocar a primeira cunha na estrutura monolítica do sistema de acesso à justiça, pensamos nós, já existe e é o custo desproporcional desse sistema em relação ao nosso Produto Interno Bruto (PIB). O peso insustentável do sistema judicial e de seu entorno no orçamento público é o dado do qual partimos para repensar parte da dogmática posta e reconstruí-la com base em uma interpretação mais maleável, que busque convergir esse sistema para valores mais condizentes com a realidade socioeconômica brasileira.[39]

Também a partir dessa mesma fenda surgem algumas das propostas de reformas legislativas que sejam capazes senão de tornar aceitáveis os custos desse sistema, mas pelo menos indicar um ritmo de redução, de modo que num futuro não tão distante a proporção custo/PIB alcance os patamares da maioria dos países de desenvolvimento econômico similar.

---

[38] Segundo Clèmerson Melin Clève: "Não basta o discurso denúncia. Não basta o discurso antropologicamente simpático ou amigo (amigo das classes populares, amigo dos pobres, amigo do humanismo, amigo das esquerdas etc.), como diz Canotilho. Mais do que isso, importa hoje, para o jurista participante, sujar as mãos com a lama impregnante da prática jurídica, oferecendo, no campo da dogmática, novas soluções, novas fórmulas, novas interpretações, novas construções conceituais. Este é o grande desafio contemporâneo. Cabe invadir um espaço tomado pelas forças conservadoras, lutando ombro a ombro, no território onde elas imperam, exatamente para, com a construção de uma nova dogmática, alijá-las de suas posições confortavelmente desfrutadas" (A teoria constitucional e o direito alternativo: para uma dogmática constitucional emancipatória. *Uma vida dedicada ao direito*: homenagem a Carlos Henrique de Carvalho. São Paulo: RT, 1995. p. 34-53).

[39] Resume Robert Alexy: "[...] o fato de que um determinado direito subjetivo R, a partir da interpretação I, ou leva à consequência fática K ou tem a função social F, é um forte argumento para interpretar R no sentido de I, desde que K e F sejam avaliados como algo positivo. Essa série de exemplos poderia ir adiante. Neles se verá que tão somente a partir de enunciados empíricos sobre a história, as consequências sociais ou as funções dos direitos subjetivos nada é possível inferir para a problemática jurídico-dogmática. Para esse fim é necessário associá-los a enunciados normativos" (*Teoria dos direitos fundamentais* (*Theorie der Grundrechte*). Tradução da 5. ed. alemã de Virgílio Afonso da Silva. 2. ed. São Paulo: Malheiros, 2012. p. 184).

## 1.2. Objetivos: premissas iniciais
### 1.2.1. Explicitação da metodologia e do conteúdo da pesquisa
Procuramos descrever e antecipar aqui alguns métodos de pesquisa e trabalho que serão utilizados na conformação das ideias. A combinação de pesquisa empírica e trabalho dogmático causou uma dificuldade inicial que procuramos superar pela separação topográfica dos conteúdos em partes e capítulos distintos.

O primeiro e mais usual método empregado é o da pesquisa doutrinária e jurisprudencial acerca do tema proposto, no caso, o acesso à justiça no direito nacional e no direito comparado e suas implicações em um ambiente de recursos escassos. No título, valemo-nos de um conceito econômico para tentar explicitar o prisma sob o qual o tema é abordado. Ressaltamos os direitos possíveis, atrelados aos custos de sua proteção, e que devem respeito às circunstâncias sociais que o cercam, e não apenas à pretensão fria da regra escrita.

Diante de um direito fundamental ao acesso à justiça e de uma proposta restritiva, a pesquisa jurídica obriga-se a não descurar da dogmática e da técnica procedimental. Nessa linha, destacamos a existência e reconhecemos a relevância desse e de outros direitos fundamentais e procuramos pontuar as principais teorias acerca da ponderação desses valores diante da impossibilidade material de coexistência em dado modelo. Os direitos têm custos inerentes à sua proteção, diretos e indiretos para o Estado.[40] Por conseguinte, esses custos são suportados pelos cidadãos contribuintes que, como atores de um regime democrático, poderiam e deveriam opinar pelo modelo mais ou menos dispendioso de salvaguarda desses direitos.

O gráfico a seguir resume o ponto de partida da pesquisa e a primeira hipótese provisória de que o custo do nosso acesso à justiça é desproporcional:[41]

---

[40] Essa conformação passa pelo entendimento de que os direitos e liberdades não existem por si e são resultados da implementação de políticas públicas e do funcionamento de instituições estatais que os garantem e preservam. Vide HOLMES, Stephen; SUNSTEIN, Cass R. *The cost of rights*: why liberty depends on taxes cit.

[41] Utilizamos dados coletados em mais de uma fonte. A principal delas é o trabalho da Cepej no qual é possível verificar as informações relativas ao PIB *per capita*, aos investimentos nos tribunais e à população de quase todos os países europeus. A partir desses números e realizados os cálculos pertinentes, chega-se ao percentual do PIB investido nos tribunais

## Gráfico 1
### Custo do acesso à justiça em percentual do PIB e PIB *per capita*

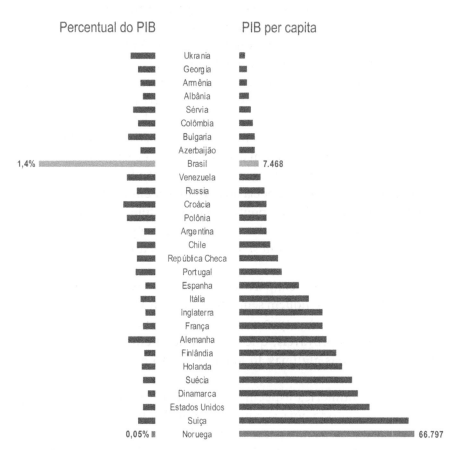

**Fonte:** Elaborado pelo autor.

O percentual do PIB brasileiro dedicado a custear as despesas do sistema de justiça é muitas vezes superior ao de qualquer país, não encontrando paralelo sequer aproximado dentro dos limites da pesquisa que, nesse ponto, consideramos bastante abrangente. Essa informação será

(*Cepej Studies*, n. 23, p. 12 e 35, Edition 2016 (2014 data). Também foram apresentados dados do estudo do Professor Luciano Da Ros: O custo da Justiça no Brasil: uma análise comparativa exploratória. *Newsletter. Observatório de elites políticas e sociais do Brasil*, NUSP/UFPR, v. 2, n. 9, p. 1-15, jul. 2015.

mais bem trabalhada em outro momento. O importante é fixar esse dado central, a partir do qual vão se ramificar as linhas principais da tese, tanto a primeira parte mais teórica quanto a segunda mais empírica.

Necessário compreender nesta parte que se trata, epistemologicamente, de uma pesquisa apenas qualitativa, pois, embora ela conte com um esforço de quantificação baseado numa ampla coleta de dados, não envolve instrumentos matemáticos ou estatísticos estruturados para a obtenção de conclusões, trabalhando, em grande parte, com especulações teóricas relacionadas aos resultados dos dados coletados. Como prática ainda não muito corriqueira, a confrontação de institutos jurídicos, suas finalidades e seus resultados com dados coletados de caráter econômico-financeiro trazem algum frescor científico ao estudo.

Acompanhamos uma tendência no mundo acadêmico atual de complementar a pesquisa jurídica do ponto de vista epistemológico com dados, de modo a enriquecer os estudos tendo por base a problematização e a investigação acerca das manifestações concretas do fenômeno jurídico no cotidiano palpável.[42]

Optamos por separar em partes sequenciais os temas, de modo que, ao abordá-los, eles não fiquem sem um fechamento lógico e seja possível concluí-los parcialmente após a exposição das premissas ou hipóteses efetivamente comprováveis, que serão fundamentais nas conclusões mais gerais trazidas algumas ao longo do texto e mais fortemente no Capítulo 7.

A pesquisa numérica específica aqui trabalhada também se afasta um pouco da metodologia normalmente utilizada em teses jurídicas. Notadamente na segunda parte do trabalho, fontes como o Conselho Nacional de Justiça (CNJ), o Instituto Brasileiro de Geografia e Estatística (IBGE), ministérios e secretarias de planejamento e orçamento, *Instituto de Pesquisa Econômica Aplicada* (Ipea), Cepej, entre outros, passam a se colocar como centrais na construção da teoria, haja vista que o embasamento desta não prescinde de elementos seguros para evidenciar uma premissa que é fundamental para a conclusão, no caso, a ausência de proporcionalidade do atual sistema judicial.

---

[42] Nessa linha, o importante trabalho desenvolvido pela Rede de Pesquisa Empírica em Direito (REED), o qual passa por uma reflexão acerca da importância do direcionamento da pesquisa jurídica no sentido da verificação concreta das causas e efeitos do fenômeno jurídico. Descrição em: <http://reedpesquisa.org>.

O conteúdo pesquisado busca trazer para uma ponderação crítica os elementos concretos acerca dos custos do modelo. O dado central é de que o gasto envolvido na atividade judicial é tão superior ao de outros países, seja mais pobre ou mais rico, com grau de desenvolvimento inferior, próximo ou superior, grande ou pequeno, indistintamente. Avançamos, então, para estabelecer as razões dessas incongruências e destacar o modelo de acesso à justiça não razoável como fundamental para explicar o desequilíbrio verificado. Nessa mesma linha, sempre fazendo o melhor uso possível do direito comparado, procuramos estabelecer fragilidades estruturais que contaminam nosso sistema.

A proposta não avança muito no que se refere a reformas legislativas, mas foca a demonstração de efeitos práticos esperados de medidas pontuais, elencando saídas corretivas que constituiriam significativos avanços, hábeis a direcionar o modelo de acesso à justiça para um ambiente mais racional. Visamos a construção de uma opção constitucional e razoável, com as limitações próprias de problemas seculares, remediados apenas em perspectiva.

Com a internet, a possibilidade de obtenção de informações é quase infinita, porém o *locus* da pesquisa indica a prudência na utilização apenas de fontes oficiais ou com referência a tais, permeadas da análise e dos apontamentos necessários para conferir fidedignidade a tal encontro de números. Há algumas exceções que justificam certo desprendimento em razão da indisponibilidade absoluta de certos dados.

### 1.2.2. Ineficiência – o custo da atual concepção de acesso à justiça

Antes de introduzirmos o tema da eficiência, é fundamental a distinção do conceito em relação ao de eficácia. Um modelo é eficaz se alcança os objetivos propostos, porém é eficiente se o faz com uma relação adequada entre os meios e suas finalidades.[43] Um modelo pode ser eficaz sem ser

---

[43] Segundo Marcellino Jr., estudando o pensamento de Friedrich von Hayek e Milton Friedman: "A eficiência representa importante elo de conciliação entre os fundamentos da Economia, da política e da ética, tendo sido também transplantada, posteriormente, para o âmbito jurídico. [...] A ação eficiente foi erigida à condição de código lógico-linguístico e ofereceu sentido e legitimidade ideológica a todo o arcabouço teórico desenvolvido para o projeto neoliberal" (*Análise econômica do acesso à justiça*: a tragédia dos custos e a questão do acesso inautêntico. Rio de Janeiro: Lumen Juris, 2016. p. 38).

eficiente e, ao que parece, essa é a busca que atualmente se empreende jurídica e politicamente no Brasil.[44]

Na exposição de motivos do Código de Processo Civil de 2015, as palavras "eficaz" e "eficácia" aparecem dezenas de vezes, mas a eficiência é citada apenas uma vez, numa nota de rodapé utilizada para ilustrar um conceito de eficácia, e não de eficiência.[45]

Poderemos ter, doravante, após a edição do novo Código de Processo, um modelo eventualmente efetivo, porém não é disso que se trata. Na concepção apresentada ao longo de todo o estudo, o grande mal do sistema processual brasileiro não está na morosidade, nem na ineficácia das decisões, mas na sua ineficiência econômico-financeira. Estamos falando dos custos materiais, ou seja, de dinheiro.[46] Num ambiente de recursos

---

[44] A confusão entre os conceitos é permanente: "Ao mencionar a aplicação desse princípio ao processo (eficiência), o novo CPC, além de redundante, parece desconhecer que a busca pela *efetividade* do processo é uma constante na doutrina e em boa parte da jurisprudência de nosso país há várias décadas. Então, teria sido melhor falar em 'efetividade' do processo do que em 'eficiência' do processo, embora seja forçoso reconhecer que as duas expressões são equivalentes" (BONICIO, Marcelo José Magalhães. *Princípios do processo no novo Código de Processo Civil*. São Paulo: Saraiva, 2016. p. 39).

[45] Da Exposição de Motivos do novo Código de Processo Civil, colhemos a seguinte passagem: "Sendo ineficiente o sistema processual, todo o ordenamento jurídico passa a carecer de real efetividade. De fato, as normas de direito material se transformam em pura ilusão, sem a garantia de sua correlata realização, no mundo empírico, por meio do processo". A nota de rodapé que acompanha tal passagem faz menção à doutrina do Professor Barbosa Moreira: "Querer que o processo seja efetivo é querer que desempenhe com eficiência o papel que lhe compete na economia do ordenamento jurídico. Visto que esse papel é instrumental em relação ao direito substantivo, também se costuma falar da instrumentalidade do processo. Uma noção conecta-se com a outra e por assim dizer a implica. Qualquer instrumento será bom na medida em que sirva de modo prestimoso à consecução dos fins da obra a que se ordena; em outras palavras, na medida em que seja efetivo. Vale dizer: será efetivo o processo que constitua instrumento eficiente de realização do direito material" (Por um processo socialmente efetivo. *RePro*, São Paulo, v. 27, n. 105, p. 181, jan.-mar. 2002. Disponível em: <https://www2.senado.leg.br/bdsf/ bitstream/ handle/id/512422/001041135.pdf?sequence=1>. Acesso em: 4 maio 2018). Certo, pois, que não há na referida Exposição de Motivos uma única menção à eficiência no sentido próprio dela.

[46] "Na origem, o dinheiro era um simples intermediador de trocas de mercadorias utilizado para simplificar a transação entre bens de diferentes valores e qualidades. Foi uma ideia excelente e que facilitou muito a vida das pessoas. Com o passar dos séculos, transformou-se num valor em si mesmo, gerando o gosto, em muitas pessoas, de acumulá-lo; isso com o intuito inicial de se precaver contra qualquer tipo de escassez ou adversidade futura.

ESTRUTURA E METODOLOGIA DA PESQUISA

escassos, onde a população não usufrui de serviços básicos, necessitamos de um modelo eficiente antes de mais nada,[47] ou seja, a premissa é a de que, num país com tamanhas carências, não é possível conviver com um sistema judicial e com um modelo processual tão caro, sendo ele bom ou ruim.

Também não estamos aqui defendendo um ideário neoliberal ou um modelo eficientista puro, em que o fundamento econômico prepondere *per se* sobre as premissas constitucionais e legais. A questão da eficiência é analisada sob o ponto de vista das distorções do sistema brasileiro, tributário a preceitos de um Estado Social Democrático e das causas dessa distorção, mormente a indevida restrição dos âmbitos de decisão e a ausência de participação democrática na construção do modelo.[48]

Possuir uma boa quantidade de reservas passou a ser a meta de muita gente e os que tiveram sucesso nessa empreitada passaram a ser objeto de múltiplas emoções. Assim, o dinheiro se associou a emoções íntimas e a outras que os mais ricos provocam nas outras criaturas. Perto do quanto se pensa no tema, é curioso observar que se fala pouco sobre o dinheiro. Nesse aspecto, passou a ser algo semelhante ao sexo: transformou-se em assunto tabu, importantíssimo, mas pouco conversado. Falar muito em dinheiro tornou-se 'cafona', daí um certo recato da maioria. Em paralelo, as questões relativas ao tema só aumentaram de importância. O bacana passou a ser o usufruto das vantagens materiais sem falar sobre valores, como se fosse natural ter acesso aos privilégios que só o dinheiro pode oferecer. Penso que as pessoas só falam sobre suas posses sem constrangimento com seus agentes financeiros" (GIKOVATE, Flávio. Por que temos tanto medo de falar sobre dinheiro?. Disponível em: <http://flaviogikovate.com.br/por-que-temos-tanto-medo-de-falar-sobre-dinheiro/>. Acesso em: 6 mar. 2018).

[47] Segundo Ugo Mattei, com o desaparecimento do Estado do Bem-Estar, o acesso à justiça tinha sido transformado em um não problema (como testemunhado pelo desaparecimento de toda a literatura acadêmica) e substituído por um "inventado" problema, o da "explosão de litígios". Por conseguinte, a solução para o dilúvio de litígio criava uma nova "indústria", a de ADRs em favor dos atores econômicos mais fortes (MATTEI, Ugo. Access to Justice. A Renewed Global Issue? cit.). Trata-se de uma visão mais moderna e adaptada com algumas críticas contundentes a pontos expostos na tese, contudo, desde que contextualizadas e adaptadas à realidade brasileiras, tal qual as doutrinas de Galanter e Owen Fiss, contribuem de modo decisivo para as conclusões do estudo.

[48] Tratando das dificuldades advindas do próprio sucesso das políticas do estado social, Habermas discorre exatamente sobre o problema com o qual agora nos deparamos, qual seja, a ineficiência do Estado social em lidar com o aparato criado para efetivar suas próprias políticas e as deficiências que passam a decorrer de tal ineficiência: "Com referência a isso, emergiram recorrentemente duas perguntas. Dispõe o Estado intervencionista de poder bastante, e pode ele trabalhar com eficiência suficiente para domesticar o sistema

Centramos nossa atenção num ponto de debate que é o custo suportado pelo Estado brasileiro no modelo atual. Se, proporcionalmente, gastamos cerca de dez vezes o percentual do PIB que gastam Espanha, Argentina, Inglaterra, Chile, Estados Unidos para o cumprimento de funções semelhantes por meio de estruturas também similares, parece-nos claro que contamos com um serviço público ineficiente e essa ineficiência não vem sendo combatida pelas reformas processuais das últimas décadas.

De outro lado, se a despesa com toda a estrutura relacionada a propiciar um amplo e irrestrito acesso ao Judiciário corresponde a valores expressivos, fundamentais para a realização de outras obrigações constitucionais da República, devemos questionar a legitimidade desses gastos ou dessa opção, ou seja, o *trade-off.* Se essa é a decisão, deve também restar claro que as demais alternativas foram conscientemente afastadas por quem de direito. Por fim, se é possível vislumbrar resultados semelhantes ou até superiores por meio de um modelo mais econômico, importante analisar as razões que o levaram a ter sido relegado ao longo do tempo, nos códigos e reformas que se sucederam. O argumento jurídico-econômico que será trabalhado em todo um capítulo na sequência é apresentado, inicialmente, como principal caracterizador da ineficiência do sistema, mediante o peso desproporcional que ele representa para a economia do País. Sendo a eficiência um princípio constitucional fundamental, tal qual a boa gestão dos recursos públicos, partimos para a caracterização da inconstitucionalidade do acesso à justiça atual, desproporcional do ponto de vista econômico-financeiro. Trata-se de uma inconstitucionalidade relacionada mais às consequências da estrutura normativa do que às suas disposições propriamente, pois a falta do equilíbrio, em última análise, impacta as condições do Estado de prover outras necessidades fundamentais também dispendiosas.

---

econômico capitalista no sentido de seu programa? E será o emprego do poder político o método adequado para alcançar o objetivo substancial de fomento e proteção de formas emancipadas de vida dignas do homem? Trata-se, pois, em primeiro lugar, da questão dos limites da possibilidade de conciliar capitalismo e democracia e, em segundo lugar, da questão das possibilidades de produzir novas formas de vida com instrumentos burocrático-jurídico" (A nova intransparência: a crise do estado de bem-estar social e o esgotamento das energias utópicas. Tradução de Carlos Alberto Marques Novais. *Revista Novos Estudos*, Edição 18, v. 2, p. 103-114, set. 1987).

O mesmo argumento jurídico-econômico é utilizado numa tentativa de conformação dogmática, em que os princípios constitucionais estariam equilibrados numa perspectiva razoável, ou pelo menos capaz de alcançar certo equilíbrio, o que nos parece fundamental à convivência harmônica deles.

Finalmente, os elementos econômicos são usados como fator diferencial em relação aos paradigmas estrangeiros e como razão suficiente para sua adoção imediata pelo sistema nacional, seja pela reformulação legislativa, mas primordialmente por uma drástica reestruturação interpretativa dos institutos processuais em vigor. Exemplificando as distorções aferíveis do ponto de vista econômico-financeiro, não partimos dos postulados da *law and economics* ou da influência prévia da economia sobre o direito, mas de um ângulo inverso, ou seja, dos efeitos benéficos na economia e na comunidade de interpretações jurídicas sensíveis a argumentos econômicos.

### 1.2.3. O direito de ação/acesso sob uma perspectiva de razoabilidade – a contraposição do princípio constitucional da inafastabilidade aos da eficiência, economia e celeridade

A primeira tarefa a enfrentar é a de afastar a interpretação constitucional restritiva e ab-rogatória com relação ao conteúdo jurídico do acesso à justiça. Ao analisar o princípio da inafastabilidade da jurisdição como um direito fundamental, mas atrelando a outros princípios e direitos de igual envergadura, verifica-se que sua normatividade não prescinde do equilíbrio que deve ser próprio de uma adequada interpretação do texto constitucional.[49] O direito de acionar o Judiciário e ter sua questão apreciada por um juiz (*one day on court*) certamente não é o objetivo final da República.

---

[49] Segundo Dworkin, "Se não podemos exigir que o governo (*government*) chegue a respostas corretas sobre o direito de seus cidadãos, podemos ao menos exigir que o tente. Podemos exigir que leve os direitos a sério, que siga uma teoria coerente sobre a natureza desses direitos, e que aja de maneira consistente com suas próprias convicções" (*Levando os direitos a sério*. Tradução de Nelson Boeira. São Paulo: Martins Fontes, 2010. p. 286). Na tradução aparece governo como correspondente à expressão em inglês *government*, tendo o próprio tradutor ressaltado que ela se refere ao conjunto dos três poderes, Executivo, Legislativo e Judiciário.

O acesso à justiça e seu corolário principiológico vem sendo interpretado de forma isolada, sem se atentar para as consequências e as implicações de outros princípios do texto constitucional.[50] É equivocado apontar *a priori* que alguma limitação ao acesso por meio de condicionantes razoáveis violaria o princípio da inafastabilidade, e, de outro lado, o acesso incondicionado e amplo vem causando estragos, mormente no princípio da eficiência e malferindo outros direitos fundamentais, como à boa gestão.[51]

Sem dúvida, a interpretação juridicamente válida não se afasta do respeito a um princípio consagrado, porém não admite o desrespeito a outros de mesmo quilate, e a forma mais comum de desrespeitá-los é

[50] A interpretação atual do conceito de inafastabilidade parece-nos uma opção pela teoria das regras de Alexy. Por tal teoria, apesar de se tratar de normas de direitos fundamentais e com hierarquia constitucional, ainda assim a colisão com o princípio da inafastabilidade tem levado os demais princípios a ser considerados inválidos ou não vinculativos (ALEXY, Robert. Direitos fundamentais no estado constitucional democrático: para a relação entre direitos do homem, direitos fundamentais, democracia e jurisdição constitucional. Tradução de Luís Afonso Heck. *Revista de Direito Administrativo*, Rio de Janeiro, v. 217, p. 55-79, jul.-set. 1999).

[51] Em claro exemplo dessa ausência de ponderação, a ADI 2139 MC/DF, rel. Min. Octavio Gallotti, 16.08.2007 (ADI-2139) e ADI 2160 MC/DF, rel. Min. Octavio Gallotti, 16.08.2007 (ADI-2160) foram deferidas para assegurar, com relação aos dissídios individuais do trabalho, o livre acesso ao Judiciário, independentemente de instauração ou da conclusão do procedimento perante a comissão de conciliação prévia. O mesmo entendimento foi recentemente mantido no julgamento das ADIs 2139 e 2160, em que foi conferida interpretação conforme a Constituição ao artigo 625-D da CLT, possibilitando o ajuizamento direto da reclamação trabalhista, sendo a conciliação prévia uma mera faculdade.

De outro lado, no Reino Unido: "Preocupado com a efetiva resolução da controvérsia antes mesmo de ela reclamar a atuação do poder judiciário, as CPR introduziram diversos atos procedimentais que devem ser cumpridos, *de forma obrigatória*, pelas partes nesta fase pré-processual. Com isso, pretende o legislador que cada parte tenha conhecimento da força dos argumentos da parte contrária, por meio da eficiente troca de informações. O contato prévio entre as partes, intermediado por seus procuradores, permite uma nova tentativa de negociação e resolução não judicial. [...] como método de controle, bem como requisito para a definição do procedimento futuramente adotado, foram criados formulários de preenchimento obrigatório pelas partes, também denominados *allocation questionaire* n.º 149 (*small claims track*), n.º 150 e n.º 151 (*amount to be decided by the court*)" (sem grifos no original) (GONÇALVES, Glaucio Ferreira Maciel; BRITO, Thiago Carlos de Souza. Gerenciamento dos processos judiciais: notas sobre a experiência processual civil na Inglaterra pós-codificação. *Revista da Fac. Direito UFMG*, Belo Horizonte, n. 66, p. 291-326, jan.-jun. 2015).

ignorando-os na fundamentação que justifica as decisões políticas e as decisões judiciais. Conforme adiantamos, a linha de tal ponderação vai trilhar parte dos caminhos abertos pela doutrina de Alessi ao apontar como direito fundamental do cidadão a boa gestão, além das doutrinas de Dworkin e Alexy ao tratar da interpretação e ponderação de princípios fundamentais da ordem constitucional.

O atual modelo de acesso à justiça e a prestação do serviço público pelo sistema judicial seria inconstitucional de acordo com tal perspectiva e, ao apontarmos superficialmente essa inconstitucionalidade, passamos a aprofundar uma linha que possa ser considerada mais equilibrada do ponto de vista constitucional. A tarefa compreende a busca de novos elementos para incrementar a discussão, bem como a integração de todos os princípios relevantes no debate, buscando não tergiversar em nenhum ponto no momento da interpretação das normas constitucionais.

Por ora, não vamos nos aprofundar nas considerações sobre os princípios democrático e republicano, pois o resultado da atual sistemática é uma desproporção acentuada que impacta diretamente camadas menos favorecidas da população, arrefecendo as possibilidades orçamentárias de outras áreas socialmente mais significativas.[52] Aceitável que se refutem por fundamentos outros os resultados da ponderação, mas o que não nos parece adequado e pretendemos reparar é que se elejam princípios favoritos de ocasião e se esgote neles o todo da tarefa interpretativa. Nesse passo, cabe-nos apresentar elementos próprios da interpretação visando tecnicamente aprimorar o conceito de acesso à justiça conforme estampado no texto do inciso XXXV do artigo 5.º da Constituição, mas convivendo de forma mais harmoniosa com os direitos dos artigos 6.º e 7.º, com o artigo 37, entre outros, ante a inexistência de direitos absolutos

---

[52] O amplo acesso à justiça não se encontra a salvo. Habermas chama a atenção para o fato de que as camadas mais favorecidas, até mesmo as que ascenderam em virtude das políticas do Estado de bem-estar, tendem a assumir uma postura contrária a essas mesmas políticas quando ameaçadas suas conquistas em períodos de crise: "Em tempos de crise, os estratos de eleitores ascendentemente mobilizados, a quem o Estado de bem-estar aproveitou diretamente, podem desenvolver uma mentalidade de conservação das posições alcançadas e unirem-se com a velha classe média, em geral com as camadas tidas como 'produtivas' num bloco defensivo contra os grupos menos favorecidos ou marginalizados" (A nova intransparência: a crise do estado de bem-estar social e o esgotamento das energias utópicas cit., p. 103-114).

e a necessidade de condicionantes razoáveis que tornem possível essa coexistência.

### 1.2.4. O formato institucionalizado do acesso à justiça brasileiro como fator de ineficiência do sistema e as possibilidades de sua racionalização

A afirmação do título tem valor heurístico e se constitui no cerne da hipótese ora defendida. Não nos interessa nesse momento estabelecer historicamente as razões da ampliação da litigância judicial no País, do crescimento exponencial do próprio Poder Judiciário e dos órgãos governamentais relacionados ao que se convencionou chamar de acesso à justiça.[53] O objeto é a discussão acerca dos problemas oriundos dessa ampliação e da forma do acesso, além do olhar sobre o ponto específico da proporcionalidade do formato atualmente admitido. A tese que buscamos compartilhar e fundamentar é o elemento da inadequação dos meios de acesso à justiça/Judiciário como principal fator responsável pelo excesso de gastos do sistema.

A litigiosidade como parte da cultura brasileira é um falso pressuposto. Tudo o que não é elemento da natureza é elemento da cultura, o que diz muito pouco sobre a questão e em nada contribui para a solução do problema. No caso, refinamos o conceito para traçar uma linha que conecte a tradição brasileira mais recente de amplo acesso à justiça/ Judiciário à ineficiência financeira do sistema como um todo.

Dessa perspectiva traçamos uma segunda linha na qual a eficiência depende da utilização de meios adequados ou, *a contrario sensu*, o uso de meios inadequados de acesso à justiça/Judiciário resultará em ineficiência e, por conseguinte, em afronta à boa gestão dos recursos, condição de concretização de diversos outros direitos fundamentais.

Nesta parte, o tema amplia-se bastante, a ponto de necessitarmos iniciar o debate sobre um modelo de acesso razoável e aprofundá-lo na sequência, com as bases da discussão devidamente estabelecidas. As

---

[53] De acordo com a pesquisa Judiciário em Números, o custo do Poder Judiciário saltou de 56,6 bilhões em 2009 para 84,9 bilhões em 2016. Houve ainda um constante crescimento do número de juízes e servidores no mesmo período. Relatório Justiça em Números do CNJ-2017. Disponível em: <http://www. cnj.jus.br/programas-e-acoes/pj-justica-em-numeros>. Acesso em: 17 jul. 2018.

ESTRUTURA E METODOLOGIA DA PESQUISA

premissas a serem lançadas e validadas complementam-se, pois o acesso não razoável inviabiliza qualquer pretensão do sistema no tocante a eficiência. De outro lado, as propostas relativas a adequação e razoabilidade teriam, segundo entendemos, resultados previsíveis e imediatos na convergência para essa eficiência. As passagens seguintes do texto, que encaminham o fechamento dos argumentos lançados no estudo e antecedem as conclusões propriamente ditas, funcionam como testes teóricos importantes para as premissas que pretendemos comprovar verdadeiras. A lógica jurídica não prescinde de premissas comprovadamente verdadeiras para que se obtenha uma conclusão também verdadeira a partir de uma inferência válida, sem sofismas ou falácias.

A partir desses elementos, dividimos a explanação analisando em capítulos distintos o acesso razoável pautado por paradigmas comparados e o acesso não razoável, ilustrando o modelo nacional. Os dados da Cepej[54] são a base dessa análise, servindo como um referencial seguro a partir do qual os números nacionais e de outros países de fora da União Europeia podem ser comparados com o maior rigor metodológico possível.

A aventura pelas teorias econômicas e a tentativa de aprofundar a pesquisa empírica são, certamente, a parte mais desafiadora e interessante do trabalho. A análise financeira de um princípio amplamente consagrado e a fundamentação no sentido de sua alteração pautada basicamente por dados econômicos trata-se de uma tarefa de grande responsabilidade. Nesse ponto, as possibilidades são infinitas, mas os limites do estudo contentam-se com alguns exemplos que ilustram as conclusões, mas que, futuramente, podem ser ampliados e aprofundados. Na sequência, visando contribuir na busca por um modelo nacional mais equilibrado, optamos por concentrar a análise em alguns institutos processuais com potencial, segundo entendemos, de alterar decisivamente o panorama da eficiência da prestação estatal. Para tanto, elegemos a predominância de um modelo coletivista como principal fator e, de forma complementar, a política de indução à conciliação, mediação e arbitragem e a presença de condicionantes ao acesso, notadamente na judicialização de questões analisadas administrativamente. Como realidade atual mais palpável e promissora, indicamos a inserção da tecnologia como forma apta a lidar

---

[54] Informações e dados disponíveis em: <https://www.coe.int/t/dghl/cooperation/cepej/default_en.asp>.

com o andamento dos processos repetitivos e automatizar a aplicação dos precedentes dos tribunais superiores.

### 1.2.5. Conformação da tese ao sistema jurídico positivado

As propostas trazidas na parte final do presente estudo e seus fundamentos, principalmente os econômicos, não encontram sustentação como um todo na atual interpretação doutrinária ou jurisprudencial das normas em vigor, constitucionais ou legais. O que não implica que não haja diversos pontos de interseção que podem ser aprofundados e mais bem explorados no desenvolvimento da teoria.

É fato que a questão da eficiência econômico-financeira não estava no radar da comissão nem foi ponto aprofundado nos estudos e discussões que antecederam a edição do novo Código de Processo Civil, o que mais uma vez não impede que os novos instrumentos ali estabelecidos sejam utilizados com essa específica preocupação.

Da mesma forma, não se encontram com frequência na jurisprudência de nossos tribunais fundamentos de ordem econômico-financeira determinantes para a conclusão em torno da interpretação de dispositivos processuais, o que também não é empecilho para nos valermos dos precedentes que se alinham aos objetivos que aqui propugnamos.

A conformação da tese ao sistema atual é um esforço interpretativo de adaptação de institutos presentes no sistema processual às necessidades da proposta entabulada. Ao mencionarmos a opção por equilibrar o trabalho entre os panoramas *lege lata* e *lege ferenda*, indicamos a necessidade de encaminhar uma perspectiva independente de alterações do ordenamento jurídico objetivo. Nesse momento, o desafio torna-se maior, posto que a sistemática argumentativa se altera de um padrão mais demonstrativo para outro mais indutivo. Pelo aprofundamento e pela revisitação de conceitos presentes na legislação atual e da atualização deles por meio de realidades correlatas do direito comparado, buscamos estabelecer um ambiente de algum conforto interpretativo para a aplicação das proposições desenhadas no texto.

Alguns institutos importantes na condução dos processos, inclusive presentes na nova sistemática inaugurada em 2015, são vitais no que concerne à viabilidade da utilização prática das ideias aqui debatidas. A tarefa seria retirar da vontade legislada algo diverso da vontade legislativa (se é que essa vontade existe de fato), adequando ao texto constitucional os institutos processuais. Importante, no entanto, que tal se dê também a partir do ordenamento posto, razão pela qual pretendemos nos valer da visão estrangeira de institutos comuns, presentes e aplicáveis ao ordenamento brasileiro, mas com bases completamente diversas em outros países.

Da mesma forma, garimpando posições jurisprudenciais que sirvam de referência ao conceito de acesso razoável, buscaremos reforçá-las com argumentos novos, notadamente os de ordem econômico-financeira, que certamente contribuirão para fomentar o debate e nele acrescentar novas perspectivas.

Verificamos, então, que alguns posicionamentos jurisprudenciais e reformas legislativas pontuais mais atentas à realidade social e às deficiências reais do sistema nos fornecem indícios de uma alteração do pensamento dominante. Embora ainda bastante minoritária, pode estar se avizinhando a consolidação de uma posição mais palatável dos tribunais com relação às proposições aqui defendidas. Evidentemente não há posição que revise as linhas gerais do processo civil nacional com base em uma necessidade de adequação financeira do serviço à realidade orçamentária, porém outras necessidades podem gerar essa revisão e, como consequência natural e desejável, a adequação aqui propugnada.

# 2.

# O Sistema em Crise

**2.1.  O conceito do acesso à Justiça, ao Judiciário e ao Direito e sua evolução**

**2.1.1.  A distribuição liberal das funções do poder estatal no Brasil**

A proposta de um Judiciário mais enxuto com um orçamento proporcional às funções exercidas e muito inferior ao atual vem em um momento em que ele se encontra mais fortalecido. Na balança do equilíbrio entre as funções do poder estatal, o prato do Judiciário nunca esteve tão pesado. Nesse momento, o chamado presidentismo[55] brasileiro passa por uma conjuntura sem precedentes, em que as principais decisões político--institucionais têm trânsito obrigatório pelo Judiciário.[56]

---

[55] Segundo Sérgio Resende de Barros, para designar a deturpação do presidencialismo no Brasil cunhou-se o termo: presidentismo. "Entre nós, tradicionalmente, não há presidencialismo, mas sim presidentismo, pois em verdade não temos um 'Presidente da República', mas uma 'República do Presidente', caracterizada pela hipertrofia do Poder Executivo: a exagerada concentração de poderes, inclusive do poder-função de legislar, nas mãos do Presidente da República. Essa situação é uma das causas dos conflitos de Poderes que atormentam o Estado brasileiro, envolvendo até o Judiciário" (Medidas, provisórias?. *Revista da Procuradoria-Geral do Estado de São Paulo*, São Paulo, v. 53, p. 233-247, jun. 2000).

[56] Sobre o tema: BOBBIO, Norberto. *O futuro da democracia*: uma defesa das regras do jogo. Rio de Janeiro: Paz e Terra, 1986; RAMOS, Elival da Silva. *Ativismo judicial*: parâmetros dogmáticos. São Paulo: Saraiva, 2010.

Segundo Paulo Bonavides:

> Todo o prestígio que o princípio da separação de poderes auferiu na doutrina constitucional do liberalismo decorre da crença no seu emprego como garantia das liberdades individuais ou mais precisamente como penhor dos recém-adquiridos direitos políticos da burguesia frente ao antigo poder das realezas absolutas.[57]

Nas concepções liberais tradicionais a separação de poderes funcionaria como um sistema intermediário em que a liberdade individual restaria preservada ante eventuais arroubos autoritários de parte do Estado, porém restaria ainda imobilizada a progressiva democratização com a inevitável e total transferência do poder ao povo.[58] No Brasil, o equilíbrio necessário para o correto funcionamento do sistema nunca existiu, havendo uma perene concentração de poder nas mãos do chefe do Executivo, seja em períodos de normalidade constitucional, seja de forma ainda mais agravada em períodos de exceção. Tal desequilíbrio permanece em momentos de crise institucional e enfraquecimento da figura do presidente, quando então a distorção, em vez de ser corrigida, é alterada, sendo a proeminência transferida a outro poder, no caso, o Judiciário.

Num contexto de equilíbrio, caberia ao Poder Judiciário atuar eliminando os conflitos surgidos na aplicação das regras legais. A diferença pode ser percebida na concepção trabalhada por Luís Roberto Barroso de substancialismo e procedimentalismo. Os procedimentalistas apontam para uma posição do processo à luz das normas constitucionais de fiscal do adequado funcionamento do processo político deliberativo, enquanto os substancialistas invocam a necessidade de implementar, por meio do processo democrático, direitos fundamentais, princípios e fins públicos que realizem os grandes valores de uma sociedade efetivamente democrática: justiça, liberdade e igualdade.[59]

---

[57] BONAVIDES, Paulo. *Ciência política* cit., p. 152.

[58] Idem, p. 153.

[59] BARROSO, Luís Roberto. *Curso de direito constitucional contemporâneo*: os conceitos fundamentais e a construção do novo modelo. 5. ed. São Paulo: Saraiva, 2015. p.117. O agora Ministro do Supremo Tribunal Federal, Luís Roberto Barroso, adota uma inequívoca postura

Ao longo da história, o Judiciário brasileiro vinha cumprindo o seu papel dentro de uma proposta conservadora de sistema político, assumindo sua posição nos exatos contornos da doutrina liberal, com exceções pontuais caracterizadoras de avanços, mas que apenas confirmam a regra, posto que também são percebidos diversos retrocessos ao longo do tempo. Mais recentemente, coincidindo com momentos de enfraquecimento político da figura do Presidente da República e diante de um já combalido Poder Legislativo, o Judiciário passou a exercer um papel de protagonismo na cena político-institucional.[60] O desequilíbrio interno do sistema tripartite brasileiro acabou por colocar o Judiciário, mais precisamente o Supremo Tribunal Federal, numa função moderadora, sendo ele instado a dar a última palavra em praticamente todas as decisões políticas importantes da nação.[61]

O receio reside na insegurança decorrente do arbítrio ou da incorreta aplicação da lei, ou seja, segundo o Professor José Ignacio Botelho de Mesquita, citando Locke, a liberdade consistiria "em não estar sujeito de modo algum à vontade inconstante, incerta, desconhecida, arbitrária, de um homem". Nesse ponto, restaria traçada a linha divisória entre a liberdade e a tirania.[62]

A concepção do processo democrático e o acesso à justiça razoável não afastam uma segura precaução contra o autoritarismo e contra o arbítrio judicial, porém agregam outras preocupações próprias do estado social, como o acesso à justiça material, eficiência, não pela lei, mas apesar da lei. A sombra do autoritarismo despótico, do chamado "governo dos juízes", do uso arbitrário de cláusulas abertas e princípios vagos,

---

substancialista e, pode-se dizer, capitaneia uma posição da Suprema Corte que interpreta a Constituição com base em tal posição.

[60] Nesse sentido: AVRITZER, Leonardo. Judicialização da política e equilíbrio de poderes no Brasil. In: _____ et al. (Coord.). *Dimensões políticas da justiça*. Rio de Janeiro: Civilização Brasileira, 2013. p. 215-220.

[61] A interferência e a própria presença do Supremo Tribunal Federal no processo legislativo federal e em questões internas do Congresso Nacional, que eram exceções pontuais, tornaram-se regra, sendo a Corte instada em praticamente todos os projetos de importância do Congresso Nacional a decidir sobre um ou outro ponto do procedimento adotado (MS 32033/DF; ADI 5127; MS 34530/DF).

[62] BOTELHO DE MESQUITA, José Ignacio. Processo civil e processo incivil. *RePro*, São Paulo, n. 131, p. 250-257, jan. 2006.

também não recomenda a volta ao restrito sistema liberal de direitos e liberdades individuais. Pretendemos nos afastar justamente dessa visão liberal clássica, em que a lei é o único instrumento de defesa no confronto da sociedade civil com a potestade estatal e o objeto dessa proteção é a liberdade política do povo. Numa visão mais democrática, "o povo" e o Estado não se encontram em confronto; na verdade, "o povo" não é um amálgama unitário em busca de liberdade, mas sim diversas realidades separadas, algumas delas em confronto desigual entre si. Nesse aspecto, seria o Estado o único ente capaz de mediar o conflito e minimizar os efeitos da desigualdade.

Para tal mister, a atuação dos juízes deve se dar em menos casos, mas de maior conteúdo, deve abranger parcelas maiores da sociedade e influenciar não o conteúdo das decisões políticas, mas a garantia de que tais decisões sejam pautadas por critérios de proporcionalidade, racionalidade e isonomia e visem a otimizar a observância geral dos direitos fundamentais da sociedade. O funcionamento do Judiciário, portanto, deve ser instrumental e o substancialismo deve voltar seus olhos para os interesses da coletividade e não converter-se em um empecilho aos direitos mais gerais.

## 2.1.2. A sociedade atual, as demandas de hoje e o Judiciário do século XIX

Numa sociedade de massas, essencialmente burocratizada, os litígios de interesse público são a regra, não a exceção. São lides com natureza repetitiva, que contrapõem litigantes eventuais aos habituais, tendo por fundamento a irresignação quanto a condutas fundadas em políticas públicas, de mercado ou regulatórias.[63]

As relações jurídicas de nossos tempos não têm o mesmo perfil das de décadas atrás, devendo o direito direcionar seu foco não apenas para

---

[63] Trecho da decisão do Ministro Ricardo Lewandowski na decisão que homologou a ADPF 165, que tratava do pagamento de diferenças de expurgos inflacionários relativos aos planos econômicos Bresser, Verão e Collor II. Nesse mesmo parágrafo, o e. Ministro cita o conceito clássico weberiano de burocracia e a doutrina de Owen Fiss quando trata da existência de litigantes habituais e eventuais.

as relações tradicionais, mas também para aquelas que decorrem de um novo mundo virtual, globalizado e que têm o condão de afetar um número indeterminado e cada vez maior de pessoas.[64] A interpretação, seja da lei, seja da constituição, deve evoluir e acompanhar os avanços do sistema social que ela visa estabilizar. Tal qual o Estado não é um fim em si mesmo, as normas jurídicas também são dotadas de instrumentalidade e devem perquirir a todo tempo se vem cumprindo seu papel.[65]

De acordo com o IBGE,[66] mais de 80% da população brasileira vive atualmente em cidades. Com base em dados dessa natureza, é fácil presumir que os conflitos intersubjetivos foram substituídos por outros ligados à nova condição de vida das pessoas, de modo que o ideário do processo liberal (civil) continua importante, mas não é suficiente. No passado, o contrato de compra e venda, trazido pelo Código Civil, mereceu destaque nas obras jurídicas mais importantes, no entanto, nos dias atuais, para cada contrato de compra e venda regido pelo Código Civil, milhares são celebrados sob os rigores do Código de Defesa do Consumidor.[67]

---

[64] Calmon de Passos aponta que: "A democracia social, o *welfare state*, a sociedade de massas, o fenômeno da urbanização e das megalópoles, o perecimento da sociedade dos vizinhos e o nascer da sociedade da solidão, das casas e do congestionamento das ruas, a socialização da agressão, que deixou de ser problema de alguns, para fazer-se preocupação de todos, a coletivização das carências, hoje igualmente compartilhadas por milhares de seres humanos, solidários no infortúnio e tão solitários na fortuna, tudo isso levou à proteção jurídica de interesses que, nem por serem transindividuais ou coletivos, ou sociais, deixam de ter conteúdo de direitos, inclusive em sua dimensão subjetiva" (*Mandado de segurança coletivo, mandado de injunção*, habeas data. Rio de Janeiro: Forense, 1991. p. 11).

[65] Sobre as chamadas cláusulas pétreas ou superconstitucionais, a premissa básica é que sejam moldáveis à estrutura democrática e social daquele período, sob pena de ruptura e de se colocar em risco a própria continuidade daquele texto constitucional. "Interpretadas adequadamente, as cláusulas constitucionais não são obstáculos à democracia, mas servirão como mecanismos que, num momento de reformulação da ordem constitucional, permitirão a continuidade e o aperfeiçoamento do sistema constitucional democrático, habilitando cada geração a escolher seu próprio destino sem, no entanto, estar constitucionalmente autorizada a furtar esse mesmo direito às gerações futuras" (VIEIRA, Oscar Vilhena. *A constituição e sua reserva de justiça*. São Paulo: Malheiros, 1999. p. 247).

[66] IBGE. Fonte estatística. Disponível em: <http://www.ibge.gov.br/series_estatisticas>. Acesso em: 13 maio 2018.

[67] Sobre o tema, colhe-se a passagem da obra do Professor of Law Frank Sander de Harvard: "Not only has there been a waning of traditional dispute resolution mechanisms, but with the complexity of modern society, many new potential sources of controversy have emerged

Essa nova face da sociedade é, de fato, solo fértil para o surgimento de relações multifacetadas que implicam, inexoravelmente, o nascimento de lides complexas, totalmente diferentes das até então experimentadas pela sociedade pós-industrial.[68]

Os institutos clássicos do processo civil, mesmo oriundos de um regime legal em que a democracia se encontrava restaurada, contam com uma índole eminentemente privatística e a discussão que não pode ser contornada é se esses institutos são hábeis a ensejar as melhores condições e as melhores ferramentas para as crises decorrentes das relações jurídicas atuais.[69] A ideia de um acesso à justiça amplo, irrestrito e individual como decorrência do disposto no inciso XXXV do artigo 5.º da Constituição Federal não é correta de acordo com a doutrina constitucional mais moderna, não é coerente com os demais postulados constitucionais nem é adequada sob o ponto de vista socioeconômico.

Falam-se hoje, modernamente, em processos coletivos, processos estruturais e um devido processo legal próprio de cada espécie. Acesso à lei ou à ordem jurídica justa (*access to law*), e não mais acesso à justiça/Judiciário. Essas inovações, no entanto, não podem ser concebidas à margem da normatização positivada, não podem gerar a terceirização

---

as a result of the immense growth of government at all levels, and the rising expectations that have been creation" (Varieties of dispute resolution. *The Pound Conference*: perspectives on Justice in the future. St. Paul: West Publishing, 1979. p. 68).

[68] Paulo Cezar Pinheiro Carneiro comenta a alteração estrutural da sociedade e o surgimento dos chamados corpos intermediários. Leciona o autor que: "A modernização da sociedade, os novos meios de comunicação, a industrialização, a migração do campo para a cidade, o avanço tecnológico, as conquistas trabalhistas, tudo isso levou a uma reorganização da sociedade, a partir da experiência dos movimentos sociais" (*Acesso à justiça*: juizados especiais e ação civil pública. 2. ed. Rio de Janeiro: Forense, 2003. p. 25).

[69] Linn Hammergren, em pesquisa bastante ampla sobre os novos conselhos atrelados ao Poder Judiciário na América Latina, elenca como um dos objetivos enfrentados por esses conselhos a formulação e a implementação de políticas para a organização judiciária aumentar sua capacidade de responder às mudanças nas demandas da sociedade. "Policy making and implementation for the judicial organization to enhance its capability to respond to changing societal demands, ensure that its own resources are used in the most efficient and effective manner, and represent its institutional needs before other political actors" (Do judicial councils further judicial reform? Lessons from Latin America. *Rule of Law Series*. Democracy and Rule of Law Project, n. 28, June 2002. Disponível em: <https://carnegieendowment.org>. Acesso em: 3 set. 2018).

do direito ou transformá-lo em "salsicharia".[70] Canotilho anota que não há elementos impeditivos de alterações substanciais na norma constitucional, desde que legítimas. "Os limites materiais devam considerar-se como garantias de determinados princípios, independentemente de sua concreta expressão constitucional, e não como garantia de cada princípio como formulação concreta que tem na constituição."[71] O Direito é uma parte da sociedade. Nossa sociedade atual é plural e multifacetada. Não é possível pensar em regras imutáveis, senão em uma dialética perene em que os princípios e as regras que os concretizam estejam em permanente busca pelo equilíbrio.

### 2.1.3. A conexão (des)necessária entre Estado e jurisdição – A evolução do conceito nas legislações brasileira e estrangeira

A jurisdição pode ser definida como o poder de um Estado, decorrente de sua soberania, para ministrar a justiça ou uma parcela do poder estatal, da qual são investidos certos órgãos, com o objetivo de aplicar o direito nos casos concretos. Hodiernamente, aceita-se, não sem algum desconforto de parte da doutrina, que a jurisdição seja também exercida por entes legitimados fora dos quadros do Estado e do Poder Judiciário. O Professor Carlos Alberto de Salles apresenta tal conceito dilargado de jurisdição nos seguintes termos:

> Aceitar a inclusão no conceito de jurisdição de mecanismos não judiciais de solução de conflitos permite uma interpretação mais próxima das finalidades da norma de inafastabilidade discutida acima. [...] O modo judicial de solução de controvérsias deve ser visto como uma das formas dentro de um universo de alternativas parcial ou totalmente direcionadas aos mesmos fins.[72]

---

[70] Referência ao conhecido texto: A salsicharia do direito. *Exame*. Disponível em: <http://www. conjur.com.br/2011-abr-19/maior-escritorio-pais-537-advogados-faturamento-110--milhoes>. Acesso em: 3 jun. 2017.

[71] CANOTILHO, J.J. Gomes. *Direito constitucional e teoria da Constituição*. Lisboa: Almedina, 2003. p. 1069.

[72] SALLES, Carlos Alberto de. Mecanismos alternativos de solução de controvérsias e acesso à justiça: a inafastabilidade da tutela jurisdicional recolocada. In: FUX, Luiz; NERY JUNIOR, Nelson; WAMBIER, Teresa Arruda Alvim (Org.). *Processo e Constituição*: estudos em homenagem ao Professor José Carlos de Barbosa Moreira. São Paulo: RT, 2006. p. 779-792.

O objeto é reposicionar o Judiciário com relação ao tema do estudo, apontando o acesso ao Judiciário como algo distinto do acesso à justiça. Modernamente, os relatórios da Cepej já se referem a *access to law*, o que é um terceiro conceito, mais abrangente do que acesso ao Judiciário – uma vez que incluir arbitragem, resolução de conflitos por meio de acordo entre advogados de partes, TACs e afins –, mas menos normativo que o conceito de acesso à justiça.

Nessa linha, também o Observatório permanente da Justiça, entidade ligada à Universidade de Coimbra e coordenada pelo Professor Boaventura Souza Santos, segundo o qual o acesso ao direito teria um espectro mais amplo e garantiria a efetividade dos direitos individuais e coletivos.[73] Assim, o acesso ao Judiciário é parte do acesso ao direito e que, como *ultima ratio* deste, atua apenas quando inadequadas as demais formas de resolução dos conflitos.[74]

Também não é demais lembrar a existência de um dualismo ou um pluralismo jurisdicional dentro da própria organização do Estado em outros países. No Brasil, pelo menos no contexto estatal, vigora a jurisdição una. Todavia, em outros países vige a jurisdição dupla, havendo uma jurisdição administrativa paralela que não se submete ao Judiciário. Existem ainda jurisdições plúrimas, ou seja, ramos integrados à organização do Estado que têm como função a jurisdição de determinadas matérias, também não atreladas à posterior análise pelo Poder Judiciário. Nesses casos, trata-se de ramos administrativos próprios, integralmente autônomos e sem subordinação, não configurando hipóteses de distribuição de competência.[75]

---

[73] Diponível em <http://opj.ces.uc.pt/>. Acesso em: 9 abr. 2018.

[74] Lord Woolf, ao iniciar seu trabalho, analisando os princípios aplicados à jurisdição civil, mencionava um novo panorama, em que "Litigation will be avoided wherever possible". Nesse aspecto, a ideia da solução adjudicada como *ultima ratio* se coloca. Segundo o texto: "People will be encouraged to start court proceedings to resolve disputes only as a last resort, and after using other more appropriate means when these are available" (Final Report. The Judiciary and court resources. The principles, item 9. Disponível em: <http://webarchive.nationalarchives.gov.uk/+/http://www.dca.gov.uk/civil/final/contents.htm>. Aces-so em: 9 out. 2017).

[75] O mais famoso sistema de contencioso administrativo é o francês, que tem o contraponto no modelo inglês de jurisdição una. Há países como o Chile em que o contencioso administrativo se desdobra em diversos órgãos independentes e alheios à estrutura do Judiciário.

A presença concreta da duplicidade de jurisdição e, portanto, de um processo pautado por um sistema não unitário invoca a noção de modelos adequados ou mais bem adaptados à solução de certos conflitos. Nesse ponto, cumpre destacar a modificação do conceito das *Alternative Dispute Resolutions* (*ADRs*) para o de *adequate dispute resolution*, ou seja, passou-se do conceito mais simples de formas alternativas, extrajudiciais, de resolução de conflitos para o conceito mais sofisticado de formas adequadas de resolução dos conflitos, e é este último que, justamente, nos interessa.[76]

Sempre houve certa descrença na possibilidade de ofertar o direito e o respeito às leis às pessoas que Laura Nader nomeia nas sociedades industriais de "sem face".[77] De outro lado, acreditava-se na possibilidade de o Estado superar as resistências dos poderes econômicos e promover a "justiça para as pessoas", embora tal crença esteja permeada de certo ceticismo com o surgimento do que se convencionou denominar "indús-

---

Sobre o tema: BACELLAR FILHO, Romeu Felipe. Breves reflexões sobre a jurisdição administrativa: uma perspectiva de direito comparado. *Revista de Direito Administrativo*, Rio de Janeiro, n. 211, p. 65-77, jan.-mar. 1998.

[76] Ampliando o espectro de análise acerca do acesso à justiça, Mauro Cappelletti defende uma concepção tridimensional: "uma primeira dimensão reflete o problema, necessidade ou exigência social que induz à criação de um instituto jurídico; a segunda dimensão reflete a resposta ou solução jurídica, por sinal uma resposta que, além das normas, inclui as instituições e processos destinados a tratar daquela necessidade, problema ou exigência social; enfim, uma terceira dimensão encara os resultados, ou impacto, dessa resposta jurídica sobre a necessidade, problema ou exigência social. O papel da ciência jurídica, aliás, o papel dos operadores do direito em geral, torna-se assim mais complexo, porém igualmente muito mais fascinante e realístico" (Os métodos alternativos de solução de conflitos no quadro do movimento universal de acesso à justiça. *Revista de Arbitragem e Mediação*, São Paulo, ano 11, v. 41, p. 406, abr.-jun. 2014).

[77] "In the world of developing nations there is much talk of law – as an instrument of social engineering, as a vehicle for consolidating nationalist movements and homogenizing heterogeneous populations, and as a means of entrenching power positions, both indigenous and foreign. There are problems in using conflicting and changing systems of law, often imported wholesale, often based on an alien value system. [...] Those who often suffer are the preliterate, the illiterate, the common people closest to urban centers – people whose indigenous system of law are sabotaged under pressure for modernization. For such people the imposition of centralized, professionalized law has decreased their traditional access to law, at least until they learn by various means how to manipulate or use the newly introduced system" (NADER, Laura; TODD JR., Harry F. *The disputing process*: law in ten societies cit., p. 2).

tria das *ADRs*".[78] A preocupação é absolutamente legítima em sociedades em que o custo do processo é um real empecilho para as partes que não aderirem à conciliação ou às *ADRs*, o que não é o caso do Brasil.

Sobre tais premissas, portanto, assenta-se o salutar avanço da desconexão do conceito de jurisdição atrelado umbilicalmente ao Estado e ao Judiciário. A mesma sociedade capaz de produzir os avanços e tornar complexas e plurais as relações deve ser apta a criar mecanismos adequados de solução dos inevitáveis conflitos surgidos dessas novas circunstâncias. Pode-se notar em todas as áreas sociais e econômicas uma tendência à especialização e a uma divisão mais flexível das funções. Modernamente, não nos parece adequado ou mesmo possível a concentração de toda a função relativa à solução de litígios na instituição Judiciário e na pessoa dos juízes, não, conforme se verifica, sem uma enorme perda de qualidade e eficiência.

### 2.1.4. Jurisdição, acesso à justiça e burocracia estatal

Apesar de a jurisdição ser um serviço público e a burocracia ser, portanto, de sua essência, os excessos são ainda mais perniciosos que outras fragilidades clássicas como lentidão ou inefetividade. A interpretação cartorial dos institutos processuais e até constitucionais tem trazido problemas para o modelo de prestação jurisdicional.

Como descrito, a dinâmica das relações no mundo atual gerou uma profusão de questões de complexidade objetivas e subjetivas tais que, ao chegarem ao Judiciário, transformaram-no de uma função decisória

---

[78] Citando Gibbs, num artigo clássico: "The Kpelle moot: A therapeutic model for the informal settlement of disputes". Nader e Todd apontam a pressão psicológica pelo acordo: "In thys society the costs of not going to moot would be great" (*The disputing process*: law in ten societies cit., p. 27). No mesmo sentido, Owen M. Fiss: "Many lawsuits do not involve a property dispute between two neighbors, or between AT&T and the government (to update the story), but rather concern a struggle between a member of a racial minority and a municipal police department over alleged brutality, or a claim by a worker against a large corporation over work-related injuries. In these cases, the distribution of financial resources, or the ability of one party to pass along its costs, will invariably infect the bargaining process, and the settlement will be at odds with a conception of justice that seeks to make the wealth of the parties irrelevant" (Against Settlement (1984). *Faculty Scholarship Series*. Disponível em: <http://digitalcommons. law.yale.edu/fss_papers/1215>. Acesso em: 11 abr. 2018).

do Estado que proclama os ditames da lei para uma função burocrática de produção de decisões padronizadas e pouco refletidas. A atividade jurisdicional tem um funcionamento demasiadamente sofisticado e caro para trabalhar como uma simples repartição que distribui decisões e despachos padronizados. A consequência natural é, portanto, um desequilíbrio dos custos, ainda que a administração burocrática brasileira esteja evoluindo para um modelo gerencial.

Na mesma perspectiva, a pretexto de combater a morosidade e a repetição de feitos, observa-se uma crescente concentração do poder decisório no âmbito dos tribunais superiores, quase uma segunda etapa do exercício legislativo e uma confirmação dessa visão burocratizada. Por meio de contínuas reformas processuais, buscou-se canalizar para essas instâncias todos os grandes temas em discussão no Judiciário, deixando às instâncias inferiores, como era com a lei, o encaixe das decisões aos casos concretos. Na verdade, em grande medida, tais julgamentos concentrados produzem regras não legais, porém quase gerais e abstratas, senão também originais e, mais surpreendente, de observância vinculada pelos magistrados, que deixaram de ser a "boca da lei" e ora se tornam a "boca da jurisprudência".[79]

Necessário que se atente para a chamada terceirização da justiça, que é mais um aspecto do quadro de burocratização do Poder Judiciário brasileiro, em que os juízes funcionam como carimbadores, tentando dar vazão aos milhares de processos dos mais variados matizes que entulham as secretarias e gabinetes do País. Retrato disso é o número desproporcional de servidores no Judiciário em relação ao número de juízes (25 por 1), enquanto em outros países tal número não chega

---

[79] Discorrendo sobre "Administração racional e irracional da justiça, Max Weber aponta que o movimento democrático exige certa redução da autoridade formal da regra estabelecida. "As exigências por 'igualdade jurídica' e as garantias contra a arbitrariedade requerem objetividade racional e formal na administração (da justiça) contrastando com a escolha pessoal e livre com base na graça, como caracterizava o tipo mais antigo de autoridade patrimonial. O *ethos* democrático, onde permeiam as massas com uma questão concreta, baseado no postulado da justiça material para casos e indivíduos concretos, entra em conflito inevitável com o formalismo e com a objetividade impassível e regrada da administração burocrática" (WEBER, Max. *O direito na economia e na sociedade*. Tradução de Marsely De Marco Martins Dantas. São Paulo: Ícone, 2011. p. 332).

nem a 1 por 1, deslocando de forma inexorável a atividade-fim da jurisdição.[80]

Nesses termos, outra conclusão não nos parece razoável senão a de que o acesso ao Judiciário se distancia do acesso à justiça e mais ainda do acesso ao direito e aquele, em termos amplos, leva à burocratização da função estatal. Conceitos trazidos de períodos remotos dos estudos jurídicos têm conduzido a análise dos dispositivos e institutos por caminhos que dificultam a efetivação de princípios como os da eficiência, da razoável duração, do devido processo e do efetivo acesso à jurisdição.[81]

Numa análise sociológica dos elementos acesso à justiça e jurisdição no contexto brasileiro, tem-se evidente a presença de um desequilíbrio estrutural na formatação do serviço público em prol da burocracia e da concentração do poder. Primeiramente, apenas a burocracia organizada

---

[80] Reflexo dessa burocratização e dessa terceirização é a forma como são distribuídas as funções na estrutura do Poder Judiciário. Contendo dados de 42 países, o relatório da Cepej aponta que o número máximo de funcionários ligados a um juiz profissional (*Number of non-judge staff per professional judge*) é de 9,5 na Ilha de Malta e o mínimo de 0,9 em Luxemburgo. A mediana, excluindo os extremos, é de 3,4 funcionários (CEPEJ – European Commission for the Efficiency of Justice. European judicial systems: efficiency and quality of justice. *Cepej Studies*, n. 23, Edition 2016, p. 147). No Brasil, segundo o Justiça em Números de 2017, essa proporção alcançaria 23,55 funcionários/magistrado, ou seja, cerca de sete vezes a mediana europeia (Relatório Justiça em Números do CNJ-2017, p. 61. Disponível em: <http://www.cnj.jus.br/programas-e-acoes/pj-justica-em-numeros>. Acesso em: 17 jul. 2018). Se, de um lado, contamos com um número relativamente baixo de magistrados por habitante (8,2 x 100.000), enquanto a Alemanha conta com 24,7 x 100.000, somos o recordista em número de funcionários no Judiciário (205 x 100.000), enquanto a Inglaterra conta com apenas 30,6 x 100.000 e a Alemanha 66,9 x 100.000. Isso demonstra que os juízes funcionam como uma espécie de gerentes de uma linha de produção montada para gerar decisões, e não distribuir justiça. Números colhidos do estudo de: DA ROS, Luciano. O custo da Justiça no Brasil: uma análise comparativa exploratória cit.

[81] Num texto sobre a vertente da *Public Choice* no âmbito da *Law and Economics*, Marco Antônio Dias aponta, na linha da doutrina de James Buchanan que o crescimento dos gastos públicos está atrelado menos à perspectiva daqueles que se beneficiam dele e mais daqueles que se beneficiam pelo fato de o mesmo ser prestado: "Para compreender melhor a *Public Choice*, basta observar que o crescimento dos gastos públicos é devido ao autointeresse de eleitores, políticos e burocratas, ou seja, os economistas e cientistas políticos ligados à *Public Choice* têm procurado demonstrar que os gastos públicos e a burocracia crescem de forma significativa e ineficiente, tornando a empresa pública menos eficaz que a empresa privada" (James Buchanan e a política na "escolha pública". *Revista Ponto-e-Vírgula*, São Paulo, v. 6, p. 201-217, 2009).

e desenvolvida seria capaz de conviver com (não vencer) a montanha de processos que ultrapassam os cem milhões. Tal relação entre juízes e processos há muito já se afastou do conceito clássico de exercício da jurisdição e se aproximou drasticamente da administração dos feitos. O juiz brasileiro é hoje, em regra, um burocrata encarregado de coordenar uma grande equipe de funcionários e impedir que o número de processos saia absolutamente do controle.

De outro lado, essa não é a realidade dos tribunais superiores. Apesar de serem os magistrados com maior número de feitos sob sua responsabilidade, a burocracia estabelecida favorece-os, na medida em que conseguem vencer, com alguns subterfúgios, a grande massa de processos e deixa os magistrados livres para as principais decisões, sejam econômicas, técnicas ou políticas. Não havendo ordem obrigatória de julgamento de feitos, as causas mais relevantes são pinçadas e julgadas de acordo com o clássico exercício da jurisdição, enquanto as demandas comuns seguem pela esteira de decisões sem qualquer consideração individual. Acesso à justiça e acesso ao Judiciário podem ter sido sinônimos em algum momento histórico, porém, atualmente, as significações se afastam continuamente.

## 2.1.5. Jurisdição como serviço público – as ideias de Adrian Zuckerman

Metodologicamente, pretendíamos avançar sobre as referências doutrinárias em um momento posterior, no entanto a fixação da premissa da prestação jurisdicional como serviço público antecede uma série de outros conceitos que serão abordados na sequência. Alinhamo-nos nesse momento e buscamos chamar a atenção para a posição defendida pelo Professor Adrian Zuckerman, de Oxford, exposta com absoluta clareza no texto "Court adjudication of civil disputes: a public service that needs to be delivered with proportionate resources, within a reasonable time and at reasonable costs".[82] A ideia é que ao arbitrar disputas entre os membros da coletividade o Judiciário presta um serviço público, seja em um conceito mais restrito, seja em um conceito mais amplo e, ao fazê-lo,

---

[82] ZUCKERMAN, Adrian. Court adjudication of civil disputes: a public service that needs to be delivered with proportionate resources, within a reasonable time and at reasonable cost. Disponível em: <www.aija.org.au/ac06/Zuckerman.pdf>. Acesso em: 6 jul. 2017.

deve utilizar recursos proporcionais, operar com base em custos razoáveis e em tempo aceitável, como se exige de todo e qualquer serviço do Estado à disposição da população.[83]

As noções de serviço público vão de conceitos mais amplos a outros mais restritos, alguns incluindo a jurisdição e outros excluindo. Na concepção de Maria Sylvia Zanella Di Pietro, seriam três elementos combinados que gerariam tal definição: "o material (atividade de interesse coletivo), o subjetivo (presença do Estado) e o formal (procedimento de direito público)".[84] Cita ainda as opiniões de Mário Masagão, José Cretella Júnior, Leon Duguit, Roger Bonnard, que conceituam serviço público de um modo mais amplo, incluindo a atividade jurisdicional.

Embora seja possível perceber a existência de um serviço público com base em um critério mais restrito[85] e ligado a necessidades mais comezinhas dos cidadãos, o ponto que se coloca é que a atividade jurisdicional indubitavelmente deve prestar contas da qualidade e do custo. Tratando-se de atividade de interesse coletivo (elemento material), prestada pelo Estado (elemento subjetivo) e por meio do processo (elemento

---

[83] Os apontamentos citados na nota anterior também constam da parte das *Comparative dimensions* na obra *Justice in crisis*. No texto, Zuckerman aponta ser absurdo não apenas imaginar que nenhum recurso deva ser gasto na qualidade do serviço judiciário para a proteção dos direitos dos cidadãos, mas também que a qualidade desse serviço deve ser a melhor possível independentemente do valor que o Estado tenha que despender. Na sequência, cita Ronald Dworkin da obra *A matter of principle,* concordando com a seguinte passagem: "We are entitled to expect procedures which strive to provide a reasonable measure of protection of rights, commensurable with the general resources that the community has, and relative to the other public facilities that the community needs to provide" (*Civil justice in crisis*: comparative perspectives on civil procedure cit., p. 8, nota 5).

[84] DI PIETRO, Maria Sylvia Zanella. *Direito administrativo*. 19. ed. São Paulo: Atlas, 2006. p. 110.

[85] Dinorá Grotti discorre sobre os critérios admitidos pela doutrina clássica para delimitar a noção de serviço público. Menciona os critérios subjetivo, material e formal. Na linha do critério subjetivo, citando Celso Antônio Bandeira de Mello, a noção é bastante ampla: "[...] falar em serviço público é o mesmo que se referir a um complexo de órgãos, agentes e meios do Poder Público. É uma organização pública de poderes e competências". O critério material também não é restritivo, levando-se em conta "[...] a atividade que tem por objeto a satisfação de necessidades ou interesses [...]". Finalmente, há uma perspectiva apenas formal que conceitua o serviço público como "[...] um procedimento técnico que se traduz em um regime peculiar, o processo de direito público" (*O serviço público e a Constituição brasileira de 1988*. São Paulo: Malheiros, 2003. p. 43).

formal), não pode a jurisdição ficar infensa a considerações próprias de um serviço ou prestação estatal.

Na linha da eficiência do Poder Judiciário e da razoabilidade do acesso à justiça, apontamos para a lógica da conclusão de Zuckerman ao considerar absurdo dizer que temos o direito ao melhor procedimento legal, quando não podemos estabelecer a mesma reivindicação para o melhor serviço de saúde ou para o melhor sistema de transportes.[86] Da mesma forma e igualmente despropositado sugerir que o sistema não precisa esforçar-se para alcançar as exigências da justiça com custos razoáveis. Temos sim o direito de esperar um modelo que albergue um procedimento que se esforça continuamente para fornecer uma medida razoável de proteção dos direitos, com os recursos que nossa realidade socioeconômica permite despender com a administração de justiça.

Uma avaliação equilibrada acerca da importância de cada um dos serviços públicos é fundamental. O exercício da jurisdição não é mais importante que prestações básicas como saúde, educação e segurança, e, ainda que a comparação *vis-à-vis* seja imperfeita, diante das despro-porções orçamentárias manifestas, as objeções passam a ser válidas. A conclusão é a de que o Judiciário e seu entorno não podem ignorar a realidade econômico-financeira do País e não podemos pretender um orçamento para um Judiciário no nível da Alemanha, quando temos em alguns pontos serviços comparados aos países mais pobres da África.[87] O

---

[86] "It would be absurd to say that we are entitled to the best possible legal procedure wha-tever it takes, when we cannot lay a credible claim to the best possible health service or to the best possible transport system [...] We are entitled to expect a procedure that strives to provide a reasonable measure of protection of rights, commensurable with the resources that we can afford to spend on de administration of justice" (ZUCKERMAN, Adrian. Court adjudication of civil disputes: a public service that needs to be delivered with proportionate resources, within a reasonable time and at reasonable cost cit.).

[87] Ao tratar da questão do Estado social nos países pobres e emergentes, Thomas Piketty, talvez na obra mais lida sobre economia da história, *O capital no século XXI*, menciona que o nível de arrecadação dos Estados desenvolvidos depende de algumas escolhas, mas que parece ter se estabilizado em torno de 45% a 50% na Europa Ocidental e entre 30% a 35% nos Estados Unidos e Japão. Sobre os países em desenvolvimento ele aponta: "Se exami-narmos a evolução da taxa de arrecadação nos países mais pobres do planeta desde os anos 1970-1980, constataremos níveis extremamente baixos de arrecadação pública, em geral compreendidos entre 10% e 15% da renda nacional, tanto na África Subsaariana quanto no

equilíbrio orçamentário e a proporcionalidade nos gastos com os diversos serviços públicos é uma necessidade premente de todos os países, mais ainda daqueles que não obtiveram êxito em ofertar condições adequadas em relação às prestações estatais básicas.

## 2.2. Bases teóricas para a compreensão do problema
## 2.2.1. O reconhecimento do desequilíbrio financeiro do sistema brasileiro

É certo que a questão tratada no presente trabalho, ou seja, o desequilíbrio do modelo de acesso à justiça, tendo em conta as limitações financeiras do Estado, nunca mereceu a necessária atenção dos agentes públicos responsáveis, seja no âmbito legislativo, seja no judicial. O

Sul da Ásia (sobretudo na Índia). Se considerarmos os países de níveis de desenvolvimento intermediário, na América Latina, no Norte da África ou na China, observaremos taxas de arrecadação compreendidas entre 15% e 20% da renda nacional, inferiores às observadas nos países ricos com o mesmo nível de desenvolvimento. O mais espantoso é que o abismo em relação aos países ricos continuou a se aprofundar nas últimas décadas. Enquanto as taxas de arrecadação média nos países ricos cresceram antes de se estabilizar (de 30-35% no início dos anos 1970 para 35-40% desde os anos 1980-1990), nos países pobres e intermediários observou-se uma redução significativa. Na África Subsaariana e no Sul da Ásia, a taxa de arrecadação média era ligeiramente inferior a 15% nos anos 1970 e no início dos anos 1980 e caiu para pouco mais de 10% nos anos 1990-2000". E complementa: "Todas as experiências históricas sugerem que com apenas 10-15% da renda nacional em receitas fiscais é impossível ir muito além das funções soberanas tradicionais: se desejamos que a polícia e a justiça funcionem corretamente, não sobra muita coisa para financiar a educação e a saúde. Outra possibilidade é pagar mal a todos – policiais, juízes, professores primários, enfermeiros –, e nesse caso provavelmente nenhum serviço funcionará direito. Isso pode levar a um círculo vicioso, uma vez que a mediocridade dos serviços públicos contribuirá para minar a confiança no Estado, o que tornará mais difícil a mobilização de receitas fiscais significativas" (*O capital no século XXI*. Tradução de Mônica Baumgarten de Bolle. Rio de Janeiro: Intrínseca, 2014. p. 478). Na descrição de Piketty não se consegue encaixar o Brasil em nenhuma das situações. São particularismos sobre particularismos. Um país de desenvolvimento intermediário com uma carga tributária 32,38% em 2016 (http://idg.receita.fazenda.gov.br/dados/receitadata/estudos-e-tributarios-e-aduaneiros/estudos-e-estatisticas/carga-tributaria-no-brasil/carga-tributaria-2016.pdf), maior que Portugal, Reino Unido, Canadá, Suíça e Estados Unidos, mas longe de configurar um Estado social adequado, uma vez que lida com déficits enormes em serviços de saúde, educação e segurança, paga mal médicos, enfermeiros, professores e policiais, mas, de outro lado, remunera muitíssimo bem os profissionais das áreas jurídicas, do Legislativo, de Tribunais de Contas etc.

acesso à justiça no Brasil foi guiado à atual situação, de forma sistemática, distanciando-se enormemente do princípio da eficiência com breves espasmos em que se pretendeu conferir certa racionalidade econômica ao sistema. Não se propõe a solução de um problema, se adrede não se reconhece efetivamente a existência dele.

Temos um problema gravíssimo que, ao longo do tempo, ou foi tangenciado ou solenemente ignorado. Quando da edição do Código de Processo Civil de 1939, portanto há quase 80 anos, o sistema já convivia com dificuldades com relação à eficácia e à morosidade. Essa questão é o objeto central da preocupação dos juristas, eficácia e celeridade estão na ordem do dia há décadas, o que, a nosso sentir, é um rematado equívoco. Eficácia e eficiência são problemas diferentes e sistêmicos, sendo improdutivo tratar um e relegar o outro.

Lembramos anteriormente a Exposição de Motivos do Código redigida por Francisco Campos, em que o problema nacional era ilustrado pela citação à doutrina americana.[88] Apesar da clara advertência de Elihu Root, referindo-se ao Judiciário americano, de que não haveria país no mundo em que a administração da justiça custe de maneira tão desproporcional ao volume dos litígios, a política judicial brasileira manteve-se arcaica e ineficiente, voltando seus olhos apenas para a morosidade dos processos e ineficácia das decisões, pelo menos até 1973, quando do advento do recém-revogado Código de Processo Civil.

---

[88] Elihu Root comenta os mesmos defeitos em termos mais candentes: "Quando nos voltamos para o campo ocupado por nossa profissão, não podemos deixar de sentir que o nosso país seria mais forte se tivéssemos mudado as características da nossa administração da justiça. Não há país no mundo em que a administração da justiça custe de maneira tão desproporcional ao volume dos litígios. As delongas processuais, o mau ajustamento da máquina de distribuição da justiça e o exagerado formalismo do processo representam incalculável prejuízo de tempo para todos quantos, particulares ou serventuários, participam do funcionamento da justiça". Roscoe Pound assim se exprime: "Nossa organização judiciária é arcaica e nosso processo atrasou-se em relação ao nosso tempo. Incertezas, delongas, despesas e, sobretudo, a injustiça de decisões fundadas exclusivamente em pontos de etiqueta judiciária – resultado direto da nossa organização judiciária e do caráter antiquado do nosso processo – criaram nos homens de negócio o desejo de cada vez mais se absterem de recorrer aos tribunais" (Decreto-lei 1.608/1939. Exposição de Motivos. Disponível em: <http://www2.camara.leg.br/legin/fed/declei/1930-1939/decreto-lei-1608-18-setembro-1939-411638-norma-pe.html>. Acesso em: 6 jul. 2016).

Na década de 1970 e particularmente na década seguinte, 1980, acentuaram-se as mudanças sociodemográficas no Brasil, com a alteração do perfil da população e das relações jurídicas que começaram a se massificar.[89] Com o novel diploma de 1973, o problema da eficiência e o crescimento da estrutura do Judiciário agravaram-se em razão dos contornos eminentemente técnicos da codificação e sua desconexão com a nova realidade.

Nas décadas seguintes houve a consolidação dos problemas com um surto de ampliação tanto da demanda quanto do Judiciário em si, além das atividades paralelas que cresceram de forma desproporcional sob o discurso da necessidade de promover o acesso à justiça a todos os brasileiros a partir dos novos parâmetros inaugurados pela Constituição de 1988. Nesse ponto, a doutrina da ampliação predominou por meio de uma leitura enviesada e de uma profunda confusão conceitual.

Na obra de Zuckerman, na única análise comparativa internacional que engloba o Brasil (*Civil justice in crisis*), nosso problema é diagnosticado como dos mais complexos: "O Brasil aparentemente sofre de todos os males possíveis. O processo civil é complexo, antiquado e demorado; os custos são altos e o orçamento judicial é administrado de forma inadequada".[90] Ao contrário de outros países, como a Inglaterra e Holanda, o custo da prestação judicial aos cofres públicos não parece incomodar os analistas do sistema processual nacional. Preocupa-nos, no entanto, a possibilidade de agravamento da situação, com reflexos inclusive na celeridade e na eficácia das decisões num ambiente de restrições orçamentárias e crise econômica.

As reformas processuais anteriores e a edição do novo Código de Processo Civil poderão gerar benefícios na questão da celeridade processual e até mesmo na eficácia das decisões. Embora não nos convença o potencial das alterações trazidas pelo novo Código, conferimos a ele o

---

[89] MARTINE George. A redistribuição espacial da população brasileira durante a década de 80. *Texto para discussão* 329. Instituto de Pesquisa Econômica Aplicada – Ipea. Disponível em: <http://www.ipea.gov.br/agencia/images/stories/PDFs/TDs/td_0329.pdf>. Acesso em: 6 jul. 2016.

[90] ZUCKERMAN, Adrian. *Civil justice in crisis*: comparative perspectives on civil procedure cit., p. 347.

benefício da dúvida e a esperança que obtenha êxito em seus intentos. No entanto, ainda que a nova regra seja profícua em tal desiderato, não vemos como poderia alterar a realidade financeira do serviço estatal, dado que essa nunca foi uma das preocupações dos legisladores processuais, seja de 1939, 1973 ou 2015.

O novo sistema de precedentes construído ao longo dos anos por várias mãos, embora bastante singular e de constitucionalidade duvidosa, possui condições de lidar de forma mais racional com a questão das demandas de massa e dos processos repetitivos. Ocorre, entretanto, que tais processos não deixarão de existir, ou seja, serão ajuizadas as ações, terão que ser autuados, despachados, suspensos, analisados para a aplicação de tal ou qual tese prevalente etc. No caso de improcedência, a questão simplifica-se, porém, no caso de procedência, uma tese vencedora será ainda um grande catalisador para novas demandas individuais. Para tanto, serão necessários servidores, juízes, fóruns e, ainda que tenhamos um processo mais célere, teremos muitos processos, processos caros e a mesma desproporção do orçamento do Poder Judiciário. Isso desconsiderando que a fixação do precedente, em regra, somente soluciona uma parte pequena do problema. Caso haja necessidade de execução do julgado ou de adequação da situação fática à nova moldura jurídica positivada no precedente, a cognição judicial será indispensável e o ganho de eficiência mínimo.

Desse modo, nada indica, seja no texto do novo Código de Processo Civil, seja em qualquer posição atual apontada pelo legislador ou pela doutrina, primeiro, que haja o reconhecimento do problema da ineficiência econômico-financeira que continua praticamente imperceptível e, por conseguinte, que existam movimentos para tentar, de alguma forma, minimizá-lo.

Algumas contingências, então, devem ser reconhecidas: a) a autonomia financeira constitucional do Poder Judiciário e do Ministério Público, aliada a outros gastos obrigatórios com pessoal (procuradorias e defensorias), impõe ao erário uma despesa gigantesca, crescente e obrigatória; b) o PIB brasileiro recessivo ou pelo menos claudicante tende à estagnação ou a um crescimento modesto diante do aumento das despesas já mencionadas; c) o impacto financeiro, também crescente, certamente será sentido pelas outras áreas do orçamento público, algumas mais relevantes, como saúde, educação e segurança pública.[91] Os custos do Judiciário e de seu entorno não serão reduzidos, pelo menos não em curto ou médio prazo. Cerca de 90% das despesas são alocadas em pessoal, em imensa maioria, funcionários estáveis ou magistrados vitalícios, o que indica um custo fixo de longo prazo. De outro lado, o crescimento constante das despesas somado a uma perspectiva nada animadora com relação ao PIB nacional, indica uma tendência de agravamento da conjuntura.[92]

Não é possível, portanto, ignorar um problema desse porte, o maior deles a nosso ver, de modo que a partir da construção das noções mais específicas em torno de sua existência e extensão é que as ideias buscando eventuais soluções começam a brotar.

### 2.2.2. O direito fundamental à boa gestão

Como afirmamos em diversas passagens, os princípios básicos presentes na nossa estrutura constitucional são mandamentos de otimização e visam ao contínuo aperfeiçoamento das estruturas sociais em relação dialética permanente. Não é necessário repetir que a contradição constante entre eles somente encontra saída mediante a ponderação sistemática e contínua, promovendo a esperada otimização.

---

[91] Recentemente foi aprovada a EC 95/2016. Referida emenda limita o crescimento dos gastos públicos pelos próximos 20 anos ao percentual da inflação nos 12 meses anteriores. A medida paralisa os gastos do governo, dado que a reposição da inflação apenas mantém o mesmo valor do orçamento para os gastos. Para o orçamento de 2018, a previsão é que apenas 5% da receita da União (65,0 bilhões) seja destinada às chamadas despesas discricionárias. Cumpre mencionar que 100% das despesas em áreas como habitação e saneamento básico são discricionárias. Para termos uma ideia da importância de investimentos nessas áreas, é bom lembrarmos que metade dos brasileiros não tem esgoto coletado em suas casas e 35 milhões de pessoas nem sequer têm acesso à água tratada no País. Com o advento da EC/2016, a previsão, segundo o Ipea, é que a saúde pode perder até R$ 743 bilhões nos 20 anos de vigência da PEC. Já a educação pode ter perdas no orçamento de até R$ 25,5 bilhões por ano, segundo apontou estudo técnico da Consultoria de Orçamento da Câmara dos Deputados. Dados disponíveis em: <http://www.ihu.unisinos.br/noticias/562912>. Acesso em 20 jun. 2018.

[92] Segundo a pesquisa Judiciário em Números de 2017, os percentuais relativos aos custos com funcionários comparados ao total do orçamento do Judiciário variaram dentro de uma margem estreita nos seguintes percentuais a partir de 2009: 2009 – 90,1%; 2010 – 89,5%; 2011 – 89,7%; 2012 – 88,8%; 2013 – 89,8%; 2014 – 89,5%; 2015 – 89,2%; 2016 – 89,5%.

Um ponto de conflito com o problema estrutural econômico-financeiro do acesso à justiça, apontado no item anterior, é o direito fundamental à boa gestão ou à boa administração, que se baseia fundamentalmente em um conceito mais amplo de interesse público. Segundo Juarez de Freitas, em obra monográfica sobre o tema, o direito fundamental à boa administração determina "[...] a obrigação de justificar, na tomada das decisões administrativas, a eleição dos pressupostos conducentes à preponderância dos benefícios (sociais, econômicos e ambientais) sobre os custos envolvidos".[93] Desse modo, qualquer decisão acerca de políticas públicas não se esgota na afirmação dos benefícios, mas deve necessariamente avançar na justificação dos custos.

Não há, outrossim, como inferir a existência de interesses públicos não positivados ou estranhos à ordem jurídica. A legitimidade para a definição dos contornos fático-jurídicos do que seja o interesse público, notadamente o interesse primário, em nome da coletividade seria, em regra, dos legisladores. Estes devem observar a necessidade de a normatização se conformar com as regras da Constituição e atender aos direitos fundamentais.

Tratando-se de uma conformação jurídico-normativa, os critérios de eficiência ou a boa gestão são levados necessariamente em consideração por imperativo da própria Constituição em seu modelo interpretativo, o que impacta naturalmente os efeitos da escassez de recursos. A escassez e a necessidade de uma boa gestão estão atreladas e se relacionam diretamente, pois, quanto mais acentuada a falta de recursos, maior a responsabilidade do aprimoramento da gestão. A eficiência econômica vista como resultado matemático certamente não é o objetivo maior de uma boa gestão pública,[94] mas inequivocamente está inserida no universo de valores e ponderações necessários para aquilatá-la.[95]

---

[93] FREITAS, Juarez. *Direito fundamental à boa administração pública*. 3. ed. São Paulo: Malheiros, 2014. p. 13.

[94] BANDEIRA DE MELLO, Celso Antônio. *Discricionariedade administrativa e controle jurisdicional*. 2. ed. São Paulo: Malheiros, 2007. p. 37.

[95] Citando Antônio Martinez Guerrero, o Professor Fábio Medina Osório na obra *Teoria da improbidade administrativa* aponta que: "A boa administração, já se disse, a partir de uma perspectiva ético-normativa, não vai exclusivamente no caminho dos bons resultados. Se os homens são essencialmente morais, recorda o mesmo autor (Guerrero), deve-se examinar o método que o homem segue para seu decidir responsável, segundo requer o ético. Esse

O princípio da eficiência, por imperativo constitucional expresso, é aplicável à administração pública direta e indireta de qualquer dos Poderes da União, dos Estados, do Distrito Federal e dos Municípios. Desse modo, a verificação da legitimidade política das opções que redundam em determinado modelo de atuação estatal pode e deve ser sindicada sob tais parâmetros. Alessi relaciona o interesse público e os atos da boa administração como requisito extrínseco de legitimidade de atuação dos entes responsáveis e direito fundamental dos cidadãos.[96] Tal pressupõe a realização da atividade administrativa de maneira transparente, proba e eficiente, consentânea, portanto, com os princípios basilares do direito administrativo-constitucional.[97] O entendimento é que os inúmeros anseios positivados constitucionalmente somente podem ser atendidos

caminho pressupõe os passos de informação, ponderação, resolução e ação devida (ou não). O sujeito segue processos para resolver problemas, os quais soluciona quando tem claros os passos necessários. O estudo do proceder do homem público, à luz da boa administração, não pode esgotar-se em um único campo do conhecimento científico. As exigências ético-sociais contemporâneas têm de ser satisfeitas por meio de complexos processos de decisão pública. Tenhamos presente que o decisor deve ser um homem razoável de seu tempo, um homem que fragmenta seu trabalho para melhor desenvolvê-lo e que, naturalmente, está vinculado a meios e resultados, formas e substâncias. Veja-se, nesse contexto, a fundamental relevância da dimensão processual das relações jurídico-administrativas, sem que isso signifique apego ao formalismo ou à burocracia inútil. Quer-se dizer que o processo decisional supõe formas e conteúdos obrigatórios, dentro da linha racional-burocrática e também gerencial, espelhando a transparência dos critérios e métodos do decisor" (OSÓRIO, Fábio Medina. *Teoria da improbidade administrativa*: má gestão pública: corrupção: ineficiência. 3. ed. São Paulo: RT, 2013. p. 58, nota 39).

[96] Tratando de uma divergência doutrinária e dos requisitos legitimadores dos atos administrativos leciona: "Non è difficile individuare la ragione di siffatta mancanza di accordo: tutti hanno, invero, la sensazione della particolare ed essenziale importanza che presenta il rapporto tra il provvedimento amministrativo ed il publico interesse, rapporto, pertanto che quale occorre tenere conto, e che occorre sistemare volendo construire une teoria degli atti amministrativi" (ALESSI, Renato. Sistema istituzionale del diritto amministrativo italiano. Terza Edizione. Milano: Giuffrè, 1960. p. 308).

[97] Marcelo Costa e Silva Lobato destaca o interesse público e a necessidade de planejamento das ações administrativas como forma de alcançar a eficiência e atender ao direito fundamental à boa gestão (O dever de planejar como pressuposto do atendimento do direito fundamental à boa administração e à realização do interesse público primário. *Conteúdo Jurídico*, Brasília, 19 nov. 2012. Disponível em: <http://www.conteudojuridico.com.br/?artigos&ver=2.40605&seo=1>. Acesso em: 13 jul. 2018).

por uma gestão eficiente dos escassos recursos disponíveis, o que erige a boa gestão ao *status* de direito fundamental, uma vez que ele seria instrumento e condição para os demais.

Como direitos fundamentais de mesma hierarquia, a boa gestão deve ombrear com o acesso à justiça, caminhando juntos e se completando, visto que a gestão pública do acesso é tão importante quanto o próprio direito ao acesso. A lembrança das lições de Alessi têm como objetivo retirar o princípio da inafastabilidade de qualquer posição de predominância em termos de interpretação constitucional e submetê-lo a uma análise descomprometida e não excludente.

Não é possível mutilar o acesso à justiça, mas certamente é necessário modulá-lo, pois acesso à justiça/Judiciário e boa gestão não são fins em si no nosso arcabouço constitucional,[98] senão elementos instrumentais em relação aos demais direitos e garantias fundamentais.[99] Mais uma vez, preservar ao máximo a eficácia direta e imediata dos direitos fundamentais não esgota a tarefa do gestor, exceto se ele sacrificou o mínimo das energias econômicas e materiais do Estado em suas opções.

A ineficiência na proporção do gasto com o modelo nacional de acesso à justiça é uma clara violação ao direito fundamental dos cidadãos à boa gestão e fere interesses públicos primários e direitos fundamentais. Ademais, nessa seara, nosso sistema político-jurídico protege interesses

---

[98] Lembrando a doutrina de Ernst Forsthoff e Hartmut Maurer, Juarez de Freitas verificou que já se tornavam correntes "[...] os instrumentos concretizadores da ideia de que o Poder Público está obrigado, sob pena de responsabilização, a sacrificar o mínimo para preservar o máximo da eficácia direta e imediata dos direitos fundamentais" (*Direito fundamental à boa administração pública* cit., p. 90).

[99] Luís Roberto Barroso, citando Daniel Sarmento, explana que: "o Poder Público em geral organiza-se para o atendimento de certos fins, não para sua própria satisfação, como um fim em si mesmo". Já na nota consta: "O princípio da dignidade exprime, por outro lado, a primazia da pessoa humana sobre o Estado. A consagração do princípio importa no reconhecimento de que a pessoa é o fim, e o Estado não mais do que um meio para a garantia e promoção dos seus direitos fundamentais" (SARMENTO, Daniel. *Direitos fundamentais e relações privadas*, 2004, p. 111 apud BARROSO, Luís Roberto. Constitucionalidade e legitimidade da criação do Conselho Nacional de Justiça. *Direito administrativo*: estudos em homenagem a Diogo de Figueiredo Moreira Neto. Rio de Janeiro: Lumen Juris, 2006. p. 195-222).

públicos secundários confrontantes com os primários.[100-101] Segundo Alessi, a função é o poder concedido relativamente à realização de determinados interesses públicos coletivos. O interesse secundário somente poderia prevalecer quando coincidente e nos limites da coincidência com o interesse coletivo, sendo, portanto, acessórios e subordinados tanto o interesse da Administração (tecnocrático) quanto os representantes da coletividade responsáveis por positivar tais interesses.[102]

Fundamental, pois, retroceder na interpretação desses princípios e nas opções políticas que redundam dela para compô-los em alguma medida, daí então avançar sem que um sobrepuje e aniquile o outro. A especial menção ao direito fundamental à boa gestão é apenas um exemplo que nos pareceu mais claro, mas outros tantos princípios constitucionais podem ser confrontados com a forma de concretização do acesso à justiça no Brasil de modo a suscitar a mesma necessidade de ponderação.

---

[100] Novamente o Professor Fábio Medina Osório, um dos estudiosos brasileiros sobre o tema, ressalta com relação aos novos rumos da gestão pública brasileira que: "Importante que os legisladores e governantes tenham consciência de que ao discurso legitimador de eficiência, economicidade, qualidade, há de corresponder uma *praxis* coerente vinculada às metas pactuadas com a sociedade. E é necessário destacar que o papel da sociedade civil é vital na construção e consolidação de um novo perfil de Estado e de gestores, a partir dos democráticos esquemas de controles e prestação de contas à sociedade" (Novos rumos da gestão pública brasileira: dificuldades teóricas ou operacionais? *Revista Eletrônica sobre a Reforma do Estado – ReRE*, Salvador, n. 1, mar.-abr.-maio 2005. Disponível em: <http://www.direitodoestado.com.br>. Acesso em: 24 maio 2017).

[101] Juarez de Freitas cita essa mesma conjuntura lembrando uma passagem da célebre obra *Raízes do Brasil*, de Sérgio Buarque de Holanda: "No Brasil, pode-se dizer que só excepcionalmente tivemos um sistema administrativo e um corpo de funcionários dedicados a interesses objetivos e fundados nesses interesses. Ao contrário, é possível acompanhar ao longo de nossa história, o predomínio constante das vontades particulares, que encontram seu ambiente próprio em círculos fechados e pouco acessíveis a uma ordenação impessoal" (*Direito fundamental à boa administração pública* cit., p. 81).

[102] "Anche potendosi concepire un interesse, secondario, dell'amministrazione considerata come apparato organizzativo, esso non potrebbe esser realizzato se non in caso di coincidenza con l'interesse primario, pubblico" (ALESSI, Renato. Sistema istituzionale del diritto amministrativo italiano cit., p. 198).

## 2.2.3. As opções da sistemática processual – do revogado Código de Processo Civil (1973 com as reformas) ao novo Código de Processo Civil (2015)

A ideia do transformismo das transformações ou das reformas isomórficas que examinaremos mais detalhadamente na sequência e sua legitimidade servem na abordagem das opções adotadas quando das alterações do Código de Processo Civil de 1973 e agora nas do novo Código de Processo Civil de 2015. O objetivo, nesse momento, é apontar que o entendimento predominante acerca da condução das reformas do sistema processual é incapaz de propiciar condições mínimas para a redução dos gastos públicos com o acesso à justiça. As bases e as ideias das reformas ao longo do tempo nasceram permeadas por defeitos comuns.

Desnecessário apontar novamente que desde o início da década de 1990, a partir das concepções das minirreformas ao Código de 1973, as principais preocupações, tanto da doutrina mais tradicional quanto dos legisladores, centraram-se em atacar o que se entendia como o foco de todas as mazelas, a lentidão e a inefetividade do processo.[103]

Da mesma forma, o Código de 2015 em nada alterou o panorama estrutural em termos de eficiência do sistema judicial, focando mais uma vez na celeridade da prestação jurisdicional, tentando encontrar uma saída processual para a sobrecarga de processos sem paralelo que atualmente congestionam o Judiciário.[104] Apesar de alguma discussão no

---

[103] Carlos Alberto Carmona discorria sobre a crise do processo no fim da década de 1990 e concluía que a alteração dos procedimentos (sumário e sumaríssimo) seria incapaz de solucionar o problema e que a atenção dos reformadores deveria se voltar para os meios alternativos de solução de controvérsias (Crise do processo e os meios alternativos para a solução de controvérsias. *RePro*, v. 56, p. 91-99, 1989). Ainda sobre as reformas vide: DINAMARCO, Cândido Rangel. *A reforma do Código de Processo Civil*. 4. ed. São Paulo: Malheiros, 2001. p. 32.

[104] Marilene Lorizio e Antonia Gurrieri, num texto sobre eficiência da justiça e sistemas econômicos, apontam claramente a distinção entre efetividade e eficiência e discorrem sobre os riscos de se confundirem os conceitos: "Thus, it is rather difficult to identify the factors that help justice to operate efficiently. In fact, the main problem is the lack of market benchmarks, which are able to determine the right-price of the services offered and the factors used. It is also difficult to identify good indicators of performance for the Justice Sector. In fact, the same factors are always considered both for performance indicators or inputs sector productivity. Thus, efficiency coincides with productivity, however this is not always true and is potentially dangerous. Certainly productivity and efficiency are interrelated, because both are related to the resources available to the sector, but at the

âmbito das casas do Congresso Nacional com idas e vindas, não houve alterações sensíveis na proposta original que pudessem impactar a eficiência financeira do sistema judicial brasileiro.

A comissão de juristas responsáveis pela elaboração do projeto do novo Código de Processo Civil contou exclusivamente com profissionais de altíssimo gabarito,[105] alguns deles renomados professores, mas todos reconhecidos *experts* da ciência processual, com sólida formação acadêmica e vasta publicação sobre o tema processo civil. O projeto assinado por essa comissão foi amplamente aprovado e, praticamente em todos os aspectos fundamentais, transformado no nosso atual Código de Processo Civil. O que poderia ser um ponto favorável, na verdade, é o primeiro e um dos principais problemas congênitos das alterações processuais das quais aqui tratamos. Embora inquestionável a capacidade dos integrantes da comissão, não é adequado que a reforma do sistema processual brasileiro fique a cargo exclusivamente de professores, juízes e advogados. Seria necessário um diálogo mais aprofundado com profissionais de outras áreas do conhecimento, fundamental para a compreensão do fenômeno social, suas perspectivas políticas e suas consequências econômico-financeiras.[106] O que decorreu foi que a força do hábito e da

---

same time they present very different characteristics" (LORIZIO, Marilene; GURRIERI, Antonia Rosa. Efficiency of Justice and Economic Systems. *Procedia Economics and Finance*, v. 17, p. 104-112, 2014).

[105] A Comissão de Juristas foi composta por: Ministro Luiz Fux (presidente), Professora Teresa Arruda Alvim Wambier (relatora), professora da PUC/SP; Adroaldo Furtado Fabrício, professor e desembargador aposentado do Rio Grande do Sul, Benedito Cerezzo Pereira Filho, professor da FDRP-USP e advogado; Bruno Dantas, consultor-geral do Senado e atual Ministro do TCU; Elpídio Donizetti Nunes, advogado e desembargador do TJMG; Humberto Theodoro Júnior, professor e desembargador aposentado do TJMG; Jansen Fialho de Almeida, juiz do TJDF; José Miguel Garcia Medina, professor da Unipar e advogado; José Roberto dos Santos Bedaque, professor da USP e desembargador aposentado do TJSP; Marcus Vinicius Furtado Coelho, membro do Conselho Federal da OAB; e Paulo Cesar Pinheiro Carneiro, professor da UERJ e ex-procurador de Justiça.

[106] A comissão especial criada no âmbito da Câmara dos Deputados realizou diversas audiências públicas, conferências estaduais, mesas redondas entre outras formas de discussão do texto da nova legislação proposta. No site específico da comissão (http://www2. camara.leg.br/atividade-legislativa/ comissoes/comissoes-temporarias/especiais/54a--legislatura/8046-10-codigo-de-processo-civil) encontram-se descritas todas as atividades realizadas nessa seara. Analisando o contexto da discussão é possível verificar que apenas

tradição na forma de operação do sistema jurídico impede novamente um debate multidisciplinar e ainda suplanta as parcas iniciativas legais oriundas desse monólogo que buscam realmente sua transformação.[107]

Um segundo problema comum a todas as iniciativas desde a redemocratização é que estas parecem encarar o grande número de processos no Judiciário como algo da nossa cultura, natural e inevitável e, doravante, administrável por meio de algum sistema que privilegie os precedentes. Não há qualquer inclinação a se entender que a sistemática individualizada desaguará inexoravelmente numa realidade de milhões de processos e que resultará em um sistema com custos desproporcionais. A conclusão a que se chega, como dissemos, é que a solução preconizada nas reformas encontra-se numa concentração cada dia mais acentuada do poder decisório nos tribunais superiores que, então, passam a regulamentar, de certo modo, a lei e a Constituição mediante precedentes, num processo de semiconcretização das normas abstratas. A eficiência no modelo de acesso à justiça não se altera fundamentalmente, pois os processos judiciais individuais continuaram seu curso da distribuição ao juiz ou tribunal, tendo estes apenas que observar mais um parâmetro para a decisão, no caso, os precedentes dos tribunais superiores.

Uma terceira deficiência estrutural dos projetos reformistas é a dissociação entre as ideias e as possibilidades práticas de sua execução. Um exemplo é o despacho saneador ou decisão saneadora e de organização do processo, hoje prevista no artigo 357 do CPC. Num sistema em que

---

a comunidade jurídica participou do debate. Foram 15 audiências públicas realizadas, em que foram ouvidos 61 palestrantes. Participaram das 13 conferências estaduais apontadas no *site* 71 palestrantes. Além dessas, houve mais três mesas redondas e dois encontros de trabalhos com juristas. Em todos esses eventos os palestrantes/debatedores eram professores de Direito, magistrados, membros do MP ou da advocacia pública ou privada, e apenas um, ao que consta, não tinha formação jurídica (Abner Ferreira, Pastor Presidente da Convenção das Assembleias de Deus no Brasil). A participação da população restringiu-se a 90 sugestões recebidas por *e-mail* e 283 sugestões pelo Wikilegis (artigo por artigo).

[107] Vide o veto ao artigo 333 e inciso XII do artigo 1.015 do CPC, que tratava da coletivização de ações individuais, provavelmente o maior avanço de toda a lei, vetado sob o pífio argumento de que: "Da forma como foi redigido, o dispositivo poderia levar à conversão de ação individual em ação coletiva de maneira pouco criteriosa, inclusive em detrimento do interesse das partes. O tema exige disciplina própria para garantir a plena eficácia do instituto. Além disso, o novo Código já contempla mecanismos para tratar demandas repetitivas. No sentido do veto manifestou-se também a Ordem dos Advogados do Brasil – OAB".

cada juiz profere em média quase duas mil sentenças por ano[108] e que se cobra tanto produtividade, é de supor que dificilmente o magistrado vai se debruçar sobre o processo e organizá-lo em uma decisão que toma, basicamente, o mesmo tempo de uma sentença, em vez de efetivamente proferir uma sentença em outro processo. Decisões saneadoras não entram em estatísticas.

Nosso modelo processual, de tempos em tempos, sofre uma lufada de ar fresco, mas que rapidamente se esgota. Outro exemplo no novo Código de Processo Civil são as audiências de conciliação, supostamente obrigatórias de acordo com o artigo 334. Tal tentativa já ocorreu em diversas ocasiões no sistema nacional e nunca surtiu bom efeito, sendo prejudicada pela falta de estrutura, tempo e funcionários treinados e capacitados para tal finalidade. Vale lembrar nesse momento de um artigo do Professor Heitor Sica intitulado "O agravo e o Mito de Prometeu: considerações sobre a Lei n. 11.187/2005".[109] O paralelo feito era entre o agravo como recurso que ocasionalmente sofria um ataque e tinha reduzidas suas possibilidades, mas que as recuperava na sequência e o fígado do titã Prometeu, que era parcialmente devorado por uma águia no Monte Cáucaso, se recompunha no dia seguinte. Dissociadas da realidade e da possibilidade prática, as inovações processuais acabam se perdendo nas impossibilidades ditadas pelas rotinas dos cartórios.

Essa situação se liga umbilicalmente a uma quarta fragilidade, que é a ausência de dados acerca das opções adotadas e seus resultados esperados. Não há, lamentavelmente, uma cultura legislativa que privilegie a pesquisa e o planejamento embasado no processo de elaboração de nossas leis. As decisões são tomadas no escuro e não há qualquer análise científica séria, baseada em trabalhos específicos sobre as consequências das reformas efetuadas.[110] Na imensa maioria das vezes, o achismo impera

---

[108] Relatório Justiça em Números do CNJ-2017, p. 145. Disponível em: <http://www.cnj.jus.br/programas-e-acoes/pj-justica-em-numeros>. Acesso em: 17 jul. 2018.

[109] SICA, Heitor. O agravo e o "Mito de Prometeu": considerações sobre a Lei n. 11.187/2005. In: WAMBIER, Teresa Arruda Alvim; NERY JR., Nelson (Coord.). *Aspectos polêmicos e atuais dos recursos cíveis.* São Paulo: RT, 2006. v. 9, p. 139-219.

[110] Linn Hammergren aponta para a ausência de uma prévia análise dos efeitos dos custos e investimentos na qualidade da prestação do serviço, ainda que com o auxílio dos conselhos judiciais na América Latina: "Despite the introduction of reform programs with generous national and international funding, most are still in the housekeeping mode of

e, como veremos adiante na doutrina de John Leubsdorf justamente sobre essas perspectivas, as reformas processuais são mitos.[111]

Finalmente, talvez a principal falha das iniciativas reformadoras seja o fato de que elas partem do pressuposto de que um sistema processual organizado e coerente no Brasil será capaz de lidar com o número crescente de processos que adentram nos fóruns do País. Mentes mais descortinadas alertavam para a incapacidade do novo Código de Processo Civil de solucionar os grandes problemas da prestação jurisdicional:

> Não acredito que a simples mudança na lei processual possa representar uma mudança significativa em termos de duração do processo. O que precisa ocorrer é uma redução no número de litígios, criar mecanismos judiciais que tornem desnecessário repetir tantas vezes o mesmo julgamento. Isso sim reduz o tempo da prestação jurisdicional e inibe a judicialização demasiada que ocorre hoje.[112]

O fato é que o estoque de processos do Poder Judiciário no início de 2018 é estimado em cerca de 100 milhões. Nos anos recentes, apesar de todas as reformas, o total de feitos baixados tem sido inferior ao de ingressos ou muito próximos, e o Índice de Atendimento à Demanda (IAD) ficado abaixo de 100%, com o aumento da Taxa de Congestionamento do Poder Judiciário (TCJ). As reformas que, a nosso ver, pouco mudaram ou têm objetivos muito distintos dos que entendemos pertinentes ou falham absolutamente nesse desiderato.

---

administration, allocating the new monies to cover a shopping list of needs without much thought as to how this will affect the quality of their performance. Expenditures may be justified as performance enhancing, but it is evident that little analysis lies behind the equation. In some instances, the new emphasis on independence is itself a disincentive, interpreted as reducing requirements for extra-institutional consultation and accountability" (Do judicial councils further judicial reform? Lessons from Latin America cit.).

[111] LEUBSDORF, John. The Myth of Civil Procedure Reform. In: ZUCKERMAN, Adrian. *Civil justice in crisis*: comparative perspectives on civil procedure. Oxford: Oxford University Press, 1999.

[112] ZAVASCKI, Teori. Ministros alertam deputados: sem tratar de causas coletivas, novo CPC não resolverá lentidão judicial. *O Tribunal da Cidadania*. Disponível em: <http://www.stj.gov.br/portal_stj/ objeto/texto/impressao.wsp?tmp.estilo=&tmp.area=398&tmp.texto=106724>. Acesso em: 25 ago. 2017.

O gráfico a seguir permite visualizar o aumento do acervo processual em contínuo crescimento desde 2009. Realidade ressaltada na pesquisa Judiciário em Números é que, historicamente, o IAD quase nunca supera 100%, com uma tendência constante de crescimento do acervo. Apesar do aumento no total de processos baixados no período 2009-2016, ele é inferior ao incremento dos custos do Judiciário (cerca de 27,3%),[113] enquanto os casos novos cresceram 19,5%.

GRÁFICO 2
**Acervo processual**

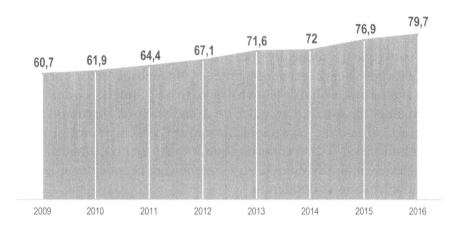

**Fonte:** Elaborado pelo autor.

[113] Desde 2011, as despesas totais da Justiça brasileira (Estadual, Federal e Trabalhista) têm crescido sistematicamente e, em termos reais, a taxas de 3,9% ao ano. Estima-se que o montante equivalia a cerca de 1,19% do PIB Nacional e, atualmente, a 1,4%. Como afirmamos, o Judiciário baixou mais processos em 2016 que em 2009 (crescimento de 2,7% ao ano), contudo necessitou gastar proporcionalmente muito mais recursos no período (3,9% ao ano). Para análise do crescimento das despesas somente foi possível considerar o período de 2011 a 2016, tendo em vista que, nos anos anteriores a 2011, o SIESPJ ainda não era regulamentado para a Justiça Eleitoral, a Justiça Militar, o STJ, o STM e o TSE. Dados do Justiça em Números 2017, p. 53 e 68. Disponível em: <http://www.cnj.jus.br/pesquisas--judiciarias>. Acesso em: 7 jun. 2018.

O pressuposto do novo Código de Processo Civil é que, com a nova sistemática, haverá um trâmite mais célere dos processos, fundamentalmente com a observação dos precedentes determinada pelo artigo 927 do CPC.[114] A pressuposição é a mesma das reformas anteriores. No entanto, não há qualquer indicativo de que o número de feitos vai diminuir ou que a estrutura necessária para lidar com os mesmos vá baratear. Assim, não é difícil concluir que a intenção é conferir agilidade e segurança aos pronunciamentos judiciais, porém não há iniciativas claras no sentido de alterar o estado atual de ineficiência e excesso de gastos por meio de uma redução significativa do número de processos.

### 2.2.4. As reformas processuais e a ideia do isomorfismo reformista

As propostas legislativas e estudos relativos ao acesso à justiça miram um problema secundário e se afastam continuamente da solução definitiva, de modo que cabe analisar o que entendemos como um paradoxal isomorfismo reformista. A expressão utilizada por Foucault bem ilustra a conjuntura político-institucional que envolve as iniciativas relacionadas à justiça, ao Judiciário e a conformação de seu entorno.

Na célebre obra *Vigiar e punir*, o filósofo francês Michel Foucault conta a história de 200 anos de fracasso do direito penal, entre reformas, novos fracassos, novas reformas e, assim, sucessivamente. Nessa conjuntura de estagnação, cunhou o autor o conceito do isomorfismo reformista, em que a reforma ou sua necessidade são, em verdade, elementos utilizados para a manutenção do estado atual de coisas.[115]

Para Foucault, esse tipo de reforma são armas do sistema para se manter isomórfico.[116] Contraditoriamente, as mudanças são usadas para evitar as próprias mudanças, pois de vez em quando há a necessidade estraté-

---

[114] Segundo a mensagem encaminhada ao Congresso Nacional com a proposta de edição do novo Código de Processo Civil: "O Brasil clama por um processo mais ágil, capaz de dotar o país de um instrumento que possa enfrentar de forma célere, sensível e efetiva, as misérias e as aberrações que passam pela Ponte da Justiça". A nosso sentir, o Brasil clama, antes de mais nada, por um processo mais eficiente e por custos mais razoáveis desse serviço público.

[115] FOUCAULT, Michel. *Vigiar e punir*. 40. ed. Petrópolis: Vozes, 2012.

[116] De acordo com Habermas, "Foucault radicaliza a crítica de Horkheimer e Adorno à razão instrumental numa teoria do eterno retorno do poder. Sua mensagem sobre os sempre mesmos ciclos de poder das sempre novas formações discursivas há de apagar as últimas

gica de se movimentar a máquina e aplacar as críticas mais exaltadas.[117] Dessarte, as mudanças evitam, na prática, as efetivas transformações. A ideia reside na diferenciação dos objetivos ideológicos e dos objetivos reais das referidas reformas. Nos objetivos reais, o autor enxerga táticas políticas, com suportes marxistas que referendam as concepções de uma luta de classes.[118] Não é esse ponto que nos interessa mais de perto. Nos objetivos ideológicos, no entanto, funcionariam as reformas como uma cortina de fumaça que encobre as vistas mais desatentas e confere a legitimidade formal à manobra.[119]

Possivelmente, a inspiração de Foucault tenha sido o escritor italiano Giuseppe Tomasi di Lampedusa, que escreveu no início do século passado o romance *Il gattopardo* (*O leopardo*) sobre a decadência da aristocracia siciliana durante o período denominado *Risorgimento*. Numa passagem, fica claro que a única mudança permitida é aquela sugerida pelo Príncipe de Falconeri: "tudo deve mudar para que tudo fique como está". A frase tornou-se célebre em todo o mundo.[120]

Também faz alusão à mesma ideia o administrativista italiano Sabino Cassese ao mencionar o que ele denomina "transformismo das transformações". Segundo Cassese: "Uma vez que políticas de reformas ou modernização encontram-se difundidas, e nenhum governo deseja

---

centelhas de utopia e de confiança da cultura ocidental em si mesma" (A nova intransparência: a crise do estado de bem-estar social e o esgotamento das energias utópicas cit., p. 103-114).

[117] FOUCAULT, Michel. *Vigiar e punir* cit., p. 105.

[118] Também na linha de Foucault, a teoria dos sistemas de Niklas Luhmann é crítica com relação às teorias que sustentam um discurso filosófico da modernidade, com base em uma racionalidade muitas vezes identificada como seletiva ou finalística, com objetivos opressivos e de dominação. Sobre o tema e aprofundando na teoria dos sistemas de Luhmann a interessante análise de: VILLAS BÔAS FILHO, Orlando. *O direito na teoria dos sistemas de Niklas Luhmann*. São Paulo: Max Limonad, 2006. p. 49.

[119] "Ocorrem mudanças na natureza do sistema político quando os acontecimentos ameaçam o sistema, e elites, agindo na base do autointeresse esclarecido, promovem reformas para preservar o sistema e sua posição nele" (DYE, Thomas R. Mapeamento dos modelos de análise de política pública cit., p. 99-129).

[120] "– Se nós não estivermos lá, eles fazem uma república. Se queremos que tudo fique como está é preciso que tudo mude. Expliquei-me bem?" (LAMPEDUSA, Tommasi de. *O leopardo*. Tradução de Rui Cabeçadas. Disponível em: <http://minhateca.com.br/svdossantos/O+Leopardo+-+Giuseppe+Tomasi+ di+Lampedusa>. Acesso em: 23 maio 2017).

omitir-se, muitos governos mudam tudo para que nada mude, induzindo transformações fictícias".[121]

Tais conceitos parecem aplicáveis na conjuntura sociopolítica acerca das reformas do sistema de acesso à justiça e suas implicações econômicas. Tanto o isomorfismo reformista quanto o transformismo das transformações retratam corretamente as dificuldades que o sistema tem de efetivamente se reestruturar, graças às disfunções internas, que o submetem a interesses diversos dos da coletividade. Cappelletti e Garth, tratando especificamente sobre o acesso à justiça, confessam: "Reconhecidas as dificuldades de tornar as mudanças de regras 'vantagens tangíveis' ao nível prático ou fazer delas mais do que 'elaborados exercícios de relações públicas'".[122]

No sistema processual brasileiro, as reformas perpetradas no último século contam com esse caráter eminentemente isomórfico, ou seja, são incapazes de alterar significativamente, senão conduzem para pior, os problemas experimentados. As bases não se alteram, os *players* principais não são incomodados e tudo permanece estruturalmente igual, com algumas modificações cosméticas ocasionais.

A estratégia política na linha de Foucault pode ser aqui enquadrada, pois qualquer reforma demanda tempo para maturar e provar seus efeitos. Enquanto isso, os críticos são taxados de céticos e pessimistas até a iminência de novas reformas, quando, então, são acusados de não contribuir para o sucesso da nova sistemática recém-inaugurada. O fato é que o sistema processual vem sendo reformado substancialmente e os

---

[121] Tratando das contradições oriundas das contínuas e persistentes reformas da administração e do direito administrativo europeu, Sabino Cassese menciona um ambiente de mudança contínua, onde de todos os lados surgem as alterações, seja com o título de reforma, reorganização, modernização etc. Dessa conjuntura manifestam-se contradições inevitáveis, e uma delas é o que o autor denomina de transformismo das transformações (As transformações do direito administrativo do século XIX ao XX. *Interesse Público*, Belo Horizonte, ano 6, n. 24, mar.-abr. 2004. Disponível em: <http://www. bidforum.com.br/ bid/PDI0006.aspx?pdiCntd=50652>. Acesso em: 23 maio 2017).

[122] Cappelletti e Garth citam a declaração do *Brent Community Law Centre*, um dos principais centros da Inglaterra sobre o tema: "Tão grande é o problema e tão fraca a resposta do Governo que é de se questionar se vale a pena continuar fazendo essas leis, uma vez que, como no presente, elas continuarão a ser desrespeitadas. Nessas circunstâncias somos levados a duvidar de que tais leis pretendam ser mais que elaborados exercícios de relações públicas" (*Acesso à justiça* cit., p. 69. Nota. 139).

custos atrelados ao serviço judicial e ao seu entorno crescem continuamente, tanto em números absolutos quanto em percentual do PIB. Sem algumas alterações de base no pensamento dominante, e sem que haja clarividência sobre as fronteiras há muito ultrapassadas do gasto público no serviço judicial, não será possível que as reformas deixem de ser isomórficas e passem a ser transformações reais.

## 2.2.5. Déficit democrático e crise de credibilidade

A chamada "crise do Judiciário"[123] é colocação comum e tema corrente de debates, notadamente sob a perspectiva relacionada à morosidade e inefetividade na prestação do serviço público. No entanto, a crise que apontamos no sistema brasileiro é outra bem diversa e tem duas vertentes que merecem ser abordadas. A primeira crise é de eficiência e encontra-se alinhada a uma espécie de déficit democrático no que diz respeito à participação na formulação das bases do sistema. O objetivo, então, é tratar sobre outro viés a decantada "crise do Judiciário", principalmente nas causas principais do que apontamos ser o cerne do problema.

Tratando sobre a teoria democrática como a mais adequada para se empreender uma verificação de legitimidade política, Shapiro indica que sua base está justamente na ideia de ter um interesse afetado: "Isto é, a razão pela qual certamente a democracia é defensável é que, quando se trata de uma decisão que afeta as pessoas, elas devem ser ouvidas".[124] Ouvir as pessoas afetadas ainda é uma tarefa incompleta na configuração do nosso sistema de acesso à justiça. Obviamente, todos são favoráveis a um sistema judicial amplo e gratuito, mas a que custo? Que outros serviços as pessoas afetadas desejam substituir (*trade off*) em prol desse sistema judicial tão dispendioso?

A doutrina constitucional indica como papéis fundamentais de uma carta política o de assegurar o espaço adequado ao pluralismo político exercido pelos órgãos eleitos periodicamente e o de veicular consensos

---

[123] Sobre o tema: FERNANDES, Bernardo Gonçalves; PEDRON, Flavio Quinaud. *O Poder Judiciário em crise*. São Paulo: Lumen Juris, 2008.

[124] Cita o histórico apelo de Nelson Mandela diante do tribunal do Apartheid Sul-africano, antes de ser condenado por traição em 1963, segundo o qual ele não podia se sujeitar a "uma lei sobre cuja elaboração nem eu nem ninguém do meu povo foi ouvido" (SHAPIRO, Ian. *Os fundamentos morais da política* cit., p. 285).

mínimos que preservem o regime democrático e os direitos fundamentais.[125] O sistema deve então buscar esse consenso a partir de um modelo que permita aferir, da melhor forma possível, as opções esclarecidas da população afetada. Um dos principais problemas relacionados ao primeiro papel de preservação dos direitos fundamentais e sua inter-relação é o chamado direito à institucionalização, ou seja, os direitos do homem não podem constar como meras declarações, mas integrar ordens normativas que garantam sua observância e cumprimento.[126] De acordo com Alexy, o princípio democrático é uma forma de solucionar tais confrontos impedindo uma autodestruição da ideia de direitos do homem decorrente de suas próprias contradições internas.[127]

Não se trata propriamente de buscar uma expressão da vontade de uma maioria como síntese de um sistema democrático, mas da necessidade de uma ponderação acerca dessa vontade verificável ou presumida.[128] De fato, podemos dizer que existem quatro teorias principais no âmbito da ciência política que explicam o encontro ou o desencontro entre a vontade popular e as decisões do Estado, a saber: democracia eleitoral

---

[125] "A constituição não pode abdicar da salvaguarda de valores essenciais e da promoção de direitos fundamentais, mas não deve ter, por outro lado, a pretensão de suprimir a deliberação legislativa majoritária e juridicizar além da conta o espaço próprio da política. O juiz constitucional não deve ser prisioneiro do passado, mas passageiro do futuro" (BARROSO, Luís Roberto. Constitucionalidade e legitimidade da criação do Conselho Nacional de Justiça cit., p. 195-222).

[126] Citando o artigo 28 da Declaração Universal dos Direitos do Homem, Alexy aponta o direito à institucionalização e o enunciado que prescreve a proteção e efetivação dos direitos mediante sua positivação: "é essencial proteger os direitos do homem pelos domínios do direito" (ALEXY, Robert. Direitos fundamentais no estado constitucional democrático: para a relação entre direitos do homem, direitos fundamentais, democracia e jurisdição constitucional cit., p. 55-79).

[127] ALEXY, Robert. Direitos fundamentais no estado constitucional democrático: para a relação entre direitos do homem, direitos fundamentais, democracia e jurisdição constitucional cit., p. 55-79.

[128] Um dos princípios elencados por Elinor Ostrom para a superação da "tragédia dos comuns" é a implantação das decisões coletivas. Nos princípios elencados o item 3 diz respeito à "Collective-choice arrangements: Most individuals affected by the operational rules can participate in modifying the operational rules" (*Governing the commons*: the evolution of institutions for collective actions. Cambridge: Cambridge University Press, 1990. p. 104).

majoritária, dominação por elite econômica, pluralismo majoritário e pluralismo enviesado.

A democracia eleitoral majoritária é um conceito tradicional de um funcionamento pleno da democracia. A ideia central é que o sistema funcione por uma recompensa ou punição por meio do voto, de modo que tal poder dado aos cidadãos já bastaria para determinar a atuação política em prol do atendimento às reais necessidades dos eleitores. Em sentido diametralmente oposto, a dominação por elite econômica entende que as opções políticas centrais são determinadas em certo consenso de uma classe dominante. Não há muita clareza sobre a definição de "classe dominante", porém haveria uma evidente ligação desta com a gestão efetiva de ferramentas econômicas, políticas, jurídicas e sociais.[129]

Por sua vez, os pluralismos majoritário e enviesado seriam conceitos mais sofisticados. No primeiro, os políticos estariam atentos a todos os grupos com alguma capacidade de articulação, inclusive as massas, ou seja, ainda que não haja uma democracia em seu sentido estrito, há um pluralismo que preserva a população e seus interesses principais. O pluralismo enviesado, por sua vez, reconhece essa mesma batalha dentro dos grupos organizados, porém com uma forte tendência a que sempre sejam atendidos ou saiam vencedores aqueles detentores do poder econômico, notadamente os *lobbies* empresariais e de classe.[130-131] Uma conclusão do

---

[129] Sobre a teoria elitista, Thomas R. Dye descreve que: "Ainda que frequentemente afirmemos que a política pública reflete as demandas 'do povo', esta afirmação talvez expresse mais o mito do que a realidade da democracia de um país. A teoria elitista sugere que 'o povo' é apático e mal informado quanto às políticas públicas e que a elite molda, na verdade, a opinião das massas sobre questões políticas mais do que as massas formam a opinião da elite. Assim, as políticas públicas, na realidade, traduzem as preferências das elites" (Mapeamento dos modelos de análise de política pública cit., p. 99-129).

[130] GILENS, Martin; PAGE, Benjamin I. Testing Theories of American Politics: Elites, Interest Groups, and Average Citizens. Disponível em: <file:///C:/Users/rrsilvei/Downloads/gilens_and_page_2014_-testing_theories_of_american_politics.doc.pdf>. Acesso em: 3 ago. 2018. O texto cita, sobre esses pontos, as obras de Alexis de Tocqueville, C. Mansfield and Delba Winthrop, C. Wright Mills, Hamilton, Madison e Jay, Holt, Rinehart e Winston.

[131] Carlos Ari Sundfeld aponta que a Carta Política não teve em mira a população como um todo e que a Constituição Federal seria "Mais uma Constituição chapa-branca que uma Constituição-Cidadã" (capítulo 2, item 4). Segundo ele: "Em suma, os cidadãos que tiveram a atenção primária da Constituição foram policiais, fiscais tributários, militares, juízes, membros do Ministério Público, advogados públicos, defensores, professores de

texto sobre as teorias supracitadas é que, certamente, existem falhas graves no nosso sistema representativo e as decisões políticas acerca do tema do acesso à justiça atendem muito mais a grupos organizados do que o interesse imediato da população.[132]

Essa conjuntura não democrática desencadeia, inicialmente, uma crise de credibilidade, pois, ainda que não amplamente informada, a população acaba por verificar empiricamente a dissociação entre seus interesses e essas decisões políticas.[133] Faltam opções claras sobre a posição e o espaço que o Judiciário e o acesso à justiça devem ocupar no ambiente republicano. A vertente do sistema atual tende a uma estrutura cara e ineficiente que reconhece, às custas do Estado, direitos de variada ordem, a cada dia mais amplos, para uma diminuta parcela da sociedade. De outra perspectiva, a crise instaura-se pelo modelo e pelo déficit democrático que o caracteriza, agrava desigualdades e abala ainda mais a credibilidade das instituições ante uma inevitável tendência elitista. A prestação do serviço de forma individualizada acaba por conferir ferramentas às parcelas mais privilegiadas que se utilizam do Judiciário para obter do Estado, em benefício próprio, garantias e serviços que, apesar de serem

---

universidades oficiais, profissionais de saúde pública, e assim por diante. [...] Nosso texto é em grande medida uma Carta de afirmação dos direitos desses organismos e corporações, com o efeito concreto de limitar as iniciativas governamentais e deliberações do legislativo. Algo distinto, portanto, de uma romântica Constituição-Cidadã; é uma Constituição chapa--branca" (*Direito administrativo para céticos*. São Paulo: Malheiros, 2012. p. 56-57).

[132] De acordo com Dias, numa perspectiva econômica da análise das decisões jurídico--políticas no modelo buchaniano, o alvo das formulações "é a discussão sobre a natureza e o princípio que devem nortear a escolha das regras de agregação das preferências, desti-nadas a cumprirem um curso de ação modificadora ou de conservação do mundo material, tendo em vista o critério dos custos daí advindos [...] Mais do que prescrever uma redução das atividades estatais, Buchanan se propõe ao que chama de 'revolução constitucional', isto é, reformas das instituições e dos órgãos decisores no sentido de estabelecer novos procedimentos segundo os quais as decisões serão tomadas" (DIAS, Marco Antônio. James Buchanan e a política na "escolha pública cit., p. 201-217).

[133] "Pra que pena de morte, doutor? – Essa ideia é que me consome – Se o filho do pobre antes de nascer – Já está condenado a morrer de fome – Quando o colarinho-branco – Mete o rifle sem dó nos cofres da nação – O senhor não condena ele a morte – E também não lhe chama de ladrão – Nesta hora a justiça enxerga doutor – E protege o marajá – E se por acaso ele for condenado Tem direito a prisão domiciliar [...] Vê se toma um chá de 'semancol' – E colabore com o meu Brasil novo – Ao invés da pena de morte – Faça uma lei pra ter pena do povo [...]". Parte da letra da canção "Pena de morte", de Bezerra da Silva.

direitos consagrados, não são distribuídos de forma equitativa à toda a população.

Nesse aspecto, o acesso à justiça, além de não razoável, compromete a estrutura de outras funções públicas ao aprofundar o fosso social existente e agravar outra crise, a dos demais serviços e políticas públicas já tão precários. Segundo alguns dados mais gerais que ora nos servem de exemplo introdutório, em abril de 2015, tramitavam mais de 82 mil processos no estado do Rio Grande do Sul postulando o fornecimento de medicamentos. O Estado concentra metade de todas as ações judiciais por medicamentos e tratamento em todo o País.[134] A Secretaria da Saúde do Rio Grande do Sul, apenas em 2014, gastou R$ 235 milhões para fornecer medicamentos, muitos dos quais importados, a 61 mil pacientes que moveram ações judiciais. No mesmo período, o órgão despendeu R$ 73 milhões para fornecer medicamentos da tabela do SUS aos pacientes que não entraram na justiça, ou seja, pela via administrativa, o Estado gasta muito menos com cada usuário.[135]

Nesse ponto específico, o acesso à justiça e ao Judiciário, em uma das regiões mais desenvolvidas do País, onde a população é mais informada, na prática, contribui para a precarização dos serviços de saúde. Penalizam, então, justamente a população mais desassistida do próprio e, principalmente, de outros Estados da federação, onde os níveis socioeconômicos ainda são entraves à plena utilização do Judiciário. A crise, então, gera ou agrava outras crises paralelas.

---

[134] Segundo dados do TCU que demonstram o caráter elitista do atual modelo, o Estado do Rio Grande do Sul, um dos mais ricos do Brasil, concentra quase a metade de todas as ações postulando fornecimento de medicamentos e tratamentos médicos pela rede pública de saúde. Sudeste e Sul, com pouco mais de 50% da população concentram 73% das ações judiciais, enquanto o Norte, com quase 9% da população, responde por menos de 1% dos valores. Disponível em: <http://www.simers.org.br/2015/11/rio-grande-do-sul-lidera--judicializacao-na-saude/>. Acesso em: 1.º jun. 2017.

[135] Dados disponíveis em: <http://www.cnj.jus.br/noticias/cnj>. Acesso em: 6 out. 2018.

# SEGUNDA PARTE

# 3.
# O Modelo Jurídico-Constitucional do Acesso à Justiça

**3.1. O arcabouço jurídico da visão tradicional**
**3.1.1. O conteúdo jurídico-normativo do artigo 5.º da Constituição Federal**

Nessa passagem mais teórico-dogmática do trabalho, embrenhamo-nos no questionamento do que de fato está contido no comando "A lei não excluirá da apreciação do Poder Judiciário lesão ou ameaça a direito". Segundo Pontes de Miranda, o destinatário principal do comando constitucional atinente à inafastabilidade da jurisdição é o legislador, vedado que está de editar leis que, direta ou indiretamente, impeçam que uma lesão ou ameaça a direito seja submetida à apreciação do Poder Judiciário.[136]

O conteúdo do artigo 5.º, XXXV, da Constituição Federal, erigido como princípio constitucional que proclama a inafastabilidade do controle jurisdicional, é considerado pela doutrina e jurisprudência base normativa estruturante de um amplo e irrestrito sistema de acesso ao Judiciário que engloba instituições e regramentos legais próprios.[137]

---

[136] PONTES DE MIRANDA, Francisco Cavalcanti. *Comentários à Constituição de 1967, com a Emenda n. 1, de 1969*. 2. ed. São Paulo: RT, 1971. t. 5, p. 108.
[137] De acordo com o Professor Carlos Alberto de Salles, tratando sobre a mesma disposição constitucional: "Em regimes de normalidade democrática, essa norma pouco mais significa que um marco normativo e uma referência histórica fundamental para o balizamento do

Aprioristicamente, o dispositivo contém apenas um comando negativo dirigido ao legislador, qual seja, não legisle afastando da apreciação do Poder Judiciário lesão ou ameaça a direito. Embora a origem seja a Constituição Federal de 1946, a fonte mais próxima da redação do dispositivo foi a experiência anterior do regime militar, que a partir do Ato Institucional 1/1964 afastou da apreciação do Poder Judiciário medidas do Executivo.[138] Mais sonoro, o AI-5 suspendeu a garantia do *habeas corpus*, dispôs sobre os poderes do Presidente para decretar estado de sítio, intervenção federal, suspensão de direitos políticos e restrição ao exercício de qualquer direito público ou privado; cassação de mandatos eletivos, voltando a excluir seus atos da apreciação por parte do Poder Judiciário.

Tais conjuntura e circunstância já não mais se colocam, estando restabelecida a normalidade democrática após a superação do período de ditadura militar. Outrossim, a dinâmica social e a absoluta relevância desse e de outros institutos fundamentais fazem necessário repensá-lo continuamente, mantendo o processo sempre alinhado com sua finalidade precípua de realização da justiça e a interpretação das normas de acordo com o exato conteúdo delas.[139]

---

sistema jurídico" (Mecanismos alternativos de solução de controvérsias e acesso à justiça: a inafastabilidade da tutela jurisdicional recolocada cit., p. 779-792).

[138] Art. 10. No interesse da paz e da honra nacional, e sem as limitações previstas na Constituição, os Comandantes-em-Chefe, que editam o presente Ato, poderão suspender os direitos políticos pelo prazo de dez (10) anos e cassar mandatos legislativos federais, estaduais e municipais, excluída a apreciação judicial desses atos.

[139] Hamilton Dias de Souza e Marco Aurélio Greco lembravam que: "[...] ao usar uma expressão é de se admitir que o Constituinte esteja aí incorporando algo que possua um conteúdo semântico não aleatório, mas em certa medida balizado pelo próprio Constituinte. De fato, embora saibamos que segundo a semiótica um signo pode, em tese, receber qualquer conteúdo imaginável, é de se ponderar que as circunstâncias específicas em que ele é utilizado cerceiam em certa medida a amplitude estipulativa. Assim, na medida em que a Constituição foi produzida para regular a vida em sociedade dos indivíduos, é de se imaginar que os termos constitucionais tenham sido empregados com sentido que permite a compreensão das normas pelos seus destinatários." Lembram, então, do equivocado conceito de conteúdo mínimo das palavras: "Aquilo que alguns autores chamam equivocadamente de 'conteúdo mínimo de palavras'. As palavras em si não têm conteúdo mínimo. Este mínimo de compreensão é dado pelas pessoas que delas se utilizam. A liberdade de estipulação encontra limites não na linguagem em si, mas nas condições concretas da situação comunicativa em que a palavra é ou será utilizada" (Consulta. *A natureza jurídica das custas judiciais*. São Paulo:

Afastado o risco de intromissão autoritária nas atribuições jurisdicionais, o objeto central da norma jurídica resta circunscrito à lesão ou ameaça a direito, de modo que, em última análise, estando devidamente resguardados os direitos materiais, não haveria razão para a apreciação do Judiciário. Nesse passo, a outra questão que se coloca é: Um direito somente pode ser considerado convenientemente resguardado de lesão ou ameaça pelo seu próprio titular, de uma perspectiva subjetiva e individual, ou poderia sê-lo pelo ordenamento jurídico numa visão mais ampliada?

Todos os direitos no ordenamento jurídico, como próprio da criação da cultura, são imperfeitos em sua concepção, conteúdo e garantia. Boa parte das lesões ou ameaças a direito não é reparada ou não é reparável, de modo que o conceito de um direito protegido não é o mesmo que o de direito intocado.[140] Lembramo-nos da antiga a máxima de que *in eo quod plus est semper inest et minus (quem pode o mais pode o menos)*. Se o ordenamento ou o Judiciário podem dizer quais são os direitos materiais e se eles existem em dada relação, também podem considerá-los devidamente resguardados de lesão ou ameaça em determinada situação, portanto eliminadas essas hipóteses da apreciação do Judiciário. A lei, então, não exclui da apreciação judicial a lesão ou ameaça; ela simplesmente declara que sequer ameaça existe naquelas circunstâncias.

Desse modo, estando adequadamente protegido o direito segundo um conceito normativo e não subjetivo de qualquer lesão ou ameaça, a análise dele poderá ser excluída da apreciação judicial por despicienda ou, de

---

Resenha Tributária, 1982. p. 36-128). Ainda que equivocada, a estipulação de um conteúdo mínimo ao princípio da eficiência viria bem a calhar.

[140] Laura Nader, mencionando as lições de Felstiner e Galanter, já apresentava os conceitos de "lumping it" e "avoidance" como uma postura comum de requerentes que carecem de informação ou acesso (à lei) ou que conscientemente decidam que o ganho é muito baixo ou o custo muito alto (*The disputing process*: law in ten societies cit., p. 9). Pesquisa realizada pela Fundação Getulio Vargas (FGV) do Rio de Janeiro e divulgada pelo Ministério da Justiça mostra a falta de confiança dos usuários brasileiros de telecomunicações, energia elétrica e planos de saúde nas agências reguladoras e no Judiciário: somente 2% dos consumidores recorrem aos órgãos de regulação e 3% vão à Justiça. Tais dados demonstram que direitos são violados a todo tempo e muitos deles não são reparados nem mesmo poderiam sê-los no atual sistema. Disponível em: <www.agu.gov.br/page/content/imprimir/id_conteudo/261316>. Acesso em: 6 jul. 2018.

outro lado, condicionada a determinado meio. Não há nessa construção qualquer ofensa ao disposto no inciso XXXV de que ora tratamos, senão um direcionamento que confere àquele que cria ou declara o próprio direito o poder de dizer, de antemão, de que forma este será protegido.

Pretende-se resgatar parte do conteúdo jurídico do princípio da inafastabilidade para, relendo-o sob outro prisma, apontar que é facultado à lei excluir da apreciação do Poder Judiciário direito razoável e adequadamente protegido de lesão ou ameaça por outros meios. Sob tal enfoque, não ficaria ao alvedrio do interessado em quaisquer circunstâncias estabelecer que seu direito merece resguardo jurisdicional. O importante, então, é dissecar o princípio e esclarecer que seu elemento mais relevante não é, ao contrário do que se pensa, a apreciação do Judiciário, mas a efetiva constatação de que os direitos materiais estejam resguardados. A partir desse novo ponto de vista, passamos a interpretar o conteúdo jurídico da inafastabilidade dentro de um sistema proporcional e eficiente, tendo como referência o resultado, e não o meio de obtê-lo.

### 3.1.2. A validade categorial dos principais argumentos contrários à revisão do conceito

De acordo com uma apreensão conceitual de relações e classificando o conceito de acesso à justiça por uma categoria geral, aquele que reputamos como inadequado e não razoável poderia ainda assim ser considerado válido, não havendo necessidade de afastá-lo a partir de uma definição binária simplificada. Conforme uma das regras que dirigem a classificação em categorias coerentes de análise, estas não podem ser muito amplas e devem ser objetivas a ponto de não variar de acordo com uma possibilidade de interpretação diversa.[141] Portanto, a partir do momento em que uma categoria se amplia ou se torna subjetiva, ela não perde sua validade, apenas sua relevância quanto à coerência da análise.

O fato de não haver possibilidade concreta de aplicação de acordo com determinada perspectiva não importa em invalidar de pronto a interpretação geral atualmente dominante. Trata-se de uma categoria

---

[141] CARLOMAGNO, Márcio C.; ROCHA, Leonardo Caetano da. Como criar e classificar categorias para fazer análise de conteúdo: uma questão metodológica. *Revista Eletrônica de Ciência Política*, v. 7, n. 1, 2016, p. 173-188. Disponível em: <https://revistas.ufpr.br/politica>. Acesso em: 26 jul. 2018.

O MODELO JURÍDICO-CONSTITUCIONAL DO ACESSO À JUSTIÇA

válida, porém as proposições ou inferências vistas de forma mais objetiva não seriam válidas ou pelo menos aceitáveis, segundo outras proposições ou inferências que nos propomos a lançar. Estamos apenas dando outros passos no mesmo caminho.

A validade inicial vai se mitigando a partir do momento em que avançamos em uma análise concreta, individualizando o tema e submetendo-o a uma confrontação com outros princípios, em categorias mais particulares, gerando novas premissas que, em regra, se encontravam ausentes das proposições mais comuns e não foram devidamente consideradas na categoria mais ampla.

Esse é o ponto: a validade categorial mais geral e subjetiva não sustenta a permanência dos argumentos particulares objetivos. Os estudos mais conhecidos que ora utilizamos sobre a ponderação de princípios constitucionais foram realizados com base em textos normativos muito mais restritos que o brasileiro. Nossa Constituição reflete um sem-número de ideologias que, inevitavelmente, acabam se chocando e devem ser continuamente equalizadas a ponto de se compatibilizarem.[142]

Alguns autores entendem ser inconstitucional a regra que direta ou indiretamente obste ou dificulte o acesso, o que *prima facie* pode parecer o mais correto. Proposições legislativas como as que criam alguma forma de premiação ou punição para o acesso ao Judiciário, como o pagamento de multa, o depósito prévio, a audiência de conciliação ou a submissão obrigatória à mediação ou arbitragem, foram consideradas em muitas oportunidades como inconstitucionais.[143] A punição com as custas e honorários da parte que recusar o acordo, não obtendo incremento significativo judicialmente, conforme prática reconhecida do direito inglês, afrontaria, segundo o pensamento dominante, o princípio em questão. No entanto, a validade da categoria geral "direito de acesso à justiça" não é suficiente para amparar tal conclusão no particular. Nesse caso, os elementos do silogismo são bastante mais amplos e complexos

---

[142] Conhecida a frase atribuída a Roberto Campos de que "A Constituição (de 1988) não cabe no PIB". Esse pensamento é cada vez mais corrente e difundido nos meios econômicos, e o que deve se questionar é se o nosso acesso à justiça cabe no PIB.

[143] NERY JUNIOR, Nelson. *Princípios do processo civil na Constituição Federal.* São Paulo: RT, 1992. p. 92.

e a conclusão (constitucionalidade/ inconstitucionalidade) deve derivar de uma argumentação muito mais sofisticada.

O direito incondicional da parte de postular ao Judiciário, em qualquer caso, que reanalise a decisão administrativa em todos os seus aspectos é tido como absoluto, o que não pode ser objetado a princípio, pois não contamos com uma jurisdição administrativa independente. De outro lado, o Judiciário não apenas é incapaz de fazer política pública de qualidade, como também, quando se arrisca a fazê-la, comete equívocos muito maiores que o administrador ao qual pretende sindicar.[144] Sob tais premissas, poderíamos concluir que continua válido o acesso à justiça em face da Administração, porém, se, e somente se, o Judiciário puder analisar a situação como um todo e decidir de modo que, assegurando o direito da parte, não haja prejuízos para a sociedade e para os demais interesses envolvidos naquela questão administrativa.[145-146]

Analisando isoladamente o preceito constitucional da inafastabilidade do controle jurisdicional, verificamos que tais conclusões são legítimas e partem de uma concepção jurídica que não merece *a priori* qualquer

[144] Sobre o tema, a excelente tese de doutoramento de Marco Antônio da Costa Sabino, tratando do tema do controle judicial das políticas públicas, dispõe: "A intervenção jurisdicional em políticas públicas de hoje em dia vive delicado momento, um momento em que juízes que não estão acostumados, não foram formados e não conseguem raciocinar como administradores, tendo à sua disposição métodos e procedimentos inadequados, terminam por exarar decisões que impactam profundamente em políticas públicas já existentes, desestruturando deveras o planejamento e execução efetivados pela administração, ao reboque de casos em que, efetivamente, ela falhou" (*Políticas públicas, Judiciário e saúde*: limites excessos e remédios. 2014. Tese (Doutoramento) – Departamento de Direito Processual Civil da Faculdade de Direito da Universidade de São Paulo, São Paulo, p. 398).

[145] O caso das vagas em creches na cidade de São Paulo é sintomático. Diante de demandas individuais liminares, garantem o acesso dos que ingressam em juízo às primeiras vagas disponíveis nas creches da rede pública. No entanto, ao assim procederem, relegam outras tantas crianças que aguardam há mais tempo nas filas cadastrais mantidas pela municipalidade. Nesse caso, o acesso à justiça é válido enquanto garantia se o Judiciário puder promover uma melhoria na política de acesso às vagas em creches para todos, em igualdade de condições. Caso contrário, a interferência vai apenas privilegiar de forma ignominiosa uns em relação a outros. Sobre o tema: artigo de nossa autoria: Judiciário, políticas públicas e contraditório real. *Revista do Tribunal Regional Federal da 3.ª Região*, n. 136, jan.-mar. 2018. Disponível em: <http://www.trf3.jus.br/revista/edicoes-da-revista-2008-atual/>.

[146] Sobre o tema, vide a seguir o item sobre a judicialização das políticas públicas (7.3.5) e as alterações na Lei de Introdução às Normas do Direito Brasileiro.

crítica, contudo a análise deve prosseguir diante de outras categorias, até a categoria última, que é o fundamento de validade das anteriores.[147]

A proposta não vai de encontro à inafastabilidade nem preconiza a redução do acesso à justiça. Também não pretende que lei ou interpretação normativa exclua da apreciação judicial lesão ou ameaça a direito, pelo contrário, porpõe um modelo que pretende que mais lesões ou ameaças sejam evitadas, seja pelo Judiciário ou, preferencialmente, fora dele. O fato é que a validade geral do princípio não é um passe livre para que ele se sobreponha aos demais em situações específicas. Não tratamos aqui da validade geral, e sim da invalidade particular de uma das facetas do sistema.

### 3.1.3. Regime democrático e superação harmônica de postulados válidos antagônicos

Como visto *supra*, temos um princípio geral válido. Diante de postulados válidos em confronto, cabem sua ponderação e a superação de seu aparente ou real antagonismo.[148] A distinção entre regra, princípio, postulado ou máxima jurídica é conhecida da doutrina, mas não tem utilidade prática no presente momento, de modo que a referência a postulado vale também para regra ou princípio de modo indistinto.[149]

---

[147] Para Hegel, categorias são conceitos, cuja pretensão de ser unidades entre ser e conceito pode ser mostrada. Assim, a pretensão categorial é transcendental; a categoria é um conceito capaz de demonstrar sua validade e é por essa razão que ele serve de princípio para o conhecimento da realidade. Em última instância, o ser é como elas dizem de tal modo que qualquer pretensão de conhecimento, em última análise, na prova de sua validade, remete a uma "fundamentação categorial". Uma doutrina categorial implica a possibilidade de articular seu contexto sistemático, partindo-se da mais pobre entre elas e, por isso a mais indeterminada, até chegar a uma categoria última, a qual contém de modo pleno a unidade entre o ser e o conceito. Essa categoria última é um "absoluto" no sentido de que é o fundamento de validade, a garantia de que todos os conceitos a ela anteriores são conceitos categoriais (OLIVEIRA, Manfredo Araújo de. *A filosofia na crise da modernidade*. 3. ed. São Paulo: Loyola, 1990. p.61-62).

[148] Citando Dworkin, Alexy aponta, na obra *Teoria dos direitos fundamentais*, que, diferentemente das regras cujos conflitos ocorrem na dimensão da validade, apenas os princípios válidos podem colidir, de modo que os conflitos ocorrem em outra dimensão, qual seja, na dimensão do peso ou da precedência (*Teoria dos direitos fundamentais* cit., p. 94).

[149] Paulo Bonavides cita Ricardo Guastini e aponta que seriam vários os conceitos em que a categoria dos princípios poderia se desdobrar: "normas com um alto grau de generalidade;

Em um regime democrático, a forma adequada de superar as determinações constitucionais que se apresentam como antagônicas no caso concreto é o princípio da máxima efetividade dos direitos fundamentais. Segundo Alexy, esse princípio coloca o intérprete como responsável por fazer com que o direito fundamental atinja a sua plena realização, sem interferir na integridade de outros direitos fundamentais, o que muitas vezes não é possível.[150]

Apontamos uma real colisão das consequências de um acesso individual, gratuito e incondicionado ao Judiciário com os princípios da eficiência e da economicidade e interesses outros constitucionalmente protegidos, que são alijados de recursos indevidamente drenados pelo sistema judicial e seu entorno. Havendo a colisão de princípios, conforme aqui discorremos, na observância de um, outro será atingido negativamente, ainda que de forma parcial. Nessa circunstância, caberia ao intérprete conferir a máxima efetividade ao direito fundamental, no caso o acesso à justiça, restringido o mínimo possível os demais direitos fundamentais, eficiência boa gestão e razoabilidade. Além disso, deve evitar que as consequências da observância do acesso à justiça, no caso, o dispêndio financeiro desproporcional, acarrete restrições ainda mais severas na busca pela concretização dos demais direitos fundamentais.

Nesse ponto, podemos trabalhar com o chamado "princípio da concordância prática" ou da harmonização que, segundo o Tribunal Constitucional alemão, estabelece que nenhum dos princípios seja

---

normas com alto grau de indeterminação; normas de caráter programático; normas de posição elevada na hierarquia das fontes; e normas dirigidas aos órgãos de aplicação do Direito" (*Curso de direito constitucional*. 10. ed. São Paulo: Malheiros, 2000. p. 230-231). Humberto Ávila, com grande precisão técnica, traz uma interessante classificação dos postulados, dividindo-os em específicos e inespecíficos. Estes seriam a ponderação, a concordância prática e a proibição de excesso, enquanto aqueles a igualdade, razoabilidade e proporcionalidade (*Teoria dos princípios*: da definição à aplicação dos princípios jurídicos. 12. ed. São Paulo: Malheiros, 2011. p. 155).

[150] Mais uma vez, Alexy ensina que princípios e proporcionalidade são partes de um mesmo todo e não podem ser pensados separadamente: "Afirmar que a natureza dos princípios implica a máxima da proporcionalidade significa que a proporcionalidade, com suas três máximas parciais da adequação, da necessidade (mandamento do meio menos gravoso) e da proporcionalidade em sentido estrito (mandamento do sopesamento propriamente dito), decorre logicamente da natureza dos princípios, ou seja, que a proporcionalidade é deduzível dessa natureza" (*Teoria dos direitos fundamentais* cit., p. 116-117).

afirmado em sua plenitude, mas que todos, o quanto possível, sejam poupados e compensados. Ademais, o princípio da concordância prática impõe uma determinação de limites aos princípios em confronto de forma que, mediante a utilização do princípio da proporcionalidade, ambos se realizem da melhor e mais ampla forma possível.[151]

Alexy fala em uma relação de precedência condicionada a ser verificada no caso concreto, quando, diante das circunstâncias fáticas e jurídicas, a decisão fixa as condições sob as quais um princípio tem precedência sobre outro. Sob outras condições é possível que a precedência seja contrária.[152]

Um exemplo do nosso cotidiano: a Constituição Federal prevê no inciso IV do artigo 7.º um salário mínimo capaz de atender às necessidades do trabalhador e de sua família com moradia, alimentação, educação, saúde, lazer etc. De acordo com o Decreto 9.255/2017 e tendo em vista o disposto no artigo 2.º da Lei 13.152/2015, a partir de 1.º de janeiro de 2018, o salário mínimo será de R$ 954,00. O valor é claramente insuficiente nos termos da Constituição[153] e não é cumprido por absoluta e reconhecida impossibilidade material do Estado e dos particulares, porém isso não o torna inválido. A lei que anualmente fixa o valor do salário mínimo busca ponderar os fatores e, certamente, deve levar em consideração a pretensão mencionada no artigo 7.º e sua relação com a dignidade da pessoa humana. Se essa ponderação ou se a proporcionalidade estão ou não de acordo com o texto constitucional, caberia à nossa Suprema Corte aquilatar.[154] Não faltam exemplos no texto de proposições

---

[151] HESSE, Konrad. *Elementos de direito constitucional da República Federal da Alemanha.* Tradução de Luís Afonso Heck. Porto Alegre: Fabris, 1998. p. 28.

[152] ALEXY, Robert. *Teoria dos direitos fundamentais* cit., p. 96.

[153] Para outubro de 2018, o salário mínimo ideal para sustentar uma família de quatro pessoas deveria ser de R$ 3.783,39. O valor é quase quatro vezes o salário em vigor, de R$ 954,00. A estimativa é do Departamento Intersindical de Estatísticas e Estudos Socioeconômicos (Dieese). Disponível em: <http://www.dieese.org.br/analisecestabasica/salarioMinimo.html>. Acesso em: 3 dez. 2018.

[154] O Supremo Tribunal Federal em mais de uma oportunidade já declarou a constitucionalidade das leis e até decretos que passaram a fixar o valor do salário mínimo (ADI 4568/DF, Rel. Min Cármen Lúcia, Tribunal Pleno, *DJe* 30.03.2012). Apontando a inconstitucionalidade material do valor do salário mínimo: RIBEIRO, Gilkarla de Souza Damasceno; SENA, Max Emiliano da Silva. Salário mínimo no Brasil é inconstitucional por afrontar dignidade

que, na prática, não são efetivadas integralmente, mas isso também não afeta sua validade enquanto categoria geral ou regra de otimização.

A eficiência e a boa gestão em todas as áreas do serviço público são também exemplos. A ideia é que convivemos com uma situação de constitucionalidade geral ao manter hígido o princípio da inafastabilidade da jurisdição *tout court*. Particularmente, ao descurar das questões ligadas à eficiência, boa gestão, e quando a afronta à razoabilidade sai de uma zona mais cinzenta, surge uma conjuntura de inconstitucionalidade em particular. O que nos move é apontar que o atual sistema de acesso à justiça, ao prestigiar o modelo adotado, preza pela sua constitucionalidade no geral, mas peca no particular, pois em sua plenitude o atual direito ao acesso não poupa ou compensa de nenhum modo a eficiência, a boa gestão e a razoabilidade.[155]

A definição da máxima da proporcionalidade encontra-se no equilíbrio dos princípios, tendo em vista que a coexistência da divergência somente é possível graças à proporcionalidade e a uma relação de mútua implicação entre eles.[156] O sistema atual de acesso à justiça é desproporcional e essa implicação é inafastável da sua interpretação.[157] Desse

---

humana. Disponível em: <https://www.conjur.com.br/2018-jan-19/opiniao-salario-minimo--inconstitucional-aspecto-material>. Acesso em 16 jul. 2018.

[155] "Se algumas normas da constituição não são levadas a sério, é difícil fundamentar por que outras também então devem ser levadas, se isso uma vez causa dificuldades. Ameaça a dissolução da constituição" (ALEXY, Robert. Direitos fundamentais no estado constitucional democrático: para a relação entre direitos do homem, direitos fundamentais, democracia e jurisdição constitucional cit., p. 55-79).

[156] ALEXY, Robert. *Teoria dos direitos fundamentais* cit., p. 10.

[157] O raciocínio de Alexy se adéqua perfeitamente a nosso pensamento sobre o presente tema: "Se $M_1$ (medida1) não é adequada para o fomento ou a realização do objetivo Z – que é requerido por $P_1$ (princípio 1) ou é idêntico a ele –, então, $M_1$ não é exigida por $P_1$. Para $P_1$ é portanto, indiferente se se adota a medida $M_1$, ou não. Se, sob essas condições, $M_1$ afeta negativamente a realização de $P_2$, então, a adoção de $M_1$ é vedada por $P_2$ sob o aspecto da otimização em relação às possibilidades fáticas. Isso vale para quaisquer princípios, objetivos e medidas. Portanto, o exame da adequação também decorre do caráter principiológico das normas de direitos fundamentais" (*Teoria dos direitos fundamentais* cit., p. 120). Nesse caso, consideramos $P_1$ o princípio constitucional do acesso à justiça; $M_1$ o modelo brasileiro que propicia esse acesso; e $P_2$ os demais princípios constitucionais afetados pelo modelo. O que embasa nossa proposição seria $M_2$, ou seja, uma medida adequada e que equilibraria $P_1$ e $P_2$.

modo, as ideias vão no sentido de melhorar essa proporção, e as decisões políticas e judiciais devem passar a ponderar esse desequilíbrio e convergir o sistema para um padrão de gastos mais aceitável, num processo de constitucionalização material do preceito.

### 3.1.4. O inciso XXXV e sua interpretação tradicional – os riscos reais da redução do alcance da norma

A doutrina é bastante resistente quanto a alterações do sistema processual que impliquem restrição ao tradicional direito de ação/acesso, entendido como a possibilidade quase incondicional de o interessado vir ao Judiciário para proteger seus interesses. Logo, parece-nos adequado previamente acalmar os mais receosos apontando a segurança da proposta. O objetivo pretendido não vai de encontro a essa doutrina. As ideias que se adotam são apenas no sentido de reduzir o número de feitos em apreciação pelo Poder Judiciário excluindo somente os direitos razoável e adequadamente protegidos de qualquer lesão ou ameaça. O acesso, portanto, estaria vedado apenas por ausência de necessidade da tutela estatal, de modo que não existiriam riscos reais dentro de um sistema mais eficiente.

Apontamos anteriormente que o acesso à justiça, como o acesso à educação, à saúde, ao transporte, deve ser o melhor possível dentro de uma expectativa de custo razoável e proporcional diante das limitações financeiras do Estado. Outrossim, a proposta de um acesso mais eficiente, mesmo nas linhas economicistas, não trabalha o conceito de eficiência com concretos prejuízos aos detentores dos direitos, pelo menos não objetivamente.[158] A ideia é que toda hipótese de prejuízo objetivo à proteção dos interesses tutelados seja obstada e apenas haja vantagens. Poder-se-ia conviver com situações em que a caracterização do prejuízo dependa de considerações subjetivas ou pessoais, ou seja, não havendo perdas claras e objetivas, as mudanças ainda seriam "ótimas".

No exemplo da tutela coletiva em contraposição à tutela individual, é razoável a objeção de que o cidadão deveria ter a oportunidade de defender individualmente seu próprio direito, pois poderia fazê-lo melhor que o representante da coletividade, porém essa é uma objeção permeada de

---

[158] Adiante analisaremos o critério da eficiência de acordo com as linhas econômicas de Pareto e Kaldor-Hicks, em que essas concepções serão mais bem ilustradas (item 6.1.4).

uma alta dose de subjetividade, pois a "melhor defesa" do direito poderia estar no processo individual, no coletivo, na arbitragem, na mediação, dependendo dos critérios que se adotem ou das preferências pessoais daquele que analisa. Objetivamente e da perspectiva do ordenamento jurídico, no entanto, não haveria prejuízo aferível, pois o mesmo direito seria defendido no bojo de um processo em que todas as prerrogativas das partes estão preservadas.[159]

Noutro exemplo, o exame de questões técnicas decididas administrativamente. A capacidade/incapacidade laborativa de um segurado da previdência social, verificada após a realização de uma perícia médica, é objetivamente melhor do que a constatada administrativamente após a análise de um perito médico do INSS? Afora as deficiências estruturais da Autarquia Previdenciária que muitas vezes se equiparam às deficiências da estrutura judicial, é certo que o direito restaria objetivamente preservado de lesão ou ameaça num e noutro caso, desde que a análise médica (técnica) fosse devidamente efetuada.[160]

De fato, considerações de ordem subjetiva apontam para as garantias da magistratura como estruturantes de uma melhor condição de análise e decisão. De outro lado, considerações de ordens diversas indicam que a

---

[159] Nessa linha, as lições da saudosa Professora Ada Pellegrini Grinover, quando discorrem sobre a representatividade adequada nas *class actions* norte-americanas, dizem o seguinte: "A parte ideológica leva a juízo o interesse metaindividual, representando concretamente a classe, que terá exercido seus direitos processuais através das garantias de defesa e do contraditório asseguradas ao representante. O mecanismo baseia-se na concepção de que o esquema representativo é apto a garantir aos membros da categoria a melhor defesa judicial, a ponto de afirmar-se que nesse caso o julgado não atuaria propriamente *ultra partes*, nem significaria real exceção ao princípio subjetivo do julgado, mas configuraria antes um novo conceito de representação substancial e processual, aderente às novas exigências da sociedade" (Acesso à justiça e garantias constitucionais no processo do consumidor. In: TEIXEIRA, Sálvio de Figueiredo (Coord.). *As garantias do cidadão na justiça*. São Paulo: Saraiva, 1993. p. 293-307).

[160] De acordo com a pesquisa Justiça em Números do CNJ, em 2016 a Justiça Federal recebeu 1.008.248 ações discutindo aposentadoria por invalidez e auxílio-doença. Certamente dentro desse número há diversas questões, porém em percentuais insignificantes, de modo que o Judiciário se debruçou no ano de 2016 sobre mais de um milhão de processos cuja questão é exclusivamente médica (Relatório Justiça em Números do CNJ-2017, p. 167. Disponível em: <http://www.cnj.jus.br/programas-e-acoes/pj-justica-em-numeros>. Acesso em: 17 jul. 2018).

solução adjudicada judicialmente muitas vezes não é a melhor. Podem-se objetar, entre outras circunstâncias, a ausência de especialização dos magistrados em varas de competência plena, a falta de preparo técnico e experiência prática em matérias específicas, o acúmulo de processos e a falta de tempo para a decisão etc.

Podemos, então, estabelecer a premissa de que a decisão judicial não é necessariamente melhor, mas antecede essa premissa outra, que vê como resguardados os direitos de lesão ou ameaça numa perspectiva de acesso eficiente ao Judiciário. Obviamente, se a eficiência comprometer objetivamente a segurança da análise, será necessário retroceder, mas o acesso ao Judiciário não pode depender apenas de suscetibilidades ou da insegurança inconsciente das pessoas.

Não há dúvida de que o acesso irrestrito ao Judiciário recrudesce a garantia e minimiza o risco de lesão ao direito, porém sempre seria possível mais uma oportunidade de recurso e este poderia ser analisado por um colegiado ainda maior, e depois outro, e assim por diante. A possibilidade de controle do controle é infinita e a segurança absoluta nunca será alcançada. Portanto, é necessária uma decisão política para estabelecer em algum momento a última palavra, o que não desguarnece a garantia ou vulnera o direito, apenas o torna racional e praticável.

Finalmente, a eficiência além de princípio constitucional é objeto de estudo da ciência econômica e, ainda que sob a concepção paretiana haja uma perda de segurança na proposta de um acesso limitado ao Judiciário, podemos nos socorrer dos conceitos de Kaldor-Hicks ou do *welfare-economics*, que melhor explicitaremos adiante. A sociedade convive com ganhos e perdas, sendo fundamentais as ideias de solidariedade, bem público e interesse coletivo. Assim, as mudanças em que alguns possam ser individualmente prejudicados tornam-se aceitáveis se houver um ganho que compense, com vantagens gerais, esses prejuízos. O importante é que parece não haver prejuízos individuais objetivos, ainda que, num sistema tecnicamente mais eficiente, os ganhos coletivos venham a superar os supostos prejuízos individuais. De toda sorte, sempre haverá uma válvula de escape a permitir que a parte que se sinta prejudicada comprove que, objetivamente, o sistema de acesso mais restrito não foi suficiente para obstar uma lesão ou ameaça a seu direito.

### 3.1.5. Os primeiros fundamentos para uma nova concepção jurídica do acesso à justiça

Uma nova concepção do acesso à justiça começa com a perspectiva de democratização do debate. Seria o modelo de acesso individual brasileiro uma integrante inafastável da nossa cidadania, ou um congênere mais eficiente seria um pequeno ônus a ser suportado por um serviço razoável de distribuição da justiça?[161] Como e quem deveria efetivamente decidir sobre o modelo a ser adotado e quais os custos que deveriam ser suportados pela população?

O pensamento dominante no curso do trabalho foi o de estabelecer e fundamentar uma concepção de inadequação do estado de coisas e de uma premente necessidade de convergir para um equilíbrio futuro. O modelo de acesso à justiça brasileiro deve criar condições materiais para que se possa começar a gastar menos ou, no mínimo, para paralisar urgentemente o crescimento dos gastos, de modo a possibilitar que a proporção destes em relação ao PIB nacional seja reduzida.

O primeiro passo e talvez o mais difícil e importante seja inserir a questão dos custos nos debates acerca dos problemas da prestação jurisdicional. Celeridade e efetividade devem estar sempre acompanhadas da questão da economicidade e da proporcionalidade, ou seja, não pode mais haver uma discussão sobre os problemas do Judiciário e do processo que relegue a questão do impacto orçamentário.

A partir da inclusão da temática financeira na pauta dos debates, as grandes questões devem ser colocadas e respondidas, quais sejam: Diante das necessidades em outras áreas fundamentais, quanto estamos legitimamente autorizados a gastar com o acesso à justiça? O gasto atual e a proporção deste em relação à riqueza produzida no País pode aumentar como vem ocorrendo ou deve necessariamente diminuir? Se deve ser inferior ao atual, quais atitudes devem ser tomadas para se implementar essa decisão política?

---

[161] Alexy descreve como uma marca característica dos direitos do homem, justamente a necessidade de sua restrição, uma vez que se trata de direitos abstratos. A medida justa dessa restrição, ou seja, quão suportáveis seriam os limites num novo modelo de acesso à justiça, seria determinada pela ponderação. "Sem ponderação não pode ser verificado o conteúdo exato desse direito" (Direitos fundamentais no estado constitucional democrático: para a relação entre direitos do homem, direitos fundamentais, democracia e jurisdição constitucional cit., p. 55-79).

Se a resposta às duas últimas questões for negativa, é importante que haja uma decisão esclarecida, principalmente sobre os efeitos dessa decisão nas demais prestações a cargo do Estado. Se for positiva, como imaginamos, saímos do ponto sobre a democratização do debate e passamos a analisar as opções surgidas a partir do debate. O fundamento inicial de uma nova concepção de acesso à justiça passa pela análise das opções prováveis a partir de informações claras em processos de escolha democráticos.

O modelo do acesso à justiça é uma escolha e, da mesma forma, se o Estado não pode razoavelmente custear um acesso perfeito, cabe a ele oferecer o melhor acesso possível a todos.[162] Essa é uma lógica econômica que deve necessariamente ser trazida à racionalidade da análise jurídica. Numa visão simplificada, como não há mágica em matéria de finanças públicas, por mais célere e eficiente que seja o sistema judicial, o simples trâmite de milhões de processos por ano nos fóruns e tribunais torna inviável uma redução relevante dos custos. Portanto, uma providência inescapável seria reduzir a entrada de processos no Judiciário mantendo ou melhorando a qualidade do serviço ou, numa outra opção, congelar os custos da instituição, com eventuais prejuízos à qualidade da prestação. Mais uma vez duas, opções se abririam e surgiria uma nova dúvida sobre o caminho a trilhar.

Em circunstâncias sociais e democráticas adequadas, as escolhas são pautadas por critérios de racionalidade e maior-valia, tendo como base informações amplas e precisas sobre o tema a ser definido. As escolhas relativas à alocação de recursos, dada à própria escassez dos mesmos, são muitas vezes trágicas, mas são obrigatórias. Na área de saúde, que aqui rotineiramente nos serve de exemplo, escolhas racionais devem ser feitas, como encarar a realidade que o investimento em vacinas salva muito mais vidas do que em UTIs, embora a restrição dessa área resulte em mortes de forma muito mais visível.[163]

---

[162] O Estado e os administradores a todo momento se deparam com a necessidade de escolhas difíceis realizadas pelo administrador, as chamadas escolhas trágicas, que segundo o Supremo Tribunal Federal "nada mais exprimem senão o estado de tensão dialética entre a necessidade estatal de tornar concretas e reais as ações e prestações em favor das pessoas, de um lado, e as dificuldades governamentais de viabilizar a alocação de recursos financeiros, sempre tão dramaticamente escassos, de outro" (Min. Celso de Mello, STA 175-AgR/CE).

[163] Recentemente, uma decisão judicial determinou a cessação dos efeitos da determinação ao SUS de fornecimento de um medicamento para os efeitos da HPN (Hemoglobinúria

A visão da escassez em matéria de direitos fundamentais é constantemente confundida com insensibilidade, mas trata-se apenas de ampliar o campo de análise e de coragem de enfrentar a realidade de que as decisões são, em verdade, opções que causam consequências positivas e negativas.[164]

Mais um exemplo na sensível área da saúde: Se o tratamento médico de uma criança com uma doença rara no exterior demande recursos que possam comprometer o direito de tantas outras aos cuidados mais básicos, é importante que a coletividade afetada seja ouvida e o Estado faça uma escolha consciente e clara de amparar uma e desemparar outra necessidade e não decida hipocritamente sob uma falsa premissa de que não haverá implicações negativas.[165]

Se o que parece mais adequado, sem comprometer a qualidade da prestação jurisdicional, importar em redução do número de feitos, quais seriam as medidas para desencorajar a litigância e quais as mudanças de concepção seriam necessárias para que tais medidas não sejam, de pronto, tachadas como violadoras do constitucional direito de acesso à justiça? Esse é o questionamento sobre o qual vamos oportunamente nos debruçar.

---

Paroxística Noturna), uma anemia rara e crônica que compromete o funcionamento dos rins. Trata-se, segundo a revista *Forbes*, do medicamento mais caro do mundo e custava ao erário cerca de 1,5 milhão ao ano. A decisão foi tomada sob o argumento de grave risco à saúde pública e que a manutenção do tratamento poderia colocar em risco a vida de diversos pacientes que se utilizam do SUS. Notícia publicada no *site* UOL: <https://noticias.uol.com.br/saude/ultimas-noticias/redacao/2017/04/24/artesa-fica-sem-remedio--que-custa-r-15-milhao-por-decisao-judicial.htm>. Acesso em: 17 jul 2018. Não se está defendendo a correção ou a incorreção da decisão judicial, mas a efetiva e real necessidade de as decisões deixarem clara sua escolha, e não simplesmente ignorarem as consequências da opção. Em 2016, o SUS gastou R$ 613 milhões para fornecer o medicamento a 442 pacientes.

[164] Sobre o tema das escolhas trágicas, vide: GUIDO, Calabresi; BOBBIT, Philip. *Tragic Choices*. New York: W. W. Norton & Company, 1978.

[165] Sobre o tema, mais uma vez o artigo de nossa autoria: Judiciário, políticas públicas e contraditório real cit.

## 3.2. O direito constitucional de ação e o princípio da inafastabilidade da jurisdição revisitados

### 3.2.1. O direito constitucional processual[166] e acesso à justiça

O direito e a lei trabalham inicialmente no campo deôntico, numa situação teórica de adequação e bom funcionamento das estruturas sociais as quais regula, porém, apesar de prever eventuais saídas para as crises do sistema, nem a lei nem o direito têm a capacidade permanente de evitá-las.[167]

As preocupações da segunda metade do século passado relativamente ao acesso à justiça residiam basicamente nas barreiras decorrentes da falta de condições materiais e de informação para que o cidadão pudesse ajuizar uma ação judicial. Ainda presentes essas preocupações,[168] novos

---

[166] Segundo Nelson Nery Jr., apartando os conceitos de direito constitucional processual e direito processual constitucional, "[...] é comum dizer-se didaticamente que existe um direito constitucional processual, para significar o conjunto das normas de direito processual que se encontra na Constituição Federal, ao lado de um direito processual constitucional, que seria a reunião dos princípios para o fim de regular a denominada jurisdição constitucional" (*Princípios do processo civil na Constituição Federal*. 10. ed. São Paulo: RT, 2010. p. 41).

[167] Numa interessante metáfora com o corpo humano, Luis Martín Rebollo anota que: "Suelo decir que el Derecho es al cuerpo social lo que la fisiología al cuerpo humano. En efecto, la fisiologia, en síntesis, estudia el funcionamiento de los órganos y partes de un cuerpo humano sano. Y es necesario su conocimiento para verificar después las diferentes patologías. No es, en efecto, casualidad que los estudiantes de Medicina estudien primero anatomía, bioquímica, y fisiología y solo después las diferentes patologías (que por cierto abarcan más tiempo y más estudio que todo lo anterior) para, finalmente ver si, ante ellas, se puede conseguir algún remedio desde la farmacopea o desde la cirurgía. En el cuerpo social el Derecho es el mundo del deber ser. La Ley, el Ordenamiento plasman el teórico buen funcionamiento pretendido del cuerpo social, pero la Ley no puede evitar las patologías sociales. Puede, como la medicina, intentar articular remedios en forma de técnicas, procedimientos, consecuencias, reacciones, procesos, y sentencias. Y, de novo como al medicina, a veces lo consigue. Otras no. De modo que así como a nadie se le ocurre denostar a la medicina (a la anatomía y a la fisiología) porque si estudio no evita las enfermedades, así también es pueril renegar del Derecho y decir que no sirve para nada porque no sea um instrumento mágico capaz de erradicar por sí solo todas las patologías y corruptelas sociales" (Para qué serve el derecho?: Uma reflexión sobre el derecho público en la sociedade contemporánea. In: OSÓRIO, Fábio Medina; SOUTO, Marcos Juruena Villela. *Direito administrativo*: estudos em homenagem a Diogo de Figueiredo Moreira Neto. Rio de Janeiro: Lumen Juris, 2006. p. 177-194).

[168] O acesso à justiça efetivo e democrático pressupõe igualdade material. Nesse sentido, Piero Calamandrei: "[...] as partes, enquanto pedem justiça, devem ser colocadas no processo

ACESSO À JUSTIÇA

direitos e perspectivas sociais completamente diferentes inclinam o sistema de justiça para outras tendências a fim de que esse possa dirimir os conflitos surgidos nas relações atuais.[169] A base constitucional do direito de ação ou o princípio da inafastabilidade previsto constitucionalmente no artigo 5.º, XXXV, mas principalmente os desdobramentos legais dessa disposição constitucional, têm sido interpretados como uma via ampla e cada dia mais aberta para a análise das lides pelo Poder Judiciário.

A primeira questão do processo civil na Constituição é: Qual a natureza jurídica do princípio da inafastabilidade e qual seu alcance? Ainda na esteira dos ensinamentos de Alexy, baseando-se numa definição *standard* da teoria dos princípios, tal seria uma norma "que ordena que algo seja realizado em uma medida tão ampla quanto possível relativamente a possibilidades fáticas ou jurídicas".[170] Temos então, no tocante à inafastabilidade como nos demais princípios, um mandamento de otimização, ou seja, todos devem ser observados em graus distintos de acordo com as já mencionadas possibilidades fáticas ou jurídicas, determinadas pelas conjunturas sociais e pelas colisões com outros direitos fundamentais.

Portanto, a inafastabilidade da jurisdição não é uma norma de observância vinculada e restrita, e sim uma pretensão a ser concretizada de acordo, mais uma vez, com as possibilidades fáticas e jurídicas. O acesso

---

em absoluta paridade de condições; mas o novo processo tem percebido que a afirmação puramente jurídica da igualdade das partes pode se transformar em letra morta, se depois, no caso concreto, a disparidade de cultura e de meios econômicos põe a uma das partes em condições de não se poder servir dessa igualdade jurídica, porque o custo e as dificuldades técnicas do processo, que a parte acaudalada e culta pode facilmente superar com os próprios meios e se fazendo assistir, sem economizar nada, por defensores competentes, cabe que constituam, por outro lado, para a parte pobre um obstáculo frequentemente insuperável na via da justiça" (*Instituições de direito processual civil*. Tradução de Douglas Dias Ferreira. 2. ed. Campinas: Bookseller, 2003. p. 276).

[169] Segundo José Alcebíades de Oliveira Júnior, tratando do que ele chama de novos direitos e da precariedade da ciência tradicional para compreendê-lo, "As grandes transformações do mundo atual, no âmbito da economia, da política, da ciência e da história têm gerado os ditos 'novos direitos' que, por sua vez, têm colocado inúmeras dificuldades para a ciência jurídica tal como ela está articulada. Existe hoje um distanciamento entre a ciência apreendida e a experiência vivida" (*Teoria jurídica e novos direitos*. Rio de Janeiro: Lumen Juris, 2000. p. 97).

[170] ALEXY, Robert. Direitos fundamentais no estado constitucional democrático: para a relação entre direitos do homem, direitos fundamentais, democracia e jurisdição constitucional cit., p. 55-79. Vide ainda BONAVIDES, Paulo. *Curso de direito constitucional* cit., p. 250.

individual, irrestrito, amplo e gratuito ao Judiciário como corolário do princípio inserto no inciso XXXV supracitado padece apenas de uma impossibilidade fático-financeira, não de qualquer mácula jurídica, ou seja, embora ele seja formalmente adequado, sua aplicação leva a um desarrazoado dispêndio econômico que afeta as possibilidades de otimização de outros princípios.

Os demais princípios do processo civil na Constituição não são diversos dos outros ali presentes, diferenciando-se apenas pelo seu caráter eminentemente instrumental, tal qual as regras processuais que se seguem. Existem falhas notórias na qualidade e no tempo da prestação da jurisdição e há um dilema que não deve ser contornado, qual seja, a necessidade constante de adequação do modo de resolução dos conflitos a fim de que este possa acompanhar as mudanças na dinâmica social.[171]

Diante disso, os princípios processuais devem ser analisados pelo prisma da instrumentalidade enquanto ferramentas para a persecução de outros objetivos constitucionalizados. Nesse contexto, numa vertente mais teórica, os fundamentos constitucionais e as regras de hermenêutica aplicáveis justificam toda uma interpretação mais pragmática e voltada aos interesses públicos.[172] A necessidade fática ou a impossibilidade material de equalização de todos os direitos aponta para a necessidade de racionalizar o gasto público em contraposição à pretensão de quase irrestrito acesso ao Judiciário.[173] Temos diversos exemplos de impossibilidades fáticas que vão de encontro à concretização plena dos princípios, o

---

[171] Sobre o tema, colhe-se a passagem da obra do Professor of Law Frank Sander de Harvard: "Not only has there been a waning of traditional dispute resolution mechanisms, but with the complexity of modern society, many new potential sources of controversy have emerged as a result of the immense growth of government at all levels, and the rising expectations that have been creation" (Varieties of dispute resolution cit., p. 68).

[172] Ao tratar da Constituição e do Processo Civil, Galeno Lacerda assinala que a marca da nova Constituição é sua abertura para o social. Segundo o autor, apontando as transformações advindas do novo texto: "Então, o direito esgotava-se na visão do 'meu', do 'teu' e do 'seu'. Nunca ouvimos falar no 'nosso', no 'vosso'" (Teoria geral do processo. Rio de Janeiro: Forense, 2006. p. 246).

[173] José Lamego, ao tratar da interpretação dos princípios constitucionais de mesmo nível hierárquico leciona: "Enquanto disciplina prática, a Jurisprudência dirigir-se-ia não ao conhecimento do 'objecto' Direito, mas seria um agir mediador na realização da 'possibilidade' do 'melhor Direito'. E, nesta conformidade, o Direito não seria susceptível de ser definido em termos de propriedades descritivas (como sustenta o positivismo metodológico

que não é um problema em si, visto que os mandamentos de otimização, por essência, convivem com essas dificuldades.

A amplitude que se confere ao direito de ação é ainda um dogma na ciência processual, mesmo tendo a interpretação das normas constitucionais evoluído em diversos aspectos. Mais do que o direito a um processo, tem o cidadão o direito a uma atividade eficiente e eficaz por parte do Estado, o que a simples inafastabilidade *a priori* não garante.[174] Nesse contexto interpretativo, pensar os princípios processuais e os direitos inerentes como instrumentos individuais, ligados ao interesse da parte/cidadã e divorciados do conteúdo público e das finalidades maiores do Estado, parece totalmente ultrapassado. Ao estabelecer os principais parâmetros do processo civil, a Constituição busca dotar o sistema de referências e torná-lo coerente com um sistema maior. A inafastabilidade não é uma regra, e sim um princípio e, como tal, deve ser analisado.[175]

### 3.2.2. Interpretação e alcance das normas e dos princípios. O direito como integridade

A questão que se coloca é: qual seria o limite do princípio da inafastabilidade como base normativa legitimadora das regras processuais atuais de acesso à justiça? A previsão de que "a lei não excluirá da apreciação do Poder Judiciário lesão ou ameaça a direito" torna adequadas as diretrizes para tal acesso de acordo com as proposições legais atualmente em vigor?

Para justificar nosso direcionamento introduzimos como paralelo a ideia de um acesso razoável (limitado) e proporcional, em que o foco da

---

ou conceptual), mas comportaria uma dimensão de valor. A jurisprudência serviria, assim, à realização do 'justo'" (*Hermenêutica e jurisprudência*. Lisboa: Fragmentos, 1990. p. 201).

[174] O Professor Cassio Scarpinella Bueno aproxima a ponto de tratar como sinônimos os princípios da inafastabilidade da jurisdição e o da efetividade do processo, lembrando que eficácia e eficiência são conceitos que não se confundem (Ensaio sobre o cumprimento das sentenças condenatórias. *RePro*, São Paulo, v. 113, p. 24, jan.-fev. 2004).

[175] Nelson Nery Jr., tratando dos princípios do processo na Constituição Federal, aponta resumidamente as principais teorias dos princípios atualmente estudadas no Brasil, como a de Alexy, Dworkin, Canotilho, Virgílio Afonso da Silva, entre outros. Deste último traz a distinção entre regras e princípios sintetizada na seguinte passagem: "A distinção entre regras e princípios, como foi visto, tem como uma de suas principais características exatamente a *exigibilidade de sopesamento de princípios como forma de aplicá-los*" (grifos no original) (*Princípios do processo civil na Constituição Federal*, 10. ed., cit., p. 28).

busca é a preservação do direito material e o processo um instrumento democrático e eficaz para tal função. Reconhecemos a Constituição como um conjunto sistemático de regras e princípios. Estes, enquanto tais, suscitam problemas de validade e de peso (importância, ponderação, valia); as regras colocam apenas questões de validade (se elas não são corretas devem ser alteradas).[176] Nessa seara, é conhecida a sistemática da ponderação de princípios, verificável na hipótese concreta de colisão entre eles. Somente com a aplicação e devida argumentação nos casos pontuais é que se torna possível sua concretização, tendo em vista as regras de colisão, ou seja, os conflitos resolvem-se mediante a criação de regras de prevalência, por meio da ponderação dos princípios conflitantes e da assunção de uma solução ponderada e justa para a situação em análise.[177]

Essas são as condições para se conformar um discurso jurídico racional e imparcial. O resultado da sua correta aplicação seria um notório ganho na racionalidade e um enorme incremento na legitimidade política das decisões. Na doutrina constitucional, não resta mais dúvida de que nem mesmo os direitos fundamentais possuem natureza absoluta, portanto, em caso de conflito, não existe prevalência inata de um sobre o outro.

Se o próprio princípio da inafastabilidade se encontra sujeito a ponderações, o que se dirá das regras processuais que, a pretexto de validá-lo, criam situações concretas em desacordo com a Constituição e violam outros princípios constitucionais. Nesse panorama, a objeção sempre bradada contra as propostas de racionalização, "Mas isso fere o princípio da inafastabilidade!", talvez não seja mais suficiente para dar cabo às discussões.

Após embasarmos os capítulos anteriores em grande parte na doutrina alemã e nas lições de Alexy, tomamos agora a noção de direito como integridade, que se adéqua bem à proposta de interpretação ampla da Constituição e de seus preceitos, abarcando o princípio da inafastabilidade e contrapondo-o a todos os outros princípios jurídicos e

---

[176] BONAVIDES, Paulo. *Curso de direito constitucional* cit., p. 244.

[177] Sobre as teorias da interpretação constitucional e os métodos das teorias constitucionais alemã e americana, uma importante passagem da obra de: BARROSO, Luís Roberto. *Curso de direito constitucional contemporâneo*: os conceitos fundamentais e a construção do novo modelo cit., p. 312.

metajurídicos inseridos na Carta.[178] Tendo como paralelos e paradigmas interpretativos as concepções de pragmatismo jurídico[179] e convencionalismo, o direito como integridade seria um modo de pensamento desenhado por Ronald Dworkin, que leva em conta a necessária convivência dos princípios e regras do ordenamento jurídico em um ambiente que tende a se harmonizar pela interpretação adequada dos casos concretos. Tal harmonia, que é mais tranquilamente obtida nos casos fáceis, é alcançável também nos casos difíceis pelo trabalho árduo do intérprete.

Se a integridade, segundo Dworkin, explica melhor o que é o direito, ela o faz por um princípio de coerência e de segurança. A preocupação da teoria é ordenar a forma sob a qual vai se estruturar a interpretação do direito diante de princípios e postulados vagos. Dworkin não admite a criação de direitos pela interpretação, mas a construção das soluções jurídicas a partir da coerência e da fidelidade a um sistema de princípios, "[...] segundo a qual cada cidadão tem a responsabilidade de identificar e se manter fiel ao sistema de princípios e valores da comunidade a qual pertence".[180] Interagindo conceitos como equidade, justiça e moral política, a concepção de integridade vai sendo construída a partir da interpretação que leva em consideração o conflito entre as convicções ou entre as certezas acerca dos diversos princípios.

Essa conflituosidade interpretativa é que buscamos inserir na análise dos parâmetros brasileiros do conceito de acesso à justiça. Ao se considerar uma vertente única de acesso individual ao Judiciário como consectário da inafastabilidade e, portanto, alheia a essa necessária interdependência conflituosa, a integridade se perde. Nesse exato ponto, encontra-se a irresignação, da qual resulta a proposição de uma condução

---

[178] Explana Dworkin: "Segundo o direito como integridade, as proposições jurídicas são verdadeiras se constam, ou se derivam, dos princípios de justiça, equidade e devido processo legal que oferecem a melhor interpretação construtiva da prática jurídica da comunidade" (*O império do direito*. Tradução de Jefferson Luiz Camargo. São Paulo: Martins Fontes, 1999. p. 272).

[179] Numa linha filosófica interessante para a temática trabalhada, tem-se uma descrição geral do chamado pragmatismo jurídico que consiste em apresentá-lo como uma teoria da decisão judicial: seus postulados sustentam que, para decidir os casos que se apresentam os juízes devem recorrer a um estilo consequencialista e voltado para o futuro (DWORKIN, Ronald. *A justiça de toga*. Tradução de Fernando Santos. São Paulo: Martins Fontes, 2010. p. 32).

[180] DWORKIN, Ronald. *O império do direito* cit., p. 271.

O MODELO JURÍDICO-CONSTITUCIONAL DO ACESSO À JUSTIÇA

argumentativa levando-se em conta o direito como integridade, a qual teria o condão de oferecer melhores adequação e justificação de nossa prática jurídica como um todo.

Nesse sentido, para Dworkin, o conceito de direito é definido pela atitude: "o que o direito representa para nós: para pessoas que queremos ser e para a comunidade que pretendemos ter".[181] A construção do direito decorre, pois, antes de tudo, de uma atitude política, de uma postura voltada para o benefício da comunidade a que pertencem os indivíduos, unidos por ela, mesmo divididos pelos projetos, interesses e convicções pessoais. Nesse caso, assim como considera Dworkin a política (*policy*), estabelece-se um incremento social e político do eficiente e efetivo acesso à justiça.[182]

De ressaltar a importância da teoria geral do direito não apenas como base interpretativa, mas também como fonte justificadora das decisões políticas e judiciais que se propõem a tratar do acesso à justiça. A Constituição como fonte maior dos princípios admitidos na comunidade deve ser diuturnamente analisada, buscando em última análise a justiça, significando, para Dworkin, que "nossos legisladores e outras autoridades distribuam recursos materiais e protejam as liberdades civis de modo a garantir um resultado moralmente justificável".[183]

### 3.2.3. O atual cotejo de princípios constitucionais em espiral retórico vicioso

Avançando na análise dinâmica da interpretação constitucional dos princípios processuais, podemos apontar com segurança que no Brasil não se observam a linha de Alexy, muito menos a de Dworkin, e o que se percebe é a indisfarçável presença de um espiral retórico que remete o sistema à imobilidade.[184] Não se faz a ponderação ou se chega a qualquer conflituosidade interpretativa. Há uma grande dificuldade em reconhecer o problema (inconstitucionalidade) ou pelo menos analisá-lo,

---

[181] Idem, p. 492.
[182] Idem, ibidem.
[183] DWORKIN, Ronald. *O império do direito* cit., p. 200.
[184] Segundo Cappelletti e Garth, as duas ondas de acesso à justiça e a mudança de regras em relação à representação processual de indivíduos e de coletividades "[...] não se mostrou suficiente por si só para tornar essas mudanças 'vantagens tangíveis' ao nível prático" (*Acesso à justiça* cit., p. 62).

mas, mesmo que ele seja objeto de alguma consideração, não se aponta qualquer solução e, por fim, ainda quando uma necessidade de solução é considerada, a medida concreta é sempre vista como inconstitucional e o sistema permanece inabalável. O direito, então, é considerado como base maleável para a prevalência de posições pessoais e ideológicas.[185]

A conclusão que se pretende é a de que há, de fato, sob o ponto de vista interpretativo, um espiral retórico vicioso, ou seja, por uma falha na argumentação em que a conclusão sempre chega ao mesmo ponto, sem conseguir avançar na busca de uma solução para os problemas levantados. A situação atual padece de uma incompatibilidade com o texto da Constituição, dado que o serviço judiciário é desproporcionalmente caro. Quando se discute a previsão do artigo 5.º, inciso XXXV, da Constituição, deparamo-nos automaticamente com afirmações de que tal princípio garante, de forma ampla e genérica, o acesso à justiça, reconhecido como o direito de movimentar a máquina judiciária por meio do processo e de obter uma tutela jurisdicional. Contudo, sempre que alguma mudança é proposta, ela esbarra numa suposta inconstitucionalidade. Como o referido inciso nunca é seriamente submetido a outros princípios, que seria a técnica correta de interpretação a ser utilizada,[186] a conclusão não se altera.

O erro na interpretação está justamente na ausência de ponderação, pois as soluções de uma situação de inconstitucionalidade não podem ser sempre inconstitucionais, ou seja, se a solução de um problema é outro problema, ou se tem um falso problema ou é preciso que se equilibre a solução e o problema inicial seja, de alguma forma, minorado. Mais

---

[185] "As Constituições são feitas para não serem cumpridas, as leis existentes para serem violadas, tudo em proveito de indivíduos e oligarquias, são fenômeno corrente em toda a história da América do Sul" (HOLANDA, Sérgio Buarque de. *Raízes do Brasil*. 2. ed.. Rio de Janeiro: José Olympio, 1948. p. 273).

[186] Nas observações do Professor Sérgio Bermudes, colaborador na obra referência *Civil justice in crisis*, de Adrian Zuckerman, aponta-se em relação ao Brasil que: "One of the problems faced when a new procedural law comes in to effect in to Brazil is the very strong conservatism of those in charge of the administration of justice, who seek to apply the new rules according obsolete principles. Professor Bermudes suggest that at the root of the problems lie not complex e difficult procedures, but the unhelpful attitudes of those who operate the procedures and the deep infrastructural flaws of the court system" (ZUCKERMAN, Adrian. *Civil justice in crisis*: comparative perspectives on civil procedure cit., p. 28).

O MODELO JURÍDICO-CONSTITUCIONAL DO ACESSO À JUSTIÇA

uma vez: não pode haver apenas soluções inconstitucionais para uma hipótese de inconstitucionalidade, senão num espiral retórico vicioso interpretativo.

O acesso ao Judiciário, como está, não parece adequado do ponto de vista dos parâmetros constitucionais que analisamos. Outrossim, o inchaço da máquina e seu entorno são a cada dia mais estarrecedores, porém as reais mudanças tendem sempre a ser taxadas de inconstitucionais (Fere a inafastabilidade! Trata-se de denegação de justiça!) e a imobilidade permanece como a tônica.

Paradoxalmente, o que parece de acordo com a constituição, segundo a interpretação mais tradicional, é que se promovam mais acesso, mais celeridade e mais eficácia, aumentando o tamanho do Judiciário e que a forma desse acesso permaneça inalterada. O que se apresenta como constitucional é uma conjuntura que agrava outras situações inconstitucionais.

Se assim não fosse de forma deliberada, como assentir que a Lei da Ação Civil Pública, secundada pelo Código de Processo Civil, tenha sido violentamente atacada pelas subsequentes Leis 7.853/1989, 8.069/1990 8.884/1994? Como conviver com a constitucionalidade da MP 1.984-18/2000, atual MP 2.180-35, que limitou o cabimento da ação civil pública para veicular pretensões que envolvam tributos, contribuições previdenciárias, FGTS ou outros fundos? Como entender a desastrada e mal-intencionada alteração do artigo 16 da LACP, pela Lei 9.494/1997, confundindo os institutos da coisa julgada e da competência territorial do órgão prolator da decisão? Concretizar o acesso à Justiça, definitivamente, não era a intenção desses dadores de leis.

Outro exemplo mais prosaico dessa postura pode ser observado na decisão do Supremo Tribunal Federal que declarou inconstitucional todas as medidas legislativas tendentes a criar mecanismos pré-processuais obrigatórios de mediação e conciliação.[187] Adrian Zuckerman destaca que

---

[187] ADI 2139 MC/DF, rel. Min. Octavio Gallotti, 16.08.2007; (ADI-2139) e ADI 2160 MC/DF, rel. Min. Octavio Gallotti, 16.08.2007 (ADI-2160). A decisão foi no sentido de assegurar o livre acesso ao Judiciário, independentemente de instauração ou da conclusão do procedimento perante a comissão de conciliação prévia. Aluísio Gonçalves de Castro Mendes, citando a experiência estrangeira, defende a plena constitucionalidade e a racionalidade do preceito. Cita como exemplo o alemão por meio dos chamados Conselhos de Empregados e também a Argentina que estabeleceu pela Lei 2.457/1995 procedimento obrigatório de mediação prévia a todos os juízos, e as regras específicas destinadas à conciliação em litígios

numa conjuntura de recursos escassos para a alocação na administração da justiça deve haver compromissos com o equilíbrio e o legislador fazer escolhas entre as diferentes formas de prestação da justiça, aquilatando o custo e buscando um razoável grau de qualidade.[188] Trata-se de uma escolha política e sem qualquer empecilho jurídico na opção por um sistema mais eficiente.

### 3.2.4. Base constitucional jurídico-interpretativa da concepção de acesso à justiça razoável

A visão do processo brasileiro como instrumento que deve contar com viabilidade econômica, adequação de procedimento e sensibilidade às possibilidades estatais necessita, antes de mais nada, alterar dramaticamente a conjuntura do atual panorama interpretativo constitucional, abrindo ensejo à integração de preceitos outros que devem ser conjugados com o dispositivo em questão. São por esses preceitos que nos pautamos.

A Constituição Federal de 1988 é um repertório de pretensões que acomoda as mais diversas linhas do pensamento social e político brasileiro. Trata-se da ideia de um país para o futuro, bem diferente e certamente muito melhor do que o que tínhamos três décadas atrás e do que temos hoje. Transferir a realidade constitucional do papel para a prática, no entanto, parece uma tarefa superior às forças da sociedade brasileira. De maneira geral, "Os direitos do homem parecem converter-se em um problema para a democracia quando eles são levados a sério e de um mero ideal, tornados em algo real". Existem formas de enxergar tal problema. Afora o modo ingênuo que desconhece qualquer limitação, tanto os idealistas quanto os realistas compreendem que "existe entre

---

trabalhistas foram definidas na Lei Federal 24.635/1996 (Breves considerações em torno da questão da inafastabilidade da prestação jurisdicional. *Revista da Seção Judiciária do Rio de Janeiro*, n. 19, p. 61-73, abr. 2007.

[188] ZUCKERMAN, Adrian. *Civil justice in crisis*: comparative perspectives on civil procedure cit., p. 8. "Once it is accepted that the obligation to allocate resources to the administration of civil justice is not absolute and boundless, we must also accept that the choice of procedure must involve compromises. A country that cannot afford a limitless investment in the administration of justice must achieve a compromise, whereby the resources invested in procedure are affordable and, at the same time sufficient to achieve a reasonable degree of quality. It follows that, in devising a system of procedure, the legislature has a considerable scope for choice between different ways of balancing rectitude of decision against cost."

# O MODELO JURÍDICO-CONSTITUCIONAL DO ACESSO À JUSTIÇA

esses bens, de fundamentos bem conhecidos, no nosso mundo caracterizado por finitude e escassez, um conflito".[189]

Para avançar em tais propósitos de modo realista e pragmático, o objetivo de construir uma sociedade justa e solidária seria um paradigma importante na formatação de uma realidade constitucional possível, mais harmônica, e que supere as incompatibilidades entre os postulados válidos e a forma de sua concretização. Nessa perspectiva de leitura constitucional, com viés mais coletivo e cooperativo, insere-se a base jurídico-interpretativa de um conceito de acesso à justiça razoável.

Conforme adiantamos, a Constituição é uma forma de organização política do Estado, em que as linhas centrais das decisões estão estabelecidas, de modo que os poderes públicos e os órgãos responsáveis devem pautar suas decisões e justificar suas atitudes. Não se trata de um instrumento exclusivamente jurídico restringido pelas limitações da técnica legislativa ordinária.

A base jurídico-interpretativa a sustentar a reforma da concepção de acesso à justiça encontra-se mais em princípios amplos do que nas citações específicas da nossa Carta sobre o processo. O princípio democrático em seu conceito mais estreito é o primeiro deles. Na famosa frase de Churchill, "A democracia é a pior de todas as formas imagináveis de governo, com exceção de todas as demais que já se experimentaram".[190] O conceito de Estado Democrático e, consequentemente, a origem do princípio democrático são revelados pela própria etimologia do termo democracia, do grego demos, povo e kratos, poder.

Sustentando a ideia da análise da legitimidade política do modelo e defendendo a democracia como melhor teoria para tal mister, Shapiro, citando Dewey, aponta: "Na aventura acumulativa e experimental de fazer retroceder as fronteiras da ignorância, a democracia é o aliado

---

[189] ALEXY, Robert. Direitos fundamentais no estado constitucional democrático: para a relação entre direitos do homem, direitos fundamentais, democracia e jurisdição constitucional cit., p. 55-79.

[190] Citando Radbruch, Yonne Dolácio de Oliveira aponta nessa mesma linha: "Nós mantemos essa crença porque não nos foi oferecido algo melhor para substituí-la [...] 'A democracia, é por certo um bem valioso, o estado de direito é, todavia, como o pão cotidiano, a água que se toma, o ar que se respira e o melhor da democracia é que ela é a única apropriada para assegurar o estado de direito'" (Parecer. *A natureza jurídica das custas judiciais*. São Paulo: Resenha Tributária, 1982. p. 131-173).

ACESSO À JUSTIÇA

mais confiável da verdade. A postura democrática e a postura científica reforçam-se mutuamente, apenas porque ambas precisam do debate público".[191]

No caso das questões ligadas ao acesso à justiça, as deliberações democráticas seriam condicionadas a um resultado justo, com referencial nos demais anseios constitucionais. Fundamental a ideia do modelo de democracia deliberativa substantiva, em que o processo político se condiciona a verificar se o procedimento atingiu um resultado justo. A deliberação serviria para indicar a melhor forma de aplicação dos princípios de justiça.[192] Não é democraticamente aceitável que o princípio da inafastabilidade redunde em uma justiça tão cara e que atenda tão poucos.[193]

Nesse ponto, a questão não é como o citado inciso XXXV deve ser lido, mas o seu real alcance do ponto de vista do princípio democrático. Buscamos a forma condizente e equilibrada pela qual o Estado brasileiro promove o acesso à justiça. As decisões políticas acerca da inafastabilidade não estão, portanto, de acordo ou pelo menos analisam seriamente

---

[191] E complementa com uma citação da obra de Dewey, *Individuality in our day:* "O método experimental não se restringe ao uso de bicos de chama, retortas e reagentes. Ele é o inimigo de qualquer crença que tolera que hábitos e costumes prevaleçam sobre a inventividade e a descoberta, e o universo do lugar-comum passe por cima dos fatos verificáveis. A tarefa da pesquisa experimental é revisar constantemente. Ao revermos conhecimentos e conceitos, adquirimos a capacidade de efetuar transformações. Esse comportamento, uma vez incorporado à mente do indivíduo, encontraria uma maneira prática de se manifestar. Se o surgimento de uma ideia nova faz tremer os dogmas e as instituições, isso não é nada, comparado ao que aconteceria se as ideias dispusessem dos meios para prosseguir ininterruptamente na descoberta de novas verdades e na crítica de antigas crenças. Na ciência, 'aquiescer' só é perigoso para aqueles que, por preguiça ou interesse próprio, gostariam de manter inalterada a ordem social existente. Pois a postura científica exige fidelidade a tudo o que vier a ser descoberto e adesão incondicional à nova verdade" (SHAPIRO, Ian. *Os fundamentos morais da política* cit., p. 266).

[192] RAWLS, John. *O liberalismo político.* São Paulo: WMF Martins Fontes, 2011. p. 65.

[193] Ian Shapiro alerta ainda que: "Na verdade, a discussão política real que existe nas democracias contemporâneas é bastante insatisfatória, em grande parte em razão do grau de contaminação do processo pelo dinheiro. Um importante desafio de criatividade que se apresenta à atual geração de democratas inovadores é descobrir maneiras para diminuir a influência do dinheiro, de modo a aproximar a discussão democrática real do debate disciplinado imaginado por Mill e Dewey, no qual a verdade funciona como um ideal regulador" (*Os fundamentos morais da política* cit., p. 295).

o princípio democrático, ponderando-se os custos e impactos do atual modelo.

Outra base jurídico-constitucional importante diz respeito aos fins do processo como forma de efetivar o princípio constitucional do acesso à justiça. Se as finalidades de determinada técnica de efetivação não estão de acordo com os objetivos da Constituição, certamente os dispositivos que veiculam essa técnica serão inconstitucionais. O processo enquanto instrumento e, portanto, forma eleita pelo Estado para garantia de um direito fundamental não pode violar outros direitos fundamentais.

Deixando para adiante um maior aprofundamento nos temas específicos, o princípio da inafastabilidade convive atualmente com o princípio da eficiência e o da razoável duração do processo, ambos inseridos formalmente como princípios constitucionais fundamentais no bojo dos artigos 5.º e 37, pelas Emendas Constitucionais 19 e 45.

O princípio da eficiência é aplicável à Administração Pública direta e indireta de qualquer dos Poderes da União, dos Estados, do Distrito Federal e dos Municípios. Mencionamos aqui a boa administração dos recursos como direito fundamental de todo cidadão que pressupõe a realização da atividade administrativa de maneira transparente, proba e eficiente, consentânea, portanto, com os princípios basilares do direito administrativo-constitucional.[194] Finalmente, também resta consignado como direito fundamental no artigo 5.º, no mesmo patamar da hierarquia das normas constitucionais, a duração razoável do processo. Nessa conjuntura normativo-constitucional, o processo deve ser célere, muito mais econômico e eficiente, além de garantir a todos o acesso a seus direitos materiais.

Assim, não é difícil encontrar na própria constituição os preceitos justificadores da visão do acesso à justiça adequado a um ambiente de escassez.

### 3.2.5. Revisitando o "one day on court"

Em síntese, o chamado "one day on court", ou o direito de entrevistar-se com um juiz pelo menos uma vez, provavelmente seja a base conceitual do

---

[194] Sobre o tema Alessi aparta em sua obra os conceitos de "perfezione del provvedimento" e "efficaccia del provvedimento", conferindo ao primeiro os contornos adequados relativos aos interesses públicos e à eficiência dos atos emanados da administração (*Principi di diritto amministrativo*. Milano: Giuffrè, 1966. t. I, p. 321).

que se entende hoje como a garantia de acesso à justiça ou ao Judiciário em linhas mais gerais. Essa primeira grande barreira a ser transposta, numa simplificação grosseira, acomoda a interpretação do acesso à justiça brasileiro de hoje dentro da sistemática do dia na Corte, e é essa interpretação que devemos superar. Não se pode mais conceber que a possibilidade de um dia perante o tribunal ou que a causa seja levada ao Judiciário e decidida, ainda que de forma precária, complete a garantia constitucional.

O direito mencionado, do "one day on court", tem sua origem na conhecida Magna Carta, que é o ancestral mais remoto das declarações de direitos atuais. Em 15 de junho de 1215, foi firmado pelo rei inglês João-Sem-Terra um documento que pode ser considerado o primeiro esboço de uma Constituição escrita, trazendo um elenco de direitos contra as arbitrariedades reais que marcaram seu reinado. Entre as diversas previsões encontra-se a necessidade da submissão a prévio julgamento no item 39, segundo o qual:

> Nenhum homem livre será detido ou aprisionado, ou privado de seus direitos ou bens, ou declarado fora da lei, ou exilado, ou despojado, de algum modo, de sua condição; nem procederemos com força contra ele, ou mandaremos outros fazê-lo, a não ser mediante o legítimo julgamento de seus iguais e de acordo com a lei da terra.

O conteúdo do referido dispositivo encontra-se ampliado nas declarações de direitos mais modernas e é tido como a base do "due process of law". A positivação desses elementos está presente hodiernamente na maioria dos tratados sobre o tema, e a principal deles, a Declaração Universal dos Direitos Humanos, que também pode ser considerada um fundamento do "one day on court", traz em seu bojo uma visão ampliada do conteúdo da distante Magna Carta.[195]

---

[195] Artigo IX. Ninguém será arbitrariamente preso, detido ou exilado. Artigo X. Todo ser humano tem direito, em plena igualdade, a uma justa e pública audiência por parte de um tribunal independente e imparcial, para decidir sobre seus direitos e deveres ou do fundamento de qualquer acusação criminal contra ele. Artigo XI. 1. Todo ser humano acusado de um ato delituoso tem o direito de ser presumido inocente até que a sua culpabilidade tenha sido provada de acordo com a lei, em julgamento público no qual lhe tenham sido asseguradas todas as garantias necessárias à sua defesa. 2. Ninguém poderá ser culpado

O MODELO JURÍDICO-CONSTITUCIONAL DO ACESSO À JUSTIÇA

Contudo, atualmente e diante da nova realidade social, não se podem prestigiar o "due process of law" e o "one day on court" de tempos tão remotos. Afora os aspectos ligados ao processo penal, é reconhecido o direito ao ser humano a uma justa e pública audiência por parte de um tribunal independente e imparcial, para decidir sobre seus direitos e deveres (artigo X da Declaração Universal dos Direitos Humanos). A forma materializada de acesso individual mediante um processo judicial é um modelo ultrapassado e ressentido de um Estado opressor e autoritário, incompatível com regimes livres e democráticos e certamente inadequado diante das características da sociedade atual.

A necessidade de comparecer pessoalmente perante a pessoa do magistrado de modo a obviar injustiças ou arbitrariedades já não mais subsiste e os mecanismos de hoje demandam um sistema muito mais complexo e sofisticado para evitar outras injustiças e arbitrariedades diferentes e mais numerosas que de outros tempos. Permanece o direito a uma justa e pública audiência por parte de um tribunal independente e imparcial, contudo, no mais das vezes, inserido em uma realidade coletiva ou dentro de uma concepção de racionalidade, em que não é mais necessário que tal direito seja absoluto e um fim em si mesmo.

Como todos os demais direitos, o "one day on court" passa a ser instrumental e subsidiário, inserido no contexto mais amplo do devido processo e do *access to law*. Desse modo, o dia perante o Judiciário será garantido se, e somente se, necessário e indispensável à preservação e garantia de direitos, e ainda proporcional dentro de um sistema mais amplo que prestigie a finalidade do instrumento, e não o meio pelo qual esta é alcançada, além de obviar o abuso e o excesso. Sem desconhecer o passado, é preciso olhar para frente na interpretação das normas.

A figura do "one day on court" não pode ser contraposta ao conceito de denegação de justiça, o que é um erro essencial e que se replica ao longo do tempo de forma acrítica. Denegar a justiça significa inviabilizar o acesso ao direito, ou seja, um meio ou uma alternativa capaz de proteger de forma proporcional e razoável um interesse violado. Os contornos jurídicos do conceito de denegação de justiça como forma de restrição

por qualquer ação ou omissão que, no momento, não constituíam delito perante o direito nacional ou internacional. Tampouco será imposta pena mais forte do que aquela que, no momento da prática, era aplicável ao ato delituoso.

de acesso ao Judiciário e a inconstitucionalidade decorrente da incompatibilidade dessa posição com o disposto no inciso XXXV, artigo 5.º, da Constituição Federal não se encontram bem estabelecidos. O importante, no entanto, é a compreensão de que a denegação de justiça ocorre por uma falha no sistema como um todo, e não em uma posição pontual que indique a imposição de condições ou restrições de um acesso direto ao Judiciário.

O fato de não se chegar aos tribunais não significa que o acesso à justiça tenha sido denegado, porém o fato de não haver instrumentos proporcionais para se debelar uma ilegalidade aponta para uma falha sistêmica que pode configurar a denegação de justiça, ainda que, contraditoriamente, a perspectiva formal do "one day on court" esteja preservada.

### 3.2.6. Princípio democrático e republicanismo processual
Começamos a tratar no item 3.2.4 de algumas ideias sobre o princípio democrático e suas implicações nas interpretações constitucionais incidentes sobre o conteúdo normativo do acesso à justiça e da inafastabilidade do controle jurisdicional. Nesse momento, abordaremos de forma pormenorizada o princípio democrático, além de expormos algumas ideias sobre a necessidade de implantação do que chamamos de republicanismo processual.

O princípio democrático é um pressuposto para toda a fundamentação exposta neste estudo. Parte-se a todo momento da concepção de que não apenas a Constituição, mas todo o ordenamento jurídico e sua aplicação pelo Judiciário, albergam um entendimento político básico que dá vazão aos anseios do povo. A premissa é a de que a vontade popular – que não se confunde com a vontade da maioria –, representada pelas técnicas de decisão democráticas conhecidas, é fundamental e deve ser continuamente respeitada.[196]

Nesse aspecto, em especial, a conceituação do direito de acesso à justiça e seu respectivo modelo processual passam por uma análise sociológica importante, qual seja, a dos elementos caracterizadores

---

[196] Para uma análise aprofundada da regra da maioria na democracia moderna: BOBBIO, Norberto. *Teoria geral da política*: a filosofia política e as lições dos clássicos. Tradução de Daniela Beccaccia Versiani. 11. ed. Rio de Janeiro: Elsevier, 2000. p. 427.

O MODELO JURÍDICO-CONSTITUCIONAL DO ACESSO À JUSTIÇA

desse acesso ou os contornos do direito consagrado que interessam ou, de alguma forma, afetam a coletividade e demandam sua participação como pressuposto de sua legitimidade política.[197]

Numa visão simplificada, considerando que uma imensa maioria é afetada pelos vultosos gastos com o sistema judicial, qual o percentual da população brasileira que efetivamente apoiaria ou consideraria necessária a manutenção da expansão dos gastos no modelo atual de acesso ou reconheceria legítimo o sistema como um todo? Nosso arcabouço processual é efetivamente republicano ou é o resultado de uma confluência de distorções sociopolíticas que o tornam um sistema corporativo?[198]

Num espectro mais objetivo, nosso sistema político eleitoral representativo dá claros sinais de esgotamento.[199] A intenção, no entanto, é realizar uma análise preliminar dos órgãos e institutos ligados ao acesso à justiça e sua relação com os instrumentos básicos de decisão do regime democrático. O foco é ponderar a existência ou não de uma interação que efetivamente confira legitimidade política às opções acerca do tema.

Qual seria o modelo de acesso à justiça/Judiciário democraticamente escolhido pela população? Não há dados suficientes para responder a tal questionamento, no entanto há elementos claros que indicam que o modelo atual, bem como as alterações promovidas, não são debatidas nem legitimadas pela participação dos componentes sociais mais afetados.

A questão da morosidade e a da ineficácia dos processos judiciais têm apresentado como principal vetor de enfrentamento a edição de normas legais alterando a legislação processual, desde a década de 1990, com as

---

[197] Vide *supra* as lições de Shapiro sobre o tema (item 2.2.5).

[198] Habermas aponta que "A administração [Executivo] não só estrutura o processo de legislação, em grande parte ela também o controla; ela tem de, por seu lado, selar compromissos com clientes poderosos. Partidos, corporações legislativas, burocracias têm de levar em conta a pressão não declarada dos imperativos funcionais e colocá-los em harmonia com a opinião pública – 'política simbólica' – é o resultado" (A nova intransparência: a crise do estado de bem-estar social e o esgotamento das energias utópicas cit., p. 103-114).

[199] Os partidos políticos, o Congresso Nacional, a Presidência da República e os ministérios são, nesta ordem, as instituições menos confiáveis entre os brasileiros. A informação faz parte de pesquisa do Instituto Datafolha, encomendada pela Ordem dos Advogados do Brasil (OAB) para avaliar o grau de credibilidade de 14 instituições. Notícia disponível em: <http://politica.estadao.com.br/blogs/fausto-macedo/partidos-politicos-sao-as-organizacoes-menos-confiaveis-entre-os-brasileiros-indica-pesquisa/>. Acesso em: 30 maio 2016.

ACESSO À JUSTIÇA

chamadas minirreformas (1994/1995, 2001/2002 e 2005/2006), além de alterações no Código de Processo Civil de 1973 por outras normas processuais em todos os anos posteriores, com exceção de 2012, culminando com a edição de um novo Código em 2015. Todas essas reformas foram conduzidas e implementadas por um círculo restrito de operadores do Direito.[200]

Após anos de debates e inúmeras reformas adrede perpetradas no sistema processual, o Congresso Nacional aprovou o novo Código de Processo Civil, que se apresenta como solução para o problema de celeridade e efetividade do processo brasileiro. As discussões entre acadêmicos, juízes, advogados e toda a classe jurídica resultaram num instrumento que promete mais uma vez avançar no tocante ao acesso à justiça. Reformas dessa natureza com as perspectivas de impacto no sistema teriam, de fato, legitimidade democrática ou seriam medidas meramente tecnocráticas com pinceladas formais e retóricas de participação social?

Na última experiência nacional, não houve uma preocupação em ampliar o debate e o *locus* de discussão de modo a legitimar as reformas, o que redundou na manutenção de uma sistemática praticamente inalterada. O mote da nossa pontuação é a qualificação das medidas do ponto de vista da legitimação político-democrática, ou seja, apontar os instrumentos mais eficientes de participação e debate que deveriam ser utilizados na formatação dessas alterações legislativas e quais efetivamente o foram[201] (Não se trata de meras audiências públicas).

O processo deve ser um instrumento republicano, no sentido próprio de coisa pública, uma ferramenta adequada e proporcional em benefício de todos. O Brasil hoje gasta mais no sistema judicial do que em segurança pública,[202] sendo a segurança uma das principais preocupações dos brasileiros segundo todas as pesquisas sobre o tema. Assim, resta claro que esse estado de coisas não atende aos anseios da população

---

[200] Sobre o tema das reformas processuais mais uma vez citamos as interessantes conclusões de John Leubsdorf (The Myth of Civil Procedure Reform cit.).

[201] Dados sobre a participação nos debates do novo Código de Processo Civil, vide nota 106.

[202] Segundo os dados mais atuais do Fórum Brasileiro de Segurança Pública, os estados e a União gastaram R$ 76,1 bilhões em 2015 com segurança, enquanto os gastos com o Judiciário nesse mesmo ano ultrapassaram os 84,5 bilhões. Dados disponíveis em: <http://www.forumseguranca. org.br/publicacoes/10o-anuario-brasileiro-de-seguranca-publica/>. Acesso em: 15 maio 2018.

O MODELO JURÍDICO-CONSTITUCIONAL DO ACESSO À JUSTIÇA

ou pelo menos não está devidamente colocado em debate por meio dos instrumentos de participação. Num diálogo mais amplo com a sociedade, certamente não seriam essas as reformas esperadas, nem esse o acesso à justiça pretendido.[203]

Nessa linha de constatações, o ambiente jurídico em que os debates ocorrem, claramente fechado e cercado por interesses corporativos, recebe das demais vertentes sociais as insatisfações, processam-nas e, de tempos em tempos, respondem com algum tipo claudicante de reforma, acentuando esse revelado caráter antidemocrático, de uma justiça que custa caro, é desigual[204] e serve a poucos.[205] Em razão do grande volume

---

[203] Ao longo da série histórica do Datafolha sobre o tema, iniciada em junho de 1996, poucos problemas chegaram ao patamar de mais citado pelos brasileiros. Por dez anos, entre 1996 e 2006, coube ao desemprego a liderança isolada de área mais problemática, tendo como ápice dezembro de 1999, quando era citada por 53%. Em março de 2007, o problema da violência e segurança pública atingiu o topo dessa agenda, mencionado por 31%, deixando para trás o desemprego (22%). Logo depois, cresceu a preocupação dos brasileiros com a área da saúde, que em dezembro de 2007 foi citada por 21% como a mais problemática do País, ao lado da violência e segurança pública (21%) e do desemprego (21%). Desde então, com exceção de março de 2009, quando desemprego e saúde apareciam no mesmo patamar, a área da saúde vinha sendo apontada isoladamente como a mais problemática do Brasil. Atualmente, a saúde encabeça a lista, citada por 23%, e em seguida aparecem violência 20%, desemprego e corrupção com 14%, educação (12%), economia (4%), e outros menos citados. Disponível em: <http:// datafolha.folha.uol.com.br/>. Acesso em: 12 set. 2018.

[204] Sobre as desigualdades nas relações judiciais o texto de: GALANTER, Marc. Why the "haves" come out ahead: speculations on the limits of legal change. *Law and Society Rev.*, v. 9, p. 72, 1974.

[205] Na visão de Ugo Mattei, durante a Guerra Fria, os países ocidentais precisaram preservar recursos para enfrentar o inimigo socialista e houve cortes implacáveis, tantos quanto foram possíveis, em serviços estatais de bem-estar social. As vítimas naturais foram os abrigos públicos, os serviços de saúde e educação e, finalmente, a justiça para os pobres. A obra do autor sobre acesso à justiça não conta com a colaboração de dados oriundos do Brasil, contudo certamente não houve uma redução de recursos orçamentários destinados ao Judiciário e a seu entorno. Embora os problemas de acesso à justiça sejam compartilhados com os da maioria dos países analisados por Mattei, a escassez de recursos não faz parte da realidade brasileira, pelo menos proporcionalmente a serviços como saúde, educação, etc. "A Western capitalist model, busy to outspend the Soviet block in order to win the cold war had to save resources by privatizing as much as possible of its welfare services. Public shelter, health, education and justice for the poor were the natural 'victims' of such budget cuts. By the end of the eighties, with the 'successful' outcome of the cold war, this policy of 'privatization' had overcome the boundaries of the Anglo-American world, as well as those

de despesas geradas pelo sistema de justiça, além do enorme volume financeiro potencialmente envolvido nas demandas, fortes grupos de interesses veem com preocupação qualquer possibilidade mais drástica de mudanças. Esse conjunto pouco harmônico, é bem verdade, conta com envolvidos em diversos campos políticos, além dos grandes *players* mencionados por Galanter.[206] Parece ingênuo, pois, acreditar que se extraia um processo republicano exatamente de um grupo repleto de interesses corporativos.

Não se nega que algumas barreiras ao acesso à justiça vêm sendo vencidas no País, porém de forma gradual e bastante irregular, com avanços e retrocessos. Noutra ponta, o Poder Judiciário, ao abrigo do discurso do acesso à justiça, cresce enquanto estrutura e angaria poder. O incremento do debate democrático e a abertura das instâncias fechadas que tratam do processo como instrumento do acesso à justiça visam ao que chamamos de um republicanismo processual. Num outro ambiente decisório, as mudanças esperadas implicarão redução de custos e simplificação, alijando boa parte dos interesses daqueles que alimentam e retroalimentam esse novelo burocrático.

---

of the traditional political right. At the 'end of history', redistributional practices, both direct and indirect, could not be structurally afforded in the domain of shelter and health, let alone in those, secondary in survival importance, of education and justice" (Access to Justice. A Renewed Global Issue? cit.).

[206] GALANTER, Marc. Why the "haves" come out ahead: speculations on the limits of legal change cit., p. 96.

# 4.
# Um Primeiro Debate sobre Acesso Razoável

**4.1. As pesquisas que embasam a tese sob o prisma da realidade brasileira**

**4.1.1. Referencial teórico da discussão – acesso à justiça na obra de Cappelletti e Garth e os relatórios de Florença**

Não há dúvidas de que a obra mais influente na doutrina nacional sobre acesso à justiça é, muitas vezes citada, a conclusão de Cappelletti e Garth a partir de um trabalho de fôlego empreendido na Universidade de Florença sobre o tema. Tal se dá por diversas razões, mas é inegável o fato de que Cappelletti é um autor conhecido e respeitado pela doutrina processual nacional, oriundo da escola italiana, que por décadas pairou quase sobranceira quando se trata de referência de direito comparado para nossos processualistas.

A obra publicada no Brasil divide-se em cinco capítulos;[207] o ponto fundamental é uma visão mais abrangente trazida pelos autores que sistematizam todas as principais ideias, na tradução para o português, denominada "enfoque do acesso à justiça".

---

[207] Os capítulos da obra são: I – A evolução do conceito teórico de acesso à justiça, II – O significado de um direito ao acesso efetivo à justiça: os obstáculos a serem transpostos, III – As soluções práticas para os problemas de acesso à justiça, IV – Tendências no uso do enfoque do acesso à justiça, V – Limitações e riscos do enfoque do acesso à justiça (CAPPELLETTI, Mauro; GARTH, Bryant. *Acesso à justiça* cit., p. 5).

Nos três primeiros capítulos, a ideia central da obra está na ampliação do acesso à justiça, por meio da redução dos custos e de outras barreiras socioeconômico-financeiras, o que certamente influenciou muito a doutrina nacional e as reformas no processo civil e no sistema de justiça que se sucederam como ocorreu com as principais obras vindas da Itália naquele período.

Como na doutrina processual italiana e na europeia continental como um todo, a matéria sobre o custo da prestação jurisdicional e suas implicações orçamentárias ocuparam espaço marginal. O único ponto em que se observa uma preocupação com as despesas decorrentes do modelo pretendido de amplo acesso é no tratamento da questão dos serviços jurídicos à população mais carente. As despesas crescentes com serviços de tal natureza e as reformas implementadas à época por diversos países fizeram com que os autores voltassem sua atenção para as limitações orçamentárias e indiretamente tratassem dos limites do acesso à justiça mediante o modelo individual diante da escassez de recursos para financiar tal meio.[208]

Nos capítulos subsequentes, aparece o conteúdo doutrinário mais denso com as explanações acerca do "enfoque do acesso à justiça". O que os autores assim chamaram seria uma nova concepção que agregaria a primeira onda de acesso com a eliminação das barreiras aos litigantes mais pobres, a segunda onda do acesso coletivo à justiça e uma terceira, que foca um conjunto sistêmico de que engloba instituições, mecanismos, pessoas e procedimentos.[209] Os autores defendem que as ondas subse-

---

[208] A obra de Cappelletti e Garth trata da assistência judiciária gratuita e de suas limitações em diversos países no item 4, do Capítulo III. Apesar de apontar evoluções em diversos países (as limitações orçamentárias mais importantes ocorreram posteriormente), a conclusão foi no sentido de que até então (final da década de 1970, mas vale a mesma observação após mais de quatro décadas) "muito poucas sociedades tenham sequer tentado alcançar a meta de prover um profissional para todas as pessoas para quem essa despesa represente um peso econômico excessivo". O único país que naquele momento efetivamente oferecia tal serviço de modo tão amplo era a Suécia. Atualmente, as restrições brasileiras são menores do que as suecas para a oferta pelo estado de assistência judicial gratuita (*Acesso à justiça* cit., p. 48).

[209] Segundo Cappelletti e Garth: "O novo enfoque de acesso à justiça, no entanto, tem alcance muito mais amplo. Essa 'terceira onda' de reforma inclui a advocacia, judicial ou extrajudicial, seja por meio de advogados particulares ou públicos, mas vai além. Ela centra sua atenção no conjunto geral de instituições e mecanismos, pessoas e procedimentos

quentes não admitem relegar as técnicas das anteriores[210], mantendo-as como possibilidade de aperfeiçoamento do acesso.

Seguindo a linha desse novo enfoque nos capítulos IV e V da obra encontramos todas as bases das mais modernas tendências do processo e dos modelos de acesso à justiça. A solução do acesso aos mais pobres, a tendência da coletivização das demandas, os métodos alternativos de solução de conflitos, tribunais especiais para demandas mais simples de consumidores e inquilinos, *v.g.*, tudo funcionando como uma engrenagem em um sistema complexo de variadas nuances que proporcionam aos cidadãos um acesso substancial e eficaz.[211] Pela capacidade e preparo dos autores e pela profundidade das pesquisas levadas a cabo em Florença, não se esperaria nada de menor qualidade.

Parece-nos que a primeira onda de acesso, principalmente no Brasil, criou um problema novo, imprevisto e talvez mais grave que o anterior, mas que poderia ser em grande parte combatido pelas soluções preconizadas pela segunda e terceira ondas e pelo aperfeiçoamento das medidas defendidas na primeira.

O aspecto de proporcionalidade econômico-financeira que ora ponderamos não contém qualquer crítica ou objeção ao conteúdo da obra, senão um prisma não observado em geral e, particularmente, do ponto de vista da realidade brasileira.[212] A questão é que o modelo preconizado

---

utilizados para processar e mesmo prevenir disputas nas sociedades modernas. Nós o denominamos de 'enfoque do acesso à justiça'" (Idem, p. 67-68).

[210] Idem, ibidem.

[211] Elias Marques de Medeiros Neto, citando a doutrina de Cassio Scarpinella Bueno, aponta que "a terceira onda traz o desafio de o sistema processual se adaptar aos novos tempos dos conflitos modernos; ser flexível, prever procedimentos que possam atender as especificidades de cada lide, ter, enfim, as condições necessárias para atuar de forma concreta e real na proteção ao direito material que está sendo violado no caso concreto". E complementa: "O jurisdicionado, dentro da ótica da terceira onda de Cappelletti e Garth, não pode se deparar com um sistema processual rígido, formal, distante e pouco preocupado com a eficaz solução da lide" (A efetividade do processo, reformas processuais, o projeto de um novo Código de Processo Civil e a arbitragem: a terceira onda de transformação da doutrina de Mauro Cappelletti e Bryant Garth. In: CAHALI, Francisco José; RODOVALHO, Thiago; FREIRE, Alexandre (Org.). *Arbitragem*: estudos sobre a Lei n. 13.129, de 26-5-2015. São Paulo: Saraiva, 2016. p. 197-220).

[212] Ugo Mattei discorre sobre a obra e aponta sua visão otimista. Chama atenção, no entanto, que a base social preconizada no estado de bem-estar de Cappelletti, ao contrário do que se

no novo enfoque do acesso à justiça, que concilia e harmoniza a ampliação e a facilitação da via judicial com um processo coletivo em paralelo, aliando métodos alternativos, produziu no Brasil um sistema de custos desproporcionais. Não se está afirmando que o Brasil implementou com sucesso o "enfoque do acesso à justiça" preconizado por Cappelletti e Garth, mas que o caminho aqui adotado, que coincide em suas linhas principais com essa doutrina, já gerou tal desproporção financeira que tende a se agravar enquanto tal caminho for trilhado de forma acrítica.[213]

Certamente, uma nova rodada dos relatórios de Florença poderia abrigar em seu objeto tal ponderação, ou seja, de acordo com as realidades socioeconômicas dos diversos países e das disponibilidades orçamentárias de cada qual, como seria a adaptação do enfoque do acesso à justiça formulado no primeiro projeto. A nosso ver, para a realidade brasileira e pautado pela necessidade de convergência dos gastos para patamares mais adequados, a tutela coletiva deveria substituir em grande parte as demandas individuais e o acesso individual seria mais restrito, impondo-se custos, ônus e responsabilidades às partes de modo a evitar a utilização inconsequente do serviço.

verifica no Brasil, pressupunha o prévio acesso das pessoas à habitação, saúde e educação, quando então o amplo acesso à justiça seria implementado: "Cappelletti's work, in particular, witnessed a moment of general optimism in the public interest model, an idea of an activism, reedistributive, democratizing, public-service-minded approach to the public sector in general and to private law in particular. In this intellectual mode of thought, the Welfare State in Western Societies was seen as a point of arrival in civilization, and access to justice was the device throught which communities could provide law as a public good, after having provide shelter, healthcare and aducation to the needy"(Access to Justice. A Renewed Global Issue? cit.).

[213] No mesmo sentido, Marcellino Jr.: "Pelo que se pode perceber, o modelo tradicional de acesso à justiça foi amplamente acolhido no Brasil, encontrando, apesar da demora, identidade com a realidade vivida neste País, especialmente na década de 80 do século XX. O discurso da escola de Florença fazia muito sentido em um País que editava, à época, sua nova Constituição, com preocupações muito voltadas aos graves problemas sociais existentes. O que ocorreu ao longo do tempo foi, de fato, certa frustração em relação a esse prometido amplo acesso à justiça. Num País com dificuldades de investir no aparato estatal, tendo por consequência um Poder Judiciário limitado em termos de recursos, foi ficando cada vez mais difícil atender a todas as demandas judiciais em tempo e forma razoáveis. A lentidão processual foi consequência direta de um aparato judiciário que não estava preparado para receber todas as demandas do pós-Constituição" (*Análise econômica do acesso à justiça*: a tragédia dos custos e a questão do acesso inautêntico cit., p. 113).

## 4.1.2. Acesso à Justiça na obra Civil justice in crisis, de Adrian Zuckerman, e nos relatórios (interim e final) de Lord Woolf

A visão inglesa do acesso à justiça, da prestação jurisdicional enquanto serviço público e da necessidade de reformas no sistema, deve alterar de forma sensível o padrão europeu continental que pauta o atual entendimento brasileiro a respeito desses temas.[214] Nesse aspecto, a obra *Civil justice in crisis*, organizada por Adrian Zuckerman da Universidade de Oxford, oferece uma vantagem fundamental que a distingue das demais, que é a contribuição brasileira no estudo comparativo, o que não ocorre nas obras de Cappelleti e Garth e de Ugo Mattei, a qual veremos na sequência.

Na referida obra, o Professor Sérgio Bermudes faz um apanhado bastante didático das questões relacionadas à administração da justiça civil brasileira. As particularidades e algumas das mazelas da realidade nacional foram observadas, sendo seu conteúdo em termos gerais ainda bastante atual. Não constam dados específicos do sistema nacional, sendo as observações de ordem mais geral, até pela escassez quase absoluta de dados naquele momento histórico.

Essa seria, então, nossa primeira observação e diz respeito à inexistência de dados disponíveis à época, pois a obra em questão foi editada em 1999, de modo que as referências concernem à realidade de duas décadas passadas. Poucas informações foram apresentadas por Bermudes, contrastando com a realidade de outros países abordados na obra, de

---

[214] Rui Portanova, em obra específica, elenca mais de sessenta princípios do processo civil brasileiro, entre eles alguns mais gerais como o acesso à justiça, devido processo legal, contraditório, juiz natural etc. (*Princípios do processo civil*. 8. ed. Porto Alegre: Livraria do Advogado, 2013). Podemos considerar outros tantos com e sem base constitucional, como o princípio dispositivo, o princípio da boa-fé, isonomia, cooperação, ou ainda mais amplos, como o da dignidade da pessoa humana, o da eficiência, da publicidade, entre outros tantos. Lord Woolf, ao tratar dos princípios que deveriam ser observados no sistema britânico, preconiza outros bem diferentes dos princípios do nosso processo: a) Foco nos resultados que fornece; (b) ser justo na maneira como trata os litigantes; (c) oferecer procedimentos adequados a um custo razoável; (d) lidar com casos com velocidade razoável; (e) ser compreensível para aqueles que o usam; (f) ser sensível às necessidades de quem o utiliza; (g) fornecer tanta certeza quanto a natureza de casos particulares permitir; e h) ser eficaz: com recursos adequados e organizada (tradução livre) (Lord Woolf. Final Report. Disponível em: <http://webarchive.nationalarchives.gov.uk/+/http:// www.dca.gov.uk/civil/final/contents. htm>. Acesso em: 9 out. 2017).

onde se conhecia bastante conforme gráficos e apêndices presentes nos respectivos capítulos.

Outro ponto fundamental a ser destacado refere-se à análise do custo do sistema brasileiro apenas sob o enfoque das custas processuais e dos honorários de advogados, e não sob o prisma do peso orçamentário do serviço judicial. Nessa obra específica e em outras com tema similar, o custo orçamentário do sistema de justiça para a sociedade dos diversos países é uma preocupação permanentemente presente. O tema é abordado sob essa perspectiva em quase todos os capítulos, o que aponta uma falha que ainda não conseguimos corrigir no Brasil.

Após discorrer sobre a estruturação do sistema de justiça civil brasileiro e sobre as principais características do processo, o Professor Bermudes diagnostica os problemas principais da administração da justiça brasileira. Tais seriam de três ordens: pessoais, de infraestrutura e de procedimento. Ao tratar dos problemas pessoais, o foco principal recai sobre a qualidade na formação dos profissionais. Os cursos jurídicos e o treinamento daqueles que vão lidar com a justiça civil, segundo Sérgio Bermudes, são precários.[215] Aborda ainda de forma breve os problemas de infraestrutura mencionando processos em papel, procedimentos manuais etc.[216] Finalmente, trata como problemas de menor importância aqueles ligados ao procedimento, apontando que a aplicação e a interpretação equivocada da legislação são dificuldades muito maiores do que as falhas da legislação em si e que o forte conservadorismo dos encarregados da administração da justiça faz com que estes reajam negativamente diante

---

[215] Concordamos integralmente com o Professor Sérgio Bermudes nesse ponto, o qual pretendemos abordar com maior vagar no item 5.2.3. Segundo ele: "Legal courses in Brazil are very precarious, as is the training of those who are responsible for the administration of justice, including not only judges and lawyers, but also all others who operate the system. [...] To a great extent in Brazil, the low skill level of the persons with roles to play in civil justice disturbs the good development and proper outcome of the judicial process" (Administration of Civil Justice in Brazil cit., p. 358-359).

[216] "Most courts of justice in Brazil lack essential equipment to accomplish their tasks. Many tasks are performed manually which, in more developed systems, would be automated or simply obsolete. The pages of files of proceedings are still numbered and stamped by hand. Every new piece of paper is actually sewn to the files of the case with needle and thread. Stenography and recording are rarely used [...]" (Idem, p. 359). Embora tenhamos claramente evoluído nesses aspectos, o fato de as deficiências levantadas há quase vinte anos ainda fazerem parte da realidade brasileira chama atenção.

de novas regras procedimentais ou as interpretem de acordo com princípios obsoletos.

A conclusão do Professor Bermudes é, deveras, otimista. Aduz que haveria fortes razões para acreditar que o Brasil desenvolveria num futuro próximo um sistema melhor de administração da justiça civil. Pelo transcurso de duas décadas, parece-nos que é possível afirmar que tal previsão não se confirmou. De todo modo, não se nos afigura que essas previsões acerca da melhoria do sistema nacional residissem na questão da eficiência econômica de tal sistema, senão apenas na ampliação do acesso e na celeridade da justiça.

Ótimas referências também são encontradas no conteúdo dos relatórios de Lord Woolf. O trabalho encontra-se em duas publicações de formato específico, nas quais o encarregado pelo *Lord Chancellor* britânico apresenta um estudo dirigido sobre o acesso à justiça no Reino Unido. Não se trata de uma obra doutrinária, e sim de uma análise técnica detalhada de todo o sistema e de suas principais mazelas. O estudo é a base principal da reforma processual operada no sistema inglês.[217]

Especificamente no que diz respeito à questão dos custos, o tema aparece nos trabalhos de duas formas diferentes e ambas interessam bastante para a análise que ora se empreende. Na primeira delas, são analisados os valores suportados pelo Estado para custear a máquina que presta os serviços judiciais. Nesse ponto, emerge a preocupação com as finanças estatais, a necessidade de reduzir o gasto público e a proporcionalidade em relação a outras despesas fundamentais.[218]

---

[217] Neil Andrews cita diversos estudos paralelos à obra de Woolf e às reformas do sistema processual inglês: "S. Flanders, 'Case management: Failure in America? Success in England and Wales? (1998); M. Zander, 'The Government Plans on Civil Justice' (1998) e 'The Woolf Report: Forwards or Backwards for the New Lord Chancellor? (1997); AAS Zuckerman e R Cranston 'The Woolf Report on 'Access to Justice'", entre outros (*O moderno processo civil*: formas judiciais e alternativas de resolução de conflitos na Inglaterra cit., p. 45-46, nota 51).

[218] Logo nas primeiras linhas do trabalho, Lord Woolf externava suas preocupações com a questão dos gastos públicos despendidos no sistema judicial e a possibilidade de estes serem utilizados para finalidades mais vitais do ponto de vista social: "I am also concerned about the level of public expeditureon litigation, particularly in medical negligence and housing. In both of this areas substantial amounts of public money are absorbed in legal costs which could be better spent, in the one case on improving medical care and in the other on improving standards of social house" (Access to justice. Lord Woolf. Final Report.

De outro ponto de vista, o custo do processo para as partes também é analisado. O alto custo das demandas e sua complexidade geram implicações em variadas ordens, inclusive no acesso à justiça e na isonomia, possibilitando uma imposição das partes com maior capacidade econômica. No que nos toca de perto, a análise interessa como paradigma de um sistema que impõe severos custos aos litigantes que funcionam como entraves à utilização livre do serviço judicial.[219] Para fins de comparação do sistema brasileiro, é muito interessante observar a abordagem sobre as despesas inerentes ao emprego do serviço em um país desenvolvido como a Inglaterra, e, em contraponto, a franquia para o uso quase sem qualquer limite em um país pobre como o Brasil, ainda que aqueles custos sejam vistos como excessivos. Obviamente, os britânicos dão tanto valor à prestação jurisdicional enquanto um serviço público fundamental quanto os brasileiros, mas demonstram ter muito mais clara a noção de proporcionalidade entre as diversas obrigações do Estado e as necessidades da população.

Esses trabalhos são referências centrais desta pesquisa, pois tanto Zuckermann quanto Woolf, diferentemente do enfoque dado por Cappelletti e Garth, até pelo pragmatismo mais acentuado dos ingleses, debruçam-se a todo momento sobre o custo do processo e da prestação do serviço judicial. O tema encontra-se no centro das abordagens, sendo tratado como motivo principal das preocupações subjacentes à necessidade de reforma daquele sistema.[220]

---

Disponível em: <http://webarchive.nationalarchives.gov.uk/+/http://www.dca.gov.uk/civil/final/contents.htm>. Acesso em: 9 out. 2017).

[219] "The defects I identified in our present system were that it is too expensive in that the costs often exceed the value of the claim; too slow in bringing cases to a conclusion and too unequal: there is a lack of equality between the powerful, wealthy litigant and the under resourced litigant. It is too uncertain: the difficulty of forecasting what litigation will cost and how long it will last induces the fear of the unknown; and it is incomprehensible to many litigants" (Access to justice. Lord Woolf. Final Report. Disponível em: <http://webarchive.nationalarchives.gov.uk/+/http://www.dca.gov.uk/civil/final/contents. htm>. Acesso em: 9 out. 2017).

[220] Culturalmente, os anglo-saxões falam mais abertamente sobre esse tema e, como apontou Gikovate (nota 46), na sociedade brasileira falar em dinheiro parece algo "cafona", ainda que se trate de recursos orçamentários destinados a um serviço público que, apesar de algumas dificuldades, é uma ilha de bonança em um mar de precariedade e subinvestimento quando comparado aos demais serviços oferecidos à população.

### 4.1.3. Atualização das ideias de acesso à justiça no tempo e no espaço e as dimensões da justiça civil em *Ugo Mattei* e nos estudos da Cepej

Na mesma linha das publicações de direito comparado, o trabalho do italiano Ugo Mattei, baseado nas pesquisas realizadas na Universidade da Califórnia, busca situar o acesso à justiça a partir da análise de dados colhidos em diversos países pelos respectivos colaboradores. A publicação é do ano de 2007 e tem como base as informações auferidas a partir dos relatórios confeccionados por convidados independentes, selecionados pela Academia Internacional de Direito Comparado.

A base, então, das conclusões foram trinta e dois questionários distribuídos para diferentes estudiosos do tema em todo o mundo, cobrindo dezesseis sistemas abrangendo países de todo o orbe como Bélgica, Chile, China, França, Alemanha, Grécia, Países Baixos, Índia, Irã, Itália, Japão, Mali, Polônia, Espanha, Suécia e Estados Unidos. Nesse ponto, como adiantamos, reside justamente a importância da análise efetuada, pois, embora não seja profunda e detalhada, cobre uma variedade de países e sistemas maior que os demais anteriormente analisados. Destacamos o ineditismo da abordagem do tema relacionando países como China, Índia, Irã, Grécia, Mali, Polônia, entre outros, cujo sistema, no aspecto do acesso à justiça, jamais fora abordado comparativamente, pelo menos não em obra amplamente divulgada.[221]

O questionário foi distribuído em cinco partes, dedicadas a: 1) antecedentes sociológicos; 2) custos do acesso à justiça; 3) instituições envolvidas; 4) estruturas de procedimento; 5) Programas de Assistência

---

[221] Segundo o autor, a metodologia adotada na pesquisa abrangeu diversos países e teve, de fato, o objetivo de apontar nuances do acesso à justiça em modelos pouco pesquisados pela academia ocidental. "Reports were invited from a number of independent respondents, on top of the official ones selected by the International Academy of Comparative Law. Answers have thus been obtained by such important but traditionally less available countries like China, India, Mali, India and Chile. More traditional venues of comparative research such as the United States, Germany, France, Italy, The Netherlands, Belgium, Spain, Poland, Sweden and Japan are also included in this discussion thus offering a sample of countries that can well be considered of some comparative significance" (MATTEI, Ugo. Access to Justice. A Renewed Global Issue? cit.).

Jurídica.[222] Cada uma dessas partes conta com diversos questionamentos sobre os pontos que deveriam ser abordados pelos entrevistados.

Os questionamentos são bastante amplos e dão margem a respostas abertas, o que foi possível, a nosso ver, dada a experiência dos entrevistados.

Na parte do contexto sociológico, as indagações tinham relação com a percepção social da questão do acesso à justiça, por exemplo: O acesso à justiça é uma questão social no sistema? Como jornais e programas de TV lidam com o tema? O tema é tratado em campanhas políticas? Existe um estigma social em quem processa ou é processado?, entre outros questionamentos. Nessa mesma parte, verificam-se os dados relativos à litigância ou à porcentagem de pessoas que processam ou são processadas na sociedade; se existe um problema de "explosão de litígios" no sistema; se o estado ou a justiça civil e/ou penal é considerado eficiente; se há atrasos e se estes podem ser quantificados etc.

Na segunda parte, mais técnica e detalhada, são abordados os custos da justiça. Nessa passagem, a ideia é obter dados no sentido de esclarecer quão monetariamente é custoso para as partes litigar nesses sistemas. Os questionamentos são, então, sobre a estrutura das taxas legais, das taxas de contingência, se o perdedor paga todo o processo e quais os limites; se os honorários advocatícios têm valores máximos ou mínimos regulados e se os contratos podem alterar esses limites; se há seguros disponíveis; quanto custam os processos mais simples como divórcio, despejo, acidente de veículos, consumidor (quanto custa processar um fabricante de uma máquina de lavar roupa que não funciona)? etc. Há pontos mais gerais sobre esse tema como: "Tente quantificar os custos dos litígios. Use qualquer método que você prefira para dar a sensação de quão caro é litigar em seu sistema e compare o custo dos advogados com os de outros profissionais (médicos, contadores, notários etc.)". Há também questões sobre práticas *pro bono*, atuação de sindicatos na oferta de serviços legais subsidiados, clínicas legais abertas ao público oferecidas pelas escolas de direito, além de outras entidades como grupos de consumidores, religiosos e outras organizações.

---

[222] "The questionnaire has been divided into four parts, devoted to 1) Sociological background, 2) Costs of the access 3) Institutions involved, 4) Structures of procedure, 5) Legal Aid Programs" (Idem, ibidem).

Na parte das instituições, que nos interessou mais de perto, há um questionamento direto sobre se a porcentagem do PIB é utilizada para a justiça e se esse número aumentou ou diminuiu nos últimos vinte anos. Há questões sobre o valor para iniciar litígios, para utilizar um tribunal de jurisdição geral em cada etapa do litígio, se há subsídios, entre outras. As questões formuladas são bastante interessantes e pertinentes, *v.g.*: "É mais ou menos caro em termos de custos do que ir a um hospital público para um *check-up* geral?". Há tribunais de pequenas reivindicações disponíveis e quanto custa litigar neles? Há a obrigatoriedade de advogados? Qual a porcentagem de decisões apeladas? Os sistemas de ADR são difundidos? São voluntários, semivoluntários ou obrigatórios? Qual o nicho da arbitragem? É usada para casos civis mais importantes ou também para casos médios? Quanto custa? Um procedimento de arbitragem é significativamente mais rápido do que um judicial? Finalmente, se existem outros mecanismos informais pelos quais as disputas são resolvidas, por exemplo, por redes familiares, igrejas, líderes ou conselhos de comunidade.

Na parte relativa à estrutura do procedimento, as questões processuais são abordadas. Pontos como o ator principal do sistema, juiz ou advogado, se as taxas do podem ser dispensadas com base na baixa renda e qual o limite. Se existe um procedimento para se comprovar a miserabilidade e como um autor é reconhecido como muito pobre para pagar os honorários e taxas e se as ADRs estão incorporadas no procedimento ordinário e se são obrigatórias.

No último ponto, tratado com bastante atenção pelo autor, a assistência judiciária disponível em cada um dos países é detalhada a partir de questionamentos como se existem programas de assistência jurídica acessíveis no sistema; se há advogados gratuitos para litigantes pobres e se esses são fornecidos apenas para os réus ou também para os autores e em casos civis/administrativos ou apenas criminais; havendo advogados disponíveis, como eles são compensados e se seus honorários são reduzidos em comparação com os normalmente cobrados e, ainda, em caso de compensação reduzida, se eles podem se recusar a atender clientes pobres. Finalmente, quanto custa ao governo os programas de assistência judiciária e se o orçamento aumentou ou diminuiu nos últimos tempos.

Muitos dos dados colhidos por Mattei estão na sistemática adotada atualmente pela Cepej, que ampliou e melhorou o acesso a esses dados.

No âmbito da União Europeia, atrelado ao Counseil of Europe, funciona uma comissão permanente dedicada a prestar informações e realizar estudos sobre a eficiência da justiça. A Cepej atua na coleta e análise de dados, definição de instrumentos de medida e meios de avaliação, publicação de relatórios, pareceres, diretrizes, planos de ação etc., além de contatos com personalidades, ONGs, institutos de pesquisa e centros de informação, organizando uma ampla rede de profissionais relacionados à área.[223]

Em síntese, a Cepej é um grande centro organizado em que os dados sobre a eficiência dos sistemas judiciais europeus são obtidos e dissecados. A comissão é composta por especialistas de todos os 47 estados-membros. Nela, fatores como custos, despesas, PIB, forma de alocação dos recursos são analisados, comparados e ponderados. Na sequência, pretendemos utilizar de forma abundante os dados dali oriundos, visto que eles representam um grande avanço relativamente às pesquisas anteriores, pois contam com atualização constante, são fidedignos e bastante abrangentes.

### 4.1.4. As limitações e riscos do enfoque de acesso à justiça – atualidade das advertências de Cappelletti e Garth e "O mito da reforma processual civil" em John Leubsdorf

Na obra *Civil justice in crisis*, organizada por Adrian Zuckerman, um capítulo específico e apartado trata do chamado mito da reforma processual (*The Myth of Civil Procedure Reform*). Nessa passagem, o Professor John Leubsdorf discorre sobre o que, segundo ele, seriam as informações imprecisas ou não verificadas acerca das potencialidades e benefícios reais das reformas processuais operadas ao longo dos tempos. As ideias de Leubsdorf coadunam-se com o que pensamos acerca do tratamento dado no Brasil às reformas do sistema processual.

---

[223] Segundo seu ato de criação (Resolution (2002) 12 of the Committee of Ministers of the Council of Europe, of 18 September 2002), as tarefas da Cepej são: "1) to analyse the results of the judicial systems; 2) to identify the difficulties they meet; 3) to define concrete ways to improve, on the one hand, the evaluation of their results, and, on the other hand, the functioning of these systems; 4) to provide assistance to member States, at their request; 5) to propose to the competent instances of the Council of Europe the fields where it would be desirable to elaborate a new legal instrument" (Dados disponíveis em: <https://www.coe.int/en/web/cepej/about-cepej>. Acesso em: 17 jul. 2018).

Segundo ele, a maioria dos advogados americanos sai das escolas de Direito com uma ideia fixa de que os sistemas anteriores às reformas eram arcaicos e que somente houve a possibilidade de fazer justiça na nova sistemática instaurada.[224] No texto não há críticas específicas a uma ou outra reforma processual, mas à ideia perene de reformar por reformar e de que a mudança é boa por si. Cita que os objetivos do sistema e necessariamente de qualquer reforma do sistema é a melhoria do serviço público como um todo e aponta a necessidade de avaliar tais melhorias no tempo, tendo como parâmetro o custo ou a qualidade das decisões.

Na sequência, o autor trata de diversos estudos e comparações acerca dos sistemas (antigo e reformado) e aponta o quão imperfeitas seriam essas comparações. Discorre sobre a diversidade dos sistemas ao longo dos anos e as peculiaridades dos muitos tribunais, além de estudos com conclusões diametralmente opostas em que se destacam diversos elementos alheios à regulamentação processual que foram capazes de gerar alterações significantes nos três pilares abordados (tempo, custo e qualidade).

Não assevera Leubsdorf que as reformas não fazem qualquer diferença, embora sugira nas entrelinhas de cada parágrafo que todas as que foram implementadas até então fizeram pouca ou nenhuma no conjunto da obra.[225] A conclusão é a de que as reformas fazem sim bastante diferença, porém algumas para o bem e outras para o mal e que no final das contas não se sabe, nem de antemão nem *a posteriori*, se os benefícios superaram os prejuízos. Trata-se quase de um exercício de imaginação, um "achismo"

---

[224] "Parties exchanged almost interminable series of pleadings – from declaration to surrebutter and beyond – in expensive and unsuccessful attempts to filter out invalid claims and defenses without holding trials. Plaintiffs could not join related claims; defendants could not assert more than one defense; and advocates argued about how to fit the claims into an incoherent medieval system of forms of action. After this had gone on for 500 years, God said, 'let Bentham be' and all was light" (LEUBSDORF, John. The Myth of Civil Procedure Reform cit., p. 53).

[225] "The question I have been circling is whether the Field Code, the Judicature Acts, or the Federal Rule of Civil Procedure actually made civil procedure faster, cheaper, or more accurate. [...] Just to stir things up, let me propose a counter-myth: the great reforms head little or no impact on the speed or cost of the average civil action. That is because, in any system, most cases are simple ones, concerning small sums that settle or are otherwise resolved without much ado" (LEUBSDORF, John. The Myth of Civil Procedure Reform cit., p. 53).

dos reformadores numa experiência de tentativa e erro daqueles que promovem as alterações na esperança de que venham a render bons frutos.[226] É o mesmo sintoma que constatamos nas iniciativas brasileiras.

O interessante seria a compreensão das reformas processuais sob um ponto de vista crítico e a conclusão pela necessidade de estabelecer parâmetros objetivos para avaliar, primeiramente, a utilidade e, posteriormente, o sucesso das reformas implementadas. Sob a perspectiva de Leubsdorf, mas com uma variação em termos finalísticos, alinhamo-nos a seu pensamento ao apontar o isomorfismo[227] de nossas alterações, pelo menos sob o aspecto da desproporcionalidade financeira que somente se agravou ao longo do tempo.

Na obra de Cappelletti e Garth, por sua vez, o último capítulo é destinado a uma advertência sobre as limitações e riscos de todo o projeto de reestruturação traduzido como "enfoque de acesso à justiça".

São várias as ponderações lançadas sobre as bases políticas e sociais que devem estar presentes para que as ideias sobre a ampliação do acesso à justiça e as indispensáveis reformas a serem implementadas tenham terreno fértil. Tais advertências vão desde a necessidade de estabilidade democrática[228] até as dificuldades práticas da utilização de tribunais especializados.

Nas conclusões finais, entretanto, o ponto central colocado pelos autores é a importância do equilíbrio entre a ampliação do acesso e de seus custos, a pressão inexorável pela busca de procedimentos mais baratos e, em contrapartida, a necessidade de manter a qualidade, de modo a

---

[226] "Those of us in the United States who have seen one trendy change succeed another during recent decades – attempts to reduce the diversity of local rules followed by the directives of proliferation, harsh measures against baseless pleadings instituted and then diluted, discovery limited while compulsory disclosure makes it debut, class action turned from a means to assert claims into a means to extinguish them – find it hard to believe that all changes labeled 'reform' necessarily move in a desirable direction. It would be nice to believe that these various changes constitute a series of experiments and that we are now learning from experience" (Idem, p. 66).

[227] Vide item 2.2.4.

[228] Nesse ponto, Cappelletti e Garth lembram o relator chileno, Professor Brañes, que à época se encontrava exilado na Cidade do México apontava que "'falar de acesso aos tribunais' sob o atual governo, no Chile, é um absurdo, um pretensioso absurdo" (*Acesso à justiça* cit., p. 161).

UM PRIMEIRO DEBATE SOBRE ACESSO RAZOÁVEL

não subverter os fundamentos de um procedimento justo. A preocupação poderia ser resumida na passagem em que eles apontam que seria fundamental, então, que: "Em nenhuma circunstância devemos estar dispostos a 'vender nossa alma".[229]

Traduzindo para nossa realidade, as advertências devem ser lidas do ponto de vista invertido, pois, em nenhum momento, os legisladores e doutrinadores brasileiros estiveram dispostos a "vender suas almas". Os fundamentos de um procedimento acessível ficaram em primeiro plano, no entanto não se atentou para as necessidades de procedimentos mais baratos decorrentes da ampliação do acesso, de modo que caímos em outra armadilha, apenas lembrada de forma subliminar nas advertências de Cappelletti e Garth.

Da mesma forma que Leubsdorf aponta a inconsistência que permeia as avaliações acerca das reformas processuais, Cappelletti e Garth chamam a atenção para as condições das reformas que preconizam. Esse alerta não foi devidamente analisado pela nossa doutrina, que ficou com a confortável postura de adesão às ideias iniciais sem as ponderações finais que não deveriam ser dissociadas. O resultado definitivamente não foi o esperado. Chegamos ao ponto levantado por Hooper trazido nessa mesma passagem da obra: "Por admirável que seja, ele (sistema judiciário) é, a um só tempo, lento e caro. É um produto final de grande beleza, mas acarreta um imenso sacrifício de tempo, dinheiro e talento".[230]

### 4.1.5. A reforma do sistema no Reino Unido e uma concepção diferente de acesso à justiça

A reforma do sistema processual inglês recebeu recentemente alguma atenção da doutrina nacional, com obras publicadas sobre o tema e teses defendidas nas universidades explicando seus elementos centrais. Nessa passagem, buscamos aclarar os pontos que apartam os conceitos de reforma, no caso, os objetivos e a metodologia. Nosso ponto de vista repousa na premissa de que o número alarmante de processos na justiça brasileira deriva, em grande medida, do conceito atual de acesso à justiça. Todas as propostas de reformas aqui debatidas, ainda que indiretamente, não se dissociaram da necessidade de ampliação da capacidade do Poder

---

[229] CAPPELETTI, Mauro; GARTH, Bryant. *Acesso à justiça* cit., p. 164.
[230] Idem, ibidem, nota 398.

Judiciário de dar vazão a essas demandas, mesmo que aplicando precedentes uniformizadores em causas repetitivas. A premissa é a de que, de algum modo, ainda seria possível funcionar e resolver individualmente cada um dos processos que adentra no sistema judicial brasileiro. O resultado natural é um inchaço da estrutura física e humana e um aumento galopante das despesas do sistema.

Tendo como paradigma a reforma britânica, nossos déficits são especialmente sensíveis diante de um ambiente de escassez muito mais acentuado que o do Reino Unido – referência comparativa importante nessa passagem – e, ainda assim, nossas preocupações residem em objetivos muito distantes. Chama atenção o fato de que algo que a nós parece de menor importância ou pelo menos alheio às indagações doutrinárias esteve sempre no centro das atenções dos reformadores ingleses.[231-232]

---

[231] Segundo Zuckerman, o novo Civil Procedure Rules inglês confere um novo equilíbrio às três dimensões do sistema de justiça (***cost,*** *time and rectitude*). Prova disso são os objetivos mencionados expressamente na primeira parte do novo diploma: "(Part 1.1). (a) ensuring that the parties are on a equal footing; *(b) saving expense;* (c) dealing with the case in ways which are proportionate (i) to the amount of money involved; (ii) to the importance of the case; (iii) to the complexity of the issues; and (iv) to the financial position of each party; (d) ensuring that it is dealt with expeditiously and fairly; (e) *allotting to it an appropriate share of the court's resources, while taking into account the need to allot resources to other cases* (grifos nossos). "The need for efficient use of court and litigant resources is reflected in the overriding objective of CPR r.1. Dealing with cases justly includes the following: *saving expense; dealing with the case in ways which are proportionate to the amount of money involved to the importance of the case and the complexity of the issues; ensuring that the case is dealt with expeditiously; allotting to the case an appropriate share of the court's resources, while taking into account the need to allot resources to other cases.* These aims of judicial case management clearly reflect the requirements that adjudication should provide an effective protection of rights (i.e. reasonable determination of the issues, at proportionate cost and in a reasonable amount of time), that it should be efficiently delivered (i.e. avoiding waste of court and party resources) and that court resources should be fairly available to all who may require court assistance" (grifos nossos) (ZUCKERMAN, Adrian. Civil Litigation: a Public Service for the Enforcement of Civil Rights. Disponível em: <http://adrianzuckerman.co.uk>. Acesso em: 19 abr. 2018).

[232] Mais uma vez, Adrian Zuckerman: "The cost of litigation in England is unpredictable, excessive and disproportionate.[...] The trend of spiraling costs is reflected in the inexorable rise in the legal aid budget. In the five years leading to 1995-96 the cost to the taxpayer doubled to reach £1.4 bilion and is forecast to rise by £ 100 million in each of the next three years" (Lord Woolf's Access to Justice: Plus ça change. Disponível em: <http://adrianzuckerman.co.uk>. Acesso em: 19 abr. 2018).

Os objetivos das reformas empreendidas são absolutamente claros e não há nenhum pudor em imiscuir na questão da limitação dos recursos públicos e da proporcionalidade e razoabilidade em sua utilização.[233] Tal decorre de uma filosofia implícita nesses objetivos, "a philosophy of distributive justice".[234] Para atender às expectativas da população, que são legítimas, a Inglaterra adotou para o século XXI uma nova estratégia técnica para a prestação da justiça civil. Ao contrário da velha, a nova é multidimensional e a questão dos recursos e a do tempo tornaram-se

---

[233] Não é difícil encontrar exemplos de preocupação com os custos nas reformas operadas nos sistemas judiciais dos mais diversos cantos do planeta. Na Austrália, segundo Richard Foster: "In the 1980s, governments developed expectations for the judiciary to take responsibility for the courts efficient operation. Rising caseload pressures were beginning to impose unacceptable time and financial costs on litigants, and citizens were becoming more aware of their rights to a professional well-run system". E complementa: "Given the courts are now competing for the same scarce resource as sectors as health and education. Government is constantly making tradeoffs and prioritizing limited funds between sectors". O artigo trata da reforma do Sistema australiano e cita as diversas diretrizes adotadas, entre elas a utilização de tecnologia, planejamento estratégico, *case management e financial accountability*, mas destaca como ponto mais importante a profissionalização da administração centrada na figura do *senior court administration*, um gestor profissional que centraliza a administração do Judiciário e a aproxima da gestão corporativa e eficiente das empresas (FOSTER, Richard. Towards leadership: the emergence of contemporary court administration in Australia. *International Journal for Court Administration*, v. 1, n. 5, p. 4-14. Disponível em: <www.iaca.ws>. Acesso em: 10 jul. 2018).

[234] "This new philosophy has a number of components. First, it accepts that the resources of administration of civil justice are finite, just as are the resources of all other public services. Accordingly, the new philosophy holds that these resources must be justly distributed amongst all those seeking or needing justice. Second, a just distribution of these resources must take into account the character individual cases, so that individual cases get no more than a reasonable allocation of court time and attention. The notion of proportionality is invoked here. The allocation of court resources, and the investment of time and Money, must bear a reasonable relation to the difficulty, complexity, value, and importance of the case in hand. Third, time and cost are relevant considerations in the allocation of resources; justice may be bought at too high a price, and justice delayed is justice denied. The fourth and last component of beyond doing justice in individual cases. They are responsible for the administration of civil justice as a whole, for the resources of the system, and for their fair and just distribution" (ZUCKERMAN, Adrian. *Civil justice in crisis*: comparative perspectives on civil procedure cit., p. 17-18).

elementos fundamentais dessa abordagem como forma de gestão judicial de litígios.[235]

Os relatórios de Lord Woolf suprarreferidos deram ensejo a uma grande transformação do sistema processual inglês com metas claras, entre elas o aumento da eficiência e a redução dos custos dos litígios para as partes e para o Estado. A necessidade de ampliação do acesso à justiça, no entanto, não foi esquecida nem é incompatível com as demais metas. A principal alteração com o incremento dos poderes do juiz na condução dos feitos e redução do caráter adversarial do processo judicial tem como objetivos declarados: a) acelerar a justiça civil; b) tornar o processo civil mais acessível ao cidadão comum; c) simplificar a linguagem do processo civil; e d) promover uma solução rápida.[236]

Os objetivos foram identificados por Neil Andrews ao comentar a inovação no âmbito das *CPR*. Ao tratar dos resultados relativamente ao incremento do acesso à justiça após dez anos da edição das novas regras, o mesmo Andrews aponta que a justiça vem se tornando mais acessível, apesar do problema, segundo ele endêmico, das despesas. Mais uma vez a questão dos custos se encontra no centro do debate. O autor dá dois motivos para o incremento da acessibilidade. As razões seriam o contrato de honorários condicionais (*Conditional Fee Agreement – CFA*) e o seguro de despesas legais (*after the event – ATE*).[237-238] Não obstante, após uma década das *CPR*, houve uma diminuição da procura pelo Judiciário, o

---

[235] ZUCKERMAN, Adrian. Court adjudication of civil disputes: a public service that needs to be delivered with proportionate resources, within a reasonable time and at reasonable cost cit.

[236] ANDREWS, Neil. *O moderno processo civil*: formas judiciais e alternativas de resolução de conflitos na Inglaterra cit., p. 45.

[237] ANDREWS, Neil. *O moderno processo civil*: formas judiciais e alternativas de resolução de conflitos na Inglaterra cit., p. 52.

[238] Diversas pesquisas empíricas têm sido realizadas no Reino Unido analisando os impactos das reformas no sistema processual. Algumas apontam não serem estritamente positivos os efeitos nos custos e atrasos dos processos. Nessa linha: "[...] We therefore chose to restrict our time-series analysis to non-CFA claims experience only, and the findings appear to support a strong overall Woolf effect towards increased costs, but only a relatively weak effect towards increased delay" (FENN, Paul; RICKMAN, Neil; VENCAPPA, Dev. The impact of the Woolf reforms on costs and delay. *Centre for Risk & Insurance Studies – CRIS Discussion Paper Series*, 2009. Disponível em: <https://www.nottingham.ac.uk/business/businesscentres/ crbfs/documents/cris-reports>. Acesso em: 5 jul. 2018).

que era de fato um dos objetivos das mudanças processuais, de modo a tornar o processo público a *ultima ratio* quando se refere a sistema de solução de controvérsias.[239]

Os honorários condicionais foram uma forma encontrada de incluir os advogados como investidores da causa de seus clientes e sócios na sorte da empreitada, uma versão mitigada dos *USACOFs*, de longa tradição no sistema americano. Lord Bingham afirmou que os objetivos dos honorários condicionais (*CFA*) seriam justamente

> [...] controlar e reduzir as despesas públicas com a justiça civil, permitindo que ela se concentre nos casos em que a justiça gratuita é realmente necessária; melhorar o nível dos casos que chegam efetivamente à justiça, que acabará sendo de autores que acreditam que têm bons fundamentos para serem vencedores; e descartar causas inconsistentes e permitir que os réus recuperem as custas de autores mal preparados, estimulando este tipo de litigante a contratar o seguro "pós-evento".[240]

O seguro pós-evento, por sua vez, pode ser contratado pelo autor ou réu e é um produto importante na carteira das seguradoras dos países em que a demanda judicial impõe severos riscos financeiros aos litigantes. No caso do autor, o seguro cobre o risco de ele se tornar responsável pelo pagamento das custas em caso de improcedência da demanda. No entanto, se o autor ganhar a ação, o réu será responsável pelos prêmios do seguro. O incremento no acesso, filosoficamente, passa por um esforço pela redução do custo do litígio, e nunca na assunção desse custo pelo Estado.

Não há dúvida de que a ideia que envolve o acesso à justiça no sistema inglês, mesmo após as recentes reformas cujo objetivo declarado era ampliá-lo, nunca o coloca como incondicional ou permite que ele seja utilizado de maneira inconsequente. Ônus, custas, obrigações e

---

[239] "Hoje em dia, porém, o fato é que há poucos casos cíveis. Isso explica por que os departamentos jurídicos das empresas inglesas se redefiniram como serviços de 'resolução de questões' e muitos *barristers* se tornaram mediadores conceituados" (ANDREWS, Neil. *O moderno processo civil*: formas judiciais e alternativas de resolução de conflitos na Inglaterra cit., p. 51).

[240] Lord Bingham na House of Lords, em Calgary vs. Gray (2002) Apud ANDREWS, Neil. Ibidem, p. 224.

consequências cercam as partes a todo momento, o que propicia o acesso por um custo mais racional, ainda que a pujança econômica do Estado pudesse influenciar em um sentido mais paternalista.

De modo geral, a reforma britânica visa a um sistema mais rápido, com custos mais previsíveis por meio do *case management*. Não há qualquer tendência a uma grande abertura pela gratuidade ou pela ampliação do *legal aid*. Não se concebe um Judiciário como panaceia ou números processuais na casa dos milhões. A conclusão a que se chega é que as reformas inglesas têm em mira objetivos mais coerentes, dentro de premissas mais equilibradas, padrões que poderiam referenciar, doravante, nossas incursões reformistas.

## 4.2. O sistema brasileiro de resolução de conflitos – o problema no modelo de acesso

### 4.2.1. Solução de conflitos e tutela jurisdicional estatal

Importante detalhar um panorama do atual sistema e do modelo de acesso à justiça brasileiro, ainda que de forma não exauriente. Isso significa traçar o paralelo a partir de uma fotografia que permite uma melhor aproximação de modo a destacar suas principais fragilidades, nomeadamente sua ineficiência e desproporção financeira.

Como principal referência, a solução adjudicada dos conflitos no âmbito judicial sempre foi a regra do acesso à justiça, quase um sinônimo que esgota o conceito no Brasil e que mira como único objetivo proporcionar uma decisão final sobre o mérito da questão posta. A decisão do Estado, em qualquer caso em que o cidadão assim deseje, é tomada indicando quem tem razão com base nos fatos e diante da lei, não importando quanto isso represente no tocante aos aspectos orçamentários.

Em certos países que apontamos como referência, isso é particularmente nítido em alguns modelos, criou-se uma expectativa legítima com relação ao Judiciário, de que ele preste um serviço adequado relativamente a qualidade, tempo e principalmente custos, tanto para o Estado quanto para as partes. A solução adjudicada não é dada a todos os que desejam e importa sim o impacto dela no orçamento público. Ao contrário, no Brasil, o senso comum é de que o problema reside na falta de estrutura e que a solução está em dotar o Judiciário de mais juízes, funcionários e equipamentos, ou seja, que seriam necessários ainda mais investimentos.

Isolar objetivos centrais desconectados da realidade econômica e social como "dizer o direito no caso concreto" ou obter a "pacificação justa do litígio" é uma forma de condução que se encontra defasada e hoje é insuficiente para a compreensão completa da função jurisdicional. Com essas premissas, buscamos afastar os conceitos no sistema brasileiro. Solução de conflitos e tutela jurisdicional estatal já não são sinônimos e tendem a estar cada vez mais delineados, com este último tornando-se uma exceção, e não mais a regra, em relação ao primeiro.

Uma ideia, talvez a mais básica a ser definitivamente superada, é a de que a pacificação social decorre da decisão emanada em um processo adversarial, em que um vencedor tem sua posição sufragada pelo Estado em detrimento da posição de um perdedor.[241] Reconhece-se na doutrina que há casos como as matérias ligadas à família e a relações afetivas, demandas societárias ou outras de natureza continuada em que as lides são diversas e surgem ao longo do tempo, sendo insuscetíveis de ser solucionadas por uma sentença de mérito judicial.[242] Nesses casos, que não são poucos, ainda temos um enorme dispêndio de recursos e poucos resultados satisfatórios.

Afora tal circunstância, a variedade das relações próprias das sociedades modernas recomenda a cada dia uma inclinação para as propostas de solução consensual dos conflitos, pois, excluindo-se não apenas a figura, mas a sensação de ser vencedor e perdedor, o consenso gera uma maior satisfação, além da certeza e segurança da solução definitiva da controvérsia. Outras situações envolvendo causas complexas do ponto de

---

[241] É praticamente pacífico na literatura jurídica internacional que a solução adjudicada e imposta dos conflitos não promove a pacificação social: "Litigation tends to produce only winners and a losers – not solutions" (VONDRA, Albert A.; CARVER, Todd B. Alternative dispute resolution: Why it doesn't work and why it does?. *Harvard Business Review*, May-June 1994. Disponível em: <https://hbr.org/archive-toc/3943>. Acesso em: 20 mar. 2018).

[242] Segundo Nader e Todd: "The very fact that within the same society a variety of procedures may be used in the course of a single dispute suggests that people recognize that one procedure is not good for every kind of problem". E complementam citando Van Velsen: "where multiplex relationships prevail judges and litigants, and litigants among themselves, interact in relationships whose significance ranges beyond the transitoriness of the court or of a particular dispute. Today they are disputing in court, tomorrow they may becolaborating in the same work party" (*The disputing process*: law in ten societies cit., p. 12).

vista técnico ou mesmo aquelas com muitas partes, documentação muito vasta etc., recomendam soluções diversas da tradicional ação ordinária de conhecimento. Nessas circunstâncias, na maioria das vezes, o juiz não tem tempo, estrutura ou condições pessoais de alcançar uma compreensão suficiente e adequada para analisar a causa, correndo todos os riscos de uma quase delegação da decisão judicial aos peritos do juízo.[243]

Caberiam ainda exemplos como as causas em que o valor envolvido na disputa não cobre sequer os custos do serviço judiciário, não sendo razoável movimentar a máquina em prejuízo da sociedade; ou as demandas pseudoindividuais, quando a solução individual impacta a relação coletiva e a desequilibra. Citamos outras hipóteses que serão mais bem trabalhadas nos capítulos seguintes, situações elencadas que apontam não apenas a insuficiência, mas também a inadequação da tutela jurisdicional adjudicada como regra e primeira via de solução da generalidade das controvérsias.

Conceitos atuais certamente vão realçar a necessidade de alternativas consentâneas com a realidade moderna na qual a jurisdição estatal deveria ser apenas uma faceta de um sistema global de solução de controvérsias. Nessa concepção, busca-se uma alteração da posição de destaque da adjudicação judicial, colocando tal forma de abordagem dos litígios como mais uma porta para a solução, inclusive, como tendência, apenas residual. Apesar de se encontrarem confortavelmente estabelecidas na doutrina comparada mais moderna, todas essas novas concepções aqui interessam na medida em que podem contribuir para equalizar os excessos do sistema judicial brasileiro, com efeitos previsíveis positivos na melhoria da proporção gastos/PIB.

---

[243] Um dos entraves (*bottlenecks*) do sistema holandês, segundo Van Dijk, seria a falta de especialização e a *expertise* dos magistrados: "According to the respondents, judges did not always have enough knowledge to handle cases adequately. They blamed this on lack of specialization. insufficient expertise led to decisions that did not thoroughly resolve the cases and sometimes result in inconsistent verdicts. It also led to the unnecessary use of expert witnesses, adding both to the cost of and delay in complete the proceedings" (Improved performance of the Netherlands Judiciary: Assessment of the gain for society. *International Journal for Court Administration*, v. 6, n. 1, p. 1-17. Disponível em: <www.iaca. ws>. Acesso em: 10 jul. 2018).

## 4.2.2. A experiência brasileira na tutela coletiva de direitos

Retomando o panorama do sistema nacional a que nos propusemos, há um ponto que consideramos crucial: os tortuosos caminhos do sistema processual coletivo brasileiro e os avanços e retrocessos experimentados nas últimas décadas. Acompanhando e destacando os problemas do atual modelo em que prepondera a solução individual adjudicada, consideramos insuficientes os resultados da tutela coletiva como substituta natural da tutela individual em um grande espectro de casos. Se as controvérsias de caráter coletivo ou pseudoindividual são a regra, de certo não poderia a tutela coletiva ser a exceção.

O saudoso Ministro Teori Zavascki detalhava bem a distinção entre a tutela coletiva de direitos e a tutela de direitos coletivos, realçando a importância da adequada separação entre os dois conceitos tutela coletiva e direito coletivo. No que nos interessa de perto, a distinção vale apenas para fins de fixar a legitimidade adequada da representação processual. Desse modo, quando utilizamos o termo tutela coletiva, referimo-nos a um gênero que englobaria as duas espécies destacadas por Zavascki, quais sejam: a tutela de direitos coletivos e a tutela de direitos individuais ou pseudoindividuais operacionalizada coletivamente.[244]

Nesse ponto, fundamental ressaltar a distinção conceitual das demandas individuais e das pseudoindividuais, na feliz concepção de Kazuo Watanabe,[245] em que o autor aponta com clareza a incompatibilidade

---

[244] ZAVASCKI, Teori Albino. *Processo coletivo*: tutela de direitos coletivos e tutela coletiva de direitos. 7. ed. São Paulo: RT, 2017. p. 37.

[245] "Muitos erros têm sido cometidos na práxis forense pela desatenção dos operadores do direito às peculiaridades da relação jurídica material em face da qual é deduzido o pedido de tutela jurisdicional, como a inadmissível fragmentação de um conflito coletivo em múltiplas demandas coletivas, quando seria admissível uma só, ou senão a propositura de demandas pseudoindividuais fundadas em relação jurídica substancial de natureza incindível. Um caso paradigmático desses equívocos na atualidade, que vem causando enormes embaraços a nossa Justiça, é o pertinente às tarifas de assinatura telefônica. [...] Qualquer modificação na cesta tarifária, como a exclusão da tarifa de assinatura, como é pretendido nas ações coletivas e nas demandas pseudoindividuais acima mencionadas, afetará profundamente o equilíbrio econômico-financeiro do contrato de concessão, que é um dos direitos básicos da concessionária e sem esse equilíbrio estará irremediavelmente comprometido o cumprimento das várias obrigações e metas estabelecidas no contrato de concessão [...] Pela natureza unitária e incindível e pelas peculiaridades já mencionadas do contrato de concessão, qualquer modificação na estrutura de tarifas, inclusive por decisão

sistemática e a necessidade de um tratamento processual não individualizado para essas situações. Finalmente, é importante deixar claro que as técnicas processuais de concentração de decisões nos tribunais absorvidas nos últimos anos pelos nossos diplomas legais não se constituem como formas de tutela coletiva. Em todas essas modalidades, incidente de resolução de demandas repetitivas, recursos representativos de controvérsia, recursos especiais repetitivos e extraordinários com repercussão geral, a tutela é individual e adjudicada em processos também individuais. A única diferença é a presença de mecanismos pelos quais os tribunais julgam em uma única oportunidade as teses centrais para que estas possam ser aplicadas caso a caso. Segundo entendemos, trata-se de mais uma etapa de objetivação da norma jurídica que pouco contribui para a esperada redução das necessidades orçamentárias do Judiciário.

Nessa linha, a verdadeira tutela coletiva na ciência processual brasileira, embora há alguns anos em uma franca paralisia conservadora, patrocinou o advento de diversas novas formas de proteção e garantia de direitos. Tal se deu mediante instrumentos processuais diferenciados, vocacionados a essa proteção, com novas roupagens, mais substanciais e menos formais, mais efetiva e, principalmente, mais eficientes economicamente.

O texto processual fundamental do que consideramos um modelo de acesso razoável encontra-se na Lei da Ação Civil Pública, que, ao lado do Código de Defesa do Consumidor, formam o chamado microssistema processual brasileiro de defesa dos direitos coletivos. O texto dessas leis e suas mutações carregam a história dos avanços e retrocessos da ciência processual brasileira no desafio de aparelhar o acesso coletivo da população à justiça.[246] A tutela coletiva brasileira, após respeitáveis avanços teórico-legislativos – muitos não concretizados na prática –, com a edição da Lei da Ação Civil Pública, secundada pelo Código de Defesa do Consumidor, experimentou sensíveis retrocessos. As modi-

do Judiciário, somente poderá ser feita de modo global e uniforme para todos os usuários. Jamais de forma individual e diversificada, com exclusão de uma tarifa em relação apenas a alguns usuários e sua manutenção em relação aos demais" (WATANABE, Kazuo. Relação entre demanda coletiva e demandas individuais. *RePro*, São Paulo, n. 139, p. 29-35, 2006).

[246] Lei da Ação Civil Pública – LACP, Lei 7.347/1985, com suas inúmeras alterações, e Código de Defesa do Consumidor – CDC, Lei 8.078/1990, também alterada em mais de uma oportunidade.

UM PRIMEIRO DEBATE SOBRE ACESSO RAZOÁVEL

ficações na Lei da Ação Civil Pública pelas posteriores Lei 7.853, de 24 de outubro de 1989, Lei 8.069, de 13 de julho de 1990, Lei 8.884, de 11 de junho de 1994, Lei 9.494, de 10 de setembro de 1997, e, ainda, pela Medida Provisória 1.984-18, de 1.º de junho de 2000, Medida Provisória 1.984-18, atual Medida Provisória 2.180-35, Lei 9.494/1997, fragilizaram enormemente o sistema coletivo nacional.[247]

Todos esses ataques podem ser explicados pela natural tendência daqueles que poderíamos chamar de litigantes habituais ou os grandes *players* de resistir às mudanças pretendidas. Estes experimentariam a fragilização de sua posição estratégica na atual sistemática dos litígios, principalmente o próprio Estado, tendo em mira seus interesses econômicos secundários. A tutela coletiva seria o principal fator de aproximação das posições no tabuleiro e colocaria em risco toda a superioridade financeira e organizacional dos grandes litigantes, o que nunca pareceu interessante na perspectiva destes.[248] Nesse panorama, o advento do

---

[247] Na vertente atual, as iniciativas pontuais que poderiam desafogar o sistema judicial por vezes esbarram em empecilhos inconcebíveis, como a grotesca alteração do art. 16 da LACP, pela Lei 9.494/1997, confundindo os institutos da coisa julgada e da competência territorial do órgão prolator da decisão e se diluem pelo território nacional. Segundo o Desembargador Aluísio Gonçalves de Castro Mendes, "A inovação é manifestamente inconstitucional, afrontando o poder de jurisdição dos juízes, a razoabilidade e o devido processo legal. A jurisdição, como já visto, não se confunde com a competência. [...] a jurisdição é um poder decorrente diretamente da soberania, razão pela qual guarda aderência sobre o território nacional, ainda quando o órgão seja estadual. As regras de competência fixarão, sim, quem deve ser responsável pelo processo, não se prestando, portanto, para tolher a eficácia da decisão, principalmente sob o prisma territorial" (Breves considerações em torno da questão da inafastabilidade da prestação jurisdicional cit., p. 61-73). No mesmo sentido, a Ministra Nancy Andrighi (Os limites subjetivos da coisa julgada e o CDC. In: SALLES, Carlos Alberto (Coord.). *As grandes transformações do processo civil brasileiro*: homenagem ao Professor Kazuo Watanabe. São Paulo: Quartier Latin, 2009. p. 151-162).

[248] Numa explanação indispensável sobre o tema, Marc Galanter aponta de forma clara o que os grupos organizados brasileiros formados por grandes litigantes apenas suspeitam, ou seja, a alteração do sistema com o reforço da tutela coletiva teria o condão natural de igualar as partes e retirá-los da atual posição de superioridade estratégica em que ele se encontram. Escreve Galanter: "This suggests that we can roughly surmise the relative strategic priority of various rule-changes. Rule changes which relate directly to the strategic position of the parties by facilitating organization, increasing the supply of legal services (where these in turn provide a focus for articulating and organizing common interests) and increasing the costs of opponents – for instance authorization of class action suits, award of attorneys

novo Código de Processo Civil foi o último grande golpe sofrido pela disciplina da tutela coletiva de direitos no Brasil. Além de não incorporar inovações importantes, algumas inclusive vetadas a pretexto de evitar conflitos com um futuro código processual coletivo – que acabou arquivado no Congresso Nacional[249] –, o novo Código apresenta-se como uma solução aos problemas da prestação jurisdicional e do acesso à justiça.[250] Contudo, a nosso ver, a principal fragilidade do sistema nacional coletivo é a convivência facultativa, permissiva e deletéria de ações coletivas com ações individuais.[251] Esse ponto, que talvez seja o "calcanhar de Aquiles" de toda a sistemática, tem sua referência na disposição dos artigos 103 e 104 do Código de Defesa do Consumidor.

Na prática cotidiana, milhões de ações correm paralelas a algumas parcas iniciativas coletivas. O advento das técnicas individuais, incidentes de resolução de demandas repetitivas, recursos repetitivos etc., é prova cabal da insuficiência e do mau funcionamento do sistema coletivo. Centenas de "casos-modelo" representantes de milhões de processos semelhantes atualmente encontram-se nos tribunais e continuam obrigando as instâncias inferiores a processar essa massa invencível de feitos.[252] A premente

---

fees and costs, award of provisional remedies – these are the most powerful fulcrum for change. The intensity of the opposition to class action legislation and autonomous reform-oriented legal services such as California Rural Legal Assistance indicates the 'haves' own estimation of the relative strategic impact of the several levels" (Why the "haves" come out ahead: speculations on the limits of legal change cit., p. 72).

[249] PL 5.139/2009 da Câmara dos Deputados (arquivado com parecer da CCJ desfavorável no mérito).

[250] *O Tribunal da Cidadania*. Ministros alertam deputados: sem tratar de causas coletivas, novo CPC não resolverá lentidão judicial. Disponível em: <http://www.stj.gov.br/portal_stj/objeto/texto/impressao. wsp?tmp.estilo=&tmp.area=398&tmp.texto=106724>. Acesso em: 25 ago. 2017.

[251] A suspensão das ações individuais determinada pelo Superior Tribunal de Justiça nos AgRg nos EAREsp 585.756/PR, Rel. Min. Og Fernandes, Corte Especial, j. 19.08.2015, *DJe* 31.08.2015, da qual trataremos mais adiante, aparece como uma grande esperança de transformação do tratamento processual dessas macrolides.

[252] Segundo o relatório do banco nacional de dados de demandas repetitivas e precedentes obrigatórios, quase mil temas de repercussão geral já foram analisados no Supremo Tribunal Federal, e desde a edição do novo Código de Processo Civil foram instaurados 164 incidentes de resolução de demandas repetitivas pelo País. O número de processos sobrestados está na casa dos milhões e apenas no Estado de São Paulo, TRF3 e TJSP acumulam 1.042.782

necessidade de o País se valer dos instrumentos processuais coletivos como forma de adequar os custos da prestação jurisdicional vai ao encontro de uma visão mais pragmática, em que os resultados alcançados seriam bastante próximos, porém a um custo sensivelmente mais baixo.

Essa seria a principal ferramenta e a condição necessária para a diminuição do número de processos sem redução da proteção aos direitos: um investimento maciço de priorização, significação e importância da tutela coletiva de direitos individuais ou pseudoindividuais e da tutela de direitos coletivos *stricto sensu*.

### 4.2.3. O caminho dos meios consensuais na política judicial brasileira – a eterna espera pelo consenso

Prosseguindo na opção de traçar um panorama atual do nosso sistema, cabe apontar que, tal qual a tutela coletiva que padece de um mal gravíssimo, que é a possibilidade de concorrer com as ações individuais, as soluções consensuais sofrem também de outro mal tão grave quanto, que é a convivência deletéria com a possibilidade inconsequente de recusar a solução por intermédio do acordo. No nosso atual momento, a solução por meio negociado no Brasil até chega a ser tentada, mas não é induzida ou fortemente incentivada como deveria.[253]

Há, de certo, problemas estruturais, como a falta de especialização e treinamento dos conciliadores, entre outros que ladeiam a questão do baixo nível de solução amigável de controvérsias no sistema nacional, contudo a ausência de uma postura firme contra as resistências não razoáveis ao acordo parece ser o fator determinante e dele procuramos cuidar pontualmente.

---

processos nessa situação. Relatório disponível em: <http://www.cnj.jus.br/pesquisas--judiciarias>. Acesso em: 15 maio 2018.

[253] Ainda no início da década de 1980, Owen Fiss, além de outros críticos do sistema americano, como Marc Galanter, alertava para um problema que se tornava crônico, qual seja, a "facilitation of settlement" tornava-se quase uma imposição, ou seja, os incentivos e a indução eram tamanhos que pouco espaço de decisão restava às partes, senão concordar com os acordos propostos (FISS, Owen M. Against Settlement (1984) cit.). No Brasil, vivemos o problema às avessas, pois, em regra, não há qualquer custo, consequência ou incentivo real para o acordo, de modo que ele apenas ocorre se nenhuma das partes tem a intenção de postergar o desfecho do processo ou a possibilidade de um ganho, mínimo que seja, com o julgamento do caso.

Numa tese de doutoramento defendida na Faculdade de Direito da Universidade de São Paulo nos idos de 2010, Susana Amaral Silveira tratou do que chamou de acordos incentivados no Reino Unido como forma de contribuição ao sistema brasileiro. No texto, ela revela os benefícios da necessidade de as partes colaborarem efetivamente no âmbito dos protocolos pré-processuais utilizados no sistema britânico. Lá, os acordos são geralmente obtidos sob pena de aplicação de pesadas multas pelo juiz, e considera-se o desinteresse ou a não colaboração na fase de protocolos ato contra a dignidade da justiça.[254]

Nesse ponto específico da oferta potencializada, cabe mencionar as consequências da não aceitação da proposta que funcionam como um permanente estímulo para a realização do acordo, haja vista que, existindo uma proposta razoável, aquele que não aceitar corre o risco de ser condenado a pesadas custas ao final por sua postura injustificável de continuar litigando, consumindo tempo e recursos daqueles envolvidos no processo.[255] O acordo, notadamente o pré-processual, como uma opção livre e inconsequente de ambas as partes, tem poucas probabilidades de ser celebrado. Em circunstâncias diversas, a solução estaria em aumentar o custo de litigar e reduzir o custo do acordo $(A_r + A_a)$ e $(C_r + C_a)$, elevando a probabilidade da composição na fórmula de Gico Jr.[256]

---

[254] SILVEIRA, Susana Amaral. *Acordos incentivados*: uma contribuição britânica nos caminhos buscados pelo Judiciário brasileiro. 2010. 174 f. Tese (Doutorado em direito) – Universidade de São Paulo, São Paulo.

[255] Segundo Neil Andrews: "Se aquele a quem foi proposto o acordo não o aceita, ele assumirá um 'risco de custas'. Considere o primeiro tipo de risco de custas. Ele será relacionado à situação em que o autor rejeita a oferta de acordo do réu. Se o autor, no tribunal, não obtém sentença mais vantajosa que a oferta do réu, então, 'a menos que [o tribunal] a considere injusta', o autor deverá pagar as custas do réu, após a data em que o autor deveria ter aceito a proposta de acordo. [...] O segundo risco de custas surge quando o réu rejeita a oferta de acordo do autor. Se 'a sentença contra o réu é, no mínimo tão vantajosa para o autor quanto a proposta contida numa oferta do autor', então, 'a menos que o [tribunal] a considere injusta', o réu será responsável por pagar, ao autor, não só as medidas ordinárias de custas, mas também uma medida agravada (então chamada de custas de 'indenização'), com a possibilidade futura de serem acrescentados altos juros" (*O moderno processo civil*: formas judiciais e alternativas de resolução de conflitos na Inglaterra cit., p. 250).

[256] As expectativas de cada uma das partes, a utilidade do bem em disputa e os custos envolvidos no acordo ou no litígio formam o complexo cenário de condições presentes no sistema brasileiro que em nada auxiliam no ânimo das partes em realizar um acordo. Ivo

Assim, a postura das partes nunca é inconsequente ou uma aposta num resultado futuro imprevisível, pois aquela que não se encontra absolutamente segura da possibilidade de sucesso na demanda em montante superior ao ofertado certamente não se arriscará na sua continuidade.[257] A escolha pela celebração do acordo é racional e pesam todos os fatores supracitados, e a confluência deles e a sua celebração, no sistema nacional, não passam de uma feliz coincidência, quando deveriam ser uma consequência natural do acerto das expectativas.

Novamente, a postura confortável dos envolvidos nas tratativas, além de uma jurisprudência inconstante e personalizada, permite que haja uma aposta em um resultado talvez melhor, talvez um pouco pior, ou seja, vale a pena em muitos casos "pagar para ver". Isso nas situações em que nenhuma das partes pretende prorrogar indefinidamente a conclusão do processo, pois, se o tempo interessar decisivamente a uma delas, as tentativas de acordos não serão outra coisa senão uma oportunidade de retardar ainda mais o deslinde do feito.

---

Teixeira Gico Jr. explica tais condições em um modelo matemático quase inacessível aos operadores do Direito, em que a probabilidade do litígio pode ser medida pela seguinte fórmula: Pr Litígio = f $(P_a - P_r)$ U> $(C_r + C_a)$ − $(A_r + A_a)$: "Esse simples modelo traz algumas implicações diretas e importantes. Primeiro, *ceteris paribus*, quanto maior a utilidade do bem em disputa (U), maior a probabilidade de haver um litígio. Segundo, a probabilidade de um litígio é uma função crescente do *hiato de expectativas*, isto é, da distância entre a avaliação da chance de êxito pelo autor e pelo réu $(P_a - P_r)$. Terceiro, quanto menos custoso for realizar um acordo $(A_r + A_a)$ e mais custoso for litigar $(C_r + C_a)$, maior será a probabilidade de se celebrar um acordo. Logo, quanto mais barato for litigar, maior a probabilidade de litígio" (*A tragédia do Judiciário*: subinvestimento em capital jurídico e sobreutilização do Judiciário. 2012. Tese (Doutorado) – Departamento de Economia da Universidade de Brasília, Brasília, p. 132). O fato é que no Brasil o hiato de expectativas normalmente é grande, visto que uma das partes pode simplesmente querer postergar a solução da controvérsia e o custo de litigar é sempre muito baixo.

[257] Apesar de existirem incentivos concretos e até mesmo penalidades em casos de recusa imotivada do acordo proposto na fase pré-processual, a mediação não é obrigatória no Reino Unido. De fato, de acordo com as Rules 1.4 e 26.4, o legislador autoriza que o juiz encaminhe o processo para mediação, contudo essa não é obrigatória e pode ser recusada por uma das partes de acordo com o decidido no caso *Halsey v. Milton Keynes NHS Trust* and *Steel v. Joy*, julgado em 2004. Sobre o tema vide: GONÇALVES, Glaucio Ferreira Maciel; BRITO, Thiago Carlos de Souza. Gerenciamento dos processos judiciais: notas sobre a experiência processual civil na Inglaterra pós-codificação cit., p. 291-326.

Um dos marcos de uma suposta evolução do sistema nacional seriam os decantados resultados das "Semanas Nacionais de Conciliação" promovidas pelo CNJ, em que os percentuais de acordos alcançados são bastante elevados. Algumas observações, no entanto, podem ser feitas diante dos dados positivos dos mutirões. A primeira delas é que os processos levados às audiências são destacados de um universo muito maior e selecionados entre aqueles com maiores possibilidades, alguns a fundo perdido, em que os descontos chegam a 100%, criando uma falsa sensação de sucesso da negociação. Outra crítica é que, com a redução dos estoques desse tipo de processo, as taxas de acordos e de audiências realizadas vêm caindo constantemente desde 2014. Isso se confirma pelo gráfico a seguir com dados dos mutirões do CNJ nos últimos anos, nos quais estão disponíveis informações consolidadas.[258]

GRÁFICO 3

**Audiências realizadas nos mutirões**

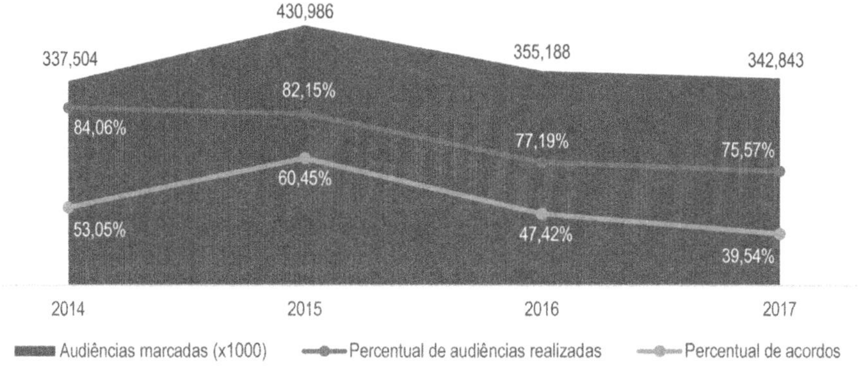

**Fonte:** Elaborado pelo autor.

A mesma objeção cabe para as atuais centrais de conciliação estimuladas pelo CNJ, nas quais os tribunais se utilizam das mesmas práticas para a seleção de processos, o que distorce a percepção nas estatísticas

---

[258] Dados disponíveis em: <www.cnj.jus.br/programas-e-acoes/conciliacao-e-mediacao-portal-da-conciliacao>. Acesso em: 7 jun. 2018.

que informam a taxa de sucesso das conciliações.[259] Proporcionalmente, poucos processos são levados à tentativa de conciliação, e em grande parte a escolha daqueles em que o acordo é tentado depende da predisposição dos grandes litigantes.

Em conclusão, apesar dos enormes esforços no sentido de promover a oportunidade de negociação entre as partes e a melhoria das técnicas de conciliação e mediação, em um sistema sem os elementos básicos que tornem a celebração do acordo uma opção racional maximizadora e não minimizadora, está fadada ao insucesso a empreitada pela busca de soluções consensuais que impactem de forma importante o problema da superlitigiosidade.

### 4.2.4. A arbitragem em um nicho específico e limitado no contexto nacional

A arbitragem no sistema nacional, apesar de sua enorme importância quanto ao valor agregado das demandas sob sua atribuição, tem pouco impacto no número total de processos em curso no Judiciário e pequeno potencial redutor em sua atual roupagem.[260]

---

[259] As taxas de conciliação informadas pela Central de Conciliação (Cecon) do TRF3 são altíssimas, chegando a patamares superiores a 60% ou 70% dos feitos pautados (http://www. trf3.jus.br/ gabco/estatistica/). Contudo, ao analisar a dinâmica da seleção dos processos para a designação de audiência, verifica-se que, na prática, somente são levados à conciliação na Cecon os processos em que o ente público previamente se disponha a apresentar uma proposta; nos demais, a conciliação não chega sequer a ser tentada. Apesar de o Manual da Conciliação prever que "A seleção de processos a serem submetidos às sessões de conciliação pode ocorrer a pedido do cidadão, por indicação de ente público ou por solicitação do Juiz competente, [...]". Pela leitura dos itens subsequentes é possível concluir que apenas quando haja interesse prévio do ente público (autor/réu) a audiência é efetivamente realizada e entra para as estatísticas. Havendo a indicação de que o ente público não apresentará qualquer proposta para a conciliação, o procedimento é obviado e os processos retornam imediatamente para julgamento (Manual da Conciliação da Justiça Federal da 3.ª Região, Segunda Parte, Item II, números 2, 2.1, 2.2 e 2.3. Disponível em: <http://www.trf3.jus.br/ documentos/gabco/Manual_Conciliacao_6.02.2014.pdf>. Acesso em: 29 ago. 2018).

[260] Segundo um estudo da Professora Selma Leme: "Em 2010, o número de arbitragens nas 6 câmaras pesquisadas era de 128 novos casos. Em 2015, foram 222 novas arbitragens, o que representa um aumento de mais de 73% no número de procedimentos novos entrantes. No período de 6 anos (2010-2015) o número de arbitragens nas seis Câmaras pesquisadas atingiu o patamar de 1043 casos novos entrantes". As entidades pesquisadas são o Centro de Arbitragem da Amcham – Brasil (Amcham); Centro de Arbitragem da Câmara de

Esse meio de resolução ficou atualmente relegado a um nicho bastante específico e pontual do sistema econômico brasileiro, atendendo a empresas grandes e médias e relacionadas a negócios envolvendo quantias bastante consideráveis. Se, de um lado, o custo permissivo do processo judicial é um atrativo para a enxurrada de demandas que sufocam o Judiciário, de outro, o custo da arbitragem e o desconhecimento acerca de suas potencialidades são fatores que inibem sua ampliação.

Conforme o estudo da Professora Selma Lemes, no ano de 2015 ocorreram 222 novas arbitragens e, no ano de 2014, aconteceram 218, número que se manteve praticamente estável. Embora os números se refiram às principais câmaras arbitrais e não a todas, a quantidade de arbitragens no ano de 2015 representa cerca de 0,001% das novas demandas recebidas pelo Poder Judiciário no mesmo período.[261] Isso resulta algo como menos de uma arbitragem para cada cem mil ações judiciais.

Em contrapartida, os valores envolvidos nos processos do ano de 2015 atingiram 10,7 bilhões de reais. Conclui-se, pois, que cada processo levado à análise das principais câmaras arbitrais brasileiras trata de questões envolvendo, em média, 50 milhões de reais.[262] Tais números demonstram a racionalidade do sistema arbitral, utilizado como meio adequado de solução de controvérsias que demandam conhecimento específico e celeridade. Os custos compreendidos em tal modelo são proporcionais à importância econômica das causas.

Nesse ponto, cumpre destacar um papel fundamental que a arbitragem ou outros meios paralelos como a peritagem etc. têm a cumprir no cenário

---

Comércio Brasil-Canadá (CAM-CCBC); Câmara de Mediação, Conciliação e Arbitragem de São Paulo – Ciesp/Fiesp (CAM-Ciesp/Fiesp); Câmara de Arbitragem do Mercado (CAM-Bovespa); Câmara de Arbitragem da Fundação Getulio Vargas (CAM-FGV); Câmara de Arbitragem Empresarial – Brasil (Camarb). Disponível em: <http://selmalemes.adv.br/ artigos/An%C3%A1lise%20da%20pesquisa%20arbitragens%20em%20n%C3%BAmeros%20_2010%20a%202015_-final%20ret.pdf>. Acesso em: 11 abr. 2017.

[261] Segundo o estudo Justiça em Números, no ano de 2015 foram 27,3 milhões de casos novos no Judiciário brasileiro. Relatório Justiça em Números do CNJ-2016. Disponível em: <http://www.cnj. jus.br/programas-e-acoes/pj-justica-em-numeros>. Acesso em: 17 jul. 2018.

[262] De acordo com a CAM-CCBC, nos últimos cinco anos (2014-agosto de 2018) a média dos valores em disputa nas arbitragens da câmara foi de R$ 110 milhões. Disponível em: <https://ccbc.org.br/cam-ccbc-centro-arbitragem-mediacao/sobre-cam-ccbc/estatisticas--gerais/>. Acesso em: 26 set. 2018.

nacional de resolução de conflitos. Ao contrário do que pode parecer, as questões solucionadas no âmbito desses meios mais adequados, embora numericamente pouco representativas, têm um grande potencial na dinâmica das organizações judiciais. Casos envolvendo valores muito significativos e causas tecnicamente muito complexas tumultuam os trabalhos da unidade judiciária e demandam um tempo muito grande se comparados aos demais processos. Nesse cenário, tais casos permanecem por grandes períodos sem solução, impactando a dinâmica das atividades econômicas ou, quando solucionados, custam aos demais processos mais um longo tempo de tramitação.

Apesar dessa importante contribuição, não é possível ignorar que o caráter elitizado da solução arbitral e das câmaras arbitrais no País é uma barreira para que o meio alternativo se torne uma contribuição mais significativa na efetivação do acesso à justiça. Como opção mais célere e mais especializada, a arbitragem confere segurança e dinamismo ao sistema, fatores essenciais notadamente em ambientes empresariais.[263]

A ampliação da arbitragem é fundamental como fator de desenvolvimento e competitividade do País. Envolvendo interesses avaliados em

---

[263] No CAM-CCBC, em 2015, mais de 38% dos casos referiram-se a matérias societárias; 36% diziam respeito aos conflitos decorrentes de contratos empresariais e, em seguida, os contratos de construção civil e engenharia equivalentes a quase 19%. Na CAM-Ciesp/Fiesp, quase 29% referem-se a conflitos oriundos de contratos de fornecimento de bens e serviços, seguido de conflitos societários que representam 21% dos casos. Nessa Câmara, quase 10% dos contratos submetidos à arbitragem são internacionais, isto é, com partes com domicílio ou estabelecimento no exterior. A Camarb continua sendo a Câmara com o maior número de arbitragens na área de construção civil e energia com 46% dos casos nela processados, seguido de 25% de demandas referentes a contratos empresariais e 19% dos conflitos referentes a questões societárias. No Centro da Amcham em 2015, mais de 66% dos casos referiram-se a litígios decorrentes de contratos de fornecimento de bens e serviços, seguidos de conflitos na área de contratos de construção civil e energia (22%). As matérias societárias representaram o percentual de 11%. Na CAM-Bovespa, 60% das arbitragens foram de matérias societárias e quase 27% de questões decorrentes de contratos empresariais. Na CAM-FGV, as matérias tratadas em arbitragem referem-se a contratos do setor elétrico, construção de PCHs e linhas de transmissão, direitos de mineração, exploração de petróleo e gás, seguros etc., mas não foram informados os percentuais de arbitragens. As arbitragens do setor elétrico referem-se aos contratos de comercialização de energia ligados à Câmara de Comercialização de Energia Elétrica (CCEE) e da Convenção de Arbitragem que vincula todos os partícipes desse mercado.

médias que superam 50 ou 100 milhões de reais, resta claro que a arbitragem abrange negócios específicos. Todavia, a maioria das demandas relativas a matérias comerciais, societárias e civis, compreendendo quantias numa grande faixa inferior, poderia ser solucionada pela via arbitral. O crescimento do número de causas seria exponencial caso a média dos valores fosse reduzida para, *v.g.*, um milhão de reais, impactando de modo mais decisivo o problema das demandas judiciais e a dinâmica das relações empresariais.[264] Para tanto, um sistema arbitral mais simplificado e expedito, com limitação de custos de instrução, ensejaria uma via aberta às médias e eventualmente pequenas empresas ou cidadãos que poderiam se valer de uma forma mais adequada e célere de solucionar as demandas.

### 4.2.5. A decisão administrativa e a condição resolutiva judicial

Finalmente, outra incongruência no nosso atual panorama encontra-se na relação do Estado-Administração com a atividade jurisdicional. Apesar de a pesquisa não encontrar lastro doutrinário específico, é facilmente perceptível o fato de que o Estado brasileiro vem se agigantando nas últimas décadas, o que tem gerado um efeito perverso não apenas na estrutura da Administração Pública, mas também na dinâmica da prestação jurisdicional.

Esse modelo inconsistente foi bem resumido por Floriano Marques Neto e Juliana de Palma ao citarem sete impasses atuais do controle da Administração no Brasil que aclaram não apenas o clima de mútua desconfiança e estranhamento entre as funções estatais,[265] mas também

---

[264] A empresa Softplan é uma das principais em gerenciamento de dados e atualmente opera o sistema SAJ, que suporta os processos virtuais dos principais tribunais do País, entre eles TJSP e TJRJ. A mesma empresa opera diversas ferramentas de análises de dados, entre elas o Convex, que possibilita pesquisas pontais com argumentos específicos em toda a base de dados desses tribunais. Contando com o auxílio de tal ferramenta, foi possível verificar que apenas no TJSP haveria 1.013.285 processos com valor da causa acima de R$ 1.000.000,00. Desses estão em andamento 176.912; migrados antigos e já baixados seriam 237.478; baixados 583.306; em grau de recurso 10.445; encaminhados a outro Tribunal 24.577 e suspensos 50.561.

[265] José Vicente Santos de Mendonça aparentemente captou esse clima que mencionamos. Ele aponta para um estado atual de coisas pamprincipiológico e ultra-ativista, resultando em uma cultura vivenciada pelo modelo brasileiro. E exemplifica: "Leis ajudam ou atrapalham, mas o que se tem é uma cultura de empoderamento simbólico de tecnocracias, em especial aquelas ligadas ao mundo do direito. Não é só porque a constituição fala em 'melhor

os problemas daí decorrentes, principalmente nos pontos elencados nos itens 1, 2 e 7.[266]

O Brasil conta atualmente com 25 ministérios, 13 agências reguladoras, 27 autarquias, institutos autárquicos e departamentos, 31 conselhos profissionais, 37 universidades federais, centenas de secretarias e outros órgãos descentralizados. São mais de dois milhões de servidores públicos federais, quase sete milhões de servidores municipais e só o Poder Executivo do Estado de São Paulo tem mais de 570.000.[267]

Todas as decisões e atos administrativos adotados no âmbito da Administração Pública, sem exceção, por cada um de seus órgãos, agentes ou servidores, são passíveis de impugnação judicial para serem revistos, pois não há qualquer critério restritivo relacionado ao pedido e à causa de pedir. Tal situação não surpreende e assim o é na maioria dos países, seja a jurisdição una ou tal contencioso exercido por meio de uma jurisdição

---

interesse da criança' que se criou um Ministério Público paternalista. É, antes disso, porque o promotor se percebe como alguém *melhor* do que o legislador, o administrador, os pais da criança" (Dois futuros (e meio) para o projeto de lei do Carlos Ari. In: MENDONÇA, José Vicente Santos de; LEAL, Fernando (Org.). *Transformações do direito administrativo*: consequencialismo e estratégias regulatórias. Rio de Janeiro: Escola de Direito do Rio de Janeiro da FGV, 2016. p. 31-34). Parece-nos que também os juízes, tal qual os promotores, assim se percebem.

[266] Segundo os autores, seriam os seguintes impasses do controle da Administração: "1) Captura das competências públicas: as competências administrativas deslocam-se para órgãos e entes com maior prestígio (não raro sem capacidade institucional para lidar com a gestão pública); 2) Neopatrimonialismo: o controle é orientado pelas predileções pessoais e orientação jurídica do funcionário controlador; 3) Desvirtuamento da atividade-fim: os gestores públicos priorizam mais atender às demandas dos controladores do que cumprir com as atividades-fim da Administração Pública; 4) Reais efeitos do combate à corrupção: a cultura do controle é realmente eficaz no combate à corrupção?; 5) Gestão de defesa: o administrador de boa-fé é refém do controle; 6) Competição institucional: os órgãos de controle competem entre si; 7) Decisões instáveis: a estrutura do sistema de controle desfavorece decisões definitivas" (MARQUES NETO, Floriano Azevedo; PALMA, Juliana Bonacorsi. Os sete impasses do controle da Administração Pública no Brasil. In: PEREZ, Marcos Augusto; SOUZA, Rodrigo Pagani de (Coord.). *Controle da Administração Pública*. Belo Horizonte: Fórum, 2017. p. 21-38).

[267] Dados disponíveis em: <http://www.brasil.gov.br/governo/>. Acesso em: 26 jun. 2017. Dados em constante mutação dada a inconstância na organização da Administração Pública brasileira.

administrativa especial.[268] O fato de os atos poderem ser sindicados judicialmente não importa em que devam ser tantos e da forma como são. A particularidade brasileira certamente reside numa linha absolutamente permissiva, que trabalha com uma desconsideração generalizada relativamente aos órgãos públicos e coloca o Judiciário, irremediavelmente, como última instância decisória do Estado, seja qual for o *thema decidendum*.[269] Esse acesso praticamente irrestrito e de baixíssimo custo resulta em duas distorções graves, a saber: a primeira, obviamente, é o volume, dado não apenas o tamanho da máquina estatal; a segunda, importante destacar, é a complexidade, tornando impraticável que o Judiciário seja capaz de lidar com a diversidade e especialidade da temática, desqualificando a segurança e o conteúdo das decisões.

Não parece recomendável a possibilidade de movimentar a máquina judicial contra a Administração em questões tão comezinhas e mediante procedimento tão barato e simplório.[270] Certamente esse modelo de

---

[268] Nos Estados Unidos, o papel do Judiciário relativo às decisões próprias do Executivo tem crescido, embora ainda se encontre muito distante do que ocorre no Brasil, limitando-se a se desincumbir de duas tarefas conferidas pelo *Administrative Procedure Act* (APA): "garantir fidelidade do processo regulatório ao direito e invalidar decisões 'arbitrárias' ou 'caprichosas'. A doutrina *hard-look* tem servido ora para exigir das agências a demonstração de que as vantagens da regulação justificam suas desvantagens, ora para invalidar ou devolver para a agência medidas regulatórias que não atendam aos objetivos da lei, ora para exigir melhores explicações da agência acerca de críticas ou comentários feitos por partícipes do processo de consulta pública. Assim sendo, o Judiciário tem se comportado como um verdadeiro *curador da racionalidade* dos processos regulatórios" (BINENBOJM, Gustavo. Agências reguladoras independentes, separação de poderes e processo democrático. In: OLIVEIRA, Farlei Martins Riccio de (Coord.). *Direito administrativo Brasil – Argentina*: estudos em homenagem a Augustin Gordilho. Belo Horizonte: Del Rey, 2007. p. 195-222).

[269] Carlos Ari Sundfeld elenca critérios judiciais restritivos da competência judicial, lembrando que a competência anulatória é excepcional: "Esse critério, empregado nas ações sobre a validade de leis e atos administrativos, já teve bastante prestígio, hoje diminuído, mas que certamente pode voltar a brilhar. Normalmente é formulado como *princípio da presunção de validade (ou legitimidade) das leis e dos atos administrativos*. Envolve uma postura de autocontenção judicial, um reconhecimento da preferência dos Poderes democraticamente constituídos" (*Direito administrativo para céticos* cit., p. 73). Grifos no original.

[270] Na Justiça Federal, *v.g.*, nas causas de valor inestimável, como em regra são os mandados de segurança em que uma ilegalidade ou abuso de poder é imputado ao agente público, os atos dos milhões de funcionários da União podem ser questionados ou revistos judicialmente por 10 UFIRs, ou R$ 10,64 de acordo com a Tabela de custas da Justiça Federal, tendo como

acesso, além de cobrar seu preço no tocante à ineficiência judicial pelo acúmulo de processos,[271] também precariza a atividade administrativa, na medida em que o orçamento é limitado para o investimento nos diversos controles. Sob a perspectiva da complexidade, em questões envolvendo temas especializados, em que há pessoal e estrutura adrede preparadas na Administração em órgãos como o Conselho Administrativo de Defesa Econômica (Cade), o Banco Central, a Agência Nacional de Vigilância Sanitária (Anvisa) etc., as decisões administrativas implicam um grande investimento de tempo, estrutura e conhecimento específico, que colocam a revisão pelo Judiciário quase como um exercício de superstição. Como mencionamos anteriormente, além de assoberbar o Judiciário com inúmeras ações, demonstrando a incapacidade dele de funcionar como instância revisora da administração pública, é imperioso que se reconheça que o Judiciário não tem condição técnica e preparo para sindicar quaisquer casos, dadas a multiplicidade, a complexidade e a sofisticação das searas atualmente abrangidas pelo âmbito estatal, de forma cada dia mais técnica e especializada.

Partimos de dois preconceitos antigos, mas atualmente injustificáveis: o primeiro de que o juiz conhece tudo; e o segundo de que o processo judicial é capaz de lhe conferir condições de decidir sobre qualquer tema. Isso não é real nem possível. A cognição judicial sobre diversas matérias complexas tratadas pela administração pública é desqualificada e desprovida de critérios mínimos que devem pautar uma decisão dessa natureza.

Numa outra vertente, não se encontra paralelo num sistema que não tem qualquer apreço ou respeito pela decisão administrativa, independentemente de quem a tenha prolatado. A revisão judicial parte de critérios dissociados dos administrativos, confere pouca ou nenhuma relevância ao entendimento exposto na decisão e não visa uma alteração

---

*valor mínimo* R$ 5,32 e *máximo* R$ 1.915,38, conforme previsto na Lei 9.289, de 4 de julho de 1996. Os valores atuais estão disponíveis em: <http://www.jfsp.jus.br/servicos-judiciais/custas-judiciais/>. Acesso em: 18 jul. 2018.

[271] Na pesquisa, "O uso da Justiça e o litígio no Brasil", coordenada pela Professora Maria Tereza Sadek e promovida pela Associação dos Magistrados Brasileiros – AMB (disponível em: <http://www.amb.com.br/wp-content/>. Acesso em: 19 set. 2018), foram confirmados e analisados os números apresentados pelo CNJ na relação dos 100 maiores litigantes do País. Em ambas as pesquisas, os números deixam clara a presença maciça do setor público no Judiciário.

geral da postura da Administração em casos semelhantes. Tal circunstância torna a opção de se buscar uma nova chance em uma instância diversa da administrativa, caso a decisão não atenda aos interesses do administrado, uma solução racional maximizadora na imensa maioria dos casos.

De acordo com tais premissas, uma das fragilidades do nosso sistema reside no fato de as decisões administrativas terem peso muito relativizado e estarem continuamente sujeitas a condição confirmatória que seria a ulterior decisão judicial.[272] Assim, vigora no ordenamento uma espécie de condição resolutiva judicial.

O sistema judicial brasileiro, portanto, é tomado por essa disfuncionalidade com os efeitos perniciosos: em primeiro lugar, não há quase nenhum risco ou custo no questionamento de uma decisão administrativa, o que acarreta um grande volume de impugnações judiciais; em segundo lugar, o Judiciário presta um serviço deficiente quando se arvora a decidir sobre temas complexos sobre os quais não tem condições de conhecer adequadamente; finalmente, essa situação fragiliza indevidamente as instâncias administrativas, uma vez que as submete à constante e irregular revisão.

Esse é o atual panorama. Voltaremos a essa temática sob perspectiva mais propositiva no item 7.2.4.

---

[272] Carlos Alberto de Salles aponta que o limite constitucional impede a restrição do acesso ao Judiciário, porém, citando o exemplo do Cade, que pela excelência das decisões e pela alta especialização tem gerado pouquíssimas impugnações judiciais, aponta que: "A consolidação de mecanismos dessa espécie, como de alternativas ao acesso ao Judiciário, portanto, depende do acatamento e difusão das decisões desses foros pela própria Administração, reconhecendo-lhes imperatividade e aplicando-as a casos análogos" (Mecanismos alternativos de solução de controvérsias e acesso à justiça: a inafastabilidade da tutela jurisdicional recolocada cit., p. 779-792).

# 5.
# Ampliando o Debate

**5.1. Os caminhos de um acesso à justiça razoável: ideias gerais**
**5.1.1. A evolução (histórica) da visão sobre o acesso à justiça e os limites racionais de acesso ao Judiciário**
As obras relativas ao acesso à justiça que utilizamos amplamente neste trabalho são fontes importantes para que possamos entender e analisar o pensamento estrangeiro acerca do acesso à justiça e sua evolução nas últimas décadas.

Como ponto de partida, os relatórios de Florença e a obra de Cappelletti e Garth parecem-nos a referência mais segura, principalmente se vislumbrarmos o pensamento dominante na doutrina dos países de *civil law*, embora o alcance da obra seja bem mais amplo. Nela encontramos a visão de um acesso à justiça até então restrito que necessitava ser ampliado como elemento fundamental para a implementação e a consolidação dos direitos fundamentais de segunda e terceira gerações.[273]

Em outra ponta e há bastante tempo, com preocupações diversas, a doutrina de *common law* apontava os problemas da utilização do sistema de justiça pelos litigantes habituais em detrimento dos litigantes

---

[273] No primeiro capítulo da obra, Cappelletti e Garth tratam justamente da "Evolução do conceito teórico de acesso à justiça". Embora de forma resumida, a ideia do texto é toda centrada em uma evolução que parte de um direito formal de acesso, para um direito substancial, efetivo e livre de barreiras (*Acesso à justiça* cit., p. 9).

eventuais.[274] Na visão anglo-americana antecipava-se a total inadequação do sistema para lidar com a nova conformação da sociedade de massas e com o surgimento dos *repeat players*.

Nas décadas que se seguiram, duas correntes bastante claras podem ser divisadas: a primeira delas, na linha da obra de Cappelletti e Garth, dirigiu seus esforços no sentido da redução das barreiras e dos custos, ampliando o acesso à justiça e, consequentemente, o próprio Judiciário enquanto prestador do serviço. Problemas de variada ordem surgiram e a questão do acesso passou a estar em segundo plano, à medida que se discutiam formas de suplantar a morosidade e a ausência de efetividade da prestação jurisdicional.

Em contrapartida, os avanços seguiram padrões mais abertos, principalmente com a influência de outros campos, como as proposições advindas da análise econômica do direito e a adoção e o crescimento das ADRs e das *class actions*, como respostas oriundas de um pensamento mais pragmático e economicista. Problemas com morosidade e excesso de demandas também foram sentidos, mas em patamares muito inferiores. Surgiram, então, as primeiras críticas inseridas em debates sociológicos relativos à utilização do sistema e do serviço judicial como forma opressiva de manutenção do *status quo*.[275] O sistema vinha sendo repensado e o

---

[274] Marc Galanter publicou seu famoso ensaio "Why the 'haves' come out ahead" em 1974. No próprio texto, ele aponta que o ensaio surgiu de uma apresentação num Seminário de Robert Stevens na *Yale Law School* no outono de 1970, enquanto o autor era Senior Fellow no Programa de Direito e Modernização da Escola. Se a ideia surgiu em um seminário em 1970, não é difícil concluir que os problemas eram contemporâneos a Cappelletti e Garth e, principalmente, às discussões e promulgação do Código de Processo Civil de 1973. Vide: GALANTER, Marc. Why the "haves" come out ahead: speculations on the limits of legal change cit.

[275] Ao sustentar a necessidade de reformas no sistema, Marc Galanter direcionava um dura crítica ao sistema de justiça em vigor nos Estados Unidos nos primeiros anos da década de 1970: "The unreformed features of the legal system then appear as a device for maintaning the partial dissociation of everyday practice from these authoritative institucional and normative commitments. Structurally, (by cost and institutional overload) and culturally (by ambiguity and normative overload) the unreformed system effects a massive covert delegation from the most authoritative rule-makers to field level officials (and their constituencies) responsive to other norms and priorities than are contained in the 'higher law'. By their selective application of rules in a context of parochial understandings and priorities, which could not be predicted by examination of the authoritative 'higher law'.

modelo individualista em que a parte como litigante eventual é deixada à própria sorte diante dos litigantes habituais e organizados sofria suas mais incisivas contestações.

Esse panorama foi verificado por Ugo Mattei também no início da década de 1980, quando então já se percebiam os efeitos do ideário político anglo-americano além das fronteiras desses países. Mattei destaca o avanço das políticas neoliberais solapando as bases do estado do bem-estar social após o que ele chama de *Reagan-Thatcher revolution*. Apontava ainda o otimismo de Cappelletti e o pessimismo de Laura Nader, embasado pelo momento histórico e as expectativas que não se confirmaram ao longo do tempo.[276] O ponto é que alhures, nessa passagem histórica, diferentemente do que aqui ocorria, a tônica era uma mudança de perspectiva e não mais havia interesse em investir no incremento do acesso à justiça tradicional[277] e era nítida a opção pelo incrementos das ADRs.[278]

No Brasil, na década de 1980, talvez pelo avanço do processo de redemocratização, com a instalação da Assembleia Nacional Constituinte e pelo impacto de uma gigantesca crise econômica, não foram sentidas sensíveis mudanças na estrutura processual ou de acesso à justiça. As maiores transformações vieram após a promulgação da Constituição, com

---

Thus its unreformed characted articulates the legal system to the discontinuities of culture and social structure: it provides a way of accommodating cultural heterogeneity and social diversity while propounding universalism and unity; of accommodating vast concentrations of private power while upholding the supremacy of public authority; of accommodating inequality in fact while establishing equality at law, of facilitating action by great collective combines while celebrating individualism" (Why the "haves" come out ahead: speculations on the limits of legal change cit., p. 147-148).

[276] MATTEI, Ugo. Access to Justice. A Renewed Global Issue? cit.

[277] "Some countries simply stopped worrying about the unsatisfactory state of their systems of access to justice, while others, where their systems were in a more advanced phase of 'privatization', were undermining its legitimacy by working out even more privatized and justice-remote models of dispute resolution" (MATTEI, Ugo. Access to Justice. A Renewed Global Issue? cit.).

[278] Paulo Cezar Pinheiro Carneiro apontava uma contrarreação ao chamado Estado social: "Fala-se agora em uma terceira fase, que seria a fase pós-social; [...] Agora, nesta terceira fase, a intervenção (estatal) é cada vez menor, em função das economias dos Estados, que impossibilitam a manutenção de importantes programas sociais, passando a optar pela privatização de serviços não essenciais, e pela diminuição de seus investimentos naqueles considerados essenciais" (*Acesso à justiça*: juizados especiais e ação civil pública cit., p. 30).

a aprovação de algumas regras legais importantes. Independentemente se de *civil law* ou de *common law*, países mais avançados experimentaram uma verdadeira transformação na forma de lidar com os conflitos surgidos no seio da sociedade, passando a presenciar uma mudança do eixo principal do modelo de resolução das controvérsias. Esse eixo se movimentou e deixou a atuação estatal por intermédio do Poder Judiciário como opção residual, passando a própria sociedade e o mercado a entabular meios de atuar em tais conflitos.

Mais recentemente, os sistemas buscam se adaptar à nova realidade social. As premissas da reforma do sistema inglês (*cost, time and rectitude*) demonstram uma preocupação com o equilíbrio e com a proporcionalidade, atentos às reais possibilidades do Estado hodierno. Estudos comparativos com os da Cepej permitiram aos países absorver as melhores práticas. Debelar conflitos fora da estrutura estatal tem sido a nova tendência, quando empresas e estados, ainda que motivados pelos altos custos das demandas, se valem de instrumentos como *ombudsmans* e outros órgãos internos quase que num processo de autorregulação. A nova roupagem do acesso à justiça aponta para o acesso ao direito, algo diverso e melhor adaptado à realidade atual, em que o Estado funciona como regulador, atacando as deficiências do sistema ou as falhas da rede de proteção, e não como provedor de toda a base. O referido acesso, segundo um conceito bem estruturado por João Antônio Fernandes Pedroso, é entendido da forma mais ampla, englobando o direito à informação jurídica fundamentada, a partir da qual os cidadãos se apropriam adequadamente da consciência de seus direitos. A partir de tal ponto, aqueles têm condições de não se resignar diante das violações e podem vencer os custos e demais obstáculos, independentemente da sua natureza, para aceder às formas mais adequadas – judiciais e não judiciais – e legitimadas para a resolução desse litígio.[279]

Essa compreensão de acesso ao direito e à justiça inova em face da tradicional e atualmente remete a perspectiva do acesso aos tribunais para outra significação, em que uma sistemática multiportas e capilarizada

---

[279] Sobre o tema: PEDROSO, João António Fernandes. *Acesso ao direito e à justiça*: um direito fundamental em (des)construção. 2011. Tese (Doutoramento) – Universidade de Lisboa, Lisboa, p. 4. Disponível em: <https://estudogeral.sib.uc.pt>. Acesso em: 4 ago. 2018.

AMPLIANDO O DEBATE

serve de base de apoio ao Judiciário que, por sua vez, funciona como uma reserva de segurança.

## 5.1.2. O acesso à justiça numa nova visão – O direito fundamental condicionado ao meio adequado

Qualquer discussão séria acerca de direitos, seja qual for sua natureza ou a base filosófica em que se apoie, pressupõe a possibilidade de eles serem efetivamente garantidos. Será vazia a controvérsia estabelecida sobre determinada prestação, se a sua efetivação prática estiver comprometida ou limitada pela realidade social.

Como bem destacam Stephen Holmes e Cass R. Sustein, os direitos têm custos e a liberdade depende dos tributos: "All legally enforceable rights cost Money [...] Rights cannot be protected or enforced without public funding and support".[280-281] Partindo de tal concepção, não nos parece despropositado assumir que todos os direitos são duplamente condicionados, seja, inicialmente, pelo próprio ordenamento que os estabelece e restringe, seja pelas circunstâncias fáticas que os cercam em dado contexto social. Nossa Constituição analítica e suas amplas previsões são exemplo vivo disso.[282] Dessa maneira, tratadas as diversas

---

[280] HOLMES, Stephen; SUNSTEIN, Cass R. *The cost of rights*: why liberty depends on taxes cit., p. 15.

[281] Na mesma linha, lembrando os ensinamentos de Alberdi: "[...] não pode haver governo grátis, nem deve havê-lo por ser o mais caro dos governos [...] O país que não pode custear seu governo, não pode existir como nação independente" (OLIVEIRA, Yonne Dolácio. Parecer cit., p. 131-173).

[282] Na classificação da eficácia das normas constitucionais, encontram-se sempre presentes as normas constitucionais programáticas, que seriam aquelas que teriam por objetivo traçar os fins públicos a serem alcançados pelo Estado (BARROSO, Luís Roberto. *O direito constitucional e eficácia das normas*. 9. ed. Rio de Janeiro: Renovar, 2009. p. 113). Elival da Silva Ramos divide as normas constitucionais em normas de eficácia plena e limitada. As normas de eficácia limitada dividir-se-iam em preceptivas ou programáticas. Essas últimas, além de concretização legislativa, dependem também do exercício da função de governo (escolha de políticas públicas), da função administrativa e da existência de condições econômicas favoráveis (RAMOS, Elival da Silva. *Ativismo judicial*: parâmetros dogmáticos cit., p. 186). Na clássica lição do Professor José Afonso da Silva, as normas constitucionais de eficácia limitada ou reduzida compreendem as normas definidas como de princípio programático (SILVA, José Afonso da. *Aplicabilidade das normas constitucionais*. 8. ed. São Paulo: Malheiros, 2012. p. 132). Tal pensamento retrata apenas as limitações do Estado com relação às previsões

restrições e impossibilidades do acesso irrestrito à justiça/Judiciário, cabe considerar agora algumas condições que podem adequá-lo a essas circunstâncias fáticas, sem afetar os fundamentos legais.

Sem malferir a intangibilidade do direito ao acesso à justiça e à sombra das condicionantes admitidas há décadas no nosso ordenamento, pretendemos deixar evidente apenas mais uma, talvez a mais importante delas. A principal condicionante do acesso seria então a utilização do meio adequado, ou seja, o direito à prestação estatal existe tal qual regulado constitucionalmente, porém dentro de um sistema racional e apenas e enquanto respeitada a condição de adequação do meio colocado à disposição dos cidadãos pelo Estado e segundo as referências de razoabilidade previstas em lei.

Novamente na linha de Holmes e Sunstein, perguntar quanto um direito custa não significa estabelecer o quanto ele vale.[283] Não nos ocupamos em perquirir quanto vale nosso direito de acesso à justiça, mas em constatar que ele custa muito e que poderia custar menos, de modo que outros direitos que valem tanto quanto pudessem ser mais bem resguardados, em contrapartida, despendendo-se com estes um pouco mais. A ideia de que as condições do acesso à justiça estariam apenas nas formalidades processuais pode ser ampliada se observarmos com cuidado as incongruências geradas pelas limitações materiais do Estado. Enquanto ente responsável por prover uma série de encargos e pelo próprio sistema de justiça, este deve ser o primeiro a se preocupar com as possibilidades de sua concretização. Mais uma vez: a discussão do direito justifica-se se ele puder ser resguardado ou efetivado, caso contrário, ela é vazia.

A ciência não pode ser feita com os pés fora do chão. Também as posições jurídicas não podem estar dissociadas das possibilidades reais

---

constitucionais e legais, reconhecendo que a materialização dos preceitos insertos nos textos é questão que muitas vezes depende de fatores alheios ao direito.

[283] "[...] But why should cost consciousness diminish our commitment to the protection of the basic rights? to ask what rights cost, first of all, is not to ask what they are worth. If we could establish to the last penny what we would cost to enforce, say, the right of equal access to justice in a given budgetary year, we would still not know how much we, as a nation, should spend on it. That is a question for political and moral evaluation, and it cannot be settled by accounting alone" (HOLMES, Stephen; SUNSTEIN, Cass R. *The cost of rights*: why liberty depends on taxes cit., p. 28).

AMPLIANDO O DEBATE

de sua implementação prática. As condicionantes que cercam os direitos fazem parte da natureza e da própria concepção deles e naturalmente seu estudo não pode ser alheio a essas restrições. Portanto, a legitimidade das condicionantes não se encontra apenas nas formalidades legais, mas também no adequado sopesamento das condições materiais de sua concretização.

As condições da ação enquanto instituto do processo civil clássico seriam requisitos processuais essenciais para o regular trâmite processual e para o eventual julgamento do mérito da demanda posta em juízo.[284] O Código de Processo Civil de 2015 ultrapassou tal categoria e incluiu entre os pressupostos processuais o interesse e a legitimidade, deixando para o mérito o tratamento da possibilidade jurídica do pedido (artigo 330). Para nosso desiderato, é irrelevante a taxonomia, sendo fundamental o mandamento do artigo que preconiza a inviabilidade da demanda estancada em um juízo de admissibilidade.[285]

Em muitos momentos, não de forma muito clara com relação à interpretação a que nos propomos, a doutrina, de modo geral, sempre tratou do interesse sob a perspectiva da necessidade e da adequação.[286] A linha a ser seguida vai no sentido de que para a configuração do interesse de agir é indispensável, a nosso ver cada dia mais, a adequação do provimento e do procedimento. "[...] o interesse processual, que significa a necessidade e utilidade do provimento pleiteado, que deverá ser ade-

---

[284] De acordo com o Professor Nelson Nery Jr., as condicionantes do direito de ação, no caso a necessidade de preenchimento dos pressupostos processuais e das condições da ação, "significam limitações naturais e legítimas ao exercício do direito de ação" (*Princípios do processo civil na Constituição Federal*, 10. ed. cit., p. 179).

[285] Nessa linha, exemplifica Carlos Alberto de Salles: "Compare-se, a título de exemplo, o pressuposto processual consistente na capacidade postulatória. Fora dos juizados especiais, a parte deverá comparecer em juízo representada por um advogado. A representação por um advogado é um requisito a ser preenchido pela parte para obter uma resposta jurisdicional. Não obstante esse requisito possa constituir um sério óbice ao acesso à justiça, notadamente pelos custos envolvidos, por certo determinando do afastamento de muitas pessoas do recurso ao serviço judiciário estatal, não se questiona sua constitucionalidade sob o argumento da inafastabilidade" (Mecanismos alternativos de solução de controvérsias e acesso à justiça: a inafastabilidade da tutela jurisdicional recolocada cit., p. 779-792).

[286] COSTA, Susana Henriques da. *Condições da ação*. São Paulo: Quartier Latin, 2005. p. 60; DIDIER JR., Fredie. *Pressupostos processuais e condições da ação*: o juízo de admissibilidade do processo. São Paulo: Saraiva, 2005. p. 286.

quado, significando tal adequação o ajustamento da tutela pretendida e do procedimento utilizado para o fim colimado."[287] Do ponto de vista doutrinário, portanto, o embasamento encontra-se adrede estabelecido, de modo que a condição de acionar o Judiciário, além de ter legitimidade, deve também se adequar a uma via mais coerente com a proposta de um serviço público eficiente.

A partir de tais bases, pretendemos avançar e ampliar o alcance dessa perspectiva e apontar, *v.g.*, que ações individuais ou pseudoindividuais, diante da possibilidade ou da prévia existência de uma ação coletiva, são inadmissíveis em face da inadequação do instrumento processual. Também incidiriam na mesma inadequação as demandas em que as possibilidades de solução extrajudicial do conflito não foram seriamente tentadas e esgotadas. Inadequada, por fim, a via judicial quando observados o abuso do direito de litigar e a utilização indevida do direito de ação, ou em outras situações nas quais o amplo contraditório e o gerenciamento do processo indicarem a necessidade de utilização de um método de resolução mais adequado. Mais uma vez, Nelson Nery Jr. leciona que o direito fundamental ao acesso está condicionado ao meio adequado: "Nisso reside a essência do princípio: o jurisdicionado tem o direito de obter do Poder Judiciário a tutela jurisdicional *adequada*. A lei infraconstitucional que impedir a concessão da tutela adequada será ofensiva ao princípio constitucional do direito de ação"[288] (grifo no original). Diante da realidade da desproporção econômico-financeira do sistema de acesso, não podemos deixar de rever as condicionantes próprias desse direito, sob pena de comprometer o equilíbrio das circunstâncias que garantem seu exercício.

### 5.1.3. Ideias possíveis e caminhos prováveis

Nessa passagem apresentamos uma prévia do conteúdo mais propositivo e uma perspectiva segundo a qual essas proposições devem ser doravante lidas e compreendidas. Acreditamos integralmente nas ideias defendidas, contudo as experiências acumuladas na magistratura e na academia, ainda que modestas, permitem-nos vislumbrar que alguns pontos tendem

---

[287] BELINETTI, Luiz Fernando. Ação e condições da ação. *RePro*, São Paulo, n. 96, p. 260--266, 1999.

[288] NERY JUNIOR, Nelson. *Princípios do processo civil na Constituição Federal*, 10. ed. cit., p. 176.

a ser mais bem recebidos que outros, sendo oportuno realçar as perspectivas que consideramos mais concretas.

Retomamos a premissa de que o Estado deve distribuir seus meios o mais eficientemente possível, de modo a promover o bem da coletividade da forma mais ampla que esteja a seu alcance. Disso se infere que, quanto maiores as suas limitações financeiras, mais criteriosas devem ser as avaliações relativas à essencialidade dos serviços e à ordem de prioridade na alocação dos recursos públicos. A realidade de escassez, então, tende a encaminhar essa e outras prestações para uma posição de equilíbrio em que condições e limites são impostos para que o serviço tenha viabilidade e gere resultados adequados com custos razoáveis ao Estado e, em última análise, à população que o sustenta.[289]

Um caminho provável, talvez mais pela necessidade imposta pela crise do que pela convicção, passa por uma redução do orçamento do Poder Judiciário e de todo o seu entorno para patamares mais apropriados, dentro da atual realidade econômica brasileira.[290] Embora tanto o Judiciário quanto o Ministério Público gozem de autonomia financeiro-orçamentária, não é difícil prever que, com a extensão do período de retração e o agravamento das restrições orçamentárias, medidas externas

---

[289] Num artigo que trata justamente do Judiciário em tempos de crise econômica, o Professor Frans van Dijk aponta a importância do bom funcionamento do sistema judicial para a economia e avalia as medidas atualmente adotadas em países europeus, principalmente os mais afetados pela crise econômica. Entre as medidas estão redução dos salários, a redução do número de casos através de aumento das taxas judiciais, redução por lei das hipóteses de recursos, a expansão forçada dos ADRs, além da reorganização das Cortes (redução do número de tribunais) e outras medidas administrativas (Judiciary in times of scarcity: Retrenchment and reform. *International Journal for Court Administration*, v. 1, n. 5, p. 15-24. Disponível em: <www.iaca.ws>. Acesso em: 10 jul. 2018). O que mais uma vez chama bastante atenção é o fato de que medidas drásticas são implementadas por países em condições econômicas muito mais favoráveis e sequer são cogitadas no Brasil.

[290] Realçando o ponto supradestacado, verifica-se que déficit primário parcial das contas públicas em julho de 2017 ficou em R$ 16,138 bilhões. Esse é um dos piores resultados desde o início do levantamento em dezembro de 2001. O resultado parcial pode ser confirmado pelo levantado anualmente, quando o déficit primário ficou em R$ 170,520 bilhões, o que corresponde a 2,66% do PIB. Dados disponíveis em: <http://www.tesouro.fazenda.gov.br/web/stn/relatorio-anual-da-divida>. Acesso em: 28 set. 2017. Aprovada no Congresso Nacional a proposta de mudança da meta fiscal que era de R$ 139 bilhões para 2017 e R$ 129 bilhões para 2018 de déficit e agora passa para R$ 159 bilhões em 2017 e 2018.

vão implicar a necessidade de adequação, ou seja, o sistema será obrigado a operar com menos recursos, não obstante isso não signifique a convergência desejável, visto que a proporção gasto/PIB não vai se alterar.[291]

A ideia possível correspondente, outrossim, passa por uma reformulação estrutural do modelo processual, e não pela resposta a um imperativo financeiro contingencial que, tão logo seja superado, retome a tendência de crescimento. Por tal razão, resolvemos distinguir um modelo possível que consideramos ideal e alterações parciais prováveis que, embora diversas das anteriores, tenham resultado positivo na convergência esperada.

O Estado brasileiro é demasiadamente grande em relação à sua economia e o Judiciário, com todo o seu entorno, é apenas mais um representante dessa conjuntura. Nesse ponto, talvez a debacle nos chame à realidade e aponte para estruturas mais enxutas e menos dispendiosas. Esse é um caminho provável. No entanto, normalmente essas restrições geram impacto na qualidade do serviço, e não no formato como ele é prestado. Assim, enxergar de antemão tais vicissitudes pode funcionar como catalisador para o planejamento e para a antecipação das medidas.

A partir de um orçamento mais limitado, é bem possível que se busquem saídas para que não haja um colapso do sistema com atrasos e lentidão ainda maiores, visto que a tendência é o aumento contínuo do número de feitos em tramitação. Tais soluções podem vir da utilização massiva da tecnologia e do gerenciamento mais efetivo dos processos por parte dos juízes. Normas mais restritivas e que transfiram responsabilidades para as partes, tais como as ideias de colaboração, boa-fé e punições por condutas indesejáveis no curso do processo, são possíveis, embora não nos pareçam prováveis, na medida em que demandam uma análise pormenorizada e tempo para as decisões, o que é algo bastante escasso na nossa realidade judicial.

---

[291] Segundo reportagem do jornal *Folha de S.Paulo*, o Poder Judiciário é o único a não respeitar o limite de gastos, avançando suas despesas além da previsão legal. Citando dados do Tesouro Nacional, a reportagem informa que no ano de 2017, com um limite autorizado de crescimento de 7,2%, o Judiciário elevou seus gastos em 7,5%, excesso que teve que ser absorvido pelo Poder Executivo. O mesmo deve ocorrer em 2018, visto que os desembolsos cresceram 8,8% no primeiro semestre, sendo que o limite seria de 7,2%. Matéria disponível em: <https://www1.folha.uol.com.br/mercado/2018/08/judiciario-e-o-unico-poder-a-nao--respeitar-limite-de-gasto.shtml>. Acesso em: 20 ago. 2018.

AMPLIANDO O DEBATE

Entre tais medidas, a utilização da tecnologia com a automatização de funções antes realizadas por juízes e servidores, aliada à sistemática dos recursos repetitivos inaugurada no novo Código de Processo Civil, afigura-se-nos a forma mais provável de enfrentamento da crise financeira.

A saída mediante o fortalecimento das demandas coletivas com restrições efetivas às demandas individuais não parece que venham a ter brevemente uma boa aceitação. A tendência é que as iniciativas em tais áreas continuem a ser secundárias e laterais. Possivelmente, poderemos verificar alguma evolução no tratamento das demandas envolvendo políticas públicas, tema que vem sendo bastante discutido no âmbito da academia, inclusive com mais de um projeto legislativo em tramitação.[292]

Formas alternativas e mais adequadas como a arbitragem e a mediação e a separação de questões técnicas também devem continuar a ocupar nichos específicos, tratando de casos pontuais em que as próprias partes reconhecem as limitações do Judiciário e buscam de comum acordo tais alternativas. A conciliação, por sua vez, pode passar a ser mais incentivada e com resultados mais efetivos a partir da concepção de maior responsabilidade das partes e da necessária colaboração, e, embora a utilização do Judiciário ainda seja uma opção sem riscos e com vantagens potenciais, não nos parece que haja sensível redução dos problemas. O principal fator que motiva as partes a litigar é a conjugação de baixos custos com pequena exposição a riscos.[293] Esse é justamente o viés mais acentuado

---

[292] Um exemplo é o Projeto de Lei 8.058/2014, que institui regras de processo para o controle e intervenção em políticas públicas pelo Poder Judiciário e dá outras providências. O projeto de autoria do Deputado Paulo Teixeira contou com a colaboração de diversos estudiosos do tema, cabendo destacar a efetiva participação da saudosa Professora Ada Pellegrini Grinover.

[293] "3.1. Motivação para litigar

Os usuários do Judiciário são agentes racionais que têm em suas motivações para litigar muito além de uma simples inércia cultural. Mas essas motivações podem ser bem diversas de um agente para outro. Aquelas motivações que surgiram nas entrevistas podem ser agrupadas em pelo menos quatro tipos distintos: ausência ou baixo nível de custos, incluindo aqui também o baixo risco; a busca de um ganho; busca do Judiciário como meio, por exemplo, para postergar responsabilidade (uso instrumental); e a percepção de ter sido lesado moral, financeira ou fisicamente. Dentre todas essas motivações, sobressaem-se em muito, na percepção dos diversos grupos de entrevistados, a conjugação de baixo custos com baixa exposição a riscos" (CNJ. *Demandas Judiciais e Morosidade da Justiça Civil – Relatório Final Ajustado*. Pontifícia Universidade Católica do Rio Grande do Sul, Faculdade de Filosofia e Ciências Humanas. Porto Alegre: Conselho Nacional de Justiça – CNJ, 2011. p. 7).

do nosso modelo que impede uma participação mais importante das soluções amigáveis, pois combina riscos e custos inexpressivos.

Por outro lado, as legislações de custas são bastante heterogêneas e as diferenças não são explicadas por padrões de desenvolvimento ou riqueza, de modo que sua equalização seria muito bem-vinda. Uma linha ordenada com padrões claros de cobrança, principalmente por provocações ao sistema posteriores ao ajuizamento da ação, teria o condão de desestimular iniciativas e recursos desnecessários ou pouco promissores. Além disso, não há razão que justifique discrepâncias tão grandes entre a forma e os valores pelos quais os cidadãos usuários do Poder Judiciário são taxados nos diversos estados do País. Não nos parece provável que tal iniciativa parta das diversas assembleias legislativas, de modo que seria desejável que a União, exercendo a sua competência prevista no artigo 24, IV, da Constituição Federal,[294] editasse uma lei geral tratando e regulamentando adequadamente esse tema.

Numa visão aprofundada mais adiante é possível verificar que as custas processuais no Brasil, apesar das despesas altíssimas do nosso sistema, correspondem a um pequeno percentual desse montante, ou seja, temos um sistema muito dispendioso e, contraditoriamente, é muito barato litigar.[295] Não é improvável que as legislações estaduais mais modernas não apenas sobre custas, mas também sobre a assistência judiciária, venham a influenciar os outros membros da federação e convergir o sistema para um patamar de menor permissividade.

Outra bandeira seria a da redução gradual do volume de profissionais da área jurídica que ingressam diuturnamente no mercado brasileiro. Disfunções político-institucionais e uma quase desregulação dentro do

---

[294] Art. 24. Compete à União, aos Estados e ao Distrito Federal legislar concorrentemente sobre:

[...] IV – custas dos serviços forenses; [...] § 1.º No âmbito da legislação concorrente, a competência da União limitar-se-á a estabelecer normas gerais.

[295] Nos países da União Europeia, que utilizamos como parâmetro de comparação, o percentual das taxas e custas processuais no orçamento das cortes é superior a 20% (21,53% – CEPEJ. European judicial systems: efficiency and quality of justice cit., p. 66), enquanto no Brasil esse percentual encontra-se próximo de 10% (segundo o Justiça em Números de 2017, a arrecadação com custas e despesas processuais alcançou 9,4 bilhões de reais), ou seja, menos da metade da médias dos outros países. Relatório Justiça em Números do CNJ de 2017, p. 55. Disponível em: <http://www.cnj.jus.br/programas-e-acoes/pj-justica-em--numeros>. Acesso em: 17 jul. 2018.

Ministério da Educação (MEC) geraram uma conjuntura em que centenas de faculdades de direito espalhadas pelo País injetam semestralmente milhares de novos bacharéis em um ambiente já saturado. A Organização dos Advogados do Brasil (OAB) faz um importante trabalho ao buscar restringir novas iniciativas, dando pareceres desfavoráveis à criação de novos cursos, principalmente em casos em que a deficiência da qualidade da instituição fica mais evidente. Possivelmente, esse trabalho vai se intensificar, uma vez que o País já ultrapassa a marca de um milhão de advogados, outrossim, não nos parece provável que o sistema do MEC vá doravante operar de modo técnico e racional, dada sua umbilical ligação com as mazelas do favorecimento político e seu histórico desinteresse pelos objetivos sociais primários.

Obviamente, uma abertura maior do estudo passaria por alternativas observadas em sistemas estrangeiros em que o modo de utilização dos recursos aplicados no acesso à justiça se verificasse aperfeiçoado por métodos ao alcance do Brasil, principalmente quando se trata de evitar a sobreutilização e melhorar a resolução dos litígios e a proteção dos bens jurídicos. Como era esperado, não se verificam alternativas alhures senão a imposição de limites racionais e perfeitamente adequados, naturalmente, não apenas à constituição ou legislação dos países, mas à própria realidade orçamentária de cada qual.

Do ponto de vista da ampliação dos debates para meios mais democráticos e multidisciplinares, parece que há um avanço considerável a partir do crescimento do interesse pela análise econômica, sociológica ou política do Direito. Ainda é pouco visível a participação não meramente opinativa ou retórica de profissionais de outras áreas em temas eminentemente jurídicos, mas é claro o crescimento do interesse dos juristas pelas ideias de outras ciências e a aplicação dessas diferentes perspectivas no entendimento dos fenômenos do Direito. No geral, no entanto, as perspectivas não são as mais animadoras.

### 5.1.4. Norma instrumental e norma material, técnica de prestação de um serviço público – quantidade ou volume de direito material tutelado em cada processo

Passemos, então, a estabelecer as premissas das ideias que consideramos possíveis. Se o processo e a jurisdição não são fins em si mesmos, mas respostas do Estado aos riscos que correm bens e valores tidos como dignos de proteção, certamente essa resposta não poderá ser desproporcional ou até, como vimos, gerar efeitos contraditórios e colocar em risco outros bens e valores também sujeitos à mesma proteção.

O princípio da proporcionalidade é a regra fundamental a que devem se sujeitar os que exercem e os que padecem de alguma forma ante o poder estatal. Em outras palavras, impõe a proteção do indivíduo contra intervenções estatais desnecessárias ou excessivas, que causem danos ao cidadão maiores que o indispensável para a proteção dos interesses públicos.[296] As noções de serviço público vão de conceitos mais amplos a outros mais restritos, alguns incluindo a jurisdição e outros excluindo-a. Partimos da concepção de Zuckerman, segundo o qual a solução para os litígios civis deve se dar por um serviço público a ser prestado pelo Estado com dispêndio de tempo e recursos razoáveis.[297]

A eficiência da tutela não pode ser aferida unicamente à luz do caso concreto: é preciso que seja também adequada às possibilidades do Poder Judiciário e ao contexto que envolve o julgador.[298] Certamente, alcançaríamos um resultado mais justo e consequentemente mais democrático, privilegiando a melhor distribuição do tempo de atividade jurisdicional, enquanto ônus para o Estado e a quantidade ou volume de direito material tutelado em cada processo, enquanto benefício para as partes e para a coletividade.[299]

O acesso ao Poder Judiciário e a regra da inafastabilidade, portanto, não são salvo-conduto útil a preservar os responsáveis pela distribuição da justiça de seus deveres correlatos. A ideia da qualidade do acesso, medida

---

[296] BONAVIDES, Paulo. *Curso de direito constitucional* cit., p. 228.

[297] ZUCKERMAN, Adrian. Court adjudication of civil disputes: a public service that needs to be delivered with proportionate resources, within a reasonable time and at reasonable cost cit.

[298] A ideia do melhor serviço possível levando-se em conta os custos envolvidos em tal prestação encontra-se bastante clara na obra de Adrian Zuckerman: "Above all, a cultural change is called for whereby judges come to see their role not only in terms of arbiters of individual disputes but also as guardians of scarce judicial resources which have to be equitably distributed amongst all litigants, actual and potential. Even if this results in some diminution in the level of accuracy in judgments, it seems preferable to dispense justice to a larger number of citizens, albeit at a somewhat reduced quality, than to dispense higher quality justice to the very few" (A reform of civil procedure – Rationing procedure rather than access to justice. *Journal of Law and Society*, v. 22, 1995).

[299] Idem, ibidem.

pela verificação empírica da observância dos direitos na sociedade como um todo, deve estar sempre presente.

Os serviços públicos prestados à população, como forma de concretizar direitos e garantias, não prescindem de uma técnica procedimental que, em geral, tem sua previsão na legislação regulamentadora. A adequação ou não dessa técnica de prestação do serviço está diretamente relacionada à efetiva entrega deste a seus destinatários e, apenas indiretamente, subordinada à forma em si. Ao prestarem contas à sociedade, os entes responsáveis pelos serviços públicos apresentam seus efeitos, benefícios, alcance e o custo de sua prestação. Se o serviço não é entregue a contento, ou seja, se os direitos ou garantias não são preservados por meio desse formato, a técnica é inadequada, ainda que legalmente (formalmente) prevista.

Nesse passo, a questão do acesso à justiça na qual se pretende avançar é bem mais complexa. Apesar de a técnica utilizada estar prevista em lei e sendo em boa medida observada, a concretização dos direitos constitucionais requer a verificação de situações prévias e mais amplas, ante a profusão de princípios e normas que incidem sobre um ponto tão importante do ordenamento. A premissa básica diz respeito à garantia do acesso ao Judiciário ou da inafastabilidade, materializado por meio das regras processuais relacionadas ao acesso à justiça. A questão seria se a observância da técnica processual prevista ensejaria o efetivo e integral respeito ao direito material posto ou, se parcial, em que medida. Nossa posição acerca de tal questionamento resta mais bem realçada em outras passagens, notadamente quando tratamos da chamada pseudogarantia do acesso ao Judiciário, em que se verifica que a maior concentração da litigância brasileira se encontra diretamente relacionada ao acesso promovido a uma população mais esclarecida e em melhores condições sociais.

A ilustração a seguir explicita tais contingências, porém em proporções bem diversas:

FIGURA 1
**Representação da redução do volume do direito violado ao direito reparado**

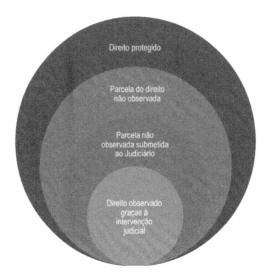

**Fonte:** Elaborada pelo autor.

No que toca mais de perto, apontamos para uma técnica na qual a garantia constitucional do acesso à justiça pode ser materializada mediante uma prestação jurisdicional efetiva e em tempo razoável sem gerar para o Estado um dispêndio desproporcionado de recursos, pelo menos não em um país que sequer resguarda o mínimo existencial a seus cidadãos.[300-301] Na linha dogmática de interpretação do conteúdo material da norma inserta no inciso XXXV do artigo 5.º da Constituição,

---

[300] Sobre o tema do mínimo existencial que gera bastante dúvida na doutrina, apontando as prestações estatais inafastáveis, consultamos o interessante trabalho de: DANIEL, Juliana Maia. *O mínimo existencial no controle jurisdicional de políticas públicas*. 2013. Dissertação (Mestrado) – Faculdade de Direito da Universidade de São Paulo, São Paulo.

[301] John Rawls, em sua doutrina, notadamente na obra *O liberalismo político*, distingue dentro do princípio da diferença um conteúdo mínimo, que deixa de ser um fim a ser atingido pelo legislador, transformando-se em um direito assegurado pela Constituição, independentemente do Poder Legislativo. No entanto, as prestações que excedem a esse mínimo dependem de lei, em conformidade com as políticas públicas de justiça social (*O liberalismo político* cit., p. 56).

não restaria outra saída para reduzir o número de processos mantendo ou ampliando o direito material tutelado, consagrando a inafastabilidade, senão aumentando o volume de direito material debatido em cada processo, ou seja, a atividade judicial deve ser aproveitada ao máximo a fim de que a tutela efetivada abarque o maior volume possível de direito em um número menor de processos. (A proposta é que o primeiro e o segundo círculos menores aumentem a ponto de quase coincidirem com o terceiro, quando o acesso seria efetivo, e não uma pseudogarantia.)[302]

Não resta dúvida de que a forma mais óbvia de obter tal modelo de eficiência é a tutela coletiva, em que uma decisão judicial afeta toda uma coletividade tutelando um direito comum, contudo não é a única. Demandas específicas com resultados amplos no tocante à extensão subjetiva devem ser prestigiadas. Um exemplo são as ações tratando de políticas públicas, em que a definição da legalidade e a correção da atuação estatal têm impacto em uma coletividade e o condão de obviar ou prejudicar inúmeras demandas individuais.[303] Outra forma são as demandas propostas, também por legitimados específicos, em que o objeto não é uma infração ou um dano individual, mas a maneira de agir de um ente público ou empresa que, uma vez alterados por decisão judicial, impactam diretamente a relação desses com inúmeras pessoas.[304]

---

[302] Numa fórmula matemática bastante simplificada, mas de resultados inescapáveis, a proteção judicial dos bens jurídicos $(PJ) = (P_1 \times D_1) \leq (P_2 \times D_2)$, onde $P_1 > P_2$ e $D_1 < D_2$, onde $P_1$ seria o número de processo atual multiplicado por $D_1$ que seria o volume de direito material tutelado em cada processo. Desse modo, para manter o resultado $(PJ)$ ou melhorá-lo, dado que o número de processos necessariamente seria reduzido $(P_1 > P_2$, alternativa não restaria, senão aumentar o volume de direito material tutelado em cada processo $D_1 < D_2$.

[303] TRF1. SJBA. Ação Popular Autos 3746-93.2013.4.01.3300; Recurso Extraordinário 592.581, Relator Ministro Ricardo Lewandowski.

[304] Os exemplos não são tão vastos, porém é possível encontrar ações pontuais, principalmente oriundas do Ministério Público em que a impugnação recai sobre dada conduta de empresas ou da administração, objetivando o processo afastar determinada cláusula padrão de um contrato de consumo ou a alguma regra inserida indevidamente em normativo infralegal (RE 441.318/DF, 1.ª Turma, Relator Ministro Marco Aurélio, *DJ* 24.02.2006; RE 470.135-AgR-ED/MT, 2.ª Turma, Relator Ministro Cezar Peluso, DJe 29.06.2007; TRF3 Reexame Necessário Cível 000092138.2013.4.03.6125/SP).

### 5.1.5. Acesso razoável à justiça e acesso limitado ao Judiciário

O conceito de acesso à justiça a cada dia distancia-se mais da ideia de acesso ao Judiciário. A possibilidade, talvez como *ultima ratio*, de uma prestação estatal reintegrativa ou preventiva por meio da ação judicial é apenas um elemento de uma noção mais ampla de um sistema que não apenas possibilite, mas que conduza à observância e proteção efetiva dos direitos consagrados.[305] Partimos, então, para a fixação de mais uma premissa a embasar as ideias possíveis supradelineadas, qual seja, a de que um acesso razoável à justiça se dá por outros meios que se combinam e interagem com um acesso limitado ao Judiciário.

Há praticamente um consenso acerca da necessidade da implantação de um sistema com alternativas mais adequadas e mais econômicas para a resolução dos diversos conflitos, e essas alternativas não passam pela atuação direta do Estado. As críticas anotadas sobre a chamada indústria das ADRs vindas de Laura Nader, Ugo Mattei e Owen Fiss devem ser recebidas com sensível temperamento no Brasil. Todas as ponderações foram feitas a partir de contextos sociais específicos, em que o atendimento das demandas básicas da população é muito maior, o acesso ao Judiciário é bem mais restrito e este não consome uma enorme fatia do PIB nacional. Circunstâncias totalmente diferentes das que nos cercam.

Aqui, os novos conceitos são bem-vindos e seriam fundamentais na busca de um equilíbrio do sistema nacional. No âmbito da Cepej, a compreensão avançou decisivamente na direção de uma percepção de acesso mais ampla, buscando o sistema não mais a *access to justice*, mas a *access to law*, no sentido de acesso a um sistema jurídico que propicie a proteção aos direitos por variados meios sociais ou institucionais. A *access to law* seria o correspondente ao que denominamos acesso à justiça razoável.

A questão é de compreensão e perspectivas. Não se observa no contexto dos países mais avançados nenhuma tendência de fortalecimento ou expansão da função estatal adjudicatória, pelo contrário, o caminho trilhado vai de acordo com uma tentativa de adaptação do sistema como

---

[305] Na nova sistemática da Cepej inaugurada a partir do último ciclo, os dados coletados em termos de *legal aid* separam os instrumentos públicos de acesso à justiça e acesso ao direito, sendo essas as inciativas: "[...] granted by the States or entities outside the courts, to prevent litigation or to offer access to legal advice or information (access to law)" (CEPEJ. European judicial systems: efficiency and quality of justice cit., p. 66).

AMPLIANDO O DEBATE

um todo à dinâmica de uma nova realidade social. O primeiro ponto é a ausência em todos os estados analisados, com exceção do Brasil, de qualquer compromisso ou intenção de proporcionar um serviço judicial gratuito e amplamente acessível a toda a população[306] que funcione como panaceia para as todas as mazelas sociais. De outro modo, verifica-se a presença cada vez mais forte dos meios alternativos não estatais. As razões são de variados matizes, mas de forma geral reconhecem-se as limitações técnicas, organizacionais e financeiras do Estado e a necessidade paralela de prover outros serviços fundamentais. A tendência acompanha a complexidade social atual e a constante necessidade de adaptação das formas de solução de litígios relacionadas a realidades cada vez mais efêmeras.

De outro lado, admite-se com absoluta clareza que a função de estabilizar as relações sociais por meio da resolução dos conflitos surgidos pode e deve ser exercida por outras formas e outras pessoas, não necessariamente pelo Estado-Juiz. Até bem pouco tempo a afirmação de que a arbitragem exerce "jurisdição" era recebida com algum assombro.[307] Impor limitações ao acesso ao Judiciário nada mais é do que reconhecer *ex ante* a existência natural dessas limitações, o que não importa em limitar o acesso à justiça ou ao direito por formas alternativas e viáveis.

A realidade impõe-se e a incapacidade do Estado provedor se apresenta naturalmente, seja pelo reconhecimento prévio dos próprios limites com a definição racional de prioridades, seja posteriormente,

---

[306] Gico Júnior faz uma relação de uma conhecida teoria econômica "a tragédia dos comuns" e a utilização livre e indiscriminada de um recurso estatal, no caso, o serviço judicial (*A tragédia do Judiciário*: subinvestimento em capital jurídico e sobreutilização do Judiciário cit., p. 96). A relevância dada à adequação econômica da prestação do serviço judicial em países mais desenvolvidos contrasta com uma indolente e quase soberba postura brasileira que coloca a questão financeira em patamar secundário.

[307] O Professor Carlos Alberto Carmona mencionava que o debate sobre a natureza jurídica da arbitragem havia se acirrado na Europa na década de 1980 com as alterações dos sistemas belga, francês e italiano (CARMONA, Carlos Alberto. *A arbitragem no processo civil brasileiro*. São Paulo: Malheiros, 1993. p. 29). Posteriormente, a corrente publicista se impôs: "A tutela jurisdicional efetiva pode-se exercer através dos tribunais judiciais ou dos tribunais arbitrais. Uns e outros exercem, com igual dignidade, a função jurisdicional" (QUADROS, Fausto de. Arbitragem "necessária", "obrigatória", "forçada". *Breve nótula sobre a interpretação do artigo 182.º do Código de Processo nos tribunais administrativos*. Estudo em homenagem a Miguel Galvão Teles. Coimbra: Coimbra Ed., 2012. v. 2, p. 257-265).

pela má prestação do serviço, morosidade e ineficiência.[308] Não há aí qualquer juízo de valor, pois trata-se de uma consequência esperada e que independe da qualidade da gestão empreendida, sendo resultado apenas da natural escassez e da ilimitada necessidade de recursos públicos.[309]

O compromisso do Estado é promover a todos um acesso razoável ao direito paralelamente e, de acordo com as possibilidades, prover um prover um acesso razoável aos demais serviços básicos. O entendimento que se consolida é o de que a resolução de conflitos pode ser apenas organizada pelo Estado, que funcionaria como um curador que velaria pelo funcionamento do sistema e atuaria em última instância, caso as demais peças da engrenagem pelas quais as contendas necessariamente passariam não fossem capazes de solucioná-las.

---

[308] Embora provavelmente desconheça a resiliência do orçamento do Judiciário brasileiro, esse também é o diagnóstico do Professor Van Dijk: "The role of the judiciary is particularly important during economic downturns. In such periods the volume of court cases increases, while the pressure on public finances increases as well, endangering the budgets of judicial organizations. The combination of a larger caseload and lower budgets leads to acute increases of court delay, which then hampers economic recovery. In many European countries this is exactly what is happening, and it is a major concern" (Judiciary in times of scarcity: Retrenchment and reform cit.).

[309] Adrian Zuckerman detalha o referido dilema vivido a partir do crescimento dos custos da assistência judiciária aos mais pobres no Reino Unido: "The relentlessly increasing demands for legal aid support has presented the government with an unpalatable dilemma: it must keep paying up without limit, or, alternatively, it must cut its support for the poor. It chose the latter course and took two measures. It has cut down eligibility to legal aid, and it has put a ceiling on its financial commitment by freezing the legal aid budget and by limiting the fees payable to lawyers for legal aid work. The contraction of eligibility threatens to leave ever larger sections of the population worse off than before the introduction of the legal aid system, for in the meantime costs have increased in real terms. [...] The checks now placed on the legal aid budget are in large measure a sign of despair at the inability of the administration of civil justice to come to grips with the underlying problem of rising costs" (A reform of civil procedure – Rationing procedure rather than access to justice cit., p. 10). Cita ainda A. Gray, The Reform of Legal Aid. *Oxford Review of Economic Policy*, v. 10, 1994.

## 5.2. Os caminhos de um acesso à justiça razoável: ideias para o sistema brasileiro

### 5.2.1. Uma proposta de democratização das discussões – As decisões num ambiente de recursos escassos e as influências da Law and Economics (LaE)

A importância da economia, principalmente de sua vertente distributiva e da compreensão da escassez dos recursos, deve influenciar tanto a formulação de diplomas legais pelos legisladores como as interpretações e decisões do Poder Judiciário. Tendo tal influência como dado concreto da realidade, desenvolveu-se, inicialmente e com mais força nos Estados Unidos, uma nova corrente interdisciplinar derivada da Análise Econômica do Direito (AED), a *Law and Economics* (LaE)[310] que combina as ciências econômica e jurídica.[311]

Na linha dos ensinamentos de Ronald Coase,[312] da Universidade de Chicago, e Guido Calabresi, professor da Universidade de Yale, a

---

[310] Segundo Guido Calabresi: "In this sense, while in Economic Analyses of Law economics dominates and law is its subject of analysis and criticism, in Law and Economics the relationship is bilateral. Economic theory examines law, but not infrequently this examination leads to changes in economic theory rather than to changes in law or in the way legal reality is described" (*The future of law and economics*: essays in reform and recollection. London: Yale University Press, 2016. p. 6).

[311] Sobre esse tema e numa perspectiva bastante próxima da que aqui defendemos, a tese publicada de Marcellino Jr., que no capítulo 3 traz uma abordagem detalhada sobre a teoria da análise econômica do direito. Sobre as principais referências: "Na década de 1960, tem-se nova fase da análise econômica do Direito, a *New LaE*. O ponto de partida é gerado pelos artigos científicos publicados no âmbito acadêmico norte-americano, por Ronald Coase da Universidade de Chicago, e Guido Calabresi, da Universidade de Yale. Em 1961, Coase publica o *The Problem of Social Cost*, no *Journal of LaE*, artigo mais citado de toda história da área econômica e que, mais tarde, render-lhe-ia o prêmio Nobel de Economia, além de Calabresi que publicou o *Some Thoughts on Risk Distribution and the Law of Torts*, no *Yale Law Journal*" (*Análise econômica do acesso à justiça*: a tragédia dos custos e a questão do acesso inautêntico cit., p. 58).

[312] Ronald Coase escreveu em 1920 seu importante artigo "The economics of welfare", demonstrando que os efeitos dos direitos de propriedade e de responsabilidade civil sobre a distribuição de recursos dependem dos custos de transações. Dessa análise surgiu o denominado Teorema de Coase, segundo o qual, se os custos de transação são iguais a zero, a primeira atribuição de um direito de propriedade não afetará a eficiência com que os recursos deverão ser alocados (MARCELLINO JR., Julio Cesar. *Análise econômica do acesso à justiça*: a tragédia dos custos e a questão do acesso inautêntico cit., p. 59).

característica principal da LaE é o estudo da ciência jurídica a partir de referenciais devidamente estudados pela economia. Assim, para Calabresi, a análise econômica não deve explicar o Direito em si, mas demonstrar como este deve ser, objetivando a reconstrução do sistema legal a partir de questões econômicas.[313] A pergunta colocada na obra de Calabresi é "o que a economia pode fazer pelo Direito".[314]

Na proposta da tese, a intenção primordial não é demonstrar mediante uma análise econômica como o direito (acesso à justiça no Brasil) deve ser, mas apresentar com base em dados claros que ele não deve ser como é, justamente por uma questão econômica. Economicamente, o nosso modelo de acesso não se sustenta na medida em que afeta negativamente a sociedade, impondo a esta um ônus financeiro excessivo diante dos recursos escassos à disposição do Estado.

A partir dessa constatação, as propostas procuram convergir para um sistema de razoável eficiência e equilíbrio. Utilizamos referenciais da economia para destacar alguns parâmetros com intuito de medir essa eficiência, valendo-nos de limites mais objetivos na busca do que os economistas definiriam como um sistema "ótimo". Na linha de Pareto ou Kaldor-Hicks,[315] levamos ainda em conta as lições extraídas dos ensinamentos de Richard Posner sobre a busca da eficiência não como parâmetro econômico, mas como referencial ético das escolhas políticas.

A influência econômica no tema em debate, como em todos os demais, tem fundo eminentemente pragmático e realista. Os direitos têm custos e a garantia deles pelo Estado depende de uma estrutura remunerada por meio dos tributos pagos pelo cidadão. Segundo Holmes e Sunstein, o que é óbvio e deveria ser um truísmo muitas vezes soa paradoxal e até

---

[313] Calabresi distingue *Law and Economics* e *Economic Analysis of Law*. Segundo ele: "What I call Economic Analysis of Law uses economic theory to analyze the legal world. It examines that world from the standpoint of economic theory and, as a result of that examination confirms, casts doubt upon, and often seeks reforms of legal reality. [...] What I call Law and Economics instead begins with an agnostic acceptance of the world as it is, as the lawyers describes it to be. It then looks to whether economic theory can explain that world, that reality" (*The future of law and economics*: essays in reform and recollection cit., p. 2).

[314] Idem, ibidem.

[315] O "ótimo de Pareto" e "Kaldor-Hicks" serão mais bem analisados a seguir no item 6.1.4.

AMPLIANDO O DEBATE

ofende de alguma forma as boas maneiras.[316] Entretanto, não é suficiente a demonstração racional e analítica da inadequação econômica do sistema para vencer a inércia decorrente da atual conjuntura sociopolítica, sendo necessário buscar um eco maior nos nichos jurídicos para os argumentos econômicos. Nas decisões sobre temas processuais, como o princípio da inafastabilidade e seus efeitos, os melhores resultados tendem a ser obtidos a partir de análises multidisciplinares. Afora as tecnicidades dogmáticas, a questão do ponto de vista da LaE seria: qual o custo viável de um serviço jurisdicional que garanta o acesso razoável pretendido pela Constituição num país pobre e carente de serviços básicos?[317]

Nossa ideia não passa pela defesa de um estado ausente, nem pela adoção de uma visão estritamente econômica das decisões jurídicas. Mesmo Holmes e Sunstein, nesse ponto, refutam as teorias de Robert Nozick, Charles Murray e Richard Epstein, que propugnam um estado mínimo, apontando que os Estados Unidos gastam proporcionalmente muito com proteção policial e punições penais, basicamente visando proteger a propriedade privada e evitar crimes contra o patrimônio.[318] No entanto, não se pode fugir das considerações acerca da realidade

[316] "Although the costliness of rights should be a truism, it sounds instead like a paradox, an offense to polite manners, or perhaps even a threat to the preservation of rights" (HOLMES, Stephen; SUNSTEIN, Cass R. *The cost of rights*: why liberty depends on taxes cit., p. 24).

[317] A interseção entre Direito e Economia e a interdependência das disciplinas quando a análise econômica depende de conhecimentos mais profundos da ciência jurídica é intensamente trabalhada na disciplina análise econômica do Direito (*Law and Economics – LaE*) uma corrente de pensamento na qual adiante avançaremos. Numa perspectiva mais geral, vide sobre o tema: POSNER, Richard A. O movimento análise econômica do direito. In: TEIXEIRA, Anderson Vichinkeeski; OLIVEIRA, Elton Somensi de (Org.). *Correntes contemporâneas do pensamento jurídico*. São Paulo: Manole, 2010. p. 270-293.

[318] Nesse sentido, a observação de Gustavo Amaral (*Direito, escassez & escolha* cit., p. 41). Na referida obra *The cost of rights*: why liberty depends on taxes, a conclusão é que, embora a relação feita entre a proteção de direitos e seus custos possa parecer um discurso conservador consoante a ideia de um estado reduzido, ele também não entusiasma essa ala, uma vez que traz à luz a utilização dos recursos comuns na proteção do direito de propriedade e das fortunas individuais, tão caras a esses: "Conservatives, for their part, may prefer keep quiet about – or, as their rhetoric suggests, may be oblivious to – the way that taxes of the whole community are used to protect the property rights os wealthy individuals" (HOLMES, Stephen; SUNSTEIN, Cass R. *The cost of rights*: why liberty depends on taxes cit., p. 25). A citação acerca da proteção à propriedade e combate aos crimes contra o patrimônio encontra-se na p. 59 e seguintes (*Chapter Three – No Property without Taxation*).

cotidiana da escassez, bem como da imperiosa necessidade de ponderar sobre os custos dos serviços estatais, sua essencialidade e urgência.

Nos caminhos trilhados pela análise econômica do direito e as dificuldades de sua aceitação tanto do ponto de vista acadêmico quanto jurisprudencial, até mesmo com relação às nossas críticas pessoais à tal corrente, há uma linha específica de análise das decisões de políticas públicas que parece promissora. O enfoque da escolha pública ou *public choice*, cuja obra mais importante é a de James M. Buchanan, aborda o estudo da tomada de decisões governamentais para prover o bem-estar social. Segundo Marcellino Jr., na lógica da *public choice*, a intervenção do Estado no mercado e na economia "[...] deverá ocorrer de maneira eficiente, de modo que a execução dos serviços públicos e uso de bens públicos não comprometam os limitados recursos governamentais", o que se encontra de acordo com nossas premissas constitucionais.[319]

Esse seria o ponto principal de convergência do estudo com a análise econômica do direito, ou seja, ainda que essa não aponte decisivamente como o direito deve ser, suscita o debate, a atenção ou alguma preocupação com o tema econômico e com a realidade da escassez, visando um equilíbrio entre os gastos e os serviços estatais.

### 5.2.2. A paradoxal situação do problema debatido no restrito âmbito dos que se beneficiam dele

Na realidade cotidiana do parlamento, paralelamente aos debates acadêmicos acerca das reformas processuais, uma rede de *lobbys* e interesses se forma no Congresso Nacional em torno dos temas pertinentes, sempre que estes estão sendo debatidos ou quando avançam nas comissões temáticas. Tal circunstância funciona como fator inibidor das discussões, dando ensejo a argumentos políticos rasos, tais como: "Isso não passa!".[320]

No que pertine especificamente à proposta de razoável acesso à justiça, muito pouco do pensamento do conjunto da sociedade é sopesado nas

---

[319] MARCELLINO JR., Julio Cesar. *Análise econômica do acesso à justiça*: a tragédia dos custos e a questão do acesso inautêntico cit., p. 63.

[320] Vide a crítica de Shapiro e Dewey às posturas anti-iluministas baseadas em crenças e hábitos (nota 192). Na mesma linha, Carlos Ari Sundfeld tratando de reformas constitucionais consideradas necessárias: "[...] o antirreformismo de *slogans* não suscita diálogo: *slogans* são gritos, não são argumentos" (*Direito administrativo para céticos* cit., p. 55).

AMPLIANDO O DEBATE

decisões, ao contrário da posição da OAB, das associações de classe de magistrados, promotores e procuradores, advogados públicos e, talvez os mais relevantes atores, os chamados grandes *players*.[321] Além desses, há os interesses imediatos da Administração, que acompanham de perto a tramitação dos projetos.[322] O acesso à justiça hoje, no Brasil, é um tema relegado ao alvedrio de *honratiores*.[323]

---

[321] Segundo a mensagem que encaminhou ao Congresso Nacional o projeto de novo Código de Processo Civil: "A legitimação democrática adveio do desprendimento com que ouvimos o povo, a comunidade jurídica e a comunidade científica. O volume das comunicações fala por si só: foram 13 mil acessos à página da Comissão, audiências públicas por todo o Brasil nas quais recebemos duzentas e sessenta sugestões e a manifestação da Academia, aí compreendidos todos os segmentos judiciais; da Associação Nacional dos Magistrados à Ordem dos Advogados do Brasil, perpassando por institutos científicos e faculdades de direito, as quais formularam duzentas proposições, a maior parte encartada no anteprojeto. [...]". A questão que se coloca é: em que medida se ouviu o "povo" proporcionalmente à comunidade jurídica e científica?

[322] Ao tratar da contraposição dos grupos de interesse e do interesse público na doutrina de James Buchanan, Marco Antônio Dias aponta que: "[...] muitos grupos sociais organizados têm intenso interesse em influenciar o governo pelos grandes ganhos que estão em jogo. Estes grupos são constituídos por empresa, associações empresariais, grupos específicos de funcionários do governo etc. Tais grupos são organizados, têm recursos, e podem financiar lobistas de modo a exercer pressão sobre os legisladores e membros dos poderes executivo e judiciário, de modo que seus discursos ideológicos se pareçam com as reivindicações do interesse público. Os favores que eles almejam são obtidos à custa dos contribuintes que, por não estarem organizados, não têm condições de resistir – a pressão concentrada ultrapassa a resistência difusa". Ainda segundo o autor, citando Niskanen, "os burocratas tendem a maximizar os orçamentos dos órgãos governamentais, pois seu interesse está diretamente vinculado à amplitude da sua ação administrativa" (James Buchanan e a política na "escolha pública cit., p. 201-217).

[323] Max Weber, na obra *O direito na economia e na sociedade*, estrutura o conceito de *honratiores* e, ao tratar na Seção 2 da Dominação e Administração – A natureza e os limites da administração democrática, menciona os *honratiores* como os indivíduos "portadores de uma honra social específica". e acrescenta: "Pessoas que, primeiro, gozam de rendimentos ganhos sem, ou comparativamente com pouco trabalho ou, pelo menos, com um trabalho do tipo que lhe permite assumir as funções administrativas além das atividades que possam estar realizando; e que, segundo, graças a tais rendimentos, tenham um estilo de vida que lhes dê 'prestígio social' de uma honra específica e, assim, os capacitam ao cargo de líder". No que nos toca mais de perto, Weber conclui: "Com frequência, o governo dos *honratiores* se desenvolve na forma de órgãos deliberativos onde os assuntos a serem trazidos diante da comunidade são discutidos com antecedência; tais órgãos facilmente antecipam as

Nesse caminho até a concretização das reformas, diversas forças atuam sobre o sistema, e a maioria delas em prol da inércia, seja para manter inalterado o *status quo*, seja para manter o movimento de ampliação de despesas, cargos, estrutura etc.[324] No atual ambiente, tal situação não tende a se alterar, pois aqueles que defendem interesses corporativos dos advogados, *v.g.*, naturalmente vão se opor a uma medida que reduza drasticamente o número e a possibilidade de demandas, impactando diretamente o mercado profissional de seus associados.[325] Da mesma forma, uma associação de magistrados não vai defender a paralisação emergencial da expansão burocrática dos órgãos judiciais, pois tal medida congelaria de imediato as progressões e promoções nas carreiras que representam.[326-327]

---

resoluções da comunidade ou a eliminam e, assim, estabelecem, em virtude de seu prestígio, o monopólio dos *honoratiores*" (*O direito na economia e na sociedade* cit., p. 306).

[324] Na Inglaterra, em 1976, foi criada a Comissão Real sobre Serviços Jurídicos, destinada, entre outras coisas, a debater se são desejáveis mudanças na estrutura, organização e treinamento da profissão jurídica com base no interesse público. Chama a atenção o fato de a comissão ser composta por 15 membros e apenas 4 serem advogados em exercício. Segundo o relatório parcial de 1977, o inquérito realizado é o mais amplo e alcança todos os aspectos da atividade profissional (CAPPELETTI, Mauro; GARTH, Bryant. *Acesso à justiça* cit., p. 143. Nota. 347).

[325] Adrian Zuckerman atesta tal circunstância em praticamente todos os países em que se verificou a necessidade de reformas do sistema de acesso à justiça: "In every country where efforts have been made to expedite the litigation process in way which threatened lawyers economic interests, the legal profession has strongly resisted reform attempts and, on the whole, managed to defeat the proposals" (*Civil justice in crisis*: comparative perspectives on civil procedure cit., p. 44).

[326] Segundo Weber, mais uma vez, a posição de prevalência sobre as massas é alcançada através da chamada "vantagem do pequeno número": "A minoria liderante consegue o rápido entendimento entre seus membros e, assim, é capaz de iniciar a qualquer momento uma ação organizada de modo racional, necessária para a preservação de sua posição no poder" (*O direito na economia e na sociedade* cit., p. 309).

[327] Explicando o princípio da utilidade marginal decrescente, Ian Shapiro aponta as conclusões de Bentham e as tentativas de implantar reformas na Inglaterra. Segundo ele: "Bentham tornou-se, ao longo da vida, um democrata cada vez mais radical. Nos primeiros anos, como reformador, ele pensava que bastaria esclarecer a aristocracia para conseguir implantar suas ideias. Mais tarde, entretanto, acabou considerando a aristocracia como um organismo corporativo, uma sociedade no interior da sociedade, que busca os interesses aristocráticos em vez de buscar os interesses da nação como um todo. Bentham acabou por

AMPLIANDO O DEBATE

*Lobbys* institucionais dos grandes litigantes presentes na realidade legislativa brasileira também não se empenharão em propostas potencialmente danosas à sua posição privilegiada na dinâmica do processo. O ponto é que um acesso razoável beneficia a sociedade e parece-nos politicamente legítimo, seja qual for a perspectiva de avaliação que se adote, porém o círculo das discussões sobre o tema é demasiadamente restrito e composto essencialmente de atores que, em um primeiro momento, se prejudicariam pela implementação das mudanças.[328]

Podemos assim ilustrar a conjuntura que redunda no sistema atual e nos seus custos exorbitantes:

1) Advogados em número crescente demandam por um Judiciário mais célere e eficaz, no entanto toda a sua força corporativa é fortemente contrária à alteração do formato do acesso individual à justiça, o que implicaria uma redução drástica do número de ações.

2) Essa demanda por celeridade, então, somente pode se realizar com ampliações sucessivas da estrutura do Poder Judiciário (juízes, servidores, estrutura física, informática etc.); os juízes, em grande medida, também de modo corporativo, têm interesse nessa constante ampliação, posto que isso atende a anseios relacionados à progressão de seus membros nas respectivas carreiras e aumenta a força de trabalho para ajudar a vencer o volume extenuante de processos.

---

compreender que 'o espírito corporativo' é o pior inimigo do princípio de utilidade pública" (*Os fundamentos morais da política* cit., p. 37).

[328] Segundo Zuckerman: "In all the countries represented in this volume the legal profession has tended to resist measures designed to simplify the litigation process, or to speed it up or to reduce its cost. It is not suggested that all the ills of the administration of civil justice are caused by forensic practices. At the same time, it can hardly be denied that the practices of the legal professions do exert an important influence. It seems fairly clear that, unless some of these practices change, little improvement is likely to be brought about by active court management, even if it is guided by a new and progressive philosophy of distributive justice. To some extent this is widely acknowledged. Indeed, many of these essays echo the need for a change in the culture of litigation. But changes do not come about simply because they are advocated. They come about in response to social and economic incentives. The desire to bring about a cultural change is widespread, but the will to address the socio-economic factors that lie at the root of the present problems seems to be lacking" (*Civil justice in crisis*: comparative perspectives on civil procedure cit., p. 52).

3) Os membros de tribunais superiores, que são a maior força política da magistratura, por sua vez, também incapazes de vencer o crescente volume de processos, apontam para o modelo de concentração das decisões, o que lhes garante maior predominância na distribuição do poder, sem se atentarem para os efeitos nefastos da ampliação da estrutura da base, necessária para a gestão burocrática da massa crescente de processos.

4) O Estado cresce também em outros setores, visto que passam naturalmente a ser mais demandados os procuradores, defensores, membros do Ministério Público, peritos etc.

5) A doutrina, com pouca representação política e oriunda em grande parte dos demais grupos de interesse, acaba atuando em temas marginais e propostas mitigadas pela probabilidade remota de serem acolhidas no âmbito legislativo.

O problema é que a situação alcançou um estado de crise e que as forças financeiras do Estado diante do caminho trilhado pela tecnocracia, de fato, mostra sinais claros de esgotamento.[329] A opção por um serviço público mais barato será, como já vem sendo, certamente apresentada ao governo e à sociedade em algum momento que, na calamidade experimentada dos serviços básicos, não terá dúvida em decidir por impingir uma redução sensível no tamanho desses gastos. Resta saber a forma e

---

[329] Num tema paralelo, mas pontos de interseção com a temática aqui trabalhada, o Professor Conrado Húbner cunha o termo "magistrocracia" para definir a posição prevalente dos magistrados perante suas responsabilidades institucionais. Segundo ele: "A magistocracia é mais nociva do que o temido 'governo de juízes'. Magistocratas não querem tanto o ônus de governar e responder por seus atos, pois preferem o gozo discreto de seus privilégios materiais e de *status*. [...] A magistocracia tem cinco atributos: é autoritária, autocrática, autárquica, rentista e dinástica. Autoritária porque viola direitos (é coautora intelectual, por exemplo, do massacre prisional brasileiro); autocrática porque reprime a independência judicial (juízes insubordinados são perseguidos por vias disciplinares internas); autárquica porque repele a prestação de contas (e sequestra o orçamento público a título de 'autonomia financeira'); rentista porque prioriza interesses patrimoniais (agenda corporativa prioritária); e dinástica porque incorpora, sempre que pode, os herdeiros à rede" (Magistocracia, a "gran famiglia" judicial brasileira. *Época*, n. 1.031, p. 82, 2 abr. 2018). Certamente, não podemos concordar com qualquer generalização, mas no ponto que toca diretamente à temática aqui abordada é importante que o sistema judicial preste contas de seus gastos e utilize com proporcionalidade e responsabilidade sua autonomia financeira e orçamentária.

AMPLIANDO O DEBATE

em que momento tal opção será efetivada. Para abrandar os impactos dessa transformação é importante que se estude e planeje com cuidado essa iminente transição.[330]

### 5.2.3. O disfuncional sistema de criação de atores processuais no País retroalimentando a disfuncionalidade

De modo geral, as conjunturas dos sistemas de distribuição de justiça giram em torno de elementos corporativos. No Brasil, dada uma série de incongruências, esses transformam o serviço público em um grande amálgama de monopólios e privilégios que tendem a incrementar seus custos em benefícios de classes e sujeitos específicos.[331]

Inicialmente, a ideia, ainda que suposta, de que um grande número de advogados pode contribuir para o incremento do número de litígios há muito tempo está presente, pelo menos na doutrina italiana, que é, talvez, a principal inspiração para a doutrina processual nacional. Ainda nos idos de 1921, Piero Calamandrei escreveu um artigo intitulado "Troppi avvocati!" (Muitos advogados!). Estranhamente, apesar da intensa penetração

---

[330] Havia escrito parte deste capítulo há algumas semanas e esta última passagem me veio à mente quando, no atual momento, o País vive uma crise de abastecimento sem precedentes devido a uma paralisação de caminhoneiros que já dura cerca de uma semana. A análise é que a sufocante carga tributária, que abocanha cerca de 40% do preço pago pelos combustíveis nas bombas, leva a um primeiro e bastante sentido ato de revolta e questionamento da legitimidade do Estado para essa cobrança. O momento é dramático, mas estão visíveis como nunca todas as tintas do quadro pintado *supra* a respeito da escassez e das limitações do Estado. A saída foi o governo acuado celebrar um acordo e zerar as contribuições sociais sobre o diesel, contudo não há espaço para tal benignidade no caos financeiro atual do Brasil. Parece-me que a reconfiguração do Estado brasileiro é questão de tempo, como havia dito anteriormente e que o Judiciário é parte significativa desse processo. No entanto, hoje, diante do quadro vivenciado durante os últimos dias, penso que está mais próximo o encontro da atual estrutura do nosso acesso à justiça com a realidade de nossas contas públicas.

[331] Sobre a crítica da teoria da *public choice* à atuação dos grupos de interesse, Thomas R. Dye explica que a atuação dos programas governamentais, em regra, oferecem "bens quase públicos", ou seja, "serviços que beneficiam mais a alguns grupos na sociedade que a outros", mas que são custeados entre todos os contribuintes. Segundo ele: "Essa concentração de benefícios em favor de poucos e a dispersão dos custos entre a maioria acaba criando um sistema de grupos de pressão favorável a interesses bem organizados, homogêneos e numericamente pequenos, que buscam a expansão da atividade governamental às custas dos grupos maiores, mas menos organizados, de contribuintes/cidadãos" (Mapeamento dos modelos de análise de política pública cit., p. 99-129).

dos escritos de Calamandrei no Brasil, essa preocupação jamais reverberou na doutrina pátria.[332]

Nos últimos anos, a ideia ganhou certo reforço de estudos empíricos e cientificamente embasados acerca do incremento do número processos relacionado diretamente à entrada de mais advogados no mercado. Um desses estudos é o excelente trabalho de Amanda Carmignani e Silvia Giacomelli. No início do artigo, as autoras apontam que o aumento maciço no número de advogados na Itália e a crise duradoura do sistema de justiça civil vêm provocando um intenso debate. Citam o discurso do presidente do Tribunal de Recurso de Roma que declarou: "O grande número de advogados – Roma tem tantos advogados quanto o todo da França – pode determinar involuntariamente o risco de aumento de pedidos à justiça pelos cidadãos e, dada a falta de recursos, poderia afetar a duração dos procedimentos".[333]

Atualmente, o Brasil conta com um sistema absolutamente disfuncional de criação de atores processuais, principalmente advogados, mas

---

[332] A mesma conclusão encontra-se estampada no estudo *Litigiosidade, morosidade e litigância repetitiva no Judiciário*: uma análise empírica, organizado por Daniela Monteiro Gabbay e Luciana Gross Cunha. O livro apresenta diversas conclusões baseadas em entrevistas e colheita de dados. Do capítulo 4, Estudo de caso em consumidor, colhe-se a seguinte passagem com um trecho de uma entrevista: "A advocacia massiva contribui para o ingresso do consumidor de cartões de crédito no Judiciário não somente como polos difusores de informações, mas também na prática de captação. Percebendo a existência de uma prática lesiva, os advogados utilizam-se da situação para captar clientela, estimulando a postulação de contingentes expressivos de demandas". Alguns entrevistados apontam que essa captação é feita, algumas vezes, de forma excessivamente incisiva: "'A captação' [pelos escritórios de advocacia] muito facilitada, é feita na linha do trem, em *outdoors* na Avenida Brasil. As associações que, na realidade, são escritórios de advocacia ficam incitando as partes que tivessem contratado esse produto, cartão Mega Bônus a irem até os escritórios para um possível ingresso de demandas. (Juiz JEC)" (OLIVEIRA, Fabiana Luci; RAMOS, Luciana de Oliveira; SILVA, Paulo Eduardo Alves da. Estudo de caso em consumidor. In: GABBAY, Daniela Monteiro; CUNHA, Luciana Gross. (Org.). *Litigiosidade, morosidade e litigância repetitiva no Judiciário*: uma análise empírica. São Paulo: Saraiva, 2012. p. 105-136).

[333] CARMIGNANI, Amanda; GIACOMELLI, Silvia. Too many lawyers? Litigation in Italian civil courts. Temi di Discussione (Working Papers). *Banca D'italia Eurosistema*, n. 745. Disponível em: <http://www.bancaditalia.it/pubblicazioni/temi-discussione/2010/2010-0745/en_tema_745.pdf>. Acesso em: set 2017. (Tradução livre no corpo do texto.)

AMPLIANDO O DEBATE

também de magistrados e outros componentes, o que gera boa parte do incomensurável número de processos que inundam o Judiciário.

Há cerca de duas décadas, nos idos de 1995, o Brasil contava com 165 faculdades de Direito, número que praticamente triplicou em seis anos, quando em 2001 já havia 505. Em 2014, o número saltou para inacreditáveis 1.284 cursos. Só no estado de São Paulo existem mais de 300 cursos de Direito, enquanto todos os Estados Unidos têm 212 faculdades.[334] Entrando na conta, os bacharéis, advogados e estudantes são mais de 280 mil novos profissionais por ano, dos quais 125 mil prestam o exame da OAB a cada ciclo.[335] Entre 2010 e 2014, mais de 1,3 milhão de bacharéis e estudantes prestou o exame de ordem e apenas 234 mil (17,5%) foram aprovados. Segundo projeções conservadoras, o País ultrapassará em breve a cifra de um milhão de advogados.[336] Não há números que retratem a situação de bacharéis sem inscrição na Ordem dos Advogados (mais de 1,5 milhão), muitos que efetivamente trabalham na atividade e se valem de outros profissionais que utilizam seu registro e assinam as peças quando necessário.

No Brasil, para cada cem mil habitantes há por volta de 500 advogados. A média europeia é de cerca de 108, ou seja, menos de 30% da brasileira.[337] Comparando com o número de médicos, a União Europeia,

---

[334] Informações disponíveis em: <http://blog.portalexamedeordem.com.br/futuro-da--advocacia-brasil-devera-ter-1-milhao-de-advogados-em-2018>. Acesso em: 7 jul. 2016.

[335] Sobre o número de advogados existentes no Brasil, atualmente o País perde para a Índia e disputa com os Estados Unidos a segunda colocação, ambos com valores próximos à casa de um milhão. Verificados os dados da Cepej acerca do número de advogados proporcionalmente à população do continente europeu, constatamos que a mediana (excluindo os extremos) é de 108 advogados por 100.000 habitantes. O mínimo é de 10 (Azerbaijão) e o máximo de 388 (Grécia). Países como Áustria, França, Rússia e Suécia não chegam a 100. O Brasil conta com aproximadamente 500 advogados por 100.000 habitantes, ou seja, cinco vezes a média europeia (CEPEJ. European judicial systems: efficiency and quality of justice cit., p. 160).

[336] Essa cifra já foi ultrapassada. Atualmente o quadro informativo do Conselho Federal da Ordem dos Advogados do Brasil aponta para o cadastro de 1.094.972 advogados no Brasil. Dados disponíveis em: <https://www.oab.org.br/institucionalconselhofederal/quadroadvogados>. Acesso em: 20 jul. 2018.

[337] Dados disponíveis em: <https://public.tableau.com/shared/364DJG7ZT?:display_count=yes&:show VizHome=no>. Acesso em: 23 maio 2018.

em 2015, tinha em média 355,7 médicos por 100 mil habitantes,[338] enquanto no Brasil esse número não chegava a 200/100.000. Se tomarmos como referência as pesquisas dos autores também italianos Buonano e Galizzi[339] e concluirmos que, de fato, a tese defendida está correta e pode ser transportada para o Brasil, o crescimento de 10% do número de advogados leva de forma inexorável ao aumento de até 6% do número de processos, certamente encontraremos uma explicação razoável para boa parte do crescimento da demanda pelo Judiciário nas últimas duas décadas. Com mais de um milhão de advogados atuando no Brasil, é razoável supor que o Judiciário receberá um número ainda maior de demandas e consumirá um valor proporcionalmente superior de recursos.[340]

De outro lado, o crescimento da demanda gerou a ampliação da estrutura do Judiciário, que, por sua vez, forçou a ampliação das procuradorias e outros serviços interligados[341] em um círculo vicioso, não de acesso à justiça, mas de ineficiência e má gestão.

A perspectiva vista de forma mais clara na vertente de sistemas alheios à tradição continental é que as reformas implementadas, o

---

[338] Dados disponíveis em: <https://www.pordata.pt/Europa/M%C3%A9dicos+por+100+ mil+habitantes-1926>. Acesso em: 23 maio 2018.

[339] BUONANO, Paolo; GALIZZI, Matteo M. Advocatus, et non latro? Testing the supplier--induced-demand hypothesis for Italian Courts of Justice. Disponível em: <http://bit.ly/ ahCnWh>. Acesso em: 8 maio 2017. Os autores do estudo concluem que o crescimento de 10% do número de advogados leva ao aumento de até 6% do número de processos. Sabido que o Brasil hoje conta com um número assustador de cerca de um milhão de advogados, além de 750 mil estudantes e, segundo a OAB, com mais faculdades de Direito do que boa parte do resto do mundo. Além desse estudo, há também um artigo mais antigo, de 2009, de Carmignani e Giacomelli, que chegam a conclusões semelhantes (Too many lawyers? Litigation in Italian civil courts cit.).

[340] Henrique Araújo Costa, citando o mesmo estudo realizado na Itália por Buonano e Galizzi, associa diretamente o alto número de advogados ao número de processos judiciais. A hipótese confirmada pelo estudo é a de que advogados em alto número terminam explorando o serviço judicial de forma desnecessária e inefetiva (*Os poderes do juiz na Inglaterra e no Brasil*: estudo comparado sobre os *case management powers*. 2012. Tese (Doutorado em Direito) – Pontifícia Universidade Católica de São Paulo, São Paulo, p. 280).

[341] Atualmente, o número de funcionários da Advocacia-Geral da União, entre membros e servidores, alcança quase dez mil, e apenas os Procuradores Federais atingem o número de 4.369, distribuídos em 712 unidades pelo País (Dados disponíveis em: <http://www.agu. gov.br/estrutura>. Acesso em 20 jul. 2018).

incremento das soluções conciliatórias e demais *ADRs* têm por base a opção dos agentes públicos e privados que passaram a ter aversão aos altos custos do processo, seja das partes privadas que devem arcar com as taxas e mais decisivamente com pesados honorários de advogados, seja da parte pública, cujas despesas com o serviço consomem grandes fatias do orçamento.[342] Claramente, os atores processuais passaram a ter um papel mais destacado e mais dispendioso do que se considerava razoável.

Assim, o investimento em soluções alternativas, além da concentração das demandas em processos coletivos, teria o condão de reverter esse ciclo de criação de atores processuais, de modo a tornar mais simples e barata a tarefa instrumental de solucionar conflitos e proteger direitos e interesses na sociedade.

Por fim, é importante que se verifiquem com urgência, por meio de estudos empíricos sérios, a real necessidade de profissionais ligados ao Direito no Brasil e a distribuição territorial ideal dessa força de trabalho. A partir de tais parâmetros, as políticas para aprovação de novos cursos jurídicos e a manutenção em funcionamento dos atuais deve ser revista, seguindo critérios claros de necessidade, qualidade e estrutura para a formação dos profissionais.[343]

### 5.2.4. Uma breve análise dos grandes litigantes em juízo – custo tangível e intangível

Os chamados grandes litigantes têm hoje papel central, seja na matéria particular relacionada ao acesso à justiça, seja em qualquer grande tema político-social. De certo, é muito representativa a presença desses

---

[342] Neil Andrews cita que advogados normalmente fazem parte de empresas que devem gerar lucros e que litígios são fontes de honorários. Além disso, os advogados têm metas de faturamento, o que ocorre mediante o acréscimo de horas trabalhadas nos litígios (*O moderno processo civil*: formas judiciais e alternativas de resolução de conflitos na Inglaterra cit., p. 31). O Brasil hoje conta com mais de um milhão de advogados e, segundo a OAB, com mais faculdades de Direito do que qualquer outro país do mundo.

[343] O estado do Rio Grande do Sul, apesar de contar com uma população cerca de 30% menor que a da Bahia e um PIB ligeiramente maior, tem quase o dobro do número de advogados, o que ajuda a explicar as constatações e os gráficos do item 6.2.3 (Disponível em: <https://www.oab.org.br/ institucionalconselhofederal/quadroadvogados>. Acesso em: 20 jul. 2018).

atores na atual configuração do sistema judicial brasileiro e isso impacta decisivamente o desequilíbrio financeiro do qual tratamos. Outrossim, não é apenas essa a abordagem, pois outros fatores merecem destaque visando apontar a necessidade de uma política específica para esse tipo de parte. O maior litigante certamente é o Estado. Da listagem fornecida pelo CNJ os maiores litigantes públicos respondem por cerca de 40% de todos os processos em trâmite no País, ou seja, dos quase 100 milhões de processos anuais cerca de 40 milhões compreendem, *v.g.* entes públicos, seja no polo passivo ou no polo ativo.[344] Não há dados que relacionem o tipo e a natureza dos processos com os custos envolvidos, mas numa aproximação grosseira poderíamos dizer que dos 85 bilhões de reais gastos anualmente pelo Poder Judiciário cerca de 30 bilhões fazem face a demandas incluindo entes públicos.

O problema dos custos, no entanto, é mais grave, pois um processo envolvendo um ente público aponta para outras despesas necessárias e palpáveis com as procuradorias judiciais e os serviços de apoio que dão suporte à atuação dos advogados públicos. Isso busca reforçar a ideia de que o acesso à justiça não razoável, ainda que pelo próprio Estado imponha gastos secundários que tornam ainda mais dispendiosa a sua organização. Trata-se, em verdade, de um custo tangível muitas vezes negligenciado, o que o torna fronteiriço sob tal aspecto.

Para uma ideia inicial, em números de 2014, a Procuradoria-Geral Federal contava com quase quatro mil procuradores, excluindo os Advogados da União (mais de mil); e os Procuradores da Fazenda Nacional (mais de dois mil); além dos advogados estatutários das empresas públicas. São, então, mais de sete mil advogados que representam a União e seus órgãos atuando perante 1.751 magistrados federais. Não que a atuação da advocacia pública se restrinja exclusivamente ao contencioso na Justiça Federal, mas o fato é que para cada juiz federal há quase quatro procuradores. Custa muito caro a qualquer estado franquear o acesso à justiça aos grandes litigantes, principalmente a si próprio, em um modelo não razoável. A soma das despesas da Advocacia-Geral da União (AGU, Procuradoria Federal e Procuradoria da Fazenda Nacional),

---

[344] Dados disponíveis em: <http://www.cnj.jus.br/pesquisas-judiciarias>. Acesso em: 7 jun. 2018.

procuradorias estaduais e municipais, das defensorias públicas, convênios etc. alcançam importes elevados, ampliando consideravelmente o custo total do sistema de justiça.

Poderíamos enumerar outros custos tangíveis, como os honorários advocatícios das partes que litigam contra a Fazenda Pública, suporte administrativo às demandas judiciais etc., mas parece mais adequado analisar alguns custos intangíveis e as circunstâncias que envolvem o acesso à justiça e a postura de outros grandes litigantes.

O primeiro e absolutamente relevante ponto a ser destacado é a crescente judicialização da administração e da política, em que decisões judiciais substituem as atribuições dos órgãos administrativos e fragilizam o sistema econômico e a própria separação e equilíbrio dos poderes. Um reflexo inicial se dá na perda de segurança ante a deterioração do prestígio dos entes reguladores, posto que suas posições pouco ou nada servem para balizar as decisões judiciais. Nesse caso, boa parte da atividade regulatória desenvolvida é revista judicialmente, não havendo um padrão seguro de conduta que proteja a atividade econômica.[345] Outro problema é a custosa manutenção de controles paralelos, ou seja, investem-se substanciosas somas nos órgãos de regulação administrativa,[346] mas a sistemática atual cria uma conjuntura de insegurança, porquanto o próprio controle é amplamente sindicado a qualquer tempo pelo Judiciário, seja em seu aspecto formal, seja no mérito da decisão. Esse fragmento do acesso não razoável à justiça, portanto, além de consumir recursos orçamentários importantes drenados para o custeio da máquina

---

[345] "No sentido de evitar custos de transação é que torna-se importante o aprimoramento do Judiciário, haja vista que este, como instituição redutora de custos de transação, não tem incentivado positivamente os agentes econômicos" (TIMM, Luciano Benetti. Custo de transação no contrato de seguro: proteger o segurado é socialmente desejável? In: _____. *O novo direito civil*: ensaios sobre o mercado, a reprivatização do direito civil e a privatização do direito público. Porto Alegre: Livraria do Advogado, 2008. p. 117).

[346] O orçamento da ANSS em 2018 já alcança o importe de quase 400 milhões de reais (<http://www.portaltransparencia.gov.br/orcamento/despesas>) e isso não impede que milhões de ações sufoquem o Judiciário anualmente discutindo exatamente as questões envolvidas nos contratos de planos de saúde (vide o levantamento dos processos sobre questões envolvendo os artigos 30 e 31 da Lei 9.656/1998, uma matéria atinente a planos de saúde, no item 7.3.4).

judicial, traz severos custos não tangíveis para a eficiência econômica do País ou para nosso desidratado capital jurídico.[347]

Avançando para outro tópico destacamos que no setor privado os grandes litigantes encontram-se nos principais setores regulados da economia, ou seja, justamente nos alicerces do sistema econômico. Numa linha um pouco diversa da anterior, temos a presença como litigantes habituais das empresas que operam nesses mercados regulados, a saber: instituições financeiras, planos de saúde, serviços de telefonia, energia elétrica, internet etc. São empresas de grande porte que oferecem produtos padronizados a milhões de consumidores e prestam contas aos órgãos reguladores da Administração Pública, no caso, Banco Central do Brasil (Bacen), Agência Nacional de Comunicações (Anatel), Agência Nacional de Energia Elétrica (Aneel), Agência Nacional de Saúde Suplementar (ANSS). A crescente judicialização das matérias atinentes aos principais setores privados da economia, além de considerável impacto no orçamento do Judiciário que administra esses milhões de processos, tem imensurável reflexo na eficiência econômica. Com a transferência do centro de decisão para o Judiciário, instala-se uma insegurança com reflexos diretos na precificação dos produtos e no desenvolvimento da atividade negocial como um todo.

Finalmente, o mais intangível – e talvez o mais relevante – de todos os custos, que é a utilização do Judiciário como parte de um sistema em que os grandes litigantes habituais se favorecem dessa condição em prejuízo dos eventuais. O custo social dessa circunstância é certamente sensível, embora seja dificílimo de ser mensurado. O acesso a uma ordem jurídica justa não se realiza sem um tratamento racional da atuação judicial desses grandes *players*. Mencionamos em mais de uma oportunidade a ideia de Marc Galanter sobre os *repeat players* (RP) e suas vantagens no sistema judicial. Aliás, são justamente tais vantagens que caracterizam e distinguem um RP. Segundo Galanter, uma das vantagens seria:

> [...] 5 – RPs podem jogar com as probabilidades. Quanto mais o assunto em questão se aproxima do OS (*one-shotter*), mais provável de ele adotar uma estratégia *minimax* (minimizar a probabilidade de perda máxima).

---

[347] Sobre o tema vide: GICO JÚNIOR, Ivo Teixeira. *A tragédia do Judiciário*: subinvestimento em capital jurídico e sobreutilização do Judiciário cit., p. 21.

Assumindo que as apostas são relativamente menores para RPs, eles podem adotar estratégias calculadas para maximizar o ganho em uma longa série de casos, mesmo quando isso envolve risco de perda máxima em alguns casos (tradução livre).[348]

A ideia é que os grandes litigantes, diante de uma série de processos semelhantes, estabeleçam estratégias para maximizar seus ganhos, normalmente em detrimento dos direitos conferidos àqueles que seriam os litigantes eventuais e com os quais os RPs mantêm suas relações jurídicas. O alerta parece-nos cada dia mais atual e no Brasil, diante do número despropositado de feitos em curso no Judiciário, mais alarmante.

A seguir, destacamos um exemplo de um trabalho realizado por uma empresa vinculada à ciência de dados para um grande litigante em que todos os seus processos em curso estão mapeados e todas as informações estão disponíveis para a tomada de decisões estratégicas. Os dados importantes estão todos disponíveis no programa. Aqui apresentamos apenas algumas telas que podem dar uma projeção de tal detalhamento. Nas primeiras telas, estão mapeados todos os processos, os temas, a localização, os escritórios e os advogados com maior número de casos, além de suas teses principais em face do grande litigante, e, por fim, a variável do tempo, perfeitamente mensurada.[349]

---

[348] GALANTER, Marc. Why the "haves" come out ahead: speculations on the limits of legal change cit. No original: "5 – RPs can play the odds. The larger the matter at issue looms for OS, the more likely he is to adopt a minimax strategy (minimize the probability of maximum loss). Assuming that the stakes are relatively smaller for RPs, they can adopt strategies calculated to maximize gain over a long series of cases, even where this involves the risk of maximum loss in some cases" (p. 99-100).

[349] Na mesma linha do que aqui defendemos, Galanter aponta as saídas para que os litigantes eventuais pudessem ombrear com os litigantes habituais. Mencionava ele a necessidade de reorganizar as partes: "The reform envisaged here is the organization of 'have-not' parties (whose position approximates OS) into coherent groups that have the ability to act in a coordinated fashion, play long run strategies, benefit from high-grade legal services, and so forth. One can imagine various ways to which OSs might be aggregated into RPs. They include (1) the membership association-bargaining agent (trade unions, tenant unions); (2) the assignee managent of fragmentary rights (performing rights associations like ASCAP); (3) the interest group-sponsor (NAACP, ACLU, environmental action groups)" (Why the "haves" come out ahead: speculations on the limits of legal change cit., p. 141).

ACESSO À JUSTIÇA

## Figura 2
## Parte do detalhamento dos processos

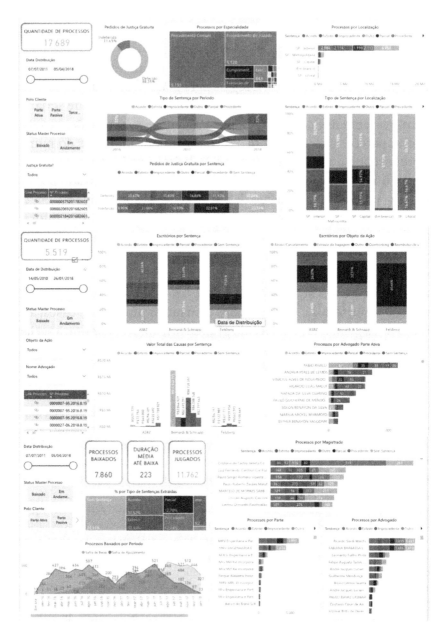

**Fonte:** Softplan – Sistema Convex.

Na sequência, há uma análise juiz a juiz e perito a perito em que a tendência das decisões é verificada tornando os resultados dos processos, globalmente considerados, totalmente previsíveis.

Figura 3
Parte do detalhamento da posição dos juízes e peritos em relação ao tema

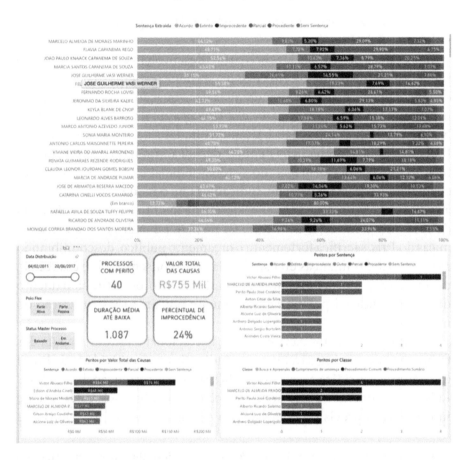

**Fonte:** Softplan – Sistema Convex.

O que pretendemos apontar é que as vantagens dos litigantes habituais apenas se acentuam quanto maior o número de processos e quanto mais o uso da tecnologia permite que eles aprimorem suas estratégias.

Há, portanto, custos tangíveis e intangíveis relacionados à maciça presença desses *players* na justiça brasileira. Racionalizar o modelo de sua abordagem pelo Judiciário é fundamental não apenas como forma de reduzir os custos do sistema pela diminuição do número de processos e da burocracia montada para enfrentá-los, mas em perspectiva de ganhos de eficiência econômica, acesso efetivo à justiça e segurança jurídica.

### 5.2.5. Acesso razoável à justiça como fator de competitividade e desenvolvimento do País

A importância do sistema jurídico para o desenvolvimento de uma nação já é reconhecida há muito. Ivo Gico Jr. cita como exemplo o pensamento de Max Weber, um jurista e economista de formação, no início do século passado, e ainda a corrente *Law and Development* da década de 1960.[350] Na mesma linha, um artigo bastante completo de Armando Castelar Pinheiro, publicado há mais de duas décadas, tratando exatamente da relação entre a performance do sistema judicial e o desenvolvimento econômico.[351] Nessa passagem, indicamos que o modelo atual de acesso à justiça é mais um dos entraves ao desenvolvimento nacional, pois, além de se inserir como fator de incertezas no panorama das relações econômicas do País, sacrifica fortemente o orçamento público, desequilibrando as já combalidas finanças do Estado. Há certo consenso sobre esse tema, e cabe-nos apenas acrescentar que o decantado bom funcionamento do sistema judicial passa necessariamente por uma reestruturação do modelo de acesso.

Conforme os dados da Confederação Nacional da Indústria, um dos fatores que pesam negativamente no índice de competitividade do Brasil é a segurança jurídica e a eficiência do sistema de resolução de conflitos. Leis e regulamentos elaborados com clareza, conhecidos, estáveis e de interpretação previsível, além de um sistema eficiente de solução de

---

[350] GICO JÚNIOR, Ivo Teixeira. *A tragédia do Judiciário*: subinvestimento em capital jurídico e sobreutilização do Judiciário cit., p. 5.

[351] "There is persuasive evidence that well-functioning judicial systems foster economic growth. By securing property and contract rights, reducing policy instability and curbing administrative expropriation, impartial, timely and predictable judiciaries stimulate investment, efficiency and technological progress" (PINHEIRO, Armando Castelar. Judicial system performance and economic development. *Série Ensaios BNDES*. Rio de Janeiro: BNDES, 1996. p. 42).

conflitos aumentam a capacidade de as empresas planejarem investimentos e calcularem as consequências de suas ações, o que diminui o risco e o custo dos negócios.[352]

Em uma análise estatística comparando dados de sete países, estimou-se que a taxa de crescimento brasileira estava 20% abaixo de seu potencial e a disponibilidade de crédito era reduzida em 10% em razão das disfuncionalidades do Judiciário brasileiro.[353]

O relatório Doing Business 2018, do Banco Mundial, coloca o Brasil em 125.º lugar no *ranking* de 185 países avaliados pela facilidade de fazer negócios. O Brasil perde para a média dos países caribenhos e latino-americanos (97.º). Essa desvantagem é resultado do fraco desempenho do País em indicadores como a facilidade de abrir empresas (121.º), de resolver contenciosos (116.º), insolvências (143.º) e de proteger investidores (82.º).[354] Outro *ranking*, o do Global Competitiveness Report, mantido pelo Fórum Econômico Mundial e constantemente em atualização, classifica o Brasil em 80.º lugar na eficiência do arcabouço legal para resolver litígios e em último lugar (144º) no tocante ao peso da regulação estatal.[355]

A relação entre desenvolvimento, crescimento econômico e eficiência do sistema judicial é amplamente explorada e debatida atualmente. Do ponto de vista da confiabilidade das regras e da capacidade do sistema de impô-las, também há um entendimento firmado em torno dos efeitos benéficos na economia e no desenvolvimento do País.[356] Citando um estudo de Van Velthoven, Frans van Dijk aponta que a alta qualidade

---

[352] Dados disponíveis em: <http://www.portaldaindustria.com.br/cni/o-que-a-cni-faz/mapa-estrategico-da-industria/2013/05/1,13487/mapa-2013-2022-seguranca-juridica-e-burocracia.html>. Acesso em: 8 jul. 2017.

[353] SHERWOOD, R. M.; SHEPHERD, G.; SOUZA, C. M. Judicial systems and economic performance. *The Quarterly Review of Economics and Finance*, 34 (Supplement 1), p. 101-116, 1994. Disponível em: <https://www.sciencedirect.com/science/article/abs/pii/1062976994900388>. Acesso em: 20 jul. 2018.

[354] Dados disponíveis em: <http://portugues.doingbusiness.org/data/exploreeconomies/brazil/>. Acesso em: 20 jul. 2018.

[355] Dados disponíveis em: <https://www.weforum.org/reports/the-global-competitiveness-report>. Acesso em: 20 jul. 2018.

[356] LORIZIO, Marilene; GURRIERI, Antonia Rosa. Efficiency of Justice and Economic Systems cit.

ACESSO À JUSTIÇA

da infraestrutura legal da Holanda, comparada com a média dos outros países, é responsável, a longo prazo, por impressionante 0,8% do seu crescimento econômico anual.[357] De outro lado, o excesso de litigiosidade, uma máquina lenta e dispendiosa obviamente impacta de modo bastante negativo o curso econômico.[358-359]

Um acesso à justiça adequado e compatível com a realidade brasileira ensejaria não apenas uma redução do custo estatal, mas um incremento do capital jurídico nacional, com mais segurança, previsibilidade e isonomia nas relações.[360] Num período onde as reformas estão a todo o momento sendo propagadas como caminho para a saída da crise pela

---

[357] DIJK, Frans van. Judiciary in times of scarcity: Retrenchment and reform, p. 15-24.

[358] O Banco di Itália calculou que a ineficiência da justiça e a falta de confiança nas instituições produz um impacto no crescimento do país da ordem de 1% ao ano, o que para um país desenvolvido é absolutamente sensível. De outro lado, há também um reflexo no crescimento das empresas, e verificou-se que as grandes empresas italianas são, em média, 40% menores que as correspondentes nos outros países europeus: "When this uncertainty produced by the inefficiency of justice is combined with a growing distrust in justice itself, it turns into a consistent friction factor in the functioning of the economy. In this respect, the Bank of Italy shows that the annual loss in gross national product attributable to the defects of our civil justice may come to a percentage point.[...] Kumar, Rajan and Zingales (1999), point out that in Western European countries, superior judicial systems are connected with significant average firm size. Moreover, Beck, Demirg-Kunt and Maksimovic (2006) analysing the largest industrial firms in 44 countries, demonstrate that firm size is positively related with institutional progress. The size of Italian firms is on average 40 % smaller than other European countries" (LORIZIO, Marilene; GURRIERI, Antonia Rosa. Efficiency of Justice and Economic Systems cit., p. 104-112).

[359] Lord Woolf pontuava tal preocupação nas primeiras linhas de sua análie sobre o acesso à justiça no sistema britânico, verbis: "An efficient and cost effective justice system is also of vital importance to the commercial, financial and industrial life of this country and I was anxious to improve this, especially because of the evidence I received that there was a substantial risk of the existing system changing our competitive position in relation to other jurisdictions" (WOOLF. Final Report. The Judiciary and court resources cit.).

[360] "A justice clogged and slowed down leads the economic system and firms to behave in an economically inefficient way, because the choices are intended to minimize the uncertainty represented by a process. The consequence is a reduction in competitiveness. The choices of firms pursue not only the criteria of economic efficiency, but they aim to avoid the consequences of a malfunction of the justice system (distortion of incentives). In this way the inefficiency of justice results in inefficiency in the choices of economic agents" (LORIZIO, Marilene; GURRIERI, Antonia Rosa. Efficiency of Justice and Economic Systems cit., p. 104-112).

qual passa o País, o início da discussão sobre uma profunda reformulação no sistema de justiça brasileiro seria um grande passo. O apego a métodos e critérios tem sua serventia reduzida quando estes assumem o protagonismo numa relação que deveria ser de dependência diante das finalidades buscadas. À medida que essas finalidades ficam relegadas a planos inferiores, a relevância dos tais métodos e critérios merece ser revisitada, ante a reconhecida instrumentalidade deles.

# TERCEIRA PARTE

# 6.
# Argumento Econômico e Pesquisa Empírica

**6.1. Dados numéricos e um panorama dos sistemas de justiça**

**6.1.1. Os componentes orçamentários nos diversos países e o que torna nosso acesso à justiça não razoável**

O primeiro passo para efetuarmos uma comparação metodologicamente adequada com relação ao custo dos sistemas é valer-nos de ferramentas de análise que permitam uma aproximação efetiva, corrigindo as distorções e reduzindo o efeito das particularidades locais. Uma medida importante relativamente à comparação de custos (paridade do poder de compra) em moedas diversas é, sempre que possível, utilizar um índice fidedigno que retrate bem a relevância de determinada quantia em dada realidade local e não esteja permanentemente sujeita às oscilações do câmbio.

Nos estudos da Cepej, optou-se por utilizar o Euro em uma determinada data de acordo com o câmbio oficial, tendo em conta que as pesquisas englobam diversos países que não adotam o Euro como moeda oficial. No entanto, observou-se que, em países com alta taxa de inflação, houve alterações sensíveis nos números apurados ao longo do período, o que indicou a necessidade de um quadro específico para apontar a variação do câmbio ao longo do tempo.[361]

---

[361] "Monetary values are reported in Euros. For that reason, using exchange rates for states outside the Euro zone caused some difficulties. Exchange rates can actually vary a lot from year to year. Since the report focuses mainly on 2014, the exchange rates of 1 January 2015

ACESSO À JUSTIÇA

Nossa intenção em termos de valor monetário seria deixar o mais claro possível o que efetivamente aquele valor representa para aquela sociedade, visto que as diferenças de padrão financeiro podem ser muito mais sensíveis do que as percebidas pelo mercado de troca de moedas. Para tal mister, uma hipótese seria a utilização do chamado índice Big Mac ou *Big Mac Index*, diante da sua fácil compreensão. O referido índice é calculado sobre o preço do sanduíche Big Mac da Rede McDonald's em mais de 100 países, visando medir o grau de sobre ou subvalorização de uma moeda. O princípio é que os procedimentos operacionais do McDonald's são os mesmos em todos os países, inclusive a margem de contribuição por produto. Desse modo, aproxima-se mais da realidade assinalar que, se um Big Mac custa um dólar em um país e um euro noutro, então um euro equivale a um dólar, independentemente das flutuações do câmbio, muitas vezes artificiais e especulativas.[362]

No câmbio de hoje, um euro equivale a 4,23 reais,[363] no entanto, de acordo com o índice Big Mac, um euro pode equivaler a mais de 5 reais, pois em Portugal, *v.g.*, o mesmo sanduíche custa 3,19 euros, o que representa que a taxa de câmbio não reflete, ou pode não refletir, o poder de compra da nossa moeda e um euro em Portugal tem maior poder de compra que 4,23 reais no Brasil, acentuando as distorções que apontamos com relação àquele país.

were used. For states experiencing high inflation rates, this choice may generate very high figures which must be interpreted within their specific context. The high variation of the exchange rate might have a considerable effect on the figures for the countries outside the Euro zone. For some of them, the exchange rate against the Euro could have been more favourable in 2015 than in 2013. This fact may have strengthened budgetary or monetary increases once expressed in Euros (€). It is therefore, necessary to pay attention to this issue while comparing monetary figures of the 2014 and 2016 editions. A specific table (table 1.3) shows the variation of the exchange rate for the countries outside the Euro zone. As far as possible, this was taken into account while commenting on the tables and figures showing budgetary variations" (CEPEJ. European judicial systems: efficiency and quality of justice cit., p. 9).

[362] O índice Big Mac foi criado em 1986 e é calculado pela revista *The Economist*. O índice procura explicar um conceito econômico chamado de paridade de poder de compra e parece-nos ser de fácil apreensão, simples conversão, além de amplamente divulgado e conhecido.

[363] Câmbio de 23.05.2018. Disponível em: <https://www4.bcb.gov.br/pec/taxas>. Acesso em: 11 jun. 2018.

Existem outras formas de apurar a equivalência das moedas e seu poder de compra, porém o fundamental é que o objetivo de demonstrar o real impacto do orçamento dos sistemas judiciais nos respectivos países seja alcançado. Frisemos aqui o quanto pesa no bolso de cada sociedade o modelo de acesso à justiça adotado.[364-365]

Quanto aos valores drenados do orçamento público para a máquina judicial e para os outros órgãos que circundam a função jurisdicional, verificamos que a conta tem sido muito cara. Na verdade, desproporcionalmente cara.[366] A fatia brasileira é, talvez, a maior do mundo. E não que

---

[364] Numa versão atualizada do índice, com base nas taxas de câmbio de 12.07.2017, um Big Mac no Brasil custava US$ 5,10, enquanto na Argentina custava US$ 4,13. No entanto, nessa mesma data, um peso valia R$ 0,1896 e um dólar R$ 3,20 e 16.9590 pesos. Assim, seriam necessários 16,32 reais no Brasil e 70 pesos na Argentina para se comprar um Big Mac, de modo que, no câmbio oficial, com 70 pesos você obteria apenas 13,27 reais, o que seria insuficiente para adquirir um Big Mac no Brasil, porém, com 16,32 reais na Argentina, você obteria 86,07 pesos, suficiente para um Big Mac e, talvez, um sorvete. O índice reflete em grande parte uma realidade socioeconômica que indica valores mais baixos do hambúrguer em países mais pobres com mão de obra mais barata. O sanduíche é mais caro na Suíça, depois na Noruega, Suécia, Estados Unidos, Brasil na 5.ª posição, depois Canadá, Austrália e a Zona do Euro. O Brasil, nesse grupo, é um estranho no ninho. Países mais pobres pesquisados pela *Economist* apresentam o sanduíche bem mais barato, como Ucrânia (US$ 1,70), Egito (US$ 1,75), Malásia (US$ 2) e África do Sul (US$ 2,26). Dados disponíveis em: <https://www.economist.com/news/finance-and-economics/21725034--dollar-has-slipped-over-past-six-months-still-looks-dear-big-mac>. Acesso em: 16 mar. 2018.

[365] Thomas Piketty menciona que: "Contudo, a despeito dos melhores esforços das organizações internacionais responsáveis pelas pesquisas ICP, é preciso reconhecer que essas paridades do poder de compra permanecem imprecisas, com uma margem de erro da ordem de 10%, às vezes até mais, mesmo entre países com níveis de desenvolvimento comparáveis. Por exemplo, na última pesquisa disponível, constata-se que certos preços são efetivamente mais altos na Europa (como energia, alojamento, hotéis e restaurantes), embora outros sejam mais baixos (como saúde e educação)" (*O capital no século XXI* cit., p. 70).

[366] Numa pesquisa bastante utilizada neste trabalho, o Professor Luciano Da Ros, em coautoria com Matthew M. Taylor, da American University, intitulada *Opening the Black Box: Three Decades of Reforms to Brazil's Judicial System*, aponta que o gasto do sistema judiciário brasileiro proporcionalmente ao PIB (1,3%) é muitas vezes maior que o da Espanha (0,12%), dez vezes maior que o da Argentina (0,13%), quase dez vezes maior do que Estados Unidos e Inglaterra (0,14%) e mais de quatro vezes o montante de Alemanha (0,32%) e Venezuela (0,34%), que são os que mais gastam com o sistema judiciário depois do Brasil. Aponta ainda a pesquisa que o orçamento global desse Poder totalizou R$ 62,3 bilhões em 2013,

nosso bolo orçamentário seja enorme, pois temos fatias outras destinadas a funções estatais bem mais prementes que causariam constrangimento a países muito mais pobres.

O primeiro dado de análise, utilizando em parte a linha de comparação de números adotada pela Cepej, é a demonstração da saúde financeira dos diversos países, ou seja, partindo da riqueza individual de cada estado, teremos uma referência importante de quanto eles gastam ou de quanto razoavelmente deveriam gastar em seus sistemas de justiça.

O *Gross Domestic Product* (GDP) *per capita* ou PIB *per capita* é o dado mais seguro para avaliar a capacidade econômica de uma dada sociedade, até pela sua proporção, levando em conta as enormes diferenças populacionais entre os países.[367] O gráfico a seguir aponta alguns dados sobre PIBs *per capita* de países ao redor do mundo, demonstrando claramente as acentuadas diferenças entre essas realidades e o abismo que nos separa das nações mais prósperas.

valor comparável ao orçamento do Ministério do Desenvolvimento Social e Combate à Fome e maior do que o Produto Interno Bruto (PIB) de doze estados brasileiros. Mesmo não incluindo os dados orçamentários do STF e do CNJ a despesa equivale a 1,3% do PIB nacional e a 2,7% do total gasto pela União, pelos estados e pelos municípios no ano de 2013 (DA ROS, Luciano. O custo da Justiça no Brasil: uma análise comparativa exploratória cit., p. 1-15).

[367] Análises mais sofisticadas utilizam ainda o *PPP (parity power purchase)* ou PPC (paridade do poder de compra) para aquilatar com mais precisão o padrão econômico dessas sociedades. Recentemente, a revista *Global Finance Magazine* classificou os países mais ricos do mundo de acordo com seu PIB *per capita* e a paridade do poder de compra estimada de 2013, além do Índice de Desenvolvimento Humano (IDH) da ONU e a taxa de crescimento da economia em 2014. O Brasil ocupava a 77.ª posição com um PIB *per capita* (PPP) de US$ 12.340, um IDH de 0,744 e um crescimento econômico em 2014 de 0,1%. Disponível em: <https://www.gfmag.com/global-data/economic-data/richest-countries-in-the-world>. Acesso em: 16 mar. 2018.

GRÁFICO 4
**PIBs** *per capita*

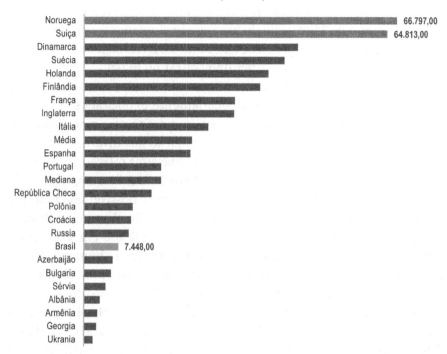

Fonte: Elaborada pelo autor.

Na sequência, passamos a analisar os orçamentos dos sistemas judiciais e, para tanto, valemo-nos mais uma vez, em grande medida, dos dados e da metodologia utilizados nos estudos da Cepej.[368]

A Comissão trabalha com algumas referências e a primeira e mais ampla delas é o conceito de orçamento de todo o sistema de justiça (*whole justice system – Q 15.1*). Com base na linha adotada pela Cepej, esse

---

[368] A utilização da metodologia da Cepej nas pesquisas realizadas no Brasil, notadamente no informe Justiça em Números do CNJ, ampliaria enormemente a possibilidade de comparações, uma vez que essa metodologia já se encontra estabelecida, possui um histórico relevante e tem alcance para diversos países.

valor representa todo o orçamento do Ministério da Justiça, o do sistema judicial, do sistema prisional, do serviço de liberdade condicional, dos Conselhos do Poder Judiciário, do Tribunal Constitucional, a administração, a advocacia do Estado, os serviços de fiscalização, o notariado, os serviços forenses, a proteção judicial de menores, serviços notariais, o funcionamento do Ministério da Justiça, os refugiados e os requerentes de asilo, alguns serviços policiais, entre outros. É realmente um conceito bastante ampliado que seria dificílimo apurar no Brasil.

Tivemos muita dificuldade em utilizar tal conceito, visto que, apesar de os dados da Cepej estarem adequadamente explicitados, a reunião de todas essas rubricas orçamentárias não é das tarefas mais fáceis em virtude das deficiências no acesso à informação nos diversos países, de modo que os dados a seguir apresentam apenas uma relação aproximada do que tais gastos representam em comparação a todo o orçamento do poder público. Pela diversidade de informações, é possível salientar que os dados dos orçamentos do *whole justice system* não são tão aprofundados pela Cepej. O percentual do gasto público aplicado em todos esses serviços varia de 6,6%, no caso da Rússia, que inclui alguns gastos de natureza militar, até 0,5% na Grécia. A média do gasto público nos países europeus é de 2,22% e a mediana cerca de 2%. O ponto de destaque, que de antemão não deixa de ser assustador, é que, no Brasil, apenas as despesas com o Poder Judiciário já superam essa média e correspondem a 2,5% ou mais dos gastos totais da União, dos estados, do Distrito Federal e dos municípios.[369]

Outro dado relevante a ser analisado refere-se ao percentual do orçamento (*whole justice system*) que diz respeito ao *Judicial System*, ou seja, quanto do orçamento total que engloba inúmeras funções vai para Judiciário, Defensoria e Ministério Público e quanto vai para as demais frentes, como sistema prisional, *probation service* etc. Na média, cerca de 50% e na mediana 54%, ou seja, prepondera certo equilíbrio que distribui o orçamento entre as mais diversas funções estatais.

Também trabalhada pela Cepej é a referência do orçamento do sistema judicial (*Judicial System*), que engloba os orçamentos correspondentes aos

---

[369] CEPEJ. European judicial systems: efficiency and quality of justice cit., p. 21-22. Justiça em Números 2017, p. 53. Disponível em: <http://www.cnj.jus.br/programas-e-acoes/pj--justica-em-numeros>. Acesso em: 17 jul. 2018.

tribunais, assistência judiciária e Ministério Público (*Court Budget* – *Q6* + *Legal Aid* – *Q12* + *Prosecution Services* – *Q13*). Nesse aspecto, a análise recai sobre um parâmetro mais seguro de comparação, visto que tais serviços estariam sempre compreendidos como referência para a coleta dos dados orçamentários. Nessa visão com foco mais fechado, a Cepej apresenta o orçamento do sistema judicial somando-se três elementos: 1) O orçamento dos tribunais (*Q6*), que inclui os salários brutos de juízes e de todo o pessoal judicial e pessoal não judicial, a informatização, as despesas (intérpretes, especialistas etc.), manutenção e funcionamento de edifícios, novos edifícios e treinamento; 2) O orçamento da assistência judiciária (*legal aid*) (*Q12*), que inclui os valores pagos ao aos advogados (públicos e privados) para casos criminais ou não criminais e também montantes pagos a particulares de forma não litigiosa (conciliação de instâncias, processos de mediação etc.); 3) O orçamento do Ministério Público (*Q13*), com os promotores públicos, funcionários e estrutura.[370]

Esses dados nos são mais palatáveis, de modo que para fins de análise do orçamento do "sistema judicial" nacional utilizamos o somatório dos orçamentos do Judiciário, Ministério Público e Defensoria Pública. Nas comparações a seguir, podemos destrinchar a informação e apresentar outras facetas a partir de dados gerais e *per capita*, comparados com os montantes dos orçamentos e do PIB.

O gráfico antecipado no item 1.2.1 introduz a percepção de que o Brasil gasta um montante desproporcional com o funcionamento do Judiciário e a perspectiva da tese de que essa desproporção decorre do nosso modelo de acesso à justiça. O gráfico a seguir confirma essa percepção e acentua que há uma média bastante segura de gastos que é obedecida com relação ao PIB, e que essa média é observada por países ricos e pobres, indistintamente, denotando a preocupação com a proporcionalidade de acordo com a capacidade econômica das nações.[371]

---

[370] CEPEJ. European judicial systems: efficiency and quality of justice cit., p. 17.

[371] Verifica-se no gráfico uma grande concentração de países na faixa que vai de 0,1% a 0,25% do PIB, e essa faixa abarca desde os países mais pobres até os mais ricos da Europa. Depois dessa faixa há um número relativamente pequeno de países, notadamente mais pobres, na faixa de 0,3% a 0,4% e, depois disso, apenas exceções, duas na casa de 0,45% e duas na casa de 0,6% (Sérvia, Eslovênia, Montenegro e Bósnia e Herzegovina).

## Figura 4

### Percentual do PIB gasto pelos tribunais (*courts*) na Europa

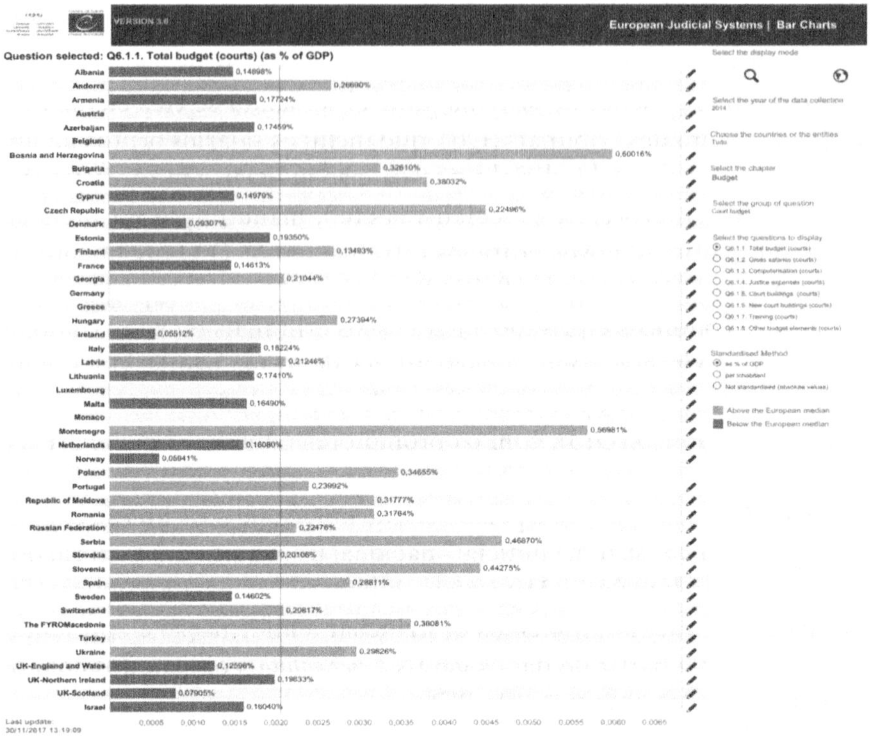

**Fonte:** Dados Cepej.

Outrossim, a proporção dos gastos com tribunais comparada com os demais elementos do sistema de justiça indica que aquele montante é muito menos representativo. Como mencionamos, na média, o sistema judicial que incorpora o *prosecution service* e o *legal aid* gasta basicamente o mesmo valor que os demais elementos, que são vários e alguns bem relevantes como *prision system, probation service* etc. Por sua vez, dentro do sistema judicial, os tribunais gastam pouco mais da metade dessa fatia,[372] o que reforça a tese da desproporção experimentada no Brasil.

[372] CEPEJ. European judicial systems: efficiency and quality of justice cit., p. 33.

Finalmente e na mesma linha, o gasto por habitante no Judiciário relatado pela Cepej em 2014 foi de 36 euros na média e 31 na mediana. Os valores mais altos estão em sua maioria nos países do Norte e Oeste da Europa. No Leste Europeu, região mais pobre, o gasto variou em pouco mais de 8 euros *per capita*.[373] No relatório Justiça em Números de 2015 (ano-base 2014), a informação é a de que o gasto total do Poder Judiciário alcançou aproximadamente 70 bilhões de reais,[374] o que representaria cerca de 350 reais *per capita*. Em dezembro de 2014, a cotação do euro girava em torno de 3,15,[375] o que redunda em um investimento superior a 110 euros por habitante, ou seja, o triplo da média europeia, quase o quádruplo da mediana e o décuplo dos países mais pobres. O valor brasileiro representava mais que o dobro da mediana do investimento europeu *per capita* (40 euros) em todo o *judicial system* (*courts* + *legal aid* + *prosecution service*).

### 6.1.2. Quanto custa o Poder Judiciário, a quem serve e quem paga a conta?

O dado principal e onde se sustenta grande parte das ideias do trabalho é a resposta a quanto custa o Judiciário ou o acesso à justiça no Brasil. O objetivo da pesquisa, por sua vez, é a razão desse custo, se ele poderia ser menor e como. Temos um bolo orçamentário com recursos escassos a serem partilhados e a resposta que buscamos é qual fatia deveria ser destinada a financiar a estrutura judicial e seu entorno.

O custo do Judiciário atual gira em torno de R$ 85.000.000.000,00[376] por ano, o que é um número extraordinariamente elevado, e representa 1,4% do PIB nacional e 2,5% dos gastos totais da União, estados e municípios. Essa situação tende a se agravar em decorrência do encolhimento

---

[373] Vide nota 390 e apontamentos relacionados ao orçamento da Public Persecution.

[374] Dados do Justiça em Números CNJ-2015. Disponível em: <http://www.cnj.jus.br/programas-e-acoes/pj-justica-em-numeros>. Acesso em: 7 jun. 2018.

[375] Dados Banco Central do Brasil: <https://www4.bcb.gov.br/pec/taxas>. Acesso em: 20 jul. 2018.

[376] No ano de 2017, as despesas totais do Poder Judiciário somaram R$ 84,6 bilhões, excluídas as despesas do Supremo Tribunal Federal e do Conselho Nacional de Justiça, o que representou um crescimento de 4,7% e, considerando o quinquênio 2011-2017, um crescimento médio na ordem de 3,8% ao ano. Justiça em Números. Disponível em: <http://www.cnj.jus.br/programas-e-acoes/pj-justica-em-numeros>. Acesso em: 10 abr. 2018.

da economia no último triênio, além da ampliação dos gastos que se avizinha com a aprovação de aumentos salariais a funcionários e juízes. Trataremos desse número de forma mais detalhada adiante.

Primordial é estabelecer que o Brasil, um país relativamente pobre, com severos problemas de distribuição de renda e prestação de serviços básicos à população, gasta de forma desproporcional com o seu modelo de acesso à justiça.[377] A premissa, portanto, é que não podemos racionalmente investir tais somas em quaisquer serviços públicos, apesar de essenciais, se esse investimento acaba por prejudicar outras prestações básicas como saúde, educação, saneamento, segurança, entre outras.[378] A necessidade de um equilíbrio parece-nos irrebatível.

A conclusão oriunda dessa premissa é que o sistema deve se adequar à realidade do País e à dramática escassez de recursos própria de nosso estágio de desenvolvimento. Além dessa perspectiva mais direta, a sensação de que o Judiciário brasileiro e, em última análise, nosso modelo de acesso à justiça são efetivamente caros pode ser verificada em exemplos de distribuição de receitas dedicadas a funções estatais outras, o que torna mais premente essa necessária correção dos rumos.

Adotamos como critério de comparação a prestação do serviço judicial em outros países com diferentes graus de desenvolvimento e a parcela do PIB destinada a tal função do Estado. Conforme é possível verificar, a proporção do PIB brasileiro em relação ao custo do sistema judicial é elevadíssima, no entanto é necessário avançar nessa consideração e também pontuar que, independentemente do número de processos, da extensão territorial e da população, o montante é, de fato, muito elevado.

A quem serve o Poder Judiciário? A poucos. Nesse momento, buscamos aclarar que, na condição de um serviço público, o Judiciário brasileiro

---

[377] De acordo com a Comissão Econômica para a América Latina e Caribe (Cepal), o Brasil ocupa a 11.ª posição em fornecimento de saneamento básico à população, estando atrás de Bolívia, Peru, Uruguai, Equador, Venezuela, Chile, México, Argentina, Colômbia e Costa Rica, o que nos parece muito grave. Dados Cepal. Disponível em: <http://estadisticas.cepal.org/cepalstat/WEB_CEPALSTAT/Portada.asp>. Acesso em: 11 jul. 2016.

[378] Na linha do pensamento de John Leubsdorf, inconcebível dissociar a discussão acerca de eficiência judicial sem adentrar em temas relacionados à justiça social. "The most firmly implanted myth of procedural reform may be that we can talk usefully about it as simply an effort to increase judicial efficiency, without talking about our vision of procedural and social justice" (The Myth of Civil Procedure Reform cit., p. 67).

pesa de forma inadequada e desproporcional na economia do País, e que, embora atenda a poucos, seu pesado custo é suportado por todos.

Uma demonstração que nos parece cabal acerca de tal realidade advém do estudo "Litigiosidade e desenvolvimento", apresentado por Julio Trecenti.[379] Depois de uma análise rigorosa de dados dos municípios brasileiros e seu IDH comparado com a taxa de litigiosidade deles mesmos, a conclusão é a de que existe, de fato, uma relação entre a taxa de litigiosidade que cresce e se estabiliza na medida em que aumenta o IDH de estados e municípios. A pesquisa demonstra a validade da tese de uma "taxa natural de litigiosidade", que somente seria alcançada após determinado grau de desenvolvimento socioeconômico, que não é a atual realidade de boa parte dos municípios brasileiros e passa muito distante das regiões Norte e Nordeste do País.

O gráfico a seguir, retirado do estudo, demonstra com clareza essa relação ao explicitar que a grande litigiosidade está concentrada nos municípios do Sul e Sudeste do País, enquanto aqueles com baixa litigiosidade encontram-se quase que integralmente no Norte e Nordeste:

GRÁFICO 5
**Taxa de litigiosidade**

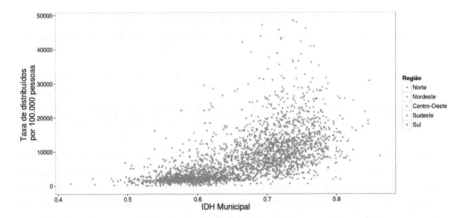

Fonte: TRECENTI, Julio. Litigiosidade e desenvolvimento cit.

[379] TRECENTI, Julio. Litigiosidade e desenvolvimento. Disponível em: <https://prezi.com/ngqyksv8ge9_/litigiosidade-e-desenvolvimento/>. Acesso em: 6 mar. 2018.

Duas conclusões parecem-nos inescapáveis. A primeira é que quem usa o Judiciário definitivamente não é a população mais carente; e a segunda é que, caso haja um avanço no desenvolvimento nacional reduzindo atrasos socioeconômicos regionais, de modo a alcançar e homogeneizar a "taxa natural de litigiosidade" brasileira, uma avalanche de novos processos, algo incontornável com relação à administração da justiça, poderia ser esperada.

Em outra linha, mas dentro do mesmo questionamento, os dados do CNJ e da Associação dos Magistrados Brasileiros (AMB) demonstram que o setor público, o setor bancário e o de telefonia representavam boa parte do total de processos que ingressaram na justiça brasileira, entre eles números alarmantes como os da Justiça Estadual de Santa Catarina, onde os 100 maiores litigantes figuram em 56,1% dos processos em 1.º grau no polo ativo e em 53,4% no polo passivo, ou do Tribunal de Justiça do Mato Grosso do Sul, onde esses litigantes estão em 35,9% dos processos como recorrentes e em 35,2 como recorridos.[380] Tais litigantes são responsáveis por um grande percentual dos feitos em tramitação, de modo que a população em geral, proporcionalmente, usa pouco o sistema de justiça.

Quem paga a conta?

Na prática, todos.[381]

A conta é paga em grande medida pela população por meio dos impostos, uma vez que o custeio advém quase que integralmente do

---

[380] Segundo a pesquisa realizada no âmbito do CNJ "100 maiores litigantes". Disponível em: <http://www.cnj.jus.br/pesquisas-judiciarias>. Tal pesquisa foi complementada por outra realizada nos Tribunais de Justiça do País, também coordenada pela Professora Maria Teresa Sadek, promovida pela AMB, "O uso da justiça e o litígio no Brasil". Disponível em: <http://www.amb.com.br/wp-content/>.

[381] Ivo Teixeira Gico Jr. aponta que: "Subsidiar a litigância é justamente o que o Brasil vem fazendo nos últimos anos, quando (a) criou os juizados especiais de pequenas causas nos quais não é necessário um advogado e não há custas processuais; (b) criou a defensoria pública advogados públicos pagos pelo contribuinte); (c) criou a assistência judiciária gratuita – AJG (possibilidade de alguém não ter de pagar custas processuais, mesmo na justiça comum, nem honorários de sucumbência); (d) manteve o sistema de custas processuais abaixo do custo social de cada processo; etc. Tudo isso significa que é o contribuinte quem arca com parte dos custos de cada processo e não a parte litigante, o que claramente é um subsídio ao litígio e à parte da sociedade que litiga" (*A tragédia do Judiciário*: subinvestimento em capital jurídico e sobreutilização do Judiciário cit., p. 36).

orçamento geral como despesas ordinárias. Dos 85 bilhões de reais apenas uma pequena parcela, cerca de 11%, é custeada pelas taxas cobradas das partes pela utilização dos serviços judiciais. Desse modo, tal qual os serviços mais básicos prestados à população, o acesso à justiça é ofertado mediante um financiamento irrestrito, oriundo do orçamento geral da União e dos estados.[382]

Igualmente observa-se que o Judiciário brasileiro custou cerca de R\$ 411,73 por habitante, no ano de 2016. Há ainda uma tendência de crescimento, pois no ano de 2009 o gasto por habitante era de R\$ 315,52.[383] Esse valor praticamente dobra se considerarmos apenas a população economicamente ativa (PEA) e aqueles acima de 18 anos, que podem acessar sem representação o Judiciário,[384] e fica mais dramático se levarmos em conta que, segundo o IBGE, em 2015, 27% das famílias brasileiras ganhavam até meio salário mínimo *per capta*, ou seja, o custo do Judiciário brasileiro representa todo o rendimento mensal de quase um terço da população.[385]

Proporcionalmente, uma parcela ínfima da população se vale, com alguma frequência, do Poder Judiciário, embora a pesada conta do funcionamento da máquina seja dividida por todos. Os litigantes habituais e quão habituais eles são completam a distorção apontada *supra*. Alguns pontos tratados serão mais bem detalhados em itens específicos mais adiante.

## 6.1. 3 As funções ligadas ao Poder Judiciário e os custos envolvidos em diversos países – As distorções que se acentuam

Apresentados os custos dos órgãos que gravitam em torno do Judiciário de modo mais geral e relacionados a determinados países, optamos por

---

[382] Computamos nessa rubrica os recolhimentos com custas, emolumentos e eventuais taxas cobradas nas ações judiciais, que totalizaram em 2015 R\$ 9,2 bilhões, lembrando que os entes públicos são isentos. Justiça em Números CNJ-2016. Disponível em: <http://www.cnj.jus.br/programas-e-acoes/pj-justica-em-numeros>. Acesso em: 7 jun. 2018.

[383] Dados do Justiça em Números CNJ-2017, p. 53. Disponível em: <http://www.cnj.jus.br/programas-e-acoes/pj-justica-em-numeros>. Acesso em: 7 jun. 2018.

[384] Dados de população e população economicamente ativa (PEA). Disponível em: <https://ww2.ibge.gov.br/ home/estatistica/indicadores>. Acesso em: 22 ago. 2018.

[385] Dados disponíveis em: <http://g1.globo.com/economia/noticia/numero-de-familias-na--miseria-volta-a-crescer-em-2015-diz-ibge.ghtml>. Acesso em: 17 ago. 2018.

compará-los de forma mais criteriosa e pontual neste momento. A comparação certamente é imperfeita, posto que as conjunturas econômicas são diversas e a atividade estatal também tem elementos particulares. A ideia, então, é aproximar ao máximo esses dados de forma a torná-los aproveitáveis em sua inteireza. Há contradições pontuais, dadas as opções pela distribuição das verbas orçamentárias nos diversos países com funções ainda mais amplas que as brasileiras, vinculadas ao orçamento do sistema judicial (*Whole judicial system budget* de acordo com a Cepej).

Iniciamos por destacar a desproporção que vai além da estrutura do Judiciário, alcançando as principais funções, notadamente o Ministério Público e a Defensoria, cujos dados disponíveis são mais abundantes. Não é nossa pretensão tratar de questões orçamentárias de órgãos além do Judiciário, mas fica claro que a convergência para um patamar financeiro proporcional em relação ao PIB é apenas um primeiro passo, porquanto uma reorganização interna da própria estrutura do sistema de justiça é também fundamental.

Num primeiro exemplo dado pelo Professor Da Ros, a soma dos valores destacados do orçamento e destinados ao Ministério Público no Brasil em 2014 correspondeu a 0,32% do PIB, ficando várias vezes acima dos valores equivalentes observados em países como Alemanha 0,02%, Espanha 0,02%, Portugal 0,06% e Itália 0,09% etc.[386] Cita ainda o autor o exemplo francês, no qual inexiste separação orçamentária entre o Poder Judiciário e o Ministério Público, e em 2012 o orçamento destinado aos dois órgãos representou 0,14% do PIB do país, proporção quase doze vezes menor do que a do Poder Judiciário e Ministério Público juntos no Brasil.[387]

Numa verificação superficial para ajustar a comparação aos dados da Cepej, o orçamento dos Ministérios Públicos ultrapassou 18 bilhões de reais em 2014 (0,32% do PIB conforme apurado por Da Ros), o que indicaria o aporte de R$ 92,00 por habitante naquele ano, o correspondente a 29,20 euros, no câmbio de dezembro de 2014.[388]

---

[386] DA ROS, Luciano. O custo da Justiça no Brasil: uma análise comparativa exploratória cit.

[387] Idem, ibidem.

[388] Dados do Banco Central do Brasil. Disponíveis em: <https://www4.bcb.gov.br/pec/taxas>. Acesso em: 23 maio 2018. Apenas a Suíça e a Holanda têm gastos *per capita* superiores ao Brasil, a primeira delas com gastos de 65,5 euros e a segunda 33,6 (CEPEJ. European judicial systems: efficiency and quality of justice cit., p. 72). Analisando sob a perspectiva da paridade do poder de compra, é possível verificar que os gastos brasileiros são ainda mais

A figura a seguir, retirada das publicações da Cepej,[389] ilustra essa informação e aponta para outro dado que se repete nas informações europeias, qual seja, que os valores médios dos orçamentos são inferiores na medida em que decresce o PIB *per capita*. Isso busca demonstrar que a desproporção se acentua ao passo que a condição econômica brasileira está alinhada à dos países mais pobres, e não à média do continente europeu. Nessa específica análise, seria possível apontar que o nosso orçamento para o Ministério Público é cerca de dez vezes superior ao dos países analisados em situação econômica similar.

Figura 5
Relação do PIB com o orçamento *per capita* do Ministério Público
(Public Prosecution) na Europa

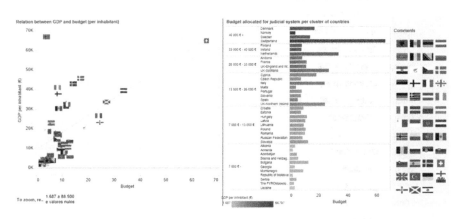

**Fonte:** Dados Cepej.

O padrão nacional destoa completamente dos demais países, seguindo a linha do gigantismo do sistema judicial. A mediana europeia de gastos *per*

próximos do holandês e chegam perto também da recordista Suíça, pois o custo geral nesses países é superior ao do Brasil. No Brasil, apesar de bastante vultoso, o patamar de 4,23 do Big Mac é ainda inferior ao da Holanda 4,26 e muito inferior ao da Suíça 6,55. Dados dos custos pelo índice Big Mac disponíveis em: <http://www.globalprice.info>. Acesso em: 23 maio 2018.

[389] Disponível em <https://public.tableau.com/views/Budget2010-2012-2014/GDPBudget?:embed=y&:display_count=yes&:toolbar=no&:showVizHome=no>. Acesso em: 23 maio 2018.

*capita* com o Ministério Público gira em torno de 9 euros, e a média de países mais pobres e de realidade financeira mais próxima da brasileira é ainda bastante inferior. Na sequência, o gráfico que ilustra o gasto por habitante:

GRÁFICO 6
**Gastos *per capita***

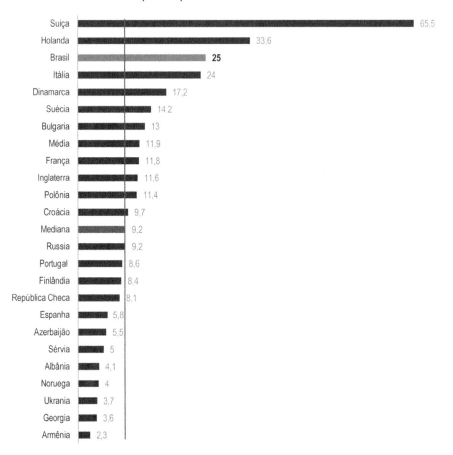

**Fonte:** Elaborada pelo autor.

Finalmente, os gastos considerados em relação ao PIB reforçam nossos argumentos. A média europeia é de 0,09%, e os maiores percentuais observados no continente alcançam cerca da metade da rubrica brasileira, de 0,32%, que seriam Bulgária, Ucrânia e Montenegro, com 0,22%, 0,19% e 0,17%, respectivamente.[390] Países mais desenvolvidos vão desde 0,01% ou 0,02%, como Noruega e Finlândia, a, no máximo, 0,09%, no caso da Holanda.

GRÁFICO 7
**Gastos em relação ao PIB**

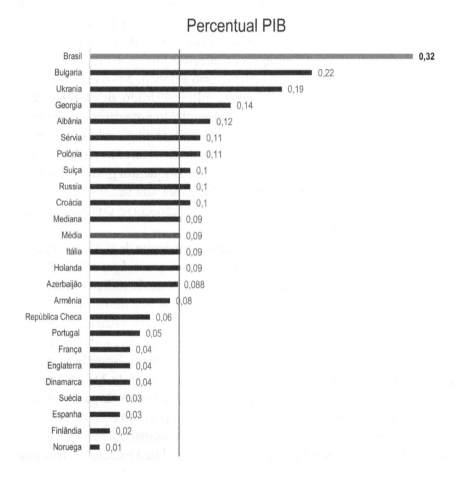

**Fonte:** Elaborada pelo autor.

[390] Não há dados disponíveis nos estudos da Cepej acerca das atribuições do *Public Prosecution* nos diversos países.

Passando para outros entes fundamentais no contexto da organização da atividade judicial, os Professores Da Ros e Taylor calcularam as despesas das Defensorias Públicas federal e estaduais, Advocacia-Geral da União, Procuradorias Estaduais e Procuradorias Municipais dos dois municípios mais ricos do Brasil (São Paulo e Rio de Janeiro). Tais valores alcançaram o importe de R$ 9,9 bilhões, o equivalente a aproximadamente 0,2% do PIB brasileiro.[391]

No tocante especificamente à Defensoria Pública, da qual trataremos em item específico adiante, o desenvolvimento dos países indica um reforço nos investimentos em *legal aid*, como forma de ampliar as oportunidades e melhorar as condições do acesso à justiça. Comparado com o orçamento do Judiciário e do Ministério Público, é possível verificar que, em países como Irlanda, Noruega e Reino Unido, os gastos com a Defensoria superam ambos, realidade completamente diferente da brasileira. Em outros países como a Holanda e a Suécia, os valores são bem próximos e mais equilibrados. Nesses mesmos países, o investimento *per capita* é bastante substancial, embora não provoque um grande impacto no tocante ao PIB. Nos países mais pobres, por sua vez, os valores são infinitamente menores, bem como a proporção entre tais gastos e as despesas dos tribunais.

A distorção global dos gastos públicos permanece de todo modo, mas talvez haja outra referência se considerarmos que o *legal aid* no Reino Unido consome orçamento quase 70% superior ao de todos os tribunais do país,[392] embora ainda inferior aos montantes brasileiros destacados *supra*, pois o orçamento inteiro do Ministério da Justiça não alcança nem 10 bilhões de libras e engloba o sistema penitenciário, a defensoria, a administração, os tribunais e as crianças e adolescentes. Nesse bolo, a fatia destinada aos tribunais gira em torno de 13%, menos de 1/3 da quantia voltada ao sistema penitenciário, que abarca mais de 40% do gasto total.[393]

Além do custo da prestação jurisdicional suportado pelo orçamento, tem-se um agravante quando analisadas as demais instituições que gravitam em torno do acesso à justiça e do serviço público judicial. Talvez por

---

[391] DA ROS, Luciano. O custo da Justiça no Brasil: uma análise comparativa exploratória cit.
[392] COSTA, Henrique Araújo. *Os poderes do juiz na Inglaterra e no Brasil*: estudo comparado sobre os *case management powers* cit., p. 292.
[393] Idem, ibidem.

arrastamento a situação reflita nessas instituições. Temos um problema que se retroalimenta, ou seja, um sistema cujo simples funcionamento propicia condições que agravam o seu próprio desajuste estrutural.

### 6.1.4. O que representa 1,4% do PIB nacional

Neste momento, passamos a analisar numa perspectiva apenas ilustrativa o que representa o peso do Judiciário em relação aos aportes destinados a outros serviços públicos. A proporção surpreende e fez-nos buscar estabelecer as razões e as concepções predominantes que levaram a tal estado de coisas. No entanto, antes de prosseguir, é importante conferir significado concreto e palpável a tal percentagem, que não parece tão dramática ao primeiro olhar.

Fundamental estabelecer a magnitude do número referente ao custo do Judiciário brasileiro: 1,4% do PIB ou atualmente cerca de 85 bilhões de reais é uma quantia certamente desproporcional para nossa realidade socioeconômica. No ano de 2009, primeiro período de divulgação dos dados do "Justiça em Números", o orçamento total do Judiciário, excluídos os valores gastos pelo Supremo Tribunal Federal e pelo CNJ, atingia 56,6 bilhões de reais para um PIB de 3,23 trilhões, uma proporção pior do que a de 2015, visto que correspondia a cerca de 1,75% do PIB. O crescimento da despesa apenas entre 2014 e 2015 apontou para a cifra de 4,7% e, considerando o quinquênio 2011-2016, um crescimento médio na ordem de 3,9% ao ano, enquanto o crescimento médio do PIB no mesmo período é de cerca de 0,17%.[394]

Essa despesa no ano de 2016, conforme apontamos, equivale a cerca de 2,5% dos gastos totais da União, dos estados, do Distrito Federal e dos municípios. Certamente, do ponto de vista do princípio da proporcionalidade, a administração da justiça e das instituições e corporações que a cercam não alcançariam tamanha relevância no orçamento da República sem distorções significativas no processo decisório e distributivo.[395]

---

[394] Justiça em Números CNJ. Relatório Justiça em Números do CNJ-2017, p. 67. Disponível em: <http://www.cnj.jus.br/programas-e-acoes/pj-justica-em-numeros>. Acesso em: 17 jul. 2018.

[395] "[...] 'Inflação de reivindicações' e 'ingovernabilidade' são termos-chave de uma política que aponta para uma efetiva separação entre administração e formação pública da vontade. Nesse contexto, fomentam-se tendências neocorporativas, isto é, a ativação do potencial de direção não estatal das grandes associações, em primeiro lugar das organizações

ACESSO À JUSTIÇA

De acordo com o relatório de análise econômica dos gastos públicos federais realizado pelo Ministério da Fazenda para o período compreendido entre 2006 e 2015, o montante se aproxima ou em alguns casos ultrapassa o gasto público primário federal em saúde e educação.

TABELA 1

**Gasto em saúde e educação em percentual do PIB[396]**

| Gasto público primário federal em saúde e educação, em % do PIB[396] | | | | | | | | | | |
|---|---|---|---|---|---|---|---|---|---|---|
| Discriminação | 2006 | 2007 | 2008 | 2009 | 2010 | 2011 | 2012 | 2013 | 2014 | 2015 |
| Educação | 0,9 | 0,8 | 0,9 | 1,1 | 1,2 | 1,3 | 1,3 | 1,4 | 1,5 | 1,4 |
| Saúde | 1,7 | 1,6 | 1,6 | 1,7 | 1,6 | 1,6 | 1,7 | 1,6 | 1,7 | 1,7 |

**Fonte:** Elaborada pelo autor.

A partir desses dados mencionados, se o Judiciário brasileiro no ano de 2014 tivesse gastado proporcionalmente o que gastou o Judiciário da Espanha ou da Argentina em relação ao PIB nacional, a sobra orçamentária em quatro anos (um mandato do Executivo) seria suficiente para a

empresariais e dos sindicatos. A transferência de competências parlamentares normativamente regulamentadas para sistemas de negociação que meramente funcionam faz do Estado um parceiro de negociação entre outros. Esse deslocamento da competência para o interior da zona cinzenta do neocorporativismo retira cada vez mais os temas sociais de um modo de decisão que segundo normas constitucionais está obrigado a considerar equanimemente todos os interesses afetados em cada oportunidade" (HABERMAS, Jürgen. A nova intransparência: a crise do estado de bem-estar social e o esgotamento das energias utópicas cit., p. 103-114).

[396] Secretaria de Política Econômica – SPE. Relatório de análise econômica dos gastos públicos federais. Evolução dos gastos públicos federais no Brasil: uma análise para o período 2006-15, maio 2016. Disponível em: <http://www.spe.fazenda.gov.br/notas-e-relatorios/relatorio_gasto_publico_ federal_ site.pdf>. Acesso em: ago. 2017.

ARGUMENTO ECONÔMICO E PESQUISA EMPÍRICA

universalização do saneamento básico, ou seja, prover água e ligação à rede de esgoto em todos os domicílios brasileiros.[397]

Outro exemplo prosaico, porém elucidativo relacionado ao serviço de transporte público desta feita, é que a mesma sobra orçamentária seria suficiente para construir em apenas um ano cerca de 180 quilômetros de linhas de metrô, o que faria a cidade de São Paulo superar em extensão as linhas de Paris e da Cidade do México e se aproximar de cidades como Tóquio e Seul (no segundo ano, ultrapassaríamos Pequim e Nova York, as maiores malhas metroviárias do mundo).

Relacionando os temas saúde, educação e moradia, podemos exemplificar que com esses valores excedentes seriam construídas anualmente mais de 12.000 escolas ou cerca de 4.000 hospitais ou, até mesmo, poder-se-ia zerar o déficit habitacional brasileiro em três ou quatro anos.

De forma ilustrativa, apontamos que o montante gasto excede, em muito, a proporção de outras demandas tão ou mais prementes da população. No Brasil, gasta-se menos com segurança pública do que com o Judiciário, embora a segurança seja reconhecidamente uma das principais preocupações da sociedade.[398] Nossos gastos com saúde se aproximam bastante dos destinados ao sistema de justiça, porém, no Reino Unido, o orçamento do total do Ministério da Justiça é 1/15 dos gastos com saúde e apenas 1%, se considerarmos apenas os custos dos tribunais britânicos.[399]

---

[397] Segundo consta, as primeiras obras de saneamento público do país datam da segunda metade do século XIX, período que marcou o aumento da população urbana da cidade do Rio de Janeiro após a chegada da Família Real portuguesa ao País (http://www.rodoinside. com.br/a-historia-do-saneamento-basico-no-brasil/) Ainda hoje, após quase dois séculos, metade da população brasileira não tem coleta de esgoto e, no ritmo de investimento atual, o serviço será universal somente a partir de 2050 (Dados Cepal. Disponível em: <https://nacoesunidas.org/cepal>). Segundo dados do setor, para universalizar os serviços, seriam necessários investimentos de R$ 270 bilhões (http://www.tratabrasil.org.br/ saneamento-duas-decadas-de-atraso). Acessos em: 22 ago. 2018.

[398] Os gastos com segurança pública no Brasil totalizaram R$ 76,2 bilhões em 2015, o que representa um aumento de 11,6% em relação ao ano anterior, segundo dados da 10.ª edição do Anuário Brasileiro de Segurança Pública, produzido pelo Fórum Brasileiro de Segurança Pública (FBSP). Dados disponíveis em: <http://www.forumseguranca.org.br/atividades/ anuario/>. Acesso em: 26 mar. 2017.

[399] De acordo com um estudo feito no âmbito da Fundação Getulio Vargas pelo Professor José Roberto Afonso, Financiamento da saúde no Brasil: os desafios do Estado e da sociedade, em percentuais do PIB, entre 2000 e 2014, o gasto em saúde variou pouco, de 1,56% a

Poderíamos seguir adiante, mas parece já claro não haver razoabilidade no dispêndio de valores tão vultosos em um ambiente em que eles são tão demandados em outras searas. Uma visão partidarizada e restrita do contexto social que nos cerca permitiu o estabelecimento dessa estranha situação e de tamanha inversão de valores. A prevalência de uma tecnocracia jurídica é capaz de explicar a magnitude do sistema atual e seu impacto na realidade socioeconômica brasileira.[400]

### 6.1.5. Eficiência e proporcionalidade levadas a sério – O respeito aos princípios de acordo com modelos econômicos

Embora não seja determinante, a influência da economia no universo jurídico é bastante sensível e aumenta na inversa proporção da escassez dos recursos econômicos e do crescimento das demandas juridicizadas. Sob um viés de respeito a padrões econômicos, buscamos apresentar o desequilíbrio e a desproporção dos gastos brasileiros com o serviço público judicial e a premente necessidade da tomada de uma posição no sentido da correção dessa distorção.

A pressuposição legitimadora é a da maximização dos resultados em ambientes em que os recursos são escassos, ou seja, quando não há bens ou facilidades em quantidade suficiente para que toda a demanda social seja atendida, o objetivo deve se voltar no sentido de distribuir da melhor maneira os existentes. É assim em todas as áreas do Estado, saúde, educação etc., pois não temos recursos infindáveis e todas elas padecem pela escassez. O importante é a sensibilidade para estabelecer prioridades e realizar o melhor serviço possível com os recursos disponíveis e de forma proporcional.

A teoria do direito de Dworkin, exposta na obra *Levando os direitos a sério*, sustenta que a melhor interpretação moral possível das práticas em vigor em uma determinada comunidade gera a interpretação adequada dos preceitos jurídicos. "Se o governo (*government*) não levar os direitos

---

1,75%. Comparando com outros países, o gasto (U$ PPP) foi de 594,90 no Brasil, enquanto no Reino Unido foi de 3.330,30 e em Cuba 2.195,90. Disponível em: <https://www.portalibre.fgv.br/lumis>. Acesso em: 23 jun. 2018.

[400] Paulo Bonavides, ao tratar da tecnocracia como uma terceira ameaça à democracia, chama a atenção para as decisões tomadas em nome do povo, porém sem sua participação no processo decisório. Segundo o autor, o tecnocrata "é um ignorante das verdades sociais mais profundas" (*Curso de direito constitucional* cit., p. 97).

a sério, é evidente que também não levará a lei a sério." Levar a sério significa, segundo ele, que: "A parte principal do direito – a parte que define e executa as políticas sociais, econômicas e externas – não pode ser neutra. Deve afirmar, em sua maior parte, o ponto de vista da maioria sobre a natureza do bem comum".[401]

Estamos, pois, diante de princípios constitucionais que se referem ao "ponto de vista da maioria sobre a natureza do bem comum", e que não estão sendo levados a sério. Nesse passo, a interpretação dos princípios da eficiência, da razoabilidade e da proporcionalidade não pode manter impunes práticas distorcidas que desconsideram não apenas o pensamento da maioria, mas também ignoram o necessário respeito às pretensões relacionadas aos conceitos mais claros de bem comum.

Neste momento, adentramos mais fortemente no terreno do utilitarismo, como teoria da legitimidade política, que tem seu principal expoente na figura de Jeremy Bentham.[402] A ideia é trabalhar a eficiência e a proporcionalidade fora dos rebuscados conceitos doutrinários da ciência econômica, e colocá-las em uso imediato pela comunidade jurídica, aplicando no dia a dia todas as suas potencialidades. Uma primeira providência seria dar ouvidos aos fatos apresentados e reconhecer a existência de um problema estrutural e, efetivamente, considerar que medidas devem ser adotadas para alcançar a proporcionalidade pretendida pela Constituição.

Tornando à questão da eficiência da qual tratamos linhas atrás, ao apontar quão dispendioso é o sistema de justiça brasileiro, passamos agora a ilustrar uma visão dessa eficiência a partir dos parâmetros econômicos, mais objetivos que as circunspecções jurídicas sobre o mesmo tema.

---

[401] DWORKIN, Ronald. *Levando os direitos a sério* cit., p. 314. Na mesma linha, Alexy: "Se algumas normas da constituição não são levadas a sério é difícil fundamentar porque outras normas também então devem ser levadas a sério se isso uma vez causa dificuldades" (Direitos fundamentais no estado constitucional democrático: para a relação entre direitos do homem, direitos fundamentais, democracia e jurisdição constitucional cit., p. 55-79).

[402] Definimos nossa preferência pela teoria democrática como a forma que melhor justifica e legitima politicamente os sistemas sociais, contudo, ainda sob outras perspectivas e outras teorias, ainda assim seria possível justificar nossa proposta. Tal não é diferente com base no utilitarismo egoísta de Bentham. Ainda que se tome em conta a opção com base nos dois senhores "dor e prazer", a alteração do modelo enquanto opção política gera apenas benefícios. Sobre o tema: SHAPIRO, Ian. *Os fundamentos morais da política* cit., Capítulos 2 e 3.

Conforme mencionamos no item 3.1.4, existem princípios estudados na ciência econômica que tratam da eficiência e são utilizados para classificar as práticas eficientes e ineficientes. Dois dos mais importantes são os denominados princípio da eficiência de Pareto ou princípio do "ótimo de Pareto" e princípio da eficiência de "Kaldor-Hicks", conforme são mais conhecidos pelos economistas. O "ótimo de Pareto" foi utilizado por John Rawls como parâmetro para uma análise da sua teoria de justiça e teria aplicabilidade nas considerações que ora tecemos acerca do caso em análise.[403] Some-se a isso a teoria de justiça e legitimidade política agregada à argumentação, segundo a qual todos os juízos a respeito de direitos e políticas públicas devem basear-se na ideia de que todos os membros de uma comunidade são iguais enquanto seres humanos e devem ser tratados, em todos os aspectos relevantes para seu desenvolvimento humano, com igual consideração e respeito.[404]

Segundo referido princípio – Rawls prefere o termo eficiência –, uma configuração é eficiente sempre que é impossível mudá-la de modo a fazer com que algumas pessoas (pelo menos uma) melhorem a sua situação sem que, ao mesmo tempo, outras pessoas (pelo menos uma) piorem as suas. Um exemplo econômico é o da distribuição de um estoque de mercadorias considerado eficiente se não existe redistribuição dessas mercadorias que melhore a situação de pelo menos um desses indivíduos sem que o outro fique em desvantagem.[405-406]

---

[403] Sobre a utilização do princípio do "ótimo de Pareto" por Rawls vide: THIRY-CHERQUES, Hermano Roberto. John Rawls: a economia moral da justiça. *Revista Sociedade e Estado*, Brasília, v. 26, n. 3, set.-dez. 2011. Disponível em: <http://www.scielo.br/scielo.php?pid=S0102-69922011000300007&script= sci_arttext#back1>. Acesso em: 31 maio 2017.

[404] DWORKIN, Ronald. *Levando os direitos a sério* cit., p. 323.

[405] DWORKIN, Ronald. *Levando os direitos a sério* cit.

[406] No capítulo 3, da obra *Os fundamentos morais da política*, com o título A síntese dos direitos e da utilidade, Ian Shapiro discorre sobre a teoria de Pareto e aponta suas críticas, com as quais concordamos: "àqueles que usam sua tese (Pareto) para sugerir que o Estado ganha legitimidade quando deixa a distribuição por conta do mercado [...]" (*Os fundamentos morais da política* cit., p. 49-70). Também aqui não é disso que se trata. O Estado não se alija de sua atuação, nem se está diante de uma questão "Pareto-indeterminável". Trata-se de uma simples e hermética aplicação de uma "mudança Pareto-superior" absolutamente distante das críticas de Shapiro.

Outro critério paralelo ao "Ótimo de Pareto" é o de "Eficiência de Kaldor-Hicks" ou "Kaldor-Hicks *improvement*", projetada por Nicholas Kaldor e John Hicks. Trata-se, da mesma forma, de analisar realocações econômicas, mas com critérios menos rigorosos que o de "Pareto". Uma alteração como a que propomos seria uma melhoria de "Kaldor-Hicks" se aqueles que ficam melhores, ou se a melhoria em si compensa os prejudicados. A compensação é hipotética e não há nenhuma presunção a favor do *status quo*, de modo que nessa concepção pode efetivamente haver uma piora da situação de alguns, desde que o ganho coletivo a compense.

Numa linha parecida, mas também como base em tais conceitos econômicos, Richard Posner, o teórico mais importante da *LaE*, preocupou-se em transformar a eficiência em um padrão ético. Esta seria equiparada à justiça como parâmetro para as decisões, porém, por meio da mensuração dos custos-benefícios por critérios econômicos, com contornos muito mais objetivos. Justa seria a decisão maximizadora de riqueza e é importante ressaltar que os economistas já contam com ferramentas muito mais avançadas que os juristas para aquilatar essa "justiça" de custos e benefícios.[407]

A reflexão é se o sistema brasileiro de acesso à justiça pode ser alterado em benefício de muitos sem qualquer prejuízo a outros. E, se entendemos que sim e, portanto, que esse sistema é ineficiente e injusto sob tal aspecto, seja por questão de ética ou justiça, é necessário levar a sério não apenas os direitos, mas também o bem comum, de modo a concluir serem inadiáveis os esforços para alterar tal situação.

Certamente que haverá prejuízos aos profissionais e/ou corporações que se beneficiam do sistema atual, contudo este não é destinado a preservar tais interesses, nem economicamente eles podem ser sopesados, de modo que prejuízos dessa natureza não são considerados. Sob tal ponto de vista, de acordo com os parâmetros econômicos que tratamos *supra*, objetivamente não haveria prejudicados (usuários do serviço) num ambiente de acesso à justiça mais razoável e os benefícios decorrentes da reestruturação do sistema alcançariam toda a sociedade.

---

[407] Cita Marcellino Jr. que para Posner "a (neo)eficiência maximizadora de riqueza foi equiparada ao parâmetro de justiça. [...] e eficiente será o que for definido segundo '*the justice of market*'" (*Análise econômica do acesso à justiça*: a tragédia dos custos e a questão do acesso inautêntico cit., p. 98).

Como dissemos, a proposta de acesso ao Judiciário limitado, porém razoável, não traz objetivamente prejuízos individuais, de modo que seria uma reforma eficiente na linha de "Pareto", mais restrita. Entretanto, ainda que se considere a existência de prejudicados, trata-se de uma proposta claramente eficiente nos aspectos gerais e com amplos benefícios à coletividade, de modo que não encontramos dificuldades em colocá-la de acordo com as ideias de "Kaldor-Hicks" ou Posner. Um acesso à justiça mais restrito seria, portanto, mais justo e eticamente justificado na medida em que os benefícios superam amplamente os custos de tal intervenção.

### 6.1.6. A superação da "tragédia dos comuns" e a necessidade de um acesso à justiça racional

A República tem defeitos, as democracias têm vários problemas, o Direito, enquanto instituição social, tem limitações claras e o Processo Civil não poderia pretender ser perfeito. Se o Estado falha dramaticamente em fornecer saúde, educação, segurança, qual o motivo nos inclinaria a um processo individual de qualidade e em oferta ilimitada? Economicamente, as limitações do Estado devem ser distribuídas de forma que sejam menos sentidas tanto quanto mais indispensável for a prestação.

O apelo à racionalidade econômica é uma objeção à postura dogmática da doutrina processual que não se justifica, exceto em um ambiente de puro tecnicismo jurídico. Não propugnamos uma espécie de privatização da função jurisdicional, o que seria a saída esperada a partir da constatação da inevitável tragédia da sobreutilização, e sim uma forma de evitar a destruição irracional dos recursos públicos.

Uma visão econômica, cuja formulação mais moderna pode ser atribuída aos trabalhos de Gordon e Scott, analisou o comportamento de cardumes de peixes explorados por uma coletividade. "De acordo com essa teoria de recursos comuns, o fato de indivíduos gozarem de direitos ilimitados de explorar cardumes em determinadas regiões levava a uma exploração acima dos níveis sustentáveis. O resultado: extinção dos cardumes. A única solução identificada pelos autores: propriedade privada dos cardumes".[408]

---

[408] GICO JÚNIOR, Ivo Teixeira. *A tragédia do Judiciário*: subinvestimento em capital jurídico e sobreutilização do Judiciário cit., p. 96.

Posteriormente, um artigo de Garrett Hardin trouxe uma das mais comentadas questões relativas às ciências sociais. O tema da utilização de recursos comuns sem controles e limites e seu inexorável esgotamento tem relação direta com a análise que ora empreendemos.[409] Nesse artigo, Garret sedimentou o problema com a conhecida metáfora da "tragédia dos comuns". "Tragédia aqui não necessariamente significa algo muito ruim ou triste, mas no sentido dramático de que algo pode ser o resultado inexorável do estado das coisas, apesar da intenção diversa de cada um dos agentes envolvidos agindo racionalmente. É trágico porque é inevitável. É trágico porque não é o desejo de nenhuma das partes envolvidas, mas, ainda assim, é inevitável."[410]

Toda essa relação entre a escassez de recursos como postulado da ciência econômica, a oferta ilimitada em dado período de tempo e os problemas do acesso ao Judiciário, sob o prisma da "tragédia dos comuns", é trabalhada na já comentada tese de Ivo Teixeira Gico Jr. A relação fica bastante clara, ou seja, do ponto de vista econômico, a garantia de acesso total e praticamente sem custos ao Judiciário poderia gerar um problema de sobreutilização, o que representaria uma "tragédia do Judiciário". Também essa conclusão se encontra na obra de Marcellino Jr., que da mesma forma menciona uma tragédia do acesso à justiça pela sua utilização desenfreada, o que o saudoso Ministro Teori Zavascki chamou no prefácio da obra de "histeria coletiva de judicialização".[411]

A contraposição entre os interesses individuais e os coletivos já se encontrava presente e desenhada na obra de Durkheim,[412] segundo o

---

[409] HARDIN, Garrett. The Tragedy of the Commons. Science, v. 162, p. 1243-1248, 1968. Disponível em: <http://www.sciencemag.org/content/162/3859/1243.full.pdf>. Acesso em: 6 mar. 2018.

[410] GICO JÚNIOR, Ivo Teixeira. *A tragédia do Judiciário*: subinvestimento em capital jurídico e sobreutilização do Judiciário cit., p. 96.

[411] MARCELLINO JR., Julio Cesar. *Análise econômica do acesso à justiça*: a tragédia dos custos e a questão do acesso inautêntico cit., prefácio.

[412] "Há em nós duas consciências: uma contém apenas estados que são pessoais a cada um de nós e nos caracterizam, ao passo que os estados que a outra compreende são comuns a toda a sociedade. A primeira representa apenas nossa personalidade individual e a constitui; a segunda representa o tipo coletivo e, por conseguinte, a sociedade sem a qual ele não existiria. Quando é um dos elementos desta última que determina nossa conduta, não agimos tendo em vista o nosso interesse pessoal, mas perseguimos finalidades coletivas"

qual, se, por um lado, um indivíduo pretende satisfazer todos os seus desejos e ambições, por outro, a sociedade não permite e impõe-lhe determinados limites. De acordo com Gico Jr., essas circunstâncias e suas consequências já haviam sido cogitadas nos Estados Unidos por Laband, que afirmou que "conceder direito de ação a qualquer um, mesmo sem demonstração preliminar de haver dano, levaria ao sobrecarregamento do sistema judicial e à sua derrocada, uma tragédia judicial",[413]e por Timm e Machado, ao analisarem os efeitos da concessão indiscriminada de assistência judiciária gratuita (AJG) e o aumento do número de advogados.[414]

A superação da perspectiva trazida pela teoria da tragédia dos comuns, enquanto consequência inevitável do uso coletivo dos bens e a privatização/estatização como solução natural, recebeu sua mais conhecida crítica no trabalho da ganhadora do prêmio Nobel de Economia, a cientista política Elinor Ostrom. Seus trabalhos apresentam alternativas viáveis à utilização comum de bens em algumas situações delicadas, como a dos recursos hídricos do sul da Califórnia, sistemas de irrigação no Nepal, pastagens comuns na Suíça, entre outros exemplos, todos relacionando pontos críticos como população numerosa, clima impróprio e escassez de recursos naturais etc.

Ostrom investigou, *v.g.*, na Califórnia, como grupos locais se articularam para gestão do lençol freático. A congregação de recursos comuns (*common-pool resource, CPR*) pelas partes interessadas é eficaz sem necessitar de privatização ou regulação externa, se atender alguns requisitos.[415] A autora defende, a partir de uma lógica coletiva, que na

---

(DURKHEIM, Émile. *Da divisão do trabalho social.* Tradução de Eduardo Brandão. São Paulo: Martins Fontes, 1999. p.79).

[413] Conforme GICO JÚNIOR, Ivo Teixeira. *A tragédia do Judiciário*: subinvestimento em capital jurídico e sobreutilização do Judiciário cit., p. 113.

[414] CNJ. *Demandas Judiciais e Morosidade da Justiça Civil – Relatório Final Ajustado* cit., p. 23 e ss.

[415] "I argue that many solutions exist to cope with many different problems. Instead of presuming that optimal institutional solutions can be designed easily and imposed at low cost by external authorities, I argue that 'getting the institutions right' is a difficult, time--consuming, conflict-involving process. It is a process that requires reliable information about time and place variables as well as a broad repertoire of culturally acceptable rules. New institutional arrangements do not work in the field as they do in abstract models unless

maioria dos casos existe a possibilidade de construção de regras para um desfrute geral e sustentável dos bens comuns.[416] Essa lógica coletiva e de cooperação é o que nos interessa como linha argumentativa para estabelecer princípios – a cooperação como o principal deles – a partir dos quais podemos tratar do problema da sobreutilização do Judiciário brasileiro e evitar a in(evitável) tragédia do uso comum desses recursos.

Elinor Ostrom faz um paralelo entre a teoria de Hardin, a obra de Mancur Olson *The logic of collective action* e o jogo do "dilema do prisioneiro" que presumem atitudes não cooperativas de indivíduos racionais quando a informação e a comunicação são inexistentes ou mesmo deficientes, diferentemente, segundo ela, do que ocorre em ambientes onde há informação e comunicação.[417] Tanto a teoria de Hardin quanto a de Ostrom são complexas teses ligadas à economia e à sociologia impossíveis de ser aprofundadas neste trabalho, no entanto, como referência geral, esta última poderá ter aplicação com relação à chamada "tragédia do Judiciário", de modo que a observância de alguns princípios poderia servir como referência para a construção de um sistema de acesso à justiça mais equilibrado e eficiente.

Dos princípios preconizados por Ostrom podemos citar os limites claramente definidos, a equivalência proporcional entre benefícios e custos, as sanções gradativas, a governança policêntrica, entre outros.[418] Esses princípios e sua observância seriam de grande valia na interpretação jurídica e como referência para a reestruturação do modelo brasileiro

---

the models are well specified and empirically valid and the participants in a field setting understanding how to make the new rules work" (OSTROM, Elinor. *Governing the commons*: the evolution of institutions for collective actions cit., p. 14).

[416] BAIARDI, Amilcar. Elinor Ostrom, a premiação da visão unificada das ciências humanas cit.

[417] Citando uma percepção equivocada da obra de Mancur Olson (*The logic of collective action*), Ostrom defende a possibilidade de indivíduos racionais agirem em prol dos interesses coletivos dependendo de quão perceptíveis sejam os efeitos das ações pessoais de cada um (OSTROM, Elinor. *Governing the commons*: the evolution of institutions for collective actions cit., p. 6).

[418] Sobre o tema: ALVES, Leonardo. M. Hardin: a tragédia dos comuns. Disponível em: <https:// ensaiosenotas.com/2016/12/28/hardin-a-tragedia-dos-comuns/>. Acesso em: 23 jul. 2018.

de acesso à justiça. As pesquisas de Elinor Ostrom sobre o uso de bens coletivos perduraram por mais de trinta anos com uma base fincada nos fundamentos da cooperação, concluindo ela que existiriam condições de preservação dos bens comuns a partir da credibilidade das regras e da confiança entre os integrantes das comunidades, dividindo-se os custos e benefícios e, principalmente, distribuindo-se as responsabilidades.[419] Dada a amplitude do tema e dessas pesquisas, limitamo-nos a utilizar as premissas insertas nos princípios de Ostrom, notadamente quanto tratarmos da cooperação das partes no processo e suas consequências.

## 6.2. O custo do acesso à justiça

### 6.2.1. Temos muitos processos, nossos processos são muito caros, ou ambos?

Passamos então a esquadrinhar da melhor forma possível a nossa desproporção orçamentária, detalhando uma nuance fundamental com relação ao problema geral do custo da estrutura da justiça brasileira, que é o número total de processos e o valor médio gasto em cada processo baixado. A resposta à questão trazida no título é: ambos.

O primeiro questionamento não gera maiores dúvidas para ser respondido. Certamente temos muitos processos. De acordo com a pesquisa Justiça em Números-2017, realizada pelo CNJ, o Brasil finalizou o ano de 2016 com 79,7 milhões de processos em tramitação. Nesse ano, ingressaram no Judiciário 29,4 milhões de processos e foram baixados os mesmos 29,4 milhões, ou seja, o Judiciário lida anualmente com quase 110 milhões de processos. Houve um crescimento em relação ao ano anterior de 5,6% nas entradas e 2,7% nas baixas. Mesmo tendo baixado praticamente o mesmo quantitativo ingressado, o estoque de processos cresceu em 2,7 milhões, o que representou 3,6%.[420] Em 2014 eram 70.800.000 processos, tendo sido baixados 28,5 milhões. É um número alto, mas fica mais impressionante quando comparado com outros países.[421]

---

[419] OSTROM, Elinor. *Governing the commons*: the evolution of institutions for collective actions cit., p. 194.

[420] Justiça em Números CNJ. Relatório Justiça em Números do CNJ-2017 cit., p. 67.

[421] Os números atuais no Brasil representam um ingresso anual de quase 15.000 casos por 100.000 habitantes. Segundo dados bastante desatualizados do Ceja, a média sul-americana

Apenas uma breve ilustração. Cada magistrado no Brasil recebe em média, anualmente, 1.707 casos novos, com picos de média de até 2.900 em estados como São Paulo, Rio de Janeiro ou Rio Grande do Sul.[422] Como mencionamos, não se trata de número insuficiente de juízes, pois, apesar de o Brasil contar com 8,2 juízes/100 mil habitantes, enquanto a Alemanha tem mais de 24 e Portugal chega 19, a Itália, Colômbia, Espanha e Estados Unidos contam com cerca de 10, que são números mais próximos; já o Chile tem 5, a Venezuela 6 e a Inglaterra menos de 4.[423] Assim, não é difícil concluir que, de todo modo e sob qualquer prisma que se analise, temos mesmo muitos processos, e não tão poucos juízes.[424]

em 2010 encontrava-se em 3.355 processos por 100.000 habitantes. Argentina, Uruguai e Colômbia apresentavam números próximos a essa média 2.449, 3.864 e 4.973, respectivamente. De forma surpreendente, o Chile apresentava números altíssimos 13.825/100.000 (CEJA – Centro de Estudios de Justicia de las Americas. Los sistemas de justicia penal en América Latina cit.).

[422] SADEK, Maria Tereza (Coord.). O uso da justiça e o litígio no Brasil cit.

[423] DA ROS, Luciano. O custo da Justiça no Brasil: uma análise comparativa exploratória cit., Gráfico 2, p. 5. Os dados do Ceja sobre tais pontos referem-se ainda a 2010 e dizem respeito a juízes não criminais, enquanto os dados da Cepej concernem ao número total de magistrados. De toda forma, há uma aproximação válida, haja vista que o número de magistrados criminais não é tão expressivo no Brasil em relação ao número total. Assim, na realidade latino-americana, os números brasileiros são bem razoáveis, considerando que a Costa Rica, que conta com o maior número de magistrados não penais por 100.000 habitantes, tinha em 2010 apenas 7,1, na sequência a Colômbia 5,8, Panamá 4,4, Uruguai 4,3, Chile e Equador 3, Honduras 2, El Salvador 1,5, Paraguai 1,2 e República Dominicana 1,1 (CEJA – Centro de Estudios de Justicia de las Americas. Los sistemas de justicia penal en América Latina cit., p. 16).

[424] A informação de que temos poucos juízes circula sobranceira nos meios jurídicos e poucas vezes é contestada. Na verdade, o que se tem são muitos processos, e não poucos juízes. Nesse sentido, Bedaque: "Dúvida não há de que o aumento puro e simples do número de magistrados, visando a aproximar o Brasil de padrões mundialmente aceitos, seria não só inviável como insuficiente. O recrutamento é difícil, os limites orçamentários são rígidos e a qualidade dos profissionais deixa a desejar. Mas também de nada adianta investir em técnicas de administração, tecnologia e política de recursos humanos se não houver juízes para conduzir os processos. Parece que uma solução não exclui a outra. De que o Brasil está muito aquém da média na relação juiz/processos não há dúvidas. Embora não se pretenda ampliar de forma exagerada o quadro da magistratura, é preciso verificar qual o mínimo necessário" (BEDAQUE, José Roberto dos Santos. *Efetividade do processo e técnica processual*. São Paulo: Malheiros, 2006. p. 22-23). O fato é que com 8,2 juízes por 100 mil habitantes

Outro dado bastante relevante impacta diretamente o custo global da atividade judicial brasileira. Enquanto no Brasil, há 68,2 novos casos para cada funcionário, há 135,9 em Portugal, os mesmos 135,9 na França e 229,3 na Itália, ou seja, embora os magistrados sejam individualmente responsáveis por mais casos novos por ano no Brasil, eles recebem o auxílio de uma força de trabalho significativamente maior para tanto.[425]

De outro lado, nossos processos são individualmente muito caros. Essa certamente é uma afirmação bem mais difícil de comprovar.

Analisamos os poucos dados disponíveis a respeito de modo a buscar comprovar que o custo individual por processo baixado no Brasil é alto, se comparado a outros países. Os valores são apresentados por aproximação, mas a partir de fontes seguras utilizadas anteriormente. A Cepej não oferece números acerca do custo individual nem da quantidade anual de processos baixados pelos países europeus, o que impossibilita seguir a mesma metodologia de comparação que vínhamos utilizando.

Iniciamos, pois, com os valores por processo baixado nos últimos anos de acordo com os dados fornecidos pelo CNJ, que indica certa estabilidade, senão vejamos:

e expressiva força de trabalho auxiliando tais magistrados, o País se encontra muito bem apanhado, quantitativamente, em termos de material humano.

[425] Temos mais de 25 funcionários por magistrado profissional (DA ROS, Luciano. O custo da Justiça no Brasil: uma análise comparativa exploratória cit.), enquanto a média europeia não chega a 4 (nota 80). Na América Latina, segundo o Ceja, em 2010 os números iam de 4,2 em Honduras, passando por 13,7 e 14,7 na Colômbia e Chile e destoando apenas no Uruguai, onde o número apontado foi de 36,5 (CEJA – Centro de Estudios de Justicia de las Americas. Los sistemas de justicia penal en América Latina cit.).

GRÁFICO 8
**Custos por processo baixado**

Com base no Justiça em Números, dividindo o orçamento total destinado para o Poder

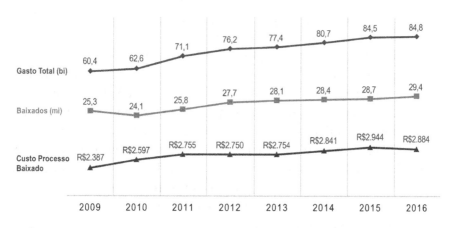

**Fonte:** Elaborado pelo autor.

Judiciário pelos casos solucionados, temos que o custo atual por cada decisão judicial que baixa definitivamente um processo é, em média, de R$ 2.884,35.

A primeira referência a ter em mente para estabelecer que nosso custo por processo é alto é que julgamos números elevados de causas simples e repetitivas, o que amplia muito nosso divisor e deveria impactar o quociente. Dessa forma, dada a natureza repetitiva de muitos desses processos julgados anualmente, seria de esperar que o valor por feito baixado fosse menos expressivo, independentemente do montante global, porém não é isso o que ocorre.

O Chile é um parâmetro importante como vizinho sul-americano e como uma das referências de desenvolvimento do continente e, além disso, apresenta dados mais precisos, embora desatualizados. O país conta com o segundo maior PIB *per capita* sul-americano, quase 14.000 dólares, e uma população de cerca de dezoito milhões de habitantes. No Chile, a divisão de competências e a forma do exercício da jurisdição é bastante peculiar. Basicamente, na jurisdição civil têm-se o órgão máximo, que é a Corte Suprema de Justiça, as Cortes de Apelação e os Juízos de Primeiro Grau. Há tribunais independentes não vinculados à Corte Suprema e com funções diversas, como o Tribunal Constitucional, os Tribunais Eleitorais Regionais, o Tribunal Nacional e outros.[426] Há também uma desconcentração das atividades e uma marcante atuação do poder político em atividades tipicamente jurisdicionais.[427]

Para alcançarmos um valor por processo baixado, utilizamos os seguintes parâmetros: como vimos, o Chile gasta cerca de 0,22% de seu PIB com o sistema judicial.[428] Segundo dados do Ceja, em 2010 ele solucionava cerca de 86% dos casos não penais que ingressavam no sistema judicial e estes correspondiam a 81% do total dos feitos, sendo a taxa de ingresso de 13.825 casos por 100.000 habitantes.[429] Considerando que nesse ano a população do país girava em torno de 17 milhões e o PIB na casa dos 218,5 bilhões de dólares,[430] é possível indicar, por aproximação, que cada processo solucionado naquele país custaria ao erário, no máximo, 200 dólares. Nesse mesmo ano, um processo baixado no Brasil custou R$ 2.597,00, o que correspondia, à época, a quase 1.700 dólares.[431]

---

[426] VIANCOS, Ivan Enrique Vargas. O sistema judiciário chileno. In: ASSOCIAÇÃO DOS MAGISTRADOS BRASILEIROS – AMB (Org.). *Justiça*: promessa e realidade: o acesso à justiça em países ibero-americanos. Tradução de Carola Andréa Saavedra Hurtado. Rio de Janeiro: Nova Fronteira, 1996. p. 33-46.

[427] "A autoridade política, através de seus serviços dependentes, conserva em virtude de seu mandato legal certas faculdades de índole jurisdicional. Entre elas é possível mencionar as que possuem o Serviço de Impostos Internos nos julgamentos por infração a normas tributárias ou as do Serviço de Aduanas, que realiza um prejulgamento nessas matérias [...] Em uma situação especial encontram-se os chamados Juizados de Polícia Local, os quais, apesar de dependerem administrativamente dos municípios, e não do Poder Judiciário, funcionalmente fazem o papel deste último, e têm ingerência não somente na revisão de suas decisões, como também na nomeação e avaliação de seus magistrados" (Idem, ibidem).

[428] DA ROS, Luciano. O custo da Justiça no Brasil: uma análise comparativa exploratória cit.

[429] CEJA – Centro de Estudios de Justicia de las Americas. Los sistemas de justicia penal en América Latina cit., p. 13-14.

[430] Dados disponíveis em: <https://pt.tradingeconomics.com/chile/gdp>. Acesso em: 26 nov. 2018.

[431] Câmbio de 30.12.010. Disponível em: <https://www4.bcb.gov.br/pec/taxas>. Acesso em: 11 jun. 2018. Pela enorme variação do câmbio no período, um processo hoje no Brasil custaria menos da metade, cerca de 800 dólares, o que ainda representa quatro vezes o custo no Chile.

Nossa outra importante vizinha, a Argentina, também pode ser um interessante parâmetro de comparação, embora os dados disponíveis sejam ainda mais precários. Com a segunda maior população da América do Sul, a Argentina tem hoje quase quarenta e cinco milhões de habitantes e um PIB *per capita* um pouco maior que o brasileiro, cerca de 12.400 dólares. Na organização judiciária, há o *Poder Judicial de La Nación* e os *Poderes Judiciales Provinciales* que exercem toda a competência jurisdicional, incluindo civil, comercial, penal, trabalhista e relativas à seguridade social.[432] Como no Brasil, o Judiciário argentino é composto, em sua cúpula, de uma Suprema Corte e, após a reforma constitucional de 1994, de um órgão de governo apartado, o Conselho da Magistratura,[433] mas as semelhanças param por aí.

Novamente segundo dados do Ceja, em 2010 a Argentina solucionava 53% dos casos não penais que adentravam na primeira instância. Apenas os casos dos *Poderes Judiciales Provinciales* da Argentina, excluindo os processos do *Poder Judicial de La Nación*, totalizaram 4.973 por 100.000 habitantes.[434] Considerando uma população de cerca de 40 milhões em 2010, um PIB de 423 bilhões de dólares no mesmo ano[435] e um dispêndio de 0,13% desse PIB com o Poder Judiciário,[436] é possível concluir que o custo de um processo baixado na Argentina girava em torno de, no máximo, 150 dólares, menos de 10% do custo brasileiro.

Luciano Da Ros afirma: "o Brasil tem um dos mais altos custos de decisão judicial: R$ 2,2 mil. Na Itália, custa cerca de R$ 1,6 mil, e R$ 2 mil em Portugal".[437]

---

[432] ZAFFARONI, Eugenio Raúl. Estrutura e funcionamento do Judiciário na Argentina. In: ASSOCIAÇÃO DOS MAGISTRADOS BRASILEIROS – AMB (Org.). *Justiça*: promessa e realidade: o acesso à justiça em países ibero-americanos. Tradução de Carola Andréa Saavedra Hurtado. Rio de Janeiro: Nova Fronteira, 1996. p. 33-46.

[433] Sobre os conselhos judiciais na América Latina, vide: LINN, Hammergren. Do judicial councils further judicial reform? Lessons from Latin America cit.

[434] CEJA – Centro de Estudios de Justicia de las Americas. Los sistemas de justicia penal en América Latina cit., p. 13-14.

[435] Dados disponíveis em: <https://pt.tradingeconomics.com/argentina/gdp>. Acesso em: 26 nov. 2018.

[436] DA ROS, Luciano. O custo da Justiça no Brasil: uma análise comparativa exploratória cit.

[437] Idem, ibidem.

Combater o custo individual de cada processo, sem uma ação efetiva com relação ao número global, parece pouco produtivo. As variáveis que resultam no montante global desproporcional são bastante estáveis e de difícil redução. A primeira e mais importante delas são as despesas com pessoal. Processos judiciais são lides submetidas ao Poder Judiciário pautadas por fatos e fundamentos jurídicos e que, portanto, precisam ser analisadas detidamente. Para tal mister, são necessárias pessoas capacitadas, o que faz presumir que, diante de um universo de milhões de processos, muitas pessoas são, de fato, necessárias. Os gastos obrigatórios com pessoal atingem cerca de 90% do montante do orçamento do Judiciário[438] (segunda variável) e temos uma alta produtividade[439] tanto de juízes quanto de servidores (terceira variável), de modo que diante de tais circunstâncias fica difícil pretender buscar eficiência no custo unitário dos processos.

De fato, temos muitos processos e eles são muito caros. Visando apontar alguma saída para tal situação, indicamos que dificilmente conseguiríamos reduzir o valor individual dos processos, ainda que enorme o esforço pela eficiência, pois grande parte do divisor, ou seja, do orçamento do Judiciário, encontra-se atrelado a despesas obrigatórias. Haveria ainda a hipótese de que o crescimento do PIB nacional pudesse reduzir o percentual empenhado na prestação jurisdicional, porém tal saída não parece muito próxima, afora o fato de que as despesas vêm

---

[438] Os gastos com recursos humanos são responsáveis por 89% da despesa total e compreendem, além da remuneração com magistrados, servidores, inativos, terceirizados e estagiários, todos os demais auxílios e assistências devidos, tais como auxílio-alimentação, diárias, passagens, entre outros. Relatório Justiça em Números do CNJ-2017 cit., p. 33. Segundo dados da Cepej, a média na Europa é de 69% e a mediana 72 %, e apenas Andorra e Lituânia têm percentuais comparáveis ao Brasil, enquanto na Irlanda esse percentual é de 37% (CEPEJ. European judicial systems: efficiency and quality of justice cit., p. 37)

[439] Segundo relatório do Conselho Nacional de Justiça (CNJ), o Brasil tem os juízes muito produtivos quando comparados com as médias dos demais países. Cada um dos 16.000 juízes brasileiros produzia, em média, 1.616 sentenças por ano, enquanto essa taxa nos 42 países pesquisados era de 736 processos, ou seja, menos da metade (CNJ – Conselho Nacional de Justiça. Estudo comparado sobre recursos, litigiosidade e produtividade: a prestação jurisdicional no contexto internacional. Disponível em: <http://www.cnj.jus.br/pesquisas-judiciarias>. Acesso em: 19 set. 2018).

aumentando continuamente e, historicamente, em patamar superior ao crescimento do PIB.[440]

Temos então um número de feitos que continuam a aumentar ano após ano; gastamos um valor elevado para conseguir resolver os processos individualmente; contamos com um PIB *per capita* que não surpreende, de modo que só isso explicaria os montantes desarrazoados gastos na prestação da justiça. A única solução viável, ao que parece, seria reduzir o número de processos por meio de uma política de Estado e, ao longo do tempo, diminuir a necessidade de juízes e servidores no aparato estatal ligado à prestação do serviço judicial.

## 6.2.2. O custo e o custeio do direito de litigar – o custo do processo para as partes nos sistemas estrangeiros

O custo do sistema de justiça não se resume ao orçamento do Poder Judiciário. Nesse contexto, são necessários recursos públicos e privados que são destinados a funções paralelas e aos honorários advocatícios. Para uma melhor compreensão da noção do custeio do direito de litigar, dividiremos o custo apenas em custas processuais e honorários advocatícios, para chegar à conclusão de que tanto uma quanto outra, em grande medida, são suportadas pelo Estado. Segundo o relatório do CNJ, dos quase 90 bilhões de reais gastos por toda a estrutura do Poder Judiciário, pouco mais de 10% são custeados efetivamente pelas partes por meio de custas, emolumentos e outras taxas, cerca de R$ 9,4 bilhões,[441] e o restante vem do orçamento geral. No Brasil, então, além de o serviço judicial e de o litígio serem, em regra, muito baratos no tocante a custas e emolumentos, os critérios para a concessão da gratuidade total são extremamente largos e a proporção torna-se bastante iníqua.

O primeiro ponto a ser estabelecido é que não há no Brasil, em larga medida, uma equivalência das taxas e das custas judiciais com a atividade efetivamente exercida, com o tempo e o trabalho despendido com o feito em juízo. Em regra, há uma diretriz nos países de modo a identificar a proporção do custo de cada ato do processo e o necessário pagamento

---

[440] Vide nota 395: Justiça em Números CNJ. Relatório Justiça em Números do CNJ-2017 cit., p. 67.

[441] Relatório Justiça em Números do CNJ-2017, p. 56. Disponível em: <http://www.cnj.jus. br/programas-e-acoes/pj-justica-em-numeros>. Acesso em: 17 jul. 2018.

da taxa respectiva, ou seja, um processo simples, com poucos atos, que demande pouco tempo, tem um custo muito inferior a um processo complexo, demorado e com vários atos. Em alguns casos, o pagamento é feito até pelo número de páginas que contém a petição, e não pelo valor da causa.

Conforme exemplificamos anteriormente, um mandado de segurança de muitos volumes de documentos, talvez toda a escrita contábil de uma empresa em anos, interposto pela mesma em face de uma decisão administrativa complexa custa perante a Justiça Federal no máximo 1.800 UFIR, ou R$ 1.915,38.

Na Inglaterra, por exemplo, uma ação de divórcio ou de dissolução de união estável custa inicialmente 550 libras esterlinas, cerca de R$ 2.400,00 reais[442] e, ainda assim, cabe às partes pagar várias outras custas ao longo do processo em primeira instância, como taxas de audiência variáveis de acordo com a duração, número de testemunhas etc. Na Itália, os custos de uma ação judicial podem chegar a um milhão de euros.[443-444]

---

[442] Dados Banco Central do Brasil. Disponível em: <https://www4.bcb.gov.br/pec/taxas>. Acesso em: 6 mar. 2018.

[443] Dados disponíveis em: <https://e-justice.europa.eu/content_costs_of_proceedings-37-pt.do>. Acesso em: 12 ago. 2016.

[444] Zuckerman faz uma comparação dos custos na Alemanha e na Inglaterra a partir de processos com valores relativamente baixos. A conclusão é que os custos ingleses seriam muito altos perto dos custos alemães. O fato é que em ambos os casos os valores seriam exorbitantes comparados aos praticados no Brasil: "Indeed, by comparison to costs in Germany they are huge. In Germany the costs in respect of a claim for £ 8,850 would be as follows. The lawyer will receive £ 1,260, which is about half of what Lord Woolf envisages as solicitor's fees alone (assuming the top band) and a mere quarter of the combined figure of £ 5,000 in respect of solicitor's fee and advocacy fee. Germany law allows only a fixed disbursement fee of £ 18, whereas there is no limit on the English comparable expenses. However, in Germany there will be a court fee of £ 510 payable, which is considerably higher than the English court fee. Let us assume that some additional disbursements would be incurred in Germany in respect of expert witnesses and that they are of the same level as in England. The total cost in Germany will therefore be £ 2,288. This is still only about half the £ 5,500 English figure which makes no allowance for court fees and which excludes any interlocutory applications" (Lord Woolf's Access to Justice: Plus ça change. Disponível em: <http://adrianzuckerman.co.uk>. Acesso em: 19 abr. 2018).

Considerando que, conforme vimos *supra*, o custo por cada decisão judicial definitiva no Brasil é, em média, de R$ 2.884,35,[445] uma taxa básica como a aplicada na Inglaterra[446] cobriria quase que integralmente o custo dos processos.

Apontamos que o serviço judicial, apesar de fundamental, deveria, pelo menos em grande medida, ser custeado pelos seus usuários diretos, proporcionalmente à sua utilização, o que não ocorre no Brasil. Na Europa, o que é mais fortemente sentido nos países mais pobres, a tendência é que esse encargo seja distribuído de forma mais equitativa e que aqueles que se valem do serviço arquem com uma parcela substancialmente superior em relação àqueles que não fazem uso ou usufruem-no em menor intensidade. Na Turquia, por exemplo, 51% do orçamento do Judiciário, Ministério Público e Defensoria provém das custas pagas pelas partes nos processos. Paralelamente, o mesmo ocorre em Portugal, onde 32% do orçamento do *judicial system* advém das custas processuais. Na média europeia, esse valor chega a cerca de 25%.[447] Há uma distinção

---

[445] Valor do orçamento do Judiciário em 2016 dividido pelo número de processos baixados no mesmo ano. Relatório Justiça em Números do CNJ-2017, p. 53 e 67. Disponível em: <http://www.cnj.jus.br/ programas-e-acoes/pj-justica-em-numeros>. Acesso em: 17 jul. 2018.

[446] Zuckerman assim explica o sistema de custas inglês: "Court fees are substantial and are payable by the losing party. They are fixed by law as units representing a percentage of the value of the claim. In the court of first instance three units are payable if the procedure is concluded by judgment. The first unit is payable by the plaintiff as an advance on commencement of procedure. The remaining two units are payable on delivery of a reasoned judgment" (Lord Woolf's Access to Justice: Plus ça change. Disponível em: <http://adrianzuckerman. co.uk>. Acesso em: 19 abr. 2018). Ele apresenta a seguinte tabela:

| value of the claim | fee unit | three fee units |
| --- | --- | --- |
| £ 1,300 | £ 57 | £ 171 |
| £ 3,550 | £ 90 | £ 270 |
| £ 8,550 | £ 170 | £ 510 |
| £ 70,800 | £ 600 | £ 1,800 |
| £ 110,620 | £ 865 | £ 2,595 |
| £ 310,000 | £ 1,960 | £ 5,880 |
| £ 1,3m | £ 5,270 | £ 15,810 |
| £ 4,5m | £ 14,560 | £ 43,680 |

[447] CEPEJ. European judicial systems: efficiency and quality of justice cit., p. 61.

a ser observada na Áustria, onde as custas pagas pelas partes alcançam 111% do orçamento do Judiciário, Ministério Público e Defensoria, ou seja, com sobras para o orçamento geral.

A Alemanha, *v.g.*, tendo relativamente poucos processos por habitante, arrecadou em 2014 o total de 3,6 bilhões de euros, ou seja, uma receita *per capita* de 44,57 euros.[448] De outro lado, 16,57 euros em Portugal, o que também é bastante relevante, uma vez que o país tem também poucos processos por habitante. No Brasil, num país com o número de processos por habitante infinitamente superior, a arrecadação não alcança nem 10 euros *per capita*, o que diminui a importância da taxa e relega o custeio do serviço quase exclusivamente aos impostos pagos pelo cidadão.

### 6.2.3. A pseudogarantia do acesso ao Judiciário – dados

Os dados que ora apresentamos pretendem comprovar que a garantia de acesso ao Judiciário pelo modelo tradicional não resulta em sua efetiva utilização por todos aqueles que têm seus direitos violados nem em efetiva proteção aos direitos consagrados. Na prática, a garantia não vem garantindo.

Se isso já é um problema bastante grave, outros dados demonstram que, se a utilização do Judiciário for mais equilibrada e alcançar parcelas ainda não atendidas da população, o serviço será inviabilizado completamente.[449] Chamamos de pseudo não o acesso, pois este é de fato amplamente franqueado, mas a garantia em si, como todo um sistema hábil a proteger os direitos dos cidadãos – todos e não apenas alguns – em face das inúmeras lesões perpetradas no cotidiano de nossa sociedade de massas.

Novamente na linha do estudo "Litigiosidade e desenvolvimento" mencionado, parece claro que os direitos e garantias do cidadão são mais atacados, ou pelo menos ficam mais vulneráveis, quanto mais precário o desenvolvimento humano e social de dada região do País, mas na

---

[448] Ver anexo 5 do *interim report* de Lord Woolf que trata das custas fixas na Alemanha.

[449] Ao alcançar patamares maiores de desenvolvimento, a escala crescente de utilização do Judiciário até a estabilidade incluirá enormes parcelas da população como usuárias do serviço. No Brasil, dos 5.570 municípios, apenas 40 possuem um IDH acima de 0,800 e milhares têm IDH inferior a 0,600, e o IDH médio é de 0,754. Argentina, Chile e Uruguai têm IDHs médios superiores a 0,800.

contramão dessa realidade o Judiciário é mais utilizado em regiões ou por estratos sociais que não estão na base da pirâmide do desenvolvimento nacional. Mais um gráfico retirado do estudo que demonstra essa discrepância com absoluta clareza:[450]

GRÁFICO 9
Taxas de processos distribuídos por região

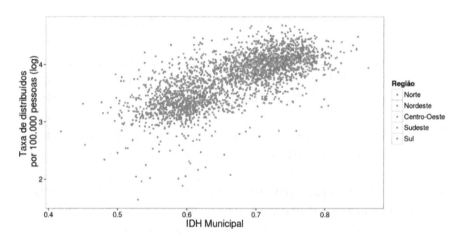

Fonte: TRECENTI, Julio. Litigiosidade e desenvolvimento cit.

No ponto que nos interessa mais proximamente, o fato é que da grande massa de recursos utilizada no sistema judicial como forma de efetivar o acesso à justiça a parcela mais significativa vai para cidades e estados mais privilegiados, ou seja, além de drenar recursos de forma não equânime prestando um serviço público, o Judiciário obriga o estado a gastar mais com quem menos precisa.

Em compasso, apresentamos diversos exemplos no texto que demonstram a debilidade do acesso à justiça e até seu desvirtuamento quando analisados os direitos protegidos em relação à sociedade como um todo.

---

[450] Na visualização dos dados gráficos, a taxa de processos distribuídos está exposta em uma escala logarítmica. Na escala logarítmica, o logaritmo da taxa (processos distribuídos por 100.000 pessoas) é utilizado em vez da taxa propriamente dita.

Situações como a judicialização da saúde e sua predominância em estados mais desenvolvidos revelam não apenas que o acesso é insuficiente, pois a demanda é reduzida nos estados mais pobres, onde a necessidade é claramente maior, mas também que é injusto, pois distorce o sistema retirando recursos da coletividade, canalizando-os para individualidades destacadas em processos judiciais.[451]

Exemplo disso é a noticiada questão do excesso de judicialização de políticas públicas e do crescimento exponencial das verbas alocadas nessas áreas em obediência às decisões judiciais. As despesas do Ministério da Saúde, *v.g.*, para dar cumprimento a determinações judiciais de compra de medicamentos e insumos para tratamentos médicos aumentaram 1.300% em sete anos, saindo de R$ 70 milhões em 2008 para R$ 1 bilhão em 2015.[452] Nessas mesmas notícias, lê-se que do total gasto pelo Ministério 54% foi destinado à compra de apenas três medicamentos para pacientes com doenças raras. Um deles, cujo nome comercial é Soliris, é utilizado para o tratamento de uma doença denominada hemoglobinúria paroxística noturna (HPN). Os outros dois são o Naglazyme e o Elaprase, para o tratamento de enfermidades degenerativas. O referido medicamento Soliris custa, por dose, R$ 21.000,00 e o tratamento anual de um portador da HPN alcança um milhão de reais ao ano.[453]

Ampliando o foco e dirigindo-o ao nosso ponto de análise, verificamos que ainda esse não é o problema principal. A questão não é o valor anual de um paciente que utiliza esse medicamento, mas o fato de que, segundo pesquisas, a hemoglobinúria paroxística noturna (HPN) atinge uma

---

[451] Marcellino Jr. trata do mesmo fenômeno com algumas diferenças e denomina "acesso inautêntico" o modelo que propicia a utilização irrestrita e gratuita da máquina judicial, mas que não debela com efetividade a maioria das lesões a direitos e continua estranha e distante de uma imensa parcela da população (*Análise econômica do acesso à justiça*: a tragédia dos custos e a questão do acesso inautêntico cit., p. 170).

[452] Dado disponível em: <https://saude.estadao.com.br/noticias/geral,gastos-judiciais-com--tratamento-medico-sobem-1300-em-7-anos,70001943830>. Acesso em: 25 maio 2018.

[453] Notícia divulgada em diversos veículos de comunicação. Vide: <https://noticias. uol.com. br/saude/ultimas-noticias/estado/2017/08/21/despesa-judicial-no-ministerio-da-saude--avanca-1300-em-7-anos.htm>. Acesso em: 22 ago. 2017.

pessoa por grupo de 100.000 habitantes.[454] É certamente uma doença rara, mas diante de tal estimativa teríamos no Brasil em torno de 2.000 portadores dessa enfermidade. A circunstância econômico-financeira pertinente à tese, a qual devemos analisar, é que o tratamento dessas pessoas, melhorando sua condição e ampliando bastante a expectativa de vida, custaria 2 bilhões de reais ao ano, ou seja, mais do que o dobro de todo o orçamento do Ministério da Saúde atual para todos os tratamentos e todos os medicamentos judicialmente determinados.

Não seria incoerente ponderar, portanto, que um único medicamento destinado ao tratamento de uma única doença raríssima teria o condão de, por si só, inviabilizar todo o sistema, ou seja, e aqui o ponto central de referência deste capítulo: temos o acesso à justiça e o Judiciário garante o direito constitucionalmente protegido mais fundamental de todos – o direito à vida –, porém isso é possível apenas para alguns. Se o direito for reclamado por todos aqueles que o detêm e que, em grande parte, atualmente morrem talvez sem saber sequer do mal que padecem, a garantia rui e o acesso à justiça será inócuo. Mais uma vez, a garantia não pode ser garantida, muito menos pelo Judiciário no modelo atual e no nosso ambiente de recursos escassos.

Recentemente, ainda nessa linha, foi também amplamente divulgada a decisão do Tribunal de Justiça de São Paulo que condenou a Companhia Paulista de Trens Metropolitanos (CPTM) a indenizar um passageiro por danos morais mensurados em R\$ 15.000,00 pela má prestação do serviço público ao oferecer o transporte em trens superlotados.[455]

Duas questões merecem ser observadas a partir de tal decisão. A primeira delas é que, enquanto ações contra companhias aéreas lotam os Juizados Especiais, proporcionalmente poucas ações são verificadas contra o péssimo serviço de transporte coletivo urbano oferecido aos cidadãos de menor poder aquisitivo.[456] Essa situação tende a se agravar,

---

[454] Dado disponível na edição especial da *Revista Raríssimas*, da Associação Nacional de Deficiências Mentais e Raras. Disponível em: <http://www.rarissimas.pt/__uploads/news-letter/2010-11-11511.pdf>. Acesso em: 22 ago. 2017.

[455] Conteúdo disponível em: <http://www1.folha.uol.com.br/cotidiano/2013/08/1328008--advogado-ganha-indenizacao-por-pegar-trem-lotado-em-sp.shtml>. Acesso em: jul. 2017.

[456] De acordo com os dados da Softplan, obtidos pelo sistema Convex, nas varas da Justiça Estadual de São Paulo, nos anos de 2016, 2017 e 2018 (até 26.10.2018) foram ajuizadas em face das principais empresas aéreas 2.522, 4.303 e 1.237 demandas respectivamente.

ACESSO À JUSTIÇA

tanto do ponto de vista da distorção levada a cabo pela desproporção do número de processos tratando do transporte aéreo em relação ao transporte terrestre (público ou privado), quanto do ponto da sobrecarga gerada no Judiciário em razão de tais demandas.[457]

De outro prisma, se um cidadão merece ser indenizado por ter que se sujeitar ao transporte público em veículos lotados de passageiros, certamente os outros milhões que dividem o limitado espaço nos mesmos vagões também contam com tal direito. A quase totalidade desses usuários que dividiam o pouco espaço com o autor daquela demanda não tem seu direito assegurado justamente porque não o demandam judicialmente, poderia ser objetado com certa razão, e não o fazem por inúmeras circunstâncias.[458] No entanto, e se o fizessem, ou seja, e se todos demandassem o mesmo direito?[459]

No tocante a todas as empresas ligadas ao transporte coletivo urbano municipal e inter-municipal, foram ajuizadas apenas 1.073, 1.193 e 226, sendo a proporção de passageiros transportados por essas últimas empresas infinitamente superior.

[457] A tecnologia e o empreendedorismo contribuirão para assoberbar ainda mais o Judiciário. Iniciativas como a "NãoVoei.com", uma *start-up* que busca reparação de danos a passageiros que passaram por situações de voo atrasado ou cancelado, bagagem extraviada ou *overbooking*, tendem a expandir cada dia mais o percentual de ações relativas aos danos causados. No caso, basta que os passageiros relatem seu caso no *site*. O usuário é orientado, então, a reunir a documentação necessária para buscar uma solução amigável na companhia aérea. Se não for possível um acordo, o caso é transferido à rede de prestadores de serviços jurídicos da empresa, que ingressa com uma ação no juizado especial (de pequenas causas) da localidade do cliente prejudicado. A *start-up* só cobra pelo serviço se houver alguma reparação de danos: fica com uma taxa de 30% do valor recebido pelo passageiro. Disponível em: <http://economia. uol. com.br/empreendedorismo/noticias/redacao/2017/09/12/start-up-indenizacao-viagem-atraso-de-voo.htm>. Acesso em: 12 set. 2017.

[458] De acordo com dados da SPTrans, em 2016 foram transportados em São Paulo 2.915.344.011 passageiros (http://www.sptrans.com.br/indicadores/historico_passageiros-transportados.aspx). Pelos abarrotados trens da CPTM circularam no ano de 2015 mais de 830 milhões de passageiros (http://www. metrocptm.com.br/cptm-teve-queda-no-numero-de-passageiros-transportados-em-2015/). Finalmente, pelas não menos assoberbadas composições do metrô passaram mais de 1.107 bilhão em 2016 (http://www.metro.sp.gov.br/metro/institucional/pdf/rel-administracao.pdf ). No total, pelos três modais de transporte, passam quase cinco bilhões de passageiros por ano.

[459] Em um único dia, milhares de passageiros se espremem nos trens da CPTM. Segundo números obtidos pelo *site* de notícias UOL, por meio da Lei de Acesso à Informação mostraram que, no primeiro semestre de 2015, duas das quatro linhas operadas pelo Metrô de São Paulo e cinco das sete linhas da CPTM tinham lotação superior a seis passageiros por

Nesse ponto, deparamo-nos com a mesma contradição: o sistema de acesso à Justiça só não garante efetivamente os direitos de todos porque não são todos que o acionam, mas, se todos o fizerem, o sistema entra em colapso e continua a não garantir o direito de todos.

Verificamos nas notas anteriores o número absurdo de passageiros que se utiliza do transporte público na região metropolitana da capital paulista. Se apenas 1% ou mesmo 0,1% desses passageiros circular em veículos superlotados – estima-se que seja um percentual bem maior –, teremos por ano de cinco a cinquenta milhões de novos processos apenas ligados a esse tema e idênticos ao supramencionado. As condenações poderiam ultrapassar os 750 bilhões de reais anuais, o que inviabilizaria não apenas as empresas, mas também o Judiciário paulista e o próprioestado.

Portanto, a conclusão, embora cause algum desalento, é que o sistema atual de acesso amplo e irrestrito somente funciona se um percentual pequeno das lesões aos direitos for questionado judicialmente. É, necessariamente, um sistema para poucos e só é viável se assim continuar.

### 6.2.4. Custas processuais como taxas: justiça fiscal no processo – análise da legislação de custas, suas distorções e os melhores exemplos

Outra grande distorção do sistema brasileiro é a cobrança das custas processuais e a sistemática de gratuidade da justiça. Lord Woolf iniciou o capítulo sobre as custas no *interim report* dizendo: "The problem of costs is the most serious problem besetting our litigation system", ou seja, o tema das custas seria o problema mais sério do sistema de justiça inglês. E por qual razão? Primordialmente, pelo fato de que um litígio na Inglaterra seria tão caro que a maioria da população não poderia arcar com ele, a

---

metro quadrado, ocupação máxima recomendada por especialistas em horários de pico. "Seis passageiros por metro quadrado é o padrão internacional para lotação máxima em vagões nas horas-pico". Informação disponível em: <https:// noticias.uol.com.br/cotidiano/ ultimas-noticias/2016/01/11/alivio-na-lotacao-de-metro-e-cptm-deve-ficar-para-2017. htm?>. Acesso em: 9 mar. 2018. Um único trem da CPTM chega a transportar mais de 2.000 passageiros e em situações que certamente ensejariam a indenização nos termos do precedente citado. Apenas para ilustrar: <https://g1.globo.com/sp/sao-paulo/noticia/ passageiros-passam-mal-em-trem-lotado-da-cptm-apos-problema-na-linha-8-diamante. ghtml>. Acesso em: 9 mar. 2018.

menos que recebesse assistência financeira.[460] Se esse é o maior problema de um país rico como a Inglaterra, em que as custas respondem por 32% das despesas dos sistema de justiça,[461] tal deveria ser muito mais relevante no Brasil, mas aqui o problema estranhamente parece equalizado.

Três grandes questões com impacto direto na conformação do estudo acerca do acesso à justiça em um ambiente de recursos escassos merecem ser abordados. O primeiro e mais básico deles é que no nosso sistema, em regra, as custas são muito baixas;[462] o segundo é que tais custas são mal distribuídas; e, por fim, as legislações dos estados são totalmente heterogêneas. Aqui tratamos apenas daqueles que supostamente podem pagar.

Nos três grandes ramos do Poder Judiciário brasileiro, Justiça Estadual, Justiça Federal e Justiça do Trabalho, responsáveis pela imensa maioria dos processos, as custas não auxiliam decisivamente no problema da desproporção financeira e seriam uma ferramenta de suma importância para tal finalidade. Lembramos linhas atrás da necessária iniciativa da União, exercendo a competência prevista no artigo 24, IV, da Constituição Federal, editando uma lei geral, tratando e regulamentando o tema das custas e despesas processuais.

As custas judiciais[463] são taxas, exações cobradas pelo Estado como uma das modalidades legítimas de tributar a população. Segundo o artigo 77 do CTN, taxa é um tributo que tem como fato gerador o exercício regulador do poder de polícia, ou a utilização efetiva e potencial, de serviço público específico e divisível utilizado ou posto à disposição do

---

[460] WOOLF. *Interim Report*. Chapter 7 – Costs. Final Report. The Judiciary and court resources. Disponível em: <http://webarchive.nationalarchives.gov.uk/+/http://www.dca.gov.uk/civil/final/contents.htm>. Aces-so em: 9 out. 2017.

[461] CEPEJ. European judicial systems: efficiency and quality of justice cit., p. 66.

[462] Dinorá Grotti, tratando dos princípios aplicáveis ao regime jurídico dos serviços públicos, aponta a modicidade e a distingue da gratuidade, afastando esta como princípio comum aos serviços públicos. Citando Marçal Justen Filho, esclarece: "a modicidade da tarifa não significa imperativo de valor reduzido, mas corresponde à ideia de menor tarifa em face do custo e do menor custo em face da adequação do serviço" (*O serviço público e a Constituição brasileira de 1988* cit., p. 291).

[463] A diferença entre custas e despesas processuais é que estas se referem ao custeio de atos não abrangidos pela atividade cartorial, como é o caso dos honorários de perito e diligências promovidas por Oficial de Justiça, diversamente das custas, *v.g.*, a citação postal (STJ, EREsp 506618/RS, Rel. Min. Luiz Fux, *DJ* 13.02.2006).

cidadão.[464-465] Como atividade pública divisível, a obrigação de tributar por meio das taxas é um imperativo de legitimidade tributária e justiça fiscal.

Aquele que utiliza ou utiliza mais um serviço público deve pagar por ele, na proporção desse uso, sendo tal cobrança possível e o valor do serviço individualmente quantificável.[466] O serviço judicial é, em grande medida, divisível, de modo que, como imperativo de justiça fiscal, deveria ser integralmente custeado pelas taxas devidas, com exceção das gratuidades, que analisaremos na sequência. Se apenas 10% do custo total vem das taxas, não é difícil concluir que há algum problema na efetivação dessa cobrança.

O primeiro ponto destacado é o valor muitas vezes insuficiente e mal distribuído, cobrado tanto no início da demanda quanto nos atos posteriores. Segundo Guimarães e Mazetti:

> Embora a Constituição Federal ou o Código Tributário Nacional não se refiram direta e expressamente a respeito do valor a ser cobrado a título de taxas, por uma questão de coerência lógica, especialmente considerando o exposto no tópico acima, por se tratar de tributo vinculado com destinação constitucional específica, o *quantum* das taxas deve estar necessariamente vinculado às despesas suportadas pelo Estado com sua atuação, pois, sendo a taxa uma contraprestação da atividade estatal desenvolvida genericamente

---

[464] Segundo Ives Gandra, as custas judiciais contam com a conceituação constitucional de taxas: "[...] não sendo possível confundi-las com o preço público, sempre admissível nas relações de coordenação e não naquelas de subordinação (Administração da Justiça)" (Parecer. *A natureza jurídica das custas judiciais*. São Paulo: Resenha Tributária, 1982. p. 11-16).

[465] Antônio Souza Prudente diverge sobre a possibilidade constitucional da exação de natureza tributária, apontando que, diante do direito de petição e da norma inserta no artigo 5.º, XXXIV, da Constituição, apenas despesas indenizatórias, contraprestacionais e decorrentes de multas processuais poderiam ser cobradas, sendo inconstitucional a instituição de taxa pelo exercício da atividade jurisdicional (Custas processuais e acesso à justiça. *Cadernos de Direito Constitucional e Ciência Política*, São Paulo, n. 22, p. 292-310, jan.-mar. 1998).

[466] Citando Arruda Alvim e Vicente Greco Filho: "Já as custas, no nosso entender, constituem-se juridicamente numa verdadeira taxa. O Estado presta um dado serviço e proporcionalmente ao valor do litígio e ao tamanho do processo, a ele submetido, cobra custas" (SOUZA, Hamilton Dias; GRECO, Marco Aurélio. Consulta cit., p. 36-128).

em favor do contribuinte, sua hipótese de incidência é essa atividade, a esta devendo corresponder à base de cálculo.[467]

Ainda segundo as autoras, ao vedar que as taxas tenham base de cálculo ou fato gerador idênticos aos dos impostos e que sejam calculadas em função do capital das empresas, estabelece-se que elas não devem levar em consideração em sua quantificação os fatos econômicos, e sim o valor gasto pela administração com o exercício da atividade.[468] Concordando com tais ponderações, o critério do valor da causa é notoriamente insuficiente para mensurar a taxa devida pela utilização do serviço público judicial. Critérios como pluralidade de partes e autores, número de páginas das petições e documentos, quantidade de atos processuais necessários, tempo e comprometimento das estruturas judiciais em cada ato etc. são fatores que necessitariam ser considerados.

Hodiernamente, os critérios quase exclusivos e totalmente insuficientes são o valor da causa ou valores fixos aleatórios que não têm qualquer relação com as despesas da atividade jurisdicional. Nenhuma legislação de nenhum estado da federação serve de exemplo para uma cobrança de taxas judiciais pautadas adequadamente pelo custo da atividade.

Ao contrário da questão das defensorias (*legal aid*) que são amplamente debatidas na maioria dos sistemas, o mesmo não ocorre com as taxas judiciais, posto que o pagamento destas é quase sempre obrigatório, havendo apenas algumas causas de redução. Nesse ponto, há uma particularidade brasileira, pois a gratuidade da justiça é muito mais ampla que a assistência jurídica, o que não se verifica em nenhum lugar.[469] Aqui,

---

[467] GUIMARÃES, Marcela Cunha; MAZETTI, Laíse Ângelo. Transparência e justiça fiscal na exigência das taxas. *Revista de Direito Tributário e Financeiro*, v. 2, n. 1, p. 240-257, jan.-jul. 2016.

[468] Idem, ibidem.

[469] "Some countries, such as Chile or Greece, use the broader concept of benefit of poverty, determined according to personal circumstances that entitle the beneficiary to a fee reduction or waiver. Most countries are extremely strict in offering such relief either setting very low income limits, such as in Italy (below roughly 9,000 Euros) or Spain (twice the minimum wage), or using notions of extreme hardship in litigation due to personal circumstances such as Greece (where the impact of such provisions is considered 'minimal by the reporter') and in Japan or Mali. The Swedish reporter narrowly interpreted the question and simply states that 'Court fees or other legal fees cannot be waived due to low income'. Germany and China, on the other hand, seem to consider a more contextual approach, considering the

parece-nos que a concessão do benefício amplo da justiça gratuita tem contribuição fundamental na distorção do sistema de justiça e no número de processos que inundam o Poder Judiciário.

Nas legislações estaduais, estão os repertórios mais variados e os exemplos mais interessantes da utilização das custas judiciais como forma de financiar a atividade jurisdicional. A Justiça Estadual das diversas partes do Brasil têm sistemas totalmente díspares, alguns até coerentes e detalhados, outros absolutamente resumidos e inadequados. Buscamos aqui pontuar alguns exemplos que demonstram a grande variação de normas acerca das taxas judiciais e a absoluta desconexão dessas normas com as regras constitucionais que orientam a fixação das taxas como espécie tributária.

Certamente há variações grandes do custo da atividade estatal de acordo com o processo, sua complexidade, a quantidade de atos processuais que demanda etc. No entanto, processos semelhantes em diferentes estados da federação possivelmente têm custos próximos, dada a similaridade das práticas judiciais pautadas pelo mesmo Código de Processo Civil. Ao largo disso, um processo em São Paulo, *v.g.*, inicia-se com 5 UFESPs (Unidade Fiscal do Estado de São Paulo) e vai até 3.000 UFESPs, o que atualmente representa R$ 128,50 no mínimo ou R$ 77.100,00 no máximo. A Lei Estadual 11.608/2003, atualizada em diversas oportunidades e, mais recentemente, pela Lei 16.788/2018, parece-nos uma referência aos demais estados da federação, embora ainda pudesse ser muitíssimo aprimorada. No Pará, em que a Lei 8.328/2015 é também coerente e minuciosa, o valor máximo das custas iniciais é de apenas R$ 2.604,50. Em Pernambuco, esse valor parte de R$ 148,14 e pode ser acrescentado de 0,8% do valor da causa quando este superar R$ 1.000,00, não havendo valor máximo, o que é uma distinção bastante relevante.

No Amazonas, as custas partem de 10,50 nas causas de valor até R$ 52,29 e vão até 13.125,59 nas causas de valor superior a R$ 1.001.570,05, o que é uma quantia representativa. A Bahia também é um bom exemplo.

nature and the consequent expected costs of litigation as well as the personal circumstances of the parties, which in Germany does not need to be actual "poverty". Most reporters, such as the French, expressly mention that in forma pauperis is not a kind of procedure but that this issue should be faced in relation to the circumstances that allow legal aid. Indeed, the issue of whether in forma pauperis was actually a structural part of litigation is what justify this general reporter to approach the issue here" (MATTEI, Ugo. Access to Justice. A Renewed Global Issue? cit., p. 20).

De acordo com a Lei 12.373/2011, alterada pela Lei 13.814/2017, os valores vão de R$ 301,98 até R$ 38.634,54, sendo totalmente clara, organizada e detalhada a tabela de custas. No Rio Grande do Sul, a Lei 14.634/2014 menciona uma taxa única que, em verdade, nada tem de única, uma vez que a legislação a desdobra em diversos momentos, tal qual a maioria das outras normas. A base da taxa é o percentual de 2,5% sobre o valor da causa, observando-se o mínimo de 5 e o máximo de 1.000 URCs (Unidade de Referência de Custas), que atualmente tem o valor de R$ 36,70.

Na maioria dos estados, no entanto, os valores são muito mais baixos e há poucas correlações com os atos praticados no curso do processo. A legislação de custas do Rio de Janeiro é absolutamente caótica, embora os valores sejam substanciais. A taxa inicial é calculada à razão de 2% sobre o valor do pedido, no mínimo de R$ 80,19 e máximo de R$ 36.451,53. A legislação mineira também é confusa e antiga, fixando como valor máximo das taxa inicial o módico valor de R$ 3.045,00. Essa mesma faixa de valores pode ser verificada no Ceará, Tocantins e em valores ainda mais baixos no Paraná, Sergipe.

Os valores para os atos subsequentes são ainda mais destoantes. Em São Paulo, o preparo da apelação é de 4% do valor da causa nos termos do artigo 4.º, II, da Lei 11.608/2003, podendo facilmente chegar a R$ 77.100,00. No Maranhão, uma apelação custa R$ 60,00 e no Paraná 273,36, enquanto neste último estado um mandado de segurança diretamente no Tribunal de Justiça custa apenas R$ 47,34.

As custas cobradas pela Justiça Federal e pela Justiça do Trabalho também têm relação apenas com o valor da causa e são totalmente dissociadas dos custos da atividade jurisdicional.[470] Entretanto, apesar de ser o ramo da justiça menos elitizado, recentemente a Consolidação das Leis do Trabalho alterada promoveu uma guinada nos rumos desse tema. Certamente, o equilíbrio econômico-orçamentário não estava na mira dos reformadores trabalhistas, mas ainda assim as alterações nesse sentido foram importantes. Do novo diploma se extrai o limite para a concessão de justiça gratuita àqueles que perceberem remuneração igual ou inferior a 40% do teto de benefício da Previdência (artigo 790, § 3.º);

---

[470] Na Justiça Federal, as custas são fixadas em 1% do valor da causa e, na prática, vão de R$ 10,64 a R$ 1.915,38 (10 a 1.800 UFIRs), este último o valor máximo. Na Justiça do Trabalho, esse percentual sobe para 2%.

a justiça gratuita, conforme ressaltada em diversos artigos, condicionada a que a parte não tenha obtido em juízo, ainda que em outro processo, créditos capazes de suportar a despesa; a obrigação de a parte pagar os honorários periciais, independentemente de ser beneficiária da justiça gratuita (artigo 790-B, § 1.º); a obrigação daquele que não comparece à audiência de arcar com as custas, também independentemente de ser beneficiária da justiça gratuita (artigo 899, § 10).

A questão das custas processuais, devidamente equalizada, resolveria parte do problema que aqui enfrentamos, pois retiraria do orçamento público e alocaria nos jurisdicionados expressiva parcela do custo da atividade. Uma correta cobrança da taxa pela utilização do serviço baseada seriamente em seu custo reduziria a participação do estado apenas à justiça gratuita, embora não tivesse o condão de reduzir o impacto desse custo no PIB nacional. De toda sorte, não nos pareceu demasiado lembrar o conceito e as particularidades das taxas no sistema tributário nacional e verificar as distorções e incoerências presentes nas normas estaduais tratando de tema idêntico.

### 6.2.5. Os hipossuficientes e a justiça gratuita

Avançando no tema das despesas processuais e chegando àqueles que, supostamente, não podem pagar, vê-se que o artigo 5.º, LXXIV, da Constituição estatui que "O Estado prestará assistência jurídica integral e gratuita aos que comprovarem insuficiência de recursos". Além da gratuidade da justiça pela isenção de taxas judiciais, as partes beneficiam-se da assistência judiciária,[471] o que atualmente no Brasil, após a Emenda Constitucional 80/2014, se dá pela isenção das taxas e, em grande medida, mediante a atuação das defensorias públicas.

---

[471] As diferenças entre assistência jurídica, assistência judiciária e justiça gratuita são destacadas pela doutrina: a justiça gratuita seria um direito pré-processual exercível perante o juiz que deve prestar gratuitamente a jurisdição; já a assistência judiciária seria o dever dos entes públicos de organizar e prover estruturas capazes de prestar ao cidadão esse serviço. A assistência judiciária estaria restrita ao processo judicial durante seu desenrolar, todavia a assistência jurídica, prevista na Constituição, teria conceito mais amplo, incluindo atividades extra e pré-processuais, entre elas, o aconselhamento jurídico (COSTA NETO, José Wellington Bezerra da. *Assistência judiciária gratuita*: acesso à justiça e carência econômica. Brasília: Gazeta Jurídica, 2013. p. 134-135).

A gratuidade total e o conceito mais amplo de assistência jurídica nessa roupagem é uma novidade em termos de garantias constitucionais,[472] porém o direito de se valer de um sistema que propicie um real acesso à justiça aos mais necessitados é há muito perseguido. A dificuldade encontra-se na menção aos que comprovarem insuficiência de recursos, pois, ao contrário do que se regulamentou, não previu a Constituição Federal de 1988 que tal comprovação se desse por simples afirmação da parte de que padece de "insuficiência de recursos" para arcar com as despesas do processo, o que é absolutamente vago e não pautado em qualquer parâmetro objetivo,[473] e justamente nesse ponto reside a particularidade brasileira.[474]

[472] O art. 150 da Constituição Federal de 1967 previa o seguinte: "[...] § 32. Será concedida assistência judiciária aos necessitados, na forma da lei", o que não foi alterado pela Emenda 1/1969. A Constituição de 1937 não contava com qualquer previsão sobre o tema, já a de 1934 dispunha no seguinte sentido: "Art. 113, 32) A União e os Estados concederão aos necessitados assistência judiciária, criando, para esse efeito, órgãos especiais assegurando, a isenção de emolumentos, custas, taxas e selos".

[473] O Código de Processo Civil de 2015 revogou a Lei 1.060/1950 e deixou claro nos artigos 99 e ss. que a gratuidade será deferida após mera alegação da parte, presumindo verdadeira a alegação de pessoa natural, e o juiz somente poderá indeferir o pedido se houver nos autos elementos que evidenciem a ausência dos pressupostos para a concessão de gratuidade. Segundo Costa Neto, na Inglaterra na elegibilidade para o *Legal Aid*: "Os critérios são complexos e variam de acordo com a natureza da causa, bem como são diversos em extensão. Os pretensos assistidos igualmente devem qualificar-se financeiramente para a percepção do benefício, para tanto devem providenciar prova adequada de sua condição financeira, mediante a apresentação de extratos bancários e documentos assemelhados. Aliás, de acordo com as condições financeiras, podem os pretendentes até mesmo ser compelidos ao pagamento de uma contribuição". E nos Estados Unidos o Estado permanece a distância segura de tal atribuição: "A LSC – Legal Service Corporation constitui entidade privada sem fins lucrativos, atualmente maior provedor de assistência jurídica nos Estados Unidos da América. A entidade distribui cerca de 95% de seu orçamento a pelo menos 136 programas de assistência legal sem fins lucrativos, com mais de 900 escritórios promovendo assistência jurídica a famílias e indivíduos de baixa renda" (*Assistência judiciária gratuita*: acesso à justiça e carência econômica cit., p. 157-158 e 160-161).

[474] Na linha de Alcalá y Zamora, citando Castillo Larrañaga y Pina, Jesús Gonzáles Peréz aponta para a interpretação restritiva do conceito de gratuidade previsto na Constituição mexicana: "En otras constituciones se ha llegado a declarar el principio de la gratuidad de la justicia. Así, en la mejicana, si bien la doctrina ha estimado que la declaración constitucional que afirma la gratuidad de la justicia, no debe interpretarse en un sentido amplio, sino en el restringido que se deduce de su confrontación con los preceptos de los Códigos

A pergunta feita em praticamente todos os sistemas e talvez a mais difícil de ser respondida atualmente é: E se a pessoa não possuir condições de pagar as taxas judiciais ou contratar um advogado? A resposta deveria tender para um equilíbrio. Quão essencial é essa prestação do Estado da forma como oferecida? São essas as linhas que se adotam na quase totalidade dos sistemas pesquisados. Nossa sociedade convive bem com a obrigação de as pessoas pagarem pelo fornecimento de água, independentemente de sua condição econômica, com a possibilidade de corte do fornecimento em casos de não pagamento.[475] Da mesma forma, é possível o corte do fornecimento de energia elétrica,[476] o que, como os demais serviços básicos, sempre acena para uma possível violação do princípio da dignidade da pessoa humana.[477]

Veremos a seguir que há conceitos diversos e patamares distantes relativos ao enquadramento dos cidadãos no espectro de elegibilidade das defensorias estaduais, o que facilita um pouco a relativização do problema, ou seja, se atualmente as defensorias públicas dos Estados defendem pessoas em faixas sociais diversas, não há um real critério objetivo de afirmação da regra constitucional nem uma definição dos referenciais legítimos para realizar tal distinção. Relativamente aos recursos públicos, iniciando uma análise comparativa, a página a seguir

procesales que regulen en México la materia referente a las costas. La Constitución alude, simplemente, a la gratuidad de los servicios de los funcionarios judiciales, respecto a los litigantes, no a la inexistencia de otras expensas, que caen dentro de la noción de costas procesales" (Las costas en lo contenaosa administrativo. Disponível em: <https://dialnet.unirioja.es/descarga/ articulo/2111919.pdf>. Acesso em: 20 jul. 2018).

[475] A Lei do Saneamento básico, Lei 11.445/2007, não prevê a gratuidade do serviço de fornecimento de água e institui como um de seus princípios "eficiência e sustentabilidade econômica" (artigo 3.º, VII). Apesar de prever hipóteses de subsídios e subvenções, a lei estabelece expressamente a hipótese de interrupção do serviço por falta de pagamento (artigo 40, V), o que é amplamente sufragado pela jurisprudência (STJ, REsp 589.507/MG, AgRg no Ag 1320867/RJ). De acordo com a concessionária de São Paulo – Sabesp, *v.g.*, ela possui tarifas diferenciadas para a população com menor poder aquisitivo, desde que observadas as condições de elegibilidade. No comunicado 06/2018 da companhia que dá publicidade às tarifas para o ano de 2018, não há hipótese de gratuidade.

[476] STJ, AgInt nos EDcl no AREsp 1088250/RS, *DJe* 30.04.2018.

[477] STJ, REsp 635.871/SP. No mesmo sentido, a crítica de Carlos Ari Sundfeld: "Usando bons princípios para ignorar a lei" (*Direito administrativo para céticos* cit., p. 82).

ilustra o valor gasto por habitante em euros para os serviços do *Legal Aid* nos países europeus:[478]

FIGURA 6
Relação do PIB com o orçamento *per capita* da Defensoria (*Legal Aid*) na Europa

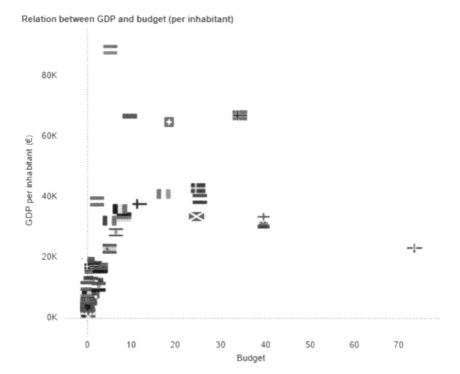

**Fonte:** Dados Cepej.

[478] Para os parâmetros da Cepej, o *legal aid*, para efeitos de avaliação, é definido como a assistência prestada pelo Estado a pessoas que não dispõem de meios financeiros suficientes para se defenderem perante um tribunal ou para iniciar processos judiciais (acesso à justiça).

## ARGUMENTO ECONÔMICO E PESQUISA EMPÍRICA

Nota-se claramente que pouquíssimos países gastam mais de 10 euros por habitante em tal serviço, sendo a média 2,46 euros, e que nos países mais pobres (alguns bem mais ricos que o Brasil) os gastos estão na casa dos centavos de euro. Com base no IV Diagnóstico da Defensoria Pública no Brasil, estudo promovido pelo Centro de Estudos sobre o Sistema de Justiça (Cejus), da Secretaria de Reforma do Judiciário, foi possível verificar e analisar alguns dados acerca da assistência jurídica por meio da Defensoria Pública no País. Excluindo o Distrito Federal,[479] os demais estados totalizaram um orçamento no ano de 2014 na casa dos 3,16 bilhões, o que, somado ao orçamento no mesmo ano da Defensoria Pública da União (DPU), alcançava quase 4 bilhões de reais. Tal montante à época importava em cerca de 20,40 reais ou 6,50 euros por habitante[480] sem a equalização do poder de compra, superando em valores *per capita* quase todos os países europeus, com exceção de alguns poucos muito ricos.[481]

O Brasil não gasta pouco com a assistência jurídica, pelo contrário, o problema é que gasta mal, onerando a parcela mais pobre que por diversas circunstâncias acaba não se valendo do serviço precipuamente

---

Numa abordagem mais moderna, a Cepej tem buscado coletar dados sobre assistência jurídica concedida pelos Estados ou entidades fora dos tribunais, para evitar litígios ou oferecer acesso a aconselhamento jurídico ou informações (*access to law*). Por conseguinte, o conceito de assistência judiciária foi dado nessa parte como uma interpretação ampla, abrangendo o auxílio jurisdicional (permitindo que os litigantes financiem total ou parcialmente as suas custas judiciais ao agir perante tribunais) e o acesso à informação e ao aconselhamento jurídico (CEPEJ. European judicial systems: efficiency and quality of justice cit., p. 66-67).

[479] Dados inconsistentes segundo o próprio estudo.

[480] Dados Banco Central do Brasil: <https://www4.bcb.gov.br/pec/taxas>. Acesso em: 20 jul. 2018.

[481] Em 2014, o Brasil tinha um PIB *per capita* bem próximo aos de Croácia, Polônia e Hungria. Nesse mesmo período, aqueles países investiram em *legal aid* € 2,59, € 0,60, e € 0,10, respectivamente (CEPEJ. European judicial systems: efficiency and quality of justice cit., p. 72). Nesse ano, o Brasil pelo câmbio oficial teve um gasto de quase o triplo da Croácia, mais de dez vezes o da Polônia e mais de sessenta vezes o da Hungria em *legal aid*. Ajustando o gasto pelo índice Big Mac, a comparação em relação à Croácia não se alteraria fundamentalmente, posto que a diferença é de 4,23-Brasil para 3,94-Croácia. No tocante à Polônia, haveria uma alteração na proporção dos gastos de dez para cerca de sete vezes, uma vez que o índice era de 2,69 e, finalmente, com relação à Hungria, a proporção dos gastos cairia de 60 para cerca de 44 vezes, pois seu índice era de 3,07. Dados dos custos pelo índice Big Mac disponíveis em: <http://www.globalprice.info>. Acesso em: 23 jun. 2018.

a ela direcionado. As incongruências nos sistemas de custas processuais e despesas relacionadas à atividade jurisdicional mencionadas no capítulo anterior parecem-nos sujeitas a soluções mais simples, embora ainda bastante sensíveis. O acesso aos serviços jurídicos profissionais custeados pelo Estado demandam soluções mais sofisticadas e mudanças conceituais mais significativas, por sua vez. Só a Defensoria Pública do Estado de São Paulo deve custar aos cofres públicos em 2018 a quantia de R$ 844.215.748,00.[482] Tal valor dividido por toda a população brasileira alcança o montante de R$ 4,06, o que representa mais de um euro no câmbio atual por habitante do País, ou seja, o valor gasto pelo Estado de São Paulo isoladamente representa um investimento em *legal aid* maior do que boa parte dos estados europeus na mesma área.

E qual seria o destino de todo esse investimento? Ainda que não haja uma exatidão dos critérios de utilização do sistema das defensorias, as normas internas dessas instituições fazem uma filtragem estabelecendo requisitos mínimos para a concessão do benefício e sua atuação, embora tais critérios sejam bastante elásticos. Essa é uma particularidade brasileira, pois em nenhum outro país pesquisado a isenção das custas é mais ampla que o acesso à assistência jurídica.

No Rio de Janeiro, *v.g.*, a Deliberação CS DPGE 124/2017 fala de renda individual líquida de até três salários mínimos ou renda familiar líquida de até cinco salários, com algumas restrições, como a propriedade de mais de um imóvel, independentemente do valor, ou de bem móvel ou direito de valor superior a 40 salários mínimos, montante que ultrapassa o preço de um automóvel popular zero quilômetro, por exemplo. Em Tocantins, a renda individual é de até 2,5 salários mínimos ou renda familiar de até quatro, mas permite a propriedade de um bem até 180 (cento e oitenta) salários mínimos e aplicações financeiras até 20 salários mínimos.

Há uma linha mais ou menos regular na maioria dos estados. No Rio Grande do Sul, por exemplo, consideram-se vulneráveis todas as pessoas que comprovarem renda familiar mensal igual ou inferior a *três salários mínimos*. Contudo, nesse cálculo podem ser deduzidos: meio salário mínimo por dependente; parcelas como impostos incidentes sobre a renda, verbas previdenciárias e pensão alimentícia; gastos ordinários

---

[482] Proposta orçamentária 2018 – Governo do Estado de São Paulo. Disponível em: <file:///C:/Users/ rrsilvei/Downloads/PLOA_2018_Volume_I%20(1).pdf>.

ARGUMENTO ECONÔMICO E PESQUISA EMPÍRICA

como despesas relativas ao consumo de água e energia elétrica, condomínio, aluguel e financiamento imobiliário para a aquisição de bem de família, até o limite de um salário mínimo nacional.

Os exemplos mais restritivos parecem vir de São Paulo e Santa Catarina. Em São Paulo, a deliberação CSDP 89/2008 dispõe que a renda familiar não pode ultrapassar três salários mínimos e a propriedade de bens de valor não superior a 5.000 UFESPs. O limite de três salários mínimos sobe para quatro caso a família conte com pelo menos cinco membros ou com pessoa com deficiência física ou mental, ou ainda arque com despesas comprovadas com tratamento médico por doença grave. Os critérios são praticamente repetidos em Santa Catarina, incluindo-se a possibilidade de ampliação do limite de três para quatro salários mínimos no caso de a família contar com quatro ou mais membros, sendo um idoso ou egresso do sistema prisional. O critério de três salários mínimos de renda familiar máxima com algumas variações, principalmente com relação aos requisitos restritivos, é o prevalente, cabendo citar ainda os estados do Paraná, Goiás e Pernambuco.

Considerando os exemplos *supra* e o fato de a renda média *per capita* média do brasileiro, segundo o IBGE em 2017, ter alcançado R$ 1.268,00, o valor do salário mínimo nacional em 2017 que era R$ 937,00, não é difícil apontar que, atualmente, uma enorme parcela da população teria direito aos serviços da defensoria, nem afirmar que a base mais vulnerável da pirâmide continua sem esse acesso por outros fatores sociais.[483]

A linha de enfrentamento do problema no Brasil não tem paralelo. Diversamente do que ocorre por aqui, a tendência de incremento do *legal aid* incorpora padrões mais sofisticados e não apenas o aumento orgânico da defensoria pública, que é uma exceção não verificável alhures. Os sistemas mais modernos apontam para metodologias de seguro (*insurance*) que chegam a cobrir toda a população,[484] além de outras formas de

---

[483] Sobre o tema, vide item 6.2.3.

[484] "On the opposite side, insurance is very popular and broadly used in Germany where the burden of being sued and turning out to be innocent is very modest anyway (just selecting an attorney and anticipating limited expenses), in The Netherlands (1.3 million people are covered by such schemes and many more by those attached to cars and home insurance), Sweden (97% of the population are automatically covered), and Belgium where a very recent reform (in May 2006) made insurance coverage compulsory in order to facilitate access to justice" (MATTEI, Ugo. Access to Justice. A Renewed Global Issue? cit. p. 13).

preenchimento por organizações privadas ou semiprivadas (sindicatos, organizações de consumidores, universidades); o modelo *pro bono* como prática de advocacia de interesse público, além de uma tradição de gratuidade restritiva, como na Itália, que se dá apenas aos "indigentes".

Não há indicativo nas políticas mundiais de um crescimento centralizado e burocratizado custeado pelo Estado como no Brasil. Nos Estados Unidos, por exemplo, em regra, os mais pobres contam apenas com os advogados "in conditional fee basis", sistema que também avança na Inglaterra, posto que, conforme vimos, o orçamento inglês é superior ao do próprio Judiciário.[485]

No sistema holandês, há requisitos claros.[486] Não se concede o benefício, *v.g.*, a quem possui bens superiores a 9.100 euros (pessoas casadas) e superiores a 6.370 euros (solteiros),[487] ou seja, se a pessoa tiver uma casa ou um carro, não poderá se valer da proteção jurídica subsidiada. Além disso, os beneficiários de proteção jurídica devem necessariamente pagar uma contribuição em função do seu rendimento. A contribuição está compreendida entre 66 euros e 564 euros. A proteção jurídica subsidiada também é excluída nas hipóteses de o pedido ser totalmente

---

[485] Segundo Zuckerman, não haveria uma solução específica para o acesso à justiça dos mais pobres, que está atrelado diretamente ao todo do sistema. Seria necessária uma solução global como no caso de Alemanha e Holanda: "It is mainly in Germany and Holland that poor litigants can still have decent access to justice to the rest of the community. This suggests that the solution to the problem of the poor is indivisible from the provision of reasonable legal services to the community as a Whole. It is only in countries that have found a sensible balance between the three dimensions of justice - truth, time, and cost - that the poor can be secure in their access to justice" (*Civil justice in crisis*: comparative perspectives on civil procedure cit., p.46-47).

[486] Assim foi descrita a questão no Sistema holandês: "Financial barriers are another matter because these are largely determined by government and parliament. Court fees were increased several times to generate more revenue for the government and have, in all likelihood, led to a reduction of the volume of cases. Access to justice is, therefore, a major issue for the Judiciary. Obviously, the trends work against each other: the reduction of procedural barriers promotes access to justice, but the raising of financial barriers results in the opposite" (DIJK, Frans van. Improved performance of the Netherlands Judiciary: Assessment of the gain for society cit.).

[487] Ainda que se leve em conta a cotação atual do real em relação ao euro, tal valor é muitas vezes inferior, *v.g.*, aos 180 salários mínimos utilizados como critério em Tocantins.

infundado ou quando o custo da proteção jurídica for desproporcional, se comparado ao interesse do processo.[488]

Há uma preocupação mundial com o tema. Apesar de se verificar uma queda nos orçamentos em países como Estados Unidos e Suécia, observam-se aumentos por vezes significantes, como na Bélgica, China, França, Alemanha, Japão e Polônia.[489] No entanto, estamos tratando de realidades bastante diversas, pois o Brasil gasta com a promoção da assistência jurídica valores acima dos padrões de países ricos e, infelizmente, não repete esse desempenho quando se trata de outras áreas mais relevantes.

As defensorias, como todo o sistema, canalizam mal seus recursos em ações de cunho eminentemente individual, quando deveriam se propor a envidar o máximo de esforços para tratar coletivamente interesses metaindividuais, ficando os recursos residuais para as questões individuais. A premissa de aumentar o volume de direito material tutelado em cada processo deveria ser um norte permanente para a atuação desses entes.

---

[488] Disponível em: <https://www.rijksoverheid.nl/ministeries/ministerie-van-justitie-en--veiligheid>. Acesso em: 25 maio 2018; e <http://www.rvr.org/binaries/content/assets/rvrorg/informatie-over-de-raad/brochure-legalaid_juni2013_webversie.pdf>. Acesso em: 25 maio 2018.

[489] MATTEI, Ugo. Access to Justice. A Renewed Global Issue? cit., p. 20.

# 7.
# Preparando as Conclusões

**7.1. A proposta no atual panorama normativo e jurisprudencial brasileiro – Garimpando a jurisprudência, a legislação e o novo Código de Processo Civil**

**7.1.1. A posição do Superior Tribunal de Justiça e do Supremo Tribunal Federal acerca do acesso à Justiça – Tendência de uma evolução jurisprudencial**

Uma esperança na linha do acesso razoável à justiça e da racionalização dos serviços em termos de eficiência são algumas recentes decisões no âmbito do Supremo Tribunal Federal e do Superior Tribunal de Justiça. No Superior Tribunal de Justiça, uma que nos parece especialmente promissora vai no sentido de que o ajuizamento da ação coletiva pode acarretar a suspensão dos processos que têm por objeto a proteção individual do mesmo direito. Nesse ponto, abre-se uma janela de oportunidade para uma profunda mudança na estrutura do sistema com efeitos nos custos do acesso.

A Corte Especial do Tribunal em julgado relativamente recente firmou orientação de que: "ajuizada ação coletiva atinente a macrolide geradora de processos multitudinários, suspendem-se as ações individuais, no aguardo do julgamento da ação coletiva".[490] A evolução da linha jurisprudencial é clara ao apontar a Corte que tal posicionamento:

---

[490] AgRg nos EAREsp 585.756/PR, Corte Especial, Rel. Min. Og Fernandes, j. 19.08.2015, *DJe* 31.08.2015. A matéria foi objeto de apreciação na Primeira e na Segunda Seções desse

> [...] não nega vigência aos arts. 103 e 104 do Código de Defesa do Consumidor; com os quais se harmoniza, atualizando-lhes a interpretação extraída da potencialidade desses dispositivos legais ante a diretriz legal resultante do disposto no art. 543-C do Código de Processo Civil, com a redação dada pela Lei dos Recursos Repetitivos (Lei n. 11.672, de 8.5.2008).[491]

Tal posição integrar-se-ia perfeitamente com a regra inserta no artigo 333 do novo CPC, infelizmente vetada quando da sanção de tal diploma. Não há, entretanto, qualquer prejuízo interpretativo. A suspensão de ações no seu nascedouro poderia gerar parte da racionalidade esperada e uma importante economia de recursos, necessária para a convergência do sistema judicial brasileiro para patamares aceitáveis. Se bem utilizada, tal interpretação teria o potencial de iniciar uma revolução na sistemática processual brasileira, posto que o próprio sistema informatizado poderia se organizar e se defender das ações individuais pela automática suspensão dos processos logo após a sua distribuição.

O ponto fundamental são o momento e o alcance da medida. A suspensão dos feitos em momentos processuais díspares teria limitado efeito econômico prático. Da mesma forma, a suspensão de alguns, e não de todos os processos artesanalmente, seria de pouca valia em termos de economia financeira. Como melhor veremos adiante, é possível graças a sistemas de automação e inteligência artificial identificar esses feitos logo na distribuição e suspendê-los de imediato, sem que nenhum ato processual ou até mesmo humano seja praticado. A determinação para a operação do sistema seria oriunda dos juízos responsáveis pela lide coletiva ou mesmo pelos tribunais nas demandas repetitivas e no IRDR.

Outro posicionamento que nos pareceu alvissareiro encontramos no REsp 1.163.283/RS, relatado pelo Ministro Luis Felipe Salomão, no qual se deu a anulação de todo o processo, inclusive a sentença e o acordão, seguindo-se a determinação de emenda da inicial para adequação da

---

Tribunal, em julgamentos sob o regime do artigo 543-C do CPC (recurso representativo de controvérsia); REsp 1.353.801/RS, 1.ª Seção, Rel. Min. Mauro Campbell Marques, j. 14.08.2013, *DJe* 23.08.2013; REsp 1.110.549/RS, 2.ª Seção, Rel. Min. Sidnei Beneti, j. 28.10.2009, *DJe* 14.12.2009.

[491] REsp 1.110.549/RS.

peça aos ditames do artigo 50 da Lei 10.931/2004.[492] De uma decisão em processo aparentemente simples é possível colher do julgado a preocupação com a análise econômica do direito; a necessidade de segurança e a previsibilidade nas operações econômicas; a visão de um processo civil moderno que persegue a celeridade, a efetividade e a boa-fé; e, finalmente, o mais importante, a validade das restrições e requisitos impostos como condição para a análise judicial dos contratos de financiamento imobiliário, tornando a opção pela discussão dos contratos judicialmente mais limitada e, possivelmente, menos racional e maximizadora.

O que a legislação pretendeu e o Superior Tribunal de Justiça sufragou, em verdade, foi a instituição de um meio mais adequado de resolução desse tipo de controvérsias, desestimulando as aventuras processuais e racionalizando o acesso ao Judiciário por meio de uma condicionante processual razoável.

Também numa linha racional e pragmática, recentemente foram homologados no âmbito do Supremo Tribunal Federal diversos acordos coletivos acerca do pagamento de diferenças de expurgos inflacionários relativos aos planos econômicos Bresser, Verão e Collor II.[493] Na decisão mais abrangente, a da ADPF 165, constam diversos entendimentos acerca da necessidade e das potencialidades da tutela coletiva de direitos.

Certo que a referida homologação não traz em seu bojo qualquer definição relativa ao direito debatido ou obrigatoriedade concernente às demandas individuais, contudo apresenta uma solução consensual que, se adotada décadas atrás, preveniria milhões de ações na justiça brasileira.

---

[492] REsp 1163283/RS, 4.ª Turma, Rel. Min. Luis Felipe Salomão, j. 07.04.2015, *DJe* 04.05.2015.

[493] O Ministro Ricardo Lewandowski homologou em 16.02.2018 o acordo coletivo na Arguição de Descumprimento de Preceito Fundamental (ADPF) 165, que tratava do pagamento de diferenças de expurgos inflacionários relativos aos planos econômicos Bresser, Verão e Collor II. Quanto ao Plano Collor I, as partes pactuaram que não será devido nenhum pagamento. Na mesma linha, o Ministro Gilmar Mendes havia homologado o acordo firmado entre a União e entidades representativas de bancos e de poupadores referente nos Recursos Extraordinários (REs) 631363 e 632212 e o Ministro Dias Toffoli nos Recursos Extraordinários (REs) 591797 e 626307, em acordo pela Advocacia-Geral da União, pelo Instituto Brasileiro de Defesa do Consumidor (Idec), pela Frente Brasileira dos Poupadores (Febrapo), pela Federação Brasileira de Bancos (Febraban) e pela Confederação Nacional do Sistema Financeiro (Consif).

A experiência do caso dos expurgos inflacionários pode orientar doravante a postura dos grandes *players*, pois certamente tal acordo visa a pôr fim a uma macrolide (a maior de que se tem notícia na história brasileira e que representa hoje cerca de 70% dos milhões de processos sobrestados nas cortes do País), na qual todos saíram perdendo, poupadores, instituições financeiras e Estado/Judiciário.

Uma lição que nos parece evidente desse caso é a da notória incapacidade do modelo processual tradicional para lidar com questões de tal magnitude, visto que após tanto tempo não há ainda uma posição jurídica definitiva sobre o tema, pendendo a apreciação de diversos recursos sobre o mérito da controvérsia.[494] Nessa esteira, salutar também incorporar as concepções das ações pseudoindividuais, em que a lide real tem fronteiras bem mais extensas que as das questões individuais, e estas apenas contribuem para afastar uma solução ampla e definitiva, pois trazem desequilíbrio e insegurança para relações de cunho coletivo.[495]

De toda sorte, essas posições adotadas em nossos tribunais superiores já são um indicativo de alguma mudança na concepção sobre o acesso à justiça; nelas a racionalidade e o pragmatismo ganham destaque no tocante a conceitos tradicionais que começam a perder espaço.

### 7.1.2. A cooperação dos sujeitos do processo na busca de uma decisão de mérito justa, efetiva e em tempo razoável – o dever de cooperação na busca da eficiência da tutela jurisdicional

Para a abordagem constante neste capítulo, partimos da premissa estruturada nos anteriores de que a conciliação e os meios alternativos/

---

[494] Tema 264: Diferenças de correção monetária de depósitos em caderneta de poupança, não bloqueados pelo Bacen, por alegados expurgos inflacionários decorrentes dos Planos Bresser e Verão – *Leading Case*: RE 626.307. Tema 265: Diferenças de correção monetária de depósitos em caderneta de poupança, não bloqueados pelo Bacen, por alegados expurgos inflacionários decorrentes do plano Collor I – *Leading Case*: RE 591.797. Tema 284: Diferenças de correção monetária de depósitos em caderneta de poupança, não bloqueados pelo Bacen, por alegados expurgos inflacionários decorrentes do plano Collor I – *Leading Case*: RE 631.363. Tema 285: Diferenças de correção monetária de depósitos em caderneta de poupança, não bloqueados pelo Bacen, por alegados expurgos inflacionários decorrentes do plano Collor II – *Leading Case*: 632.212.

[495] Sobre o tema, vide as precisas colocações do Professor Kazuo Watanabe (nota 246).

adequados de resolução de controvérsias não são apenas opções à disposição das partes, mas formas necessárias e indissociáveis da ideia de razoabilidade no acesso à justiça. A partir dessa premissa, analisamos a posição das partes num processo cooperativo e sua colaboração na busca do respeito ao princípio da eficiência.[496]

O princípio da cooperação talvez seja o ponto de contato mais nítido entre as ideias aqui desenvolvidas e a disciplina do novo Código de Processo Civil. A ampliação da compreensão desse princípio, transbordando as barreiras das concepções individualistas do processo e alcançando suas finalidades públicas como instrumento democrático e republicano, viabiliza uma série de mudanças com impactos positivos na proporcionalidade econômico-financeira da prestação do serviço judicial.

O princípio da cooperação, segundo Fredie Didier Jr., decorre dos princípios do devido processo legal, da boa-fé processual e do contraditório.[497] As ideias sobre o princípio da cooperação (ou da colaboração) advêm inicialmente da doutrina alemã, com forte presença e também bastante estruturada no processo civil português. Segundo essa concepção, o processo seria o produto da atividade dialógica e integrada por meio da cooperação ou colaboração entre o juiz e as partes.

---

[496] Também ao tratar dos princípios da jurisdição civil, Lord Woolf aponta para um novo panorama de um processo mais cooperativo. Segundo o texto: "Litigation will be less adversarial and more co-operative. (a) There will be an expectation of openness and co-operation between parties from the outset, supported by pre litigation protocols on disclosure and experts. The courts will be able to give effect to their disapproval of a lack of co-operation prior to litigation. (b) The court will encourage the use of ADR at case management conferences and pre trial reviews, and will take into account whether the parties have unreasonably refused to try ADR or behaved unreasonably in the course of ADR. (c) The duty of experts to the court will be emphasised. Single experts, instructed by the parties, will be used when practicable. Opposing experts will be encouraged to meet or communicate as early as possible to narrow the issues between them. The court will have a power to appoint an expert" (Final Report. The Judiciary and court resources. The principles, item 9 cit.).

[497] DIDIER JR., Fredie. Os três modelos de direito processual: inquisitivo, dispositivo e cooperativo. *RePro*, São Paulo, n. 198, p. 213-226, out. 2011. Parece-nos também que ele encontra ressonância em outros princípios, inclusive constitucionais, como o da prevalência do interesse público.

De acordo com Daniel Mitidiero, citando Rolf Stürner,

> [...] a colaboração no processo não implica colaboração entre as partes. As partes não querem colaborar. A colaboração no processo que é devida no Estado Constitucional é a colaboração do juiz para com as partes. [...] O máximo que se pode esperar é uma colaboração das partes para com o juiz no processo civil.[498]

Ao que parece, no entanto, a perspectiva deve ser mais dilargada. Seja como for, o fato é que, como consectário de um processo mais democrático, o artigo 6.º do novo CPC estabelece textualmente que: "Todos os sujeitos do processo devem cooperar entre si para que se obtenha, em tempo razoável, decisão de mérito justa e efetiva". São todos os sujeitos, e não alguns, que devem cooperar entre si, e não apenas de forma angular do juiz ou para com o juiz. Se é certo que as partes devem cooperar na busca de uma solução justa, efetiva e em tempo razoável, parece-nos correto supor que elas devem cooperar para que a controvérsia seja solucionada por um meio adequado, menos dispendioso e, eventualmente, diverso do judicial adjudicatório. Isto posto, também seria correto concluir que a solução por um meio inadequado graças à ausência de cooperação poderia levar a controvérsia a uma solução injusta, sem efetividade e em tempo não razoável,[499] violando o dever de cooperação.

Assim, não resta dúvida de que as partes devem cooperar para que as lides sejam solucionadas por meios judiciais ou alternativos ajustados, senão no interesse próprio, como imperativo de civilidade e respeito a regras de conduta social. À sombra dos interesses públicos preponderantes, a postura esperada das partes decorre de objetivos coletivos, sob pena

---

[498] MITIDIERO, Daniel. Colaboração como modelo e como princípio no processo civil. *Revista de Processo Comparado*, São Paulo, v. 2, p. 83-97, 2015.

[499] Explicando os fatores que levam ao sucesso e ao insucesso da utilização dos meios alternativos, Vondra e Carver apontam que a diferença essencial é o compromisso, ou seja, a relação de responsabilidade para com a solução da controvérsia e não apenas com o resultado positivo para a parte: "The difference between success and failure lies chiefly in the level of commitment. Companies that give ADR top priority – even in cases where they're sure they're right – are realizing immense savings of time, money, and relationships. In contrast, companies that let old litigious habits worm their way into the process might as well go back to court" (Alternative dispute resolution: Why it doesn't work and why it does? cit.).

de compactuarem para a manutenção de um estado de coisas processualmente inadmissível, num ambiente de ineficiência, ineficácia, injustiça e morosidade.[500] A cooperação no processo não é senão um derivado do dever social mais amplo, visto a partir do entendimento de pertinência do elemento no seu meio e de suas responsabilidades.

A correta compreensão do princípio da cooperação funcionaria como linha auxiliar aos argumentos relacionados ao acesso razoável, sendo fundamental quando encarada como poder/dever de juiz e partes de abreviar a solução da lide veiculada por meios inadequados ou alcançar dialogicamente o modelo procedimental mais eficiente para tanto.

A utilização de meios adequados contando com o envolvimento das partes, dentro das concepções relacionadas ao princípio da cooperação, teria efeitos diretos na sobreutilização do Judiciário e, por conseguinte, auxiliaria na confluência para um maior equilíbrio econômico-financeiro. A cooperação como dever processual é a mesma cooperação social ou ação coletiva que, segundo Elinor Ostrom, incentiva os indivíduos a agir de forma que torne possível a preservação dos bens comuns.[501] Os conviventes esclarecidos e orientados teriam condições de atuar cooperativamente no ambiente do acesso à justiça, sem a necessária inclinação individualista responsável pela dilapidação irracional dos recursos comuns.

### 7.1.3. Infrações ao dever de cooperação e obstáculos não razoáveis a alternativas eficientes de solução da controvérsia

Se o princípio da cooperação é um fundamento importante para a construção dos conceitos de acesso razoável diante da atual disciplina legal do processo brasileiro, seu contraponto natural seria a ausência

---

[500] Ada Pellegrini Grinover, lecionando sobre o devido processo legal na *common law* e citando a opinião de Comoglio, já alertava nos idos de 1973 que: "Haverá violação do *due process clause* não somente onde forem desarrazoadas as formas técnicas de exercício dos poderes processuais, mas também onde a própria configuração dos *substantive rights* possa prejudicar sua tutela condicionando 'irrazoavelmente' o resultado do processo" (*As garantias constitucionais do direito de ação*. São Paulo: RT, 1973. p. 38).

[501] "Individuals frequently are willing to forgo immediate returns in order to gain larger joint benefits when they observe many others following the same strategy. By requiring the participation of a minimal set of individuals, organizations can draw on this frequency-dependent behavior to obtain willing contributions on the pan of many others" (OSTROM, Elinor. *Governing the commons*: the evolution of institutions for collective actions cit., p. 39).

de cooperação, ou seja, a possibilidade de reação do Estado e da parte contrária em face daquele que resiste indevidamente a tal imposição. A cooperação não pode ser apenas um dever social ou uma regra de boa conduta, mas uma obrigação cuja inobservância acarrete a imposição de penalidades ou consequências processuais sérias.

Primeiramente, é importante ter claro que a opção por meios adequados de resolução de conflitos é uma contingência das relações jurídicas da sociedade atual. Relegar tal constatação significa abandonar qualquer possibilidade factível de concretização do acesso à justiça substantivo e margear os problemas de fundo que impedem esse aperfeiçoamento institucional.[502]

As alternativas mais eficientes, razoáveis e adequadas padecem de uma "fraqueza congênita"[503] que precisa ser vencida pelos operadores do direito, principalmente com relação à questão constitucional e o primeiro caminho parece-nos indicar a necessidade de analisar a conduta da parte e as razões pela opção menos eficiente.

---

[502] Marcellino Jr. menciona dois fenômenos pelos quais passa a dificuldade do Judiciário de oferecer respostas céleres e eficazes ao jurisdicionado. Um deles é chamado de litigância frívola. Essa frivolidade não passa apenas pelo sentido mais vulgar da palavra, mas também pela ausência de uma consciência coletiva que, em nome de um benefício individual, ignora os efeitos negativos para a coletividade: "A litigância frívola corresponde à litigância com baixa probabilidade de êxito, proposta pelo jurisdicionados sem levar em conta os custos acarretados ao erário. Este litigante, por vezes na condição de *improbus litigator*, propõe a sua demanda mesmo consciente de que o benefício que poderá obter ao final com um julgamento é inferior ao custo de tramitação do processo" (*Análise econômica do acesso à justiça*: a tragédia dos custos e a questão do acesso inautêntico cit., p. 58).

[503] A expressão "fraqueza congênita" foi utilizada pelo Professor Perrot, um comentarista francês citado por Cappelletti e Garth que "está em que as partes ou concordam em submeter o litígio à arbitragem ou tem de se conformar a uma decisão sem efeito executório" (referência aos métodos consensuais de resolução de demanda de consumidores sem força vinculante). No que nos interessa mais de perto, comentam os autores: "O problema tem dimensões práticas e constitucionais. A dificuldade prática consiste em conseguir que as partes concordem em submeter os litígios à arbitragem [...]. Ademais, como se assinalou antes, se o Estado tentar forçar a submissão a sistemas que não tenham as salvaguardas procedimentais dos tribunais, pode haver objeções, frequentemente baseadas na garantia constitucional, segundo a qual os réus não podem ser privados do direito básico de defesa" (*Acesso à justiça* cit., p. 125. Nota. 288). Na obra, a solução apontada foram as fórmulas governamentais, que nem sequer passavam pelo crivo judicial, o que nos parece que afastaria as objeções constitucionais levantadas.

PREPARANDO AS CONCLUSÕES

Apresentados pelo juiz ou por uma das partes fundamentos sólidos, devidamente expostos ao prévio contraditório, apontando a inadequação da via judicial ou uma proposta razoável de saída negociada para o conflito, caberia aos atores envolvidos cooperar, aceitando que a solução da lide se dê por meios mais adequados ou refutar por outros argumentos válidos, sustentando uma forma diversa. Então, numa operação dialógica no bojo de um processo democrático e cooperativo, as partes e o juiz concluiriam pelo meio efetivamente mais adequado, pela forma de sua concretização e pelo encaminhamento do feito, sua suspensão ou extinção, conforme o caso.

Desse modo, a atuação para o alcance de um meio adequado de solução de controvérsias estaria dentro do conceito de cooperação e de boa-fé. Conforme pontuamos, diante da ineficiência inconstitucional não há espaço para posturas ideológicas e individualistas. Não há dúvida de que a existência de meios adequados com soluções satisfatórias determina sua utilização em detrimento de outros inadequados que, por sua vez, não teriam o condão de interferir nos primeiros.

O problema ocorre quando uma das partes ou ambas, ou até mesmo o juiz, não se convence e resiste de modo injustificado à adequação. O dever de cooperação e boa-fé tem um caráter geral e se estende aos membros da coletividade, na qual os sujeitos do processo se inserem. A boa-fé esperada vai além dos limites do processo e alcança a responsabilidade pelos resultados danosos extraprocessuais das condutas das partes. O processo serve ao direito da parte, mas o sistema de justiça serve à sociedade, ou seja, um processo eficaz num sistema ineficaz é de pouca valia. A dúvida é: Age de boa-fé ou fere o princípio da cooperação a parte que resiste a uma mediação pericial ou a uma arbitragem num caso complexo, sabedor das circunstâncias que o cercam? É ponderável pretender que a cooperação abarque a renúncia a um direito de ver o processo sentenciado por um juiz do Estado? Uma conduta contrária poderia ensejar a indicação de um abuso do direito de litigar? Entendemos que sim e que caberia ao juiz orientar e promover essas condutas.

Diante de fundamentos claros, devidamente expostos acerca da inadequação da postura de levar ou manter em um tribunal determinadas causas, envolvendo relações jurídicas materiais específicas, é dever da parte justificar sua resistência por fundamentos razoáveis, sob pena de violar os princípios traçados e, eventualmente, ser considerada sua postura um abuso do direito de litigar. Na sequência, pretendemos abordar as principais conformações legais possíveis diante das resistências injustificadas ao dever de cooperação.

### 7.1.4. Abuso do processo e exercício inadmissível de posição jurídica – Case management, compliance e contempt of court

Ainda em período de recente vigência do hoje revogado Código de Processo Civil de 1973, Alcides de Mendonça Lima tratava do abuso do direito de demandar como uma premissa ética e citava o pensamento de Pietro Castro, ao afirmar: "Estas exigencias no están prescritas en ninguna Ley positiva, pero son inmanentes, cuja violación implica quebrantamiento de normas de orden superior, todavía más elevadas que la del Derecho positivo".[504] Apesar da relevância de tal comportamento, chamava a atenção para o fato de que na sua experiência profissional,

> [...] em quase 35 anos de vigência do Código de 1939, nunca conseguimos a aplicação da pena, apesar de haver fatos de absoluta improbidade". Tal se dava pois, em última análise, a intenção era mesmo de falsear a verdade, procurando "[...] iludir, enganar, fraudar o adversário e os juízes, para conquistar um pseudodireito e uma irreal justiça, sob o manto do comportamento regular e, até, ético.[505]

O abuso do direito de litigar leva à distorção da seleção adversa das partes lembrada por Gico Jr.[506] Nesse momento, fazemos um paralelo em relação aos institutos do processo civil comparado, estudados mais comumente a partir do direito inglês, no caso os *case management powers*, o *compliance* e o *contempt of court*, cuja exata compreensão prestaria importante auxílio ao processo civil nacional no tocante à efetivação de seus preceitos próprios relativos à lealdade, probidade e boa-fé processuais.

---

[504] MENDONÇA LIMA, Alcides de. Abuso do direito de demandar. *RePro*, São Paulo, v. 19, p. 57-66, jul.-set. 1980.

[505] Idem, p. 57-66.

[506] GICO JÚNIOR, Ivo Teixeira. *A tragédia do Judiciário*: subinvestimento em capital jurídico e sobreutilização do Judiciário cit., p. 123.

Citando Couture, Alcides de Mendonça Lima complementa: "Sempre, porém, que os juízes puderem apontar e destruir a farsa, deverão ser rigorosos, porque 'el proceso es la realización de la justicia y ninguna justicia se puede apoyar en la mentira' (Couture)".[507]

Obviamente para operacionalizar e tornar eficazes as diretivas do *case management*, tem o juiz o poder de impor sanções às partes renitentes. Nesse ponto, talvez seja a parte mais sensível da aproximação entre o sistema inglês e o processo cooperativo brasileiro. Na parte de sanções contra o descumprimento de um dever processual, após uma recusa persistente da parte em atender ao preceito normativo, abrem-se três principais hipóteses de providências para o magistrado britânico, a saber: *adverse costs orders, staying the proceedings* e *striking out.*[508]

A origem do *contempt of court* está associada à ideia de que é inerente à própria existência do Poder Judiciário a utilização dos meios capazes de tornar eficazes as decisões emanadas. É inconcebível que o Poder Judiciário, destinado à solução de litígios, não tenha o condão de fazer valer os seus julgados. Nenhuma utilidade teriam as decisões, sem cumprimento ou efetividade. Negar instrumentos de força ao Judiciário é o mesmo que rejeitar a sua existência.[509]

No Direito brasileiro e no inglês, baseadas no poder geral de cautela e no exercício regular do poder jurisdicional, cumpre ao magistrado velar pelo cumprimento de suas decisões e pela rápida e efetiva solução dos conflitos, cabendo a ele ordenar as medidas que se fizerem necessárias para preservar o resultado útil do processo.[510] O novo Código de Processo Civil confere razoáveis poderes ao juiz para dirigir o processo com celeridade, mesclando a busca de conciliação com ordens restritivas (por exemplo, multa) para casos de litigância de má-fé ou atos atentatórios à

---

[507] Idem, ibidem.

[508] Sobre o tema vide: COSTA, Henrique Araújo. *Os poderes do juiz na Inglaterra e no Brasil*: estudo comparado sobre os *case management powers* cit., p. 101.

[509] GRINOVER, Ada Pellegrini. *A marcha do processo*. Rio de Janeiro: Forense Universitária, 2001. p. 68.

[510] Existe, no entanto, uma clara diferença cultural com relação à aplicação de sanções por descumprimento de decisões judiciais. A visão geral nos processos de *common law* é a da presença de uma forte autoridade judicial, que pode e efetivamente lança mão de punições severas em face do descumprimento de suas ordens. Nesse sentido: GUERRA, Marcelo Lima. *Execução indireta*. São Paulo: RT, 1998. p. 39.

dignidade da justiça.[511] Obviamente, os poderes são mais restritos que os do contempt of court, porquanto alhures poderia o juiz até mesmo, em casos excepcionais, determinar a prisão de quem se recusa a cumprir sua ordem.[512]

Situação diversa é a do *compliance*, que é um instrumento mais moderno e possui em sua concepção uma estreita relação com os predicados do processo cooperativo, quais sejam boa-fé, transparência e atuação conforme. Nos âmbitos institucional e corporativo, *compliance* pode ser definido como um conjunto de disciplinas para fazer cumprir as normas, os regulamentos, as políticas e as diretrizes estabelecidas para o negócio e para as atividades de dada instituição ou empresa, bem como evitar, detectar e tratar qualquer desvio ou inconformidade que possa ocorrer. A visão do processo atual pode ser percebida claramente sob as diretrizes do *compliance*, em que as partes e o juiz pautam sua atuação de acordo com regras e procedimentos adequados, cabendo ao juiz detectar e tratar eventuais desvios. O *compliance,* em verdade, como uma postura espontânea, e não como uma imposição direta, talvez melhor se adapte ao processo brasileiro do que ao inglês.

A dúvida que remanesce é a compatibilidade entre instrumentos que exigem uma análise individualizada e destacada da atuação das partes e seus procuradores no processo e o número não administrável de feitos no Judiciário brasileiro. Não se pode perder de vista que tais ferramentas

---

[511] Maria Carolina Beraldo chama de improbidade processual a gama de comportamentos processuais inadequados que abarcam: "Abuso do processo, improbidade processual, litigância de má-fé, fraude processual, ilícito processual" (BERALDO, Maria Carolina Silveira. *O comportamento dos sujeitos processuais como obstáculo à razoável duração do processo*. São Paulo: Saraiva, 2013. p. 87).

[512] Dependendo da hipótese, existem casos em que a prisão em caso de descumprimento de ordem judicial, mesmo emanada em processos cíveis, decorre do flagrante pelo crime de desobediência. Contudo, tal circunstância não tem relação direta com o *contempt of court* da *common law*. Advogando a tese da necessidade de um tipo penal preciso que possa tornar mais efetiva a atuação do magistrado e destacando as dificuldades técnicas da utilização do delito de desobediência, Araken de Assis leciona: "O individualismo e a despreocupação social imperam no processo civil brasileiro. Parece implausível, nesta ordem de ideias, que se reconheça ao juiz o princípio da autoridade, confiando à sua humana falibilidade o grave poder de induzir o comportamento dos litigantes à subordinação, beneficiando o império da ordem jurídica, ainda que através da criação, ao menos, de um tipo penal preciso" (O *contempt of court* no direito brasileiro. *RePro*, v. 111, p. 18-37, jul.-set. 2003).

PREPARANDO AS CONCLUSÕES

exigem análise pontual e detida por parte dos magistrados, ou seja, tempo para se dedicar ao planejamento e à condução do processo, o que não faz parte da realidade do cotidiano dos juízes no Brasil.[513]

## 7.1.5. Sanções para o abuso (custas, multas etc.) e possíveis repercussões

O modelo de comparticipação/cooperação adotado pelo novo Código de Processo Civil exige a observância de deveres decorrentes dessa cooperação.[514] É justamente desse ambiente normativo indutivo da cooperação que procuraremos nos ocupar. Não se nega que a parte conta com um direito subjetivo de expor judicialmente em uma demanda individual sua lide, seja qual for a característica que ela contenha, porém a cultura e o ambiente normativo-jurisprudencial podem alterar o uso que se faz dos direitos reconhecidos.

A mudança não é no regramento do direito, mas na forma como ele deve ser utilizado. Consequências pela indevida utilização, no entanto, são naturais e não têm sua legitimidade contestada no direito estrangeiro. Exemplo disso é a condenação na Inglaterra do litigante não

[513] Na perspectiva britânica, em que o número de processos por magistrado é infinitamente menor, Lord Woolf deixa claro que a condução do procedimento pelo magistrado ao longo do caminho mais adequado exige tempo, treinamento e coordenação entre instâncias. "It is particularly crucial that time is allocated to allow judges to give proper consideration to the papers when the defence is filed, to determine the appropriate track and give the necessary directions for the future conduct of the case. It is also important, for the purposes of trial management, that judges receive the necessary training and that time is allocated to pre-read the papers. Judges will require administrative support from the Court Service to ensure that the new demands of the fast track can be met. Listing systems must enable judges to deal with applications for relief from sanctions within days rather than weeks" (Final Report. The Judiciary and court resources. The principles, item 33 cit.).

[514] "Para que o processo mereça o qualificativo de democrático/justo, e se torne real o clima de colaboração entre o juiz e as partes, a nova lei impõe uma conduta leal e de boa--fé, não só dos litigantes, mas também do magistrado, a quem se atribuíram os deveres de esclarecimento, de diálogo, de prevenção e de auxílio para com os sujeitos interessados na correta composição do conflito, criando-se um novo ambiente normativo contrafático de indução à comparticipação (em decorrência dos comportamentos não cooperativos)" (THEODORO JR., Humberto; NUNES, Dierle; BAHIA, Alexandre Melo Franco; PEDRON, Flácio Quinaud. *Novo CPC*: fundamentos e sistematização. 2. ed. Rio de Janeiro: Forense, 2015. p. 92).

cooperativo[515] ou mesmo a obrigação deste, *v.g.*, de suportar as custas e despesas do processo do litigante que resiste à realização de um acordo e obtém na *adjudication* uma quantia próxima à que foi ofertada na conciliação.

Segundo o Código de Processo Civil, em seu artigo 80, considera-se litigante de má-fé aquele que opõe resistência injustificada ao andamento do processo ou procede de modo temerário em qualquer incidente ou ato. A redação do dispositivo não se altera em relação ao Código de 1973, contudo é perfeitamente possível que ele seja utilizado de forma efetiva contra os abusos cometidos em nome do amplo acesso à justiça e ao direito de litigar.[516] Na linha das lições que o Professor João Batista Lopes destaca e do que ele chama de "acesso à justiça com responsabilidade", além do que defendido pelo Professor José Carlos Puoli, o limite à atuação do juiz seria a barreira ilegítima ao acesso à justiça, o que, de acordo com as concepções da atividade cooperativa dos agentes no novo Código de Processo Civil, passam a ser bastante ampliadas. A partir de tal ponto de vista, a ideia é a formação de um ambiente judicial mais regulado e menos condescendente com relação à conduta das partes.[517]

---

[515] Sobre os resultados após dez anos de edição do CPR inglês, Neil Andrews aponta que: "O papel do tribunal não se limita a orientar as atividades das partes na fase do *pre-trial* e a obter um espírito de cooperação processual. Este pode, também, ameaçar e corrigir e, em certa medida, até punir. As três principais sanções, em caso de desobediência a uma regra processual, são: determinação de pagamento de custas 'adversas'; suspensões no processo; a rejeição parcial ou total da acusação ou da defesa" (*O moderno processo civil*: formas judiciais e alternativas de resolução de conflitos na Inglaterra cit., p. 48).

[516] O Professor José Carlos Baptista Puoli, reforçando as lições de João Batista Lopes, destaca o que ele chama de "acesso à justiça com responsabilidade". Segundo ele: "Quer dizer que a regra é, sim, a da ampliação das vias de acesso ao judiciário, mas que essa ampliação da possibilidade de jurisdicionalização das situações conflituosas não representa um direito absoluto: nela não estão incluídas as situações onde estiverem presentes verdadeiras patologias, que de forma clara demonstrem tratar-se de um abuso do direito de demandar. É dizer, a própria magnitude da função jurisdicional, cumulada com a notória deficiência de meios para bem responder a todas as demandas apresentadas, dá lugar à necessária repressão dos atos abusivos, policiamento que não vem balizado por normas prévias de plena objetividade, mas que, justamente para não se tornar ilegítimo empeço à regra de acesso amplo, deverá ser concretizada à luz de características do caso, ante o criterioso exame da autoridade do juiz" (*Os poderes do juiz e as reformas do processo civil*. São Paulo: Juarez de Oliveira, 2001. p. 183).

[517] Luiz Rodrigues Wambier preconiza uma interpretação do Código de Processo Civil (antigo art. 14, atualmente art. 77) com uma visão justamente menos condescendente. No

PREPARANDO AS CONCLUSÕES

O limite seria o respeito ao direito de acesso ao Judiciário, o que não nos parece um grande obstáculo para uma postura do juiz que exija constantemente das partes uma atitude colaborativa e de boa-fé não só com relação ao objeto do processo, mas à eficiência da prestação jurisdicional. Numa espécie de operação "tolerância zero", uma mudança da cultura seria forçada, o que geraria um ciclo virtuoso, em que a solução rápida e eficiente de um processo redundaria em benefício para os seguintes e, assim, sucessivamente. No Reino Unido, a cooperação é reconhecida como uma conduta forçada.[518]

Mais uma vez, tornamos à dúvida que encerrou o capítulo anterior, ou seja, o problema principal da iniciativa que se apregoa e que se encontra em todos os manuais sobre o novo Código de Processo Civil é que ela é atualmente inviável num universo de 100 milhões de processos. A correção das condutas mediante a aplicação de penalidade diante de uma atitude não cooperativa demanda uma análise individual e pormenorizada dos processos, o que em regra não é possível em secretarias abarrotadas de casos e com atrasos constrangedores. Com tal número de processos, apenas uma atividade sistematizada e em verdadeira linha de produção é capaz, em regra, de dar razoável vazão aos processos e render algum respeito ao princípio da celeridade.

Portanto, tal solução ora preconizada, apesar de salutar e de constar na base da renovação de inúmeros sistemas processuais, como o inglês, não encontra em nosso país um ambiente propício para ser aplicada. Acreditamos que essas opções do novo Código de Processo Civil ainda renderão bons frutos, contudo se puderem ser aplicadas em uma nova

---

caso, ele advoga a tese da inconstitucionalidade da exclusão dos advogados do preceito, ou seja, que também estes estariam sujeitos às penas pelo *contempt of court* e que os funcionários públicos responderiam pessoalmente pelas penas cominadas em caso de descumprimento, e não a pessoa jurídica (O *contempt of court* na recente experiência brasileira. *RePro*, São Paulo, v. 119, p. 35-59, jan. 2005).

[518] Tratando do comportamento esperado das partes nos protocolos pré-processuais ingleses, Peysner e Seneviratne apontam que "The protocols had certainly helped to produce a more cooperative environment, because of the consequences of non-compliance. This was called "forced" co-operation by some judges, wich nevertheless eventually becomes habitual conduct" (*The management of civil cases*: the courts and the post-Wolf landscape. London: Department for Constitutional Affair, The Research Unit, 2005. p. 13).

realidade em que o número de processos em tramitação permita que haja um efetivo controle das atitudes das partes e de seus procuradores.

## 7.2. Modelos estrangeiros e experiências comparadas de acesso razoável – formatando um novo sistema

### 7.2.1. As class actions americanas e as ações coletivas como imperativo inafastável de racionalização do acesso à justiça brasileiro

O pragmatismo americano, embora possa ferir diversas suscetibilidades, sem dúvida seria uma indicação importante para a mudança de pensamento e comportamento que aqui preconizamos.[519] Pelas características de território, população e modelo econômico, talvez os Estados Unidos sejam a referência com a maior possibilidade de aproximação prática para os fins que aqui buscamos. Ainda diante da escalada da cotação do dólar nos últimos anos e com uma economia que gira entre seis e sete vezes o tamanho da brasileira, os americanos conseguem gastar nominalmente menos que o Brasil em todo o seu sistema de justiça. A comparação pontual desses números não é nosso objetivo nesse momento, e sim apontar que um resultado tão surpreendente não poderia ser alcançado sem os notórios benefícios de um sistema desenvolvido de coletivização.

O sistema individual americano é reconhecidamente inadequado no que concerne ao acesso às pessoas mais pobres,[520] porém, de outro lado, o sistema coletivo é o mais avançado e de mais amplo alcance atualmente no mundo, o que talvez compense com sobras as falhas do anterior.

Segundo o Professor Antônio Gidi, numa obra clássica sobre as *class actions*, os objetivos dessa técnica jurisdicional para a tutela coletiva dos direitos podem ser sintetizados em três grandes grupos: economia processual, acesso à justiça e aplicação voluntária ou autoritativa do direito material.[521] Todos esses objetivos nos interessam de perto, posto que as ações de classe devem ser vistas não apenas como medida de racionali-

---

[519] "[...] não que os norte-americanos tenham vocação para a teorização; eles são práticos, inventam coisas, têm um poder criador notável de soluções novas impostas pela realidade – estão revolucionando a doutrina processual, principalmente a italiana" (LACERDA, Galeno. *Teoria geral do processo* cit., p. 250).

[520] ZUCKERMAN, Adrian. A reform of civil procedure – Rationing procedure rather than access to justice cit.

[521] GIDI, Antônio. *A class action como instrumento de tutela coletiva dos direitos*: as ações coletivas em uma perspectiva comparada. São Paulo: RT, 2007. p. 25.

zação e economia,[522] mas também como instrumento de ampliação do acesso à justiça e, finalmente, como meio de efetiva concretização dos direitos.

Na mesma linha, José Maria Tesheiner e Guilherme Athayde Porto, citando Richard Freer, apontam que: "[...] a ação de classe é proposta por (ou contra) o representante (ou múltiplos representantes) no interesse de um grupo. Esse procedimento obviamente promove eficiência, vez que isso significa que os membros individuais do grupo não precisam litigar".[523] Eficiência é justamente o que nos falta, pois a concentração de atividade processual e de esforços institucionais no sentido da solução das grandes controvérsias é uma necessidade inadiável no caminho da redução proporcional do peso orçamentário do serviço público jurisdicional. Enxergamos o alargamento da tutela coletiva como *conditio sine qua non* para uma redução dos custos do acesso à justiça nacional.

A atual perspectiva em nossa sistemática constitucional não abre ensejo à imposição de qualquer obstáculo definitivo que impeça o acesso ao Judiciário. Desse modo, conforme apontamos, a única alternativa viável seria manter ou até mesmo aumentar o acesso alterando apenas o modelo, de modo que seja preservada a quantidade do direito material tutelado, porém concentrado em um número menor de feitos.[524] Nesse prisma, uma

---

[522] "As ações coletivas promovem economia de tempo e de dinheiro não somente para o grupo-autor, como também para o Judiciário e para o réu. Para o grupo-autor, a economia proporcionada pela tutela coletiva é manifesta. Afinal, tanto o custo absoluto de litigar a controvérsia coletiva é reduzido à despesa de uma única ação, como tais despesas podem ser rateadas proporcionalmente entre os membros do grupo. A possibilidade de julgar em um único processo uma controvérsia complexa envolvendo inúmeras pessoas, por outro lado, representa uma notável economia para o Judiciário, que se desembaraça de uma grande quantidade de processos repetitivos. Como disse Stephen Yeazel, as ações coletivas são uma espécie de 'aspirador de pó judicial', que suga as ações individuais semelhantes e alivia o trabalho dos tribunais" (GIDI, Antônio. *A class action como instrumento de tutela coletiva dos direitos*: as ações coletivas em uma perspectiva comparada cit., p. 26).

[523] TESHEINER, José Maria; PORTO, Guilherme Athayde. Ações de classe nos Estados Unidos da América do Norte: histórico, características, o CAFA (Class Action Fairness Act of 2005) e a ação ajuizada contra a Petrobras na Corte de New York. *Revista dos Tribunais*, v. 971, p. 93-116, set. 2016.

[524] Vide item 5.1.4.

ação coletiva tem o potencial de ampliar o espectro do direito tutelado atingindo situações que não estariam cobertas pelo sistema individual.[525]

No mesmo texto supracitado de Tesheiner e Porto, encontra-se um exemplo bastante elucidativo do tratamento das questões plúrimas no sistema americano. Toda a questão da empresa brasileira Petrobras, ré pelos danos causados a centenas ou milhares de investidores nos Estados Unidos, tem sua sorte atrelada a apenas alguns poucos processos:

> Desde o ajuizamento da demanda, que foi a primeira de que se tem notícia, outras *class actions* foram ajuizadas. Contudo, em 17.02.2015, por ordem do juiz Jed Rakoff, da Corte de Nova York, foram todas consolidadas em uma única demanda, em representação de todos os investidores que adquiriram as ADRs entre janeiro de 2010 e julho de 2015.[526]

O modelo americano e a utilização naquele país são um paradigma importantíssimo a ser levado em consideração pelo sistema brasileiro. O primeiro ponto é que os Estados Unidos contam com dimensões territoriais próximas às do Brasil, porém com uma população maior em cerca de 50%, e com uma economia muito mais pujante e dinâmica que a brasileira. Assim, considerando que todas as regiões daquele país já detêm desenvolvimento socioeconômico suficiente para alcançar o equilíbrio da "taxa natural de litigiosidade",[527] não seria despropositado supor que

---

[525] "Com efeito, abundam exemplos no cotidiano em que um grupo de pessoas possui um direito no plano teórico, mas não dispõe de um instrumento prático para efetivamente fazê-lo valer em juízo. Em tais casos, a única forma de impedir a injustiça é através da concepção de um método eficiente de controle social, adaptado às peculiaridades da controvérsia coletiva. [...] Em muitos casos, nem mesmo um tribunal de pequenas causas é alternativa economicamente viável. Ademais, mesmo que a pessoa lesada saia vitoriosa, esse resultado não obrigará ou incentivará a empresa-ré a alterar a sua conduta perante os demais membros do grupo" (GIDI, Antônio. *A class action como instrumento de tutela coletiva dos direitos*: as ações coletivas em uma perspectiva comparada cit., p. 29).

[526] TESHEINER, José Maria; PORTO, Guilherme Athayde. Ações de classe nos Estados Unidos da América do Norte: histórico, características, o CAFA (Class Action Fairness Act of 2005) e a ação ajuizada contra a Petrobras na Corte de New York cit. Os autores mencionam na sequência que 19 investidores exerceram o direito de *opt out* e preferiram litigar individualmente, buscando indenização pessoal. Todos os demais investidores estão atrelados ao julgamento da *class action* supramencionada.

[527] Vide item 6.1.2.

PREPARANDO AS CONCLUSÕES

no modelo brasileiro o ingresso anual de processos judiciais seria muito superior, pois o parâmetro seria nossa taxa de ingresso do Sul e Sudeste, já em relativo equilíbrio, e que correspondem a pouco mais da metade da nossa população. Essa não é a realidade, no entanto,[528] o que se deve, além de outros fatores, à aplicação efetiva das *class actions*.

De outro lado, o sistema de gratuidade não é tratado dentro das funções do Estado, de modo que, em regra, uma demanda judicial individual somente é intentada por quem tenha condições para arcar com seus custos ou quando essa ação seja economicamente atrativa para um advogado. Tal conjuntura torna a ação de classe, na prática, a única opção de acesso à justiça em casos dessa natureza. Ainda que tal referência não se enquadre nas concepções do nosso ordenamento jurídico, seu aprofundamento seria importante na construção de um modelo de absoluta prevalência do sistema coletivo. Como ganho indireto, duas frentes se abririam: a primeira delas com a redução significativa das despesas com a atividade judicial e outras circunvizinhas; outra seria uma melhor distribuição dos direitos e um incremento da qualidade da atuação do Judiciário, que alcançaria uma parcela mais desassistida da população, superando as barreiras sociais ainda existentes relativamente ao acesso à justiça.

Na concretização dos direitos fundamentais e no aprimoramento de políticas públicas, ao reconhecer um direito a uma coletividade, o Judiciário necessariamente confrontar-se-ia com as limitações materiais desse direito e com a necessidade de distribuí-lo de forma mais equânime

---

[528] João Ozório Melo, correspondente da *Revista Conjur* nos Estados Unidos, aponta que em 2015: "O número de processos pendentes nos tribunais federais dos EUA passou de 330 mil. No final da década de 1990, um processo civil tramitava, em média, por 2 anos e 4 meses. Agora, leva mais de 3 anos e 4 meses. Nesse mesmo período, o tempo para resolver casos criminais quase que dobrou: de 13 meses para cerca de 26 meses, de acordo com estatísticas do Departamento Administrativo dos Tribunais dos EUA" (Disponível em: <https://www.conjur.com.br/2015-set-29/juizes-americanos-reclamam-carga-excessiva--processos#author>). De acordo com as estatísticas mais atualizadas, os números nos Estados Unidos estão mais palatáveis em 2017, com uma redução aos patamares de 2014. De toda forma, ainda que tenha havido um crescimento entre 2012 e 2016, passando os casos pendentes nos District Courts de 370.246 para 443.855. Em 2017, os números retornaram para o patamar de 425.126, o que é quase insignificante quando comparado aos quase 80 milhões de processos pendentes no Brasil. Dados dos Estados Unidos disponíveis em: <http://www.uscourts.gov/statistics-reports/analysis-reports/federal-court-management--statistics>. Acesso em: 15 maio 2018.

entre todos os componentes do grupo, respeitando a escassez dos recursos econômicos.

## 7.2.2. A arbitragem "incentivada" na common law e no direito português – solução para causas que tumultuam o Judiciário

O meio adequado de solução da controvérsia passa por incentivos concretos à sua escolha a partir da sistemática processual e, certamente, não pode ficar ao alvedrio das partes essa opção. Ao explicar uma das faces do que chamou de "A tragédia do Judiciário", Ivo Gico Jr. mencionou a seleção adversa das partes e a tendência daquela que não tem razão e que pretende protelar a solução da controvérsia de insistir na solução judicial, em vez de um acordo contando com a demora na prestação estatal.[529]

Essa situação é mais grave e mais acentuada em causas mais complexas e individuais, pois, pela atual dinâmica de produção em série de decisões em casos repetitivos, a chance de as soluções dessas demandas serem ainda mais morosas é maior. Logo, a manutenção da decisão nas mãos do Judiciário privilegia enormemente a parte que busca postergar indefinidamente a solução da controvérsia.

Sob tal perspectiva, parece que a tendência atual é que cada vez mais se reduza a opção livre e inconsequente das partes com relação aos métodos mais adequados de resolução de conflitos. Nesse ponto, em diversos países, passaram a surgir mais recentemente soluções, inclusive legais, inclinadas a encaminhar as controvérsias aos métodos mais adequados com reduzida ou nenhuma participação volitiva dos envolvidos.

Um dos exemplos são as causas, notadamente relacionadas à administração pública, encaminhadas à solução por meio da arbitragem. Em

---

[529] "Assim, a sobreutilização do Judiciário pode ter um aspecto ainda mais pernicioso do que simplesmente uma distância muito grande entre pedir e receber, a morosidade pode constituir um mecanismo de seleção adversa em que detentores legítimos de direitos são afastados do Judiciário, enquanto agentes não detentores de direitos são atraídos justamente por causa da morosidade judicial para postergar o adimplemento. Em uma espécie de Lei de Gresham, bons litigantes são excluídos do mercado de litígios e litigantes ruins são atraídos a ele. As políticas públicas de acesso indiscriminado ao Judiciário, quando isoladamente consideradas, excluem usuários marginais pela morosidade e, ao fim e ao cabo, reduzem a utilidade do Judiciário devido à sua sobreutilização, um resultado trágico" (GICO JÚNIOR, Ivo Teixeira. *A tragédia do Judiciário*: subinvestimento em capital jurídico e sobreutilização do Judiciário cit., p. 123).

Portugal, a doutrina fala em três espécies, embora haja dissidências no tocante às nomenclaturas, a saber: arbitragem obrigatória, arbitragem necessária e arbitragem forçada. A arbitragem obrigatória é exemplificada a partir do artigo 508.º e seguintes do Código do Trabalho de Portugal,[530] em que se preveem a arbitragem obrigatória e a necessária e suas hipóteses. A arbitragem necessária, tal qual a obrigatória, é tratada como uma opção legislativa. Segundo Alexandre Graça:

> Razões de celeridade do processo e maior especialização trazem a arbitragem a domínios onde prevalecem práticas de negociação e concertação entre interesses públicos e privados. De outro modo, comprometer-se-ia a viabilidade de uma Administração Pública moderna e dialogante.[531]

Por sua vez, a arbitragem forçada é uma modalidade verificada a partir da interpretação do artigo 182.º do Código de Processo dos Tribunais Administrativos (CPTA) português, segundo o qual: "O interessado que pretenda recorrer à arbitragem no âmbito dos litígios previstos no artigo 180.º pode exigir da Administração a celebração de compromisso arbitral, nos termos da lei". Sobre tal dispositivo, citando Mário Aroso de Almeida, Alexandre Graça assinala que estaria nascendo a hipótese de o particular submeter as entidades públicas à jurisdição arbitral sem que estas tenham qualquer escolha.[532] Fausto de Quadros reduz o alcance de tal interpretação evidenciando que a redação não feliz do dispositivo diz apenas que a Administração diante da proposta de um compromisso arbitral por parte do particular deve "dar resposta a essa proposta" e "é obrigada a colaborar no sentido de se chegar a um acordo sobre o teor de um compromisso arbitral".[533]

Não é nossa intenção adentrar na controvérsia instaurada na doutrina portuguesa. O importante é notar o afunilamento na liberdade das partes

---

[530] A Seção III do Código do Trabalho português, Lei 7/2009 no seu artigo 508.º, trata da admissibilidade da arbitragem obrigatória nas hipóteses de convenção coletiva. No seu artigo 510.º, encontram-se as disposições sobre a arbitragem necessária e na Seção V as disposições comuns às duas espécies.

[531] GRAÇA, Alexandre. Arbitragem forçada. 2015. Disponível em: <https://ocontencioso-dasub6. wordpress.com/2015/11/01/96/>. Acesso em: 5 jun. 2018.

[532] Idem, ibidem.

[533] QUADROS, Fausto de. Arbitragem "necessária", "obrigatória", "forçada" cit.

em relação a certos modelos de resolução de conflitos. A premissa é que se verifique e fundamente no sentido da maior adequação da via arbitral para a solução de dadas controvérsias. Em alguns casos, a lei se ocupa de tal alocação e essa seria uma boa referência a partir do direito português, na medida em que costume e tradição evoluem e possibilitam que se exclua de forma peremptória a jurisdição estatal.[534]

Compartilhando essa mesma tendência observada, desta feita nos ordenamentos dos países de *common law,* é possível verificar que, na ausência de lei prevendo a sujeição necessária ou obrigatória de determinada lide à arbitragem, os juízes analisam e fundamentam a adequação da via arbitral ou de outra via. Verificadas as razões das partes caso se recusem a se submeter ao meio alternativo considerado mais adequado, são utilizados os poderes do juízo, senão para convencer a parte recalcitrante, para punir a conduta processual não razoável.[535]

Fernando Gajardoni destaca que nos Estados Unidos, diante das regras do *Federal Rules of Civil Procedure* (FRCP), o *case management* das cortes federais norte-americanas trabalha em algumas frentes processuais e destaca especificamente: "A busca da solução do conflito por via dos meios alternativos de resolução de controvérsias (*ADR*) – mesmo que contra a vontade das partes –, dentro do ideário de Tribunal Multiportas (para cada tipo de conflito há um meio mais adequado de tratamento)".[536]

---

[534] Mais uma vez, Alexandre Graça: "A arbitragem necessária também não pressupõe uma convenção de arbitragem; antes, baseia-se num *ato legislativo* que determina a submissão de certos tipos de litígios (*v.g.,* L 62/2011 sobre litígios emergentes de direito de propriedade industrial – medicamentos de referência/genéricos) à jurisdição dos tribunais arbitrais. A principal característica desta modalidade prende-se com o fato de os litigantes não poderem exercer *optativamente* o direito de ação nos tribunais estaduais" (grifos no original) (GRAÇA, Alexandre. Arbitragem forçada cit.).

[535] Ao tratar do novo panorama dos casos civis no Reino Unido, Lord Woolf destacou a necessidade de a litigância ser mais cooperativa e menos adversarial. Nesse ponto, destacou também a necessidade de a corte levar em consideração a conduta não razoável da parte: "[...] (b) the court will encourage the use of ADR at case management conference and pre-trial reviews, and will take into account whether the parties have anreasonably refused to try ADR or behaved unreasonably in the course of ADR" (Final Report. The Judiciary and court resources. The principles, item 9 cit.).

[536] GAJARDONI, Fernando Fonseca. Gestão de conflitos nos Estados Unidos e no Brasil. *Revista de Processo Comparado*, v. 4, p. 43-63, jul.-dez. 2016.

Mais uma vez, destacamos que não pretendemos avançar em debates acadêmicos sobre as especificidades do Direito estrangeiro, e sim apontar uma tendência diversa do entendimento aqui preconizado. Alhures, a liberdade absoluta das partes para se valer dos serviços judiciais passa a ser a cada dia mais restrita, seja pela lei em geral, seja pelo magistrado em hipóteses concretas. Essa tendência serve como importante reforço argumentativo no sentido de ajustar a proposta de um acesso à justiça condicionado, responsável e cooperativo até que se possa alcançar uma proporcionalidade econômico-financeira dos gastos com o serviço judicial.

### 7.2.3. A judicialização da Administração no Brasil e em sistemas mais avançados

O acesso à justiça é um valor consagrado universalmente e respeitado na essência em todos os países democráticos. Isso não quer dizer que haja uma possibilidade racional de o Judiciário imiscuir-se na totalidade das questões e funcionar como última instância de todas as questões administrativas. A presença do Estado perante o Judiciário brasileiro é algo absolutamente distorcido.[537]

Paira no ar um clima belicoso, de desconfiança e má vontade entre Judiciário e Administração, o que redunda em um modelo desequilibrado e pernicioso de judicialização, em que muitos processos geram parte do desequilíbrio orçamentário do sistema e impactam a qualidade da prestação dos demais serviços públicos pelo Executivo. Apontamos anteriormente (item 4.2.5) dois problemas estruturais do modelo de acesso à justiça que envolvem a constante presença da Administração Pública como parte em demandas judiciais sobre temas de sua competência. A partir dessa relação conturbada, Carlos Ari Sundfeld cita uma postura de onipresença judicial relativamente aos direitos: "Se há direito envolvido, sempre uma ação o assegura e um juiz pode realizá-lo. Essa é

---

[537] Até recentemente era comum ver órgãos da Administração litigando entre si. Em 2017, foi criada a Câmara de Conciliação e Arbitragem da Administração Federal (CCAF) pelo Ato Regimental AGU 5, tendo como objetivo prevenir e reduzir o número de litígios judiciais que envolvem a União, suas autarquias, fundações, sociedades de economia mista e empresas públicas federais. Posteriormente, seu objeto foi ampliado e hoje abarca controvérsias entre entes da Administração Pública Federal e entre estes e a Administração Pública dos Estados, Distrito Federal e Municípios.

a visão clássica sobre a função judicial, em descompasso com o mundo contemporâneo".[538]

A visão do problema como uma questão estrutural, que envolve um desequilíbrio institucional na relação entre as funções estatais, é do que nos ocuparemos na sequência. As mesmas funções estatais mundo afora alcançam, como no Brasil, um grande espectro, imiscuindo-se em quase todas as searas sociais, e o ponto divergente é que alhures elas não ficam a reboque de uma decisão judicial, nem há essa irrestrita possibilidade de sindicância chanceladora.

Aqui as circunstâncias sociais e históricas posicionaram as instituições de forma inadequada, colocando o Judiciário como instância revisora possível de todas as decisões dos órgãos estatais.[539] É necessário construir uma relação de equilíbrio entre os entes e suas funções, e a prevalência de um deles ou insegurança nos limites de cada qual é sempre negativa.[540]

---

[538] Complementa asseverando que: "O Judiciário tem, claro, seu papel no controle das falhas e omissões das autoridades legislativas e administrativas, mas ele não é o Legislativo nem a Administração, e não pode substituí-los em tudo. Por isto não há solução judicial para todos os problemas jurídicos: o Judiciário não tem como construir todo e qualquer direito; não lhe cabe construir, não é adequado que construa (SUNDFELD, Carlos Ari. *Direito administrativo para céticos* cit., p. 72).

[539] Segundo Carlos Ari Sundfeld, instaurou-se uma crise das ideias históricas sobre a divisão de tarefas dentro do estado na construção do interesse público: "A conclusão foi que, para superar a crise, seria preciso aceitar duas tendências. Por um lado, a de juízes e controladores compartilharem em alguma medida com a administração pública a construção em concreto do interesse público. Por outro, a de a administração compartilhar uma parte da produção normativa com os legisladores" (Uma lei geral inovadora para o Direito Público. Disponível em: <https://www.jota.info/opiniao-e-analise/colunas/ controle-publico/uma--lei-geral-inovadora-para-o-direito-publico-31102017>. Acesso em: 23 ago. 2018).

[540] Tratando do controle da atividade administrativa na Argentina, María Angélica Gelli obtempera: "[...] Pero para que ello sea posible se requiere una judicatura independiente, imparcial, valiente y enérgica – que, no obstante, no se convierta en opositora al gobierno y pretenda corregir la agenda pública de éste – dispuesta a examinar el cumplimiento riguroso del débito proceso adjetivo y del debido proceso sustantivo. En otros términos, a evaluar si las normas fueron dictadas por quien estaba atribuído para ello en la Constitución, mediante el procedimiento allí establecido y asegurando la razonabilidad de lo mandado" (El sistema presidencialista argentino y el control de la actividad administrativa. In: OLIVEIRA, Farlei Martins Riccio de (Coord.). *Direito administrativo Brasil – Argentina*: estudos em homenagem a Augustin Gordilho. Belo Horizonte: Del Rey, 2007. p. 515-542).

Nos Estados Unidos, *v.g.*, embora haja alguns limites, "A revisão judicial de atos administrativos é a regra e a impossibilidade de revisão é a exceção que deve ser demonstrada". Essa é a conclusão da Suprema Corte americana no caso Marlow v. Collins, o que, segundo Peter J. Messitte, é a regra na maior parte das legislações que criam as agências administrativas.[541] Por outro lado, o esgotamento das vias administrativas é condição para a análise judicial da questão e o recurso judicial é, de fato, um recurso, ou seja, "Quanto ao escopo da revisão judicial, deve-se ter em mente que se trata de um procedimento recursal e, de acordo com a prática dos Estados Unidos (diferentemente do que se passa no Brasil), recursos devem se limitar ao que foi apresentado na via administrativa".[542] A observação mais importante que se colhe do artigo em questão é a seguinte:

> Dito isso, os tribunais tratam os atos administrativos com grande respeito, devido à *expertise* da agência.
>
> Assim, a agência é presumida como *expert*, não o Juiz leigo. Dessa forma, as cortes federais só revisam as decisões administrativas para determinar se elas são suportadas por "evidências substanciais". Essa avaliação não aborda a correção da decisão em si. Tudo o que é necessário é que as evidências sejam tais que seria razoável aceitá-las como base da agência, mesmo que os julgadores possuam diferente ponto de vista quanto ao teor da decisão.
>
> Isso é verdadeiro no que diz respeito aos fatos, mas, em certa medida, também é verdadeiro no que diz respeito ao alcance da revisão judicial das interpretações da agência administrativa quanto ao teor das leis. [...] As agências administrativas nos EUA regulam virtualmente todos os aspectos da vida do americano, inclusive a comida que comemos, o ar que respiramos, a água que bebemos.[543]

---

[541] MESSITTE, Peter J. O direito administrativo nos Estados Unidos. *Revista Justiça e Cidadania*, edição 177, 28 maio 2015. Disponível em: <http://www.editorajc.com.br/o--direito-administrativo-nos-estados-unidos/>. Acesso em: 4 jun. 2018.

[542] Idem, ibidem.

[543] Na sequência, Peter Messite, um Juiz Federal Distrital norte-americano, que comumente recebe diversas delegações brasileiras em eventos jurídicos, menciona o caso Chevron v. NRDC, no qual: "a Suprema Corte estabeleceu um procedimento de duas etapas no que diz respeito à análise da autoridade das agências para interpretar leis. Visto que o Presidente e o Congresso tomam as decisões políticas, se a legislação é clara e objetiva, a agência

Igualmente, na Alemanha é possível verificar essa relação mais equilibrada e de maior respeito entre as funções estatais, afastando-se o Judiciário das competências e, principalmente, das opções dos demais poderes.[544]

A Professora Odete Medauar, na sua obra sobre o controle da administração pública, menciona a discussão acerca da necessidade de esgotamento da via administrativa como condição de acesso à via judicial e os países onde, ao contrário do Brasil, tal providência é essencial.[545] Após elencar os exemplos da Espanha e da Alemanha, onde a legislação prevê a tentativa obrigatória de solução administrativa como providência anterior ao acesso aos tribunais, alude ao exemplo da França, onde

> [...] há o recurso administrativo prévio obrigatório (RAPO) em matéria fiscal desde 1928; segundo Jacqueline Morand-Deviller, tal meio tem se mostrado eficaz, pois das cerca de três milhões de reclamações anuais, 95% (noventa e cinco por cento) recebem satisfação imediata.[546]

Cappelletti e Garth citam os sistemas mais bem avaliados de controle da administração fora do Judiciário. O *ombudsman* sueco e israelense,[547] *médiateur* francês *parlamentary commissioner* na Grã-Bretanha, além de

---

deve segui-la. Entretanto, se a lei for menos clara, as cortes são orientadas a considerar com significativa deferência qualquer interpretação razoável que a agência confere à lei. Resumindo, o precedente estabelecido em Chevron atribui às agências autoridade significativa para interpretar a lei e exercer sua discricionariedade" (O direito administrativo nos Estados Unidos cit.).

[544] Humberto Ávila menciona os limites da intervenção a partir dos controles da evidência (*evidenzkontrole*) e da justificabilidade (*vertretbarkeitskontrole*) na linha do Tribunal Constitucional alemão. "Para preservar a prerrogativa funcional do Poder Legislativo e do Poder Executivo, o Poder Judiciário só opta pela anulação das medidas adotadas pelos outros poderes se sua inadequação for *evidente* e não for, de qualquer modo plausível, *justificável*. Fora esses casos, a escolha feita pelos outros Poderes deve ser mantida, em atenção ao princípio da separação de Poderes" (grifos no original) (*Teoria dos princípios*: da definição à aplicação dos princípios jurídicos cit., p. 182).

[545] MEDAUAR, Odete. *Controle da administração pública*. 3. ed. São Paulo: RT, 2014. p. 216.

[546] Idem, ibidem.

[547] Sobre o *Ombudsman*, a Professora Odete Medauar opina que: "Tendo em vista que no Brasil os tradicionais meios de controle da Administração demonstram insuficiência e ante a necessidade de que esta respeite os direitos assegurados pelo ordenamento, um *Ombudsman*

PREPARANDO AS CONCLUSÕES

instituições semelhantes na Austrália, no Canadá, nos Estados Unidos e na Áustria, são apontados como soluções mais adequadas em litígios de Direito Administrativo.[548]

No Brasil, aparentemente,[549] demos um grande passo para a evolução dos conceitos e alcance desse equilíbrio com a edição da Lei 13.655/2018, tratando da segurança jurídica e eficiência na aplicação do direito público e alterando fundamentalmente a Lei de Introdução às Normas do Direito Brasileiro (LINDB), antiga Lei de Introdução ao Código Civil (LICC). Mais importante talvez que a própria inovação legislativa foi trazer à pauta de discussões a judicialização da Administração e o momento atual de desequilíbrio e insegurança com relação às atribuições e limites das funções do poder estatal. Na lei, destacam-se dispositivos que impedem que as esferas administrativa, controladora e judicial decidam com base em valores jurídicos abstratos sem que sejam consideradas as consequências práticas da decisão. Além disso, determinam que, quando for o caso, a decisão deva indicar as condições para que a regularização ocorra de modo proporcional e equânime e sem prejuízo aos interesses gerais, que sejam considerados os obstáculos e as dificuldades reais do gestor e as exigências das políticas públicas a seu cargo e que se considerem as circunstâncias práticas que houverem imposto, limitado ou condicionado a ação do agente público.

O projeto teve sua base precipuamente nos estudos dos Professores Carlos Ari Sundfeld e Floriano de Azevedo Marques Neto. O diploma surge como "Uma nova lei para aumentar a qualidade jurídica das decisões públicas e de seu controle"[550] a partir de medidas para neutralizar fatores de distorção da atividade jurídico-decisória pública que afetam sua eficiência e segurança jurídica. A doutrina dos referidos professores

verdadeiro deve ser instituído, como respaldo a mais no exercício da cidadania, com as cautelas adequadas para que não se burocratize" (Idem, p. 171).

[548] CAPPELETTI, Mauro; GARTH, Bryant. *Acesso à justiça* cit., p. 140-141. Notas. 332 a 340.

[549] Certamente foi um grande avanço a edição da Lei 13.655/2018, o advérbio "aparentemente" decorre de uma desconfiança na efetiva observância e aplicação da lei, visto que no Brasil há as que pegam e as que não pegam.

[550] MARQUES NETO, Floriano de Azevedo; SUNDFELD, Carlos Ari. Uma nova lei para aumentar a qualidade jurídica das decisões públicas e de seu controle. In: SUNDFELD, Carlos Ari (Org.). *Contratações públicas e seu controle*. São Paulo: Malheiros, 2013. p. 277-285.

ACESSO À JUSTIÇA

há algum tempo se encaminha no sentido de sustentar esse equilíbrio,[551] que é uma realidade em outros sistemas, impedindo que o processo administrativo se transforme em rito de passagem e que caiba ao Judiciário oferecer as soluções de todas as matérias relacionadas ao setor público.

Não apenas o reerguimento dos conceitos relacionados à separação de poderes, mas é essencial também a busca de formas outras de controle que aliviem a sobrecarga no Judiciário e permitam que ele opere com recursos orçamentários proporcionais.

### 7.2.4. A peritagem, a avaliação prévia independente, a decisão por especialista e a separação de questões técnicas

As questões puramente técnicas estão no cerne de milhares, senão milhões, de processos que fazem crescer anualmente o assombroso acervo do Judiciário brasileiro. Processos puramente técnicos são aqueles nos quais, resolvidas as questões técnico-periciais, numa imensa maioria dos casos, cabe ao juiz apenas referendar tal solução. Podemos exemplificar as ações em que se postulam benefícios por incapacidade contra o INSS, em que o laudo médico é determinante para a conclusão do julgado, ações de trânsito em que a culpa é avaliada por um perito técnico, questões de seguro etc.

Para tais processos, existem inúmeros modelos idealizados a partir do sistema multiportas em que o tratamento objetivo da questão técnica central confere eficiência e melhor dinâmica ao sistema, entre eles podemos destacar a peritagem, a avaliação prévia independente, a decisão por especialista e a separação de questões técnicas. No Direito português, a utilização da chamada peritagem ganhou um impulso importante com a edição do Decreto-lei 72/2008 que trata do regime jurídico do contrato de seguro e dispõe expressamente em seu artigo 50 que a determinação

---

[551] Leciona Carlos Ari Sundfeld: "Meu argumento é que para justificar a intervenção judicial não basta a invocação de princípios jurídicos – mesmo daqueles que asseguram direitos fundamentais – e o reconhecimento da sua pertinência ao caso em julgamento. É preciso que o juiz reflita e decida expressamente sobre o problema preliminar de sua legitimação, examinando, inclusive, as possíveis consequências negativas e positivas de sua intervenção na matéria, em lugar do legislador ou do administrador" (*Direito administrativo para céticos* cit., p. 75).

dos peritos vincula as partes envolvidas.[552] A Lei sobre o contrato de seguro alemã, de 23 de novembro de 2007 (*Versicherungsvertragsgesetz – VVG*), no seu § 84, tem disposição semelhante e limita a eventual a intervenção do juiz aos casos em que a peritagem divirja substancialmente da realidade.[553]

Nos casos da avaliação prévia independente, as partes são instadas a se aconselhar com um especialista que avalia a questão de forma prévia indicando qual seria a solução de acordo com a técnica aplicável. Há, nesses casos, uma antecipação do resultado da lide dentro dos limites da questão técnica avaliada. Diante do parecer, caberia à parte sustentar questões diversas da matéria técnica já analisada ou discordar de tal avaliação, o que poderia ser considerado uma postura processual arriscada, sujeitando-a aos ônus de tal conduta.

A decisão por especialista seria o outro lado da avaliação prévia, pois nessa hipótese há a concordância prévia de que a controvérsia reside unicamente na questão técnica, de modo que a conclusão do profissional define a contenda. Tal método seria extremamente útil à realidade brasileira, pois em um número surpreendente de casos as partes poderiam concordar de forma antecipada de que a questão a ser deslindada seria unicamente técnica, de modo que, reduzido o ponto controvertido, a decisão efetiva ficaria pendente apenas da conclusão do especialista.

---

[552] "Artigo 50.º Perícia arbitral 1 – Em caso de divergência na determinação das causas, circunstâncias e consequências do sinistro, esse apuramento pode ser cometido a peritos árbitros nomeados pelas partes, nos termos previstos no contrato ou em convenção posterior. 2 – Salvo convenção em contrário, a determinação pelos peritos árbitros das causas, circunstâncias e consequências do sinistro é vinculativa para o segurador, para o tomador do seguro e para o segurado."

[553] "§ 84 (1) 1Sollen nach dem Vertrag einzelne Voraussetzungen des Anspruchs aus der Versicherung oder die Höhe des Schadens durch Sachverständige festgestellt werden, ist die getroffene Feststellung nicht verbindlich, wenn sie offenbar von der wirklichen Sachlage erheblich abweicht. 2Die Feststellung erfolgt in diesem Fall durch gerichtliche Entscheidung. 3Dies gilt auch, wenn die Sachverständigen die Feststellung nicht treffen können oder wollen oder sie verzögern." Tradução livre: 1) Se, de acordo com o contrato, as condições individuais do crédito decorrentes do seguro ou do montante do dano forem determinadas por peritos, a constatação feita não é vinculativa se evidentemente se afastar consideravelmente do estado real das coisas. 2 A determinação é feita neste caso por decisão judicial. 3 Isso também se aplica se os especialistas não puderem ou não fizerem a determinação ou atrasá-la.

Finalmente, nas questões mais complexas, a separação de questões técnicas reduziria o espectro da cognição judicial pois, nesse caso, a solução da lide dependeria da análise de questões técnicas e jurídicas, e as partes concordam que essa última análise ocorra após as conclusões técnicas dos especialistas, que seriam definitivas sobre tais pontos.

Referidos meios técnicos tangenciam a ideia inserta no artigo 382, II e III, do CPC, quando reestrutura a possibilidade da produção antecipada de prova e propicia que luzes sejam jogadas sobre uma questão técnica controvertida, posicionando as partes com mais segurança com relação ao resultado esperado da demanda.[554] A utilização intensa desse dispositivo poderia contribuir com um resultado importante na simplificação e barateamento dos processos, até mesmo numa seara pré-processual. A proposta vai no sentido da antecipação da prova técnica e da sujeição das partes à mediação posterior, já embasada em tais conclusões, complementando com a punição pelo abuso do direito de litigar àqueles que insistirem irresponsavelmente na demanda contrariamente à indicação do seu resultado técnico.

### 7.2.5. O sucesso do sistema holandês

Aparentemente, talvez pelo avanço civilizatório alcançado pela própria sociedade, o sistema holandês é constantemente lembrado por conseguir equilibrar todos os fatores, promovendo um acesso à justiça adequado, tanto no que diz respeito a tempo quanto a custos, sem um aumento considerável dos feitos judiciais.[555] Nossa admiração pelo modelo dos Países

---

[554] De acordo com Fredie Didier Jr. e Hermes Zaneti Jr.: "A produção da prova pode servir, aliás, exatamente como contraestímulo ao ajuizamento de outra ação; o sujeito percebe que não tem lastro probatório mínimo para isso; nesse sentido, a produção antecipada de prova pode servir como freio à propositura de demandas infundadas" (Justiça multiportas e tutela constitucional adequada: autocomposição em direitos coletivos. In: ZANETI JR., Hermes; CABRAL, Trícia Navarro Xavier (Coord.). *Justiça multiportas*: mediação, conciliação, arbitragem e outros meios de solução adequada para conflitos. Salvador: JusPodivm, 2016. p. 35-66).

[555] Na Holanda, a visão atual do serviço judicial baseia-se em apenas dois princípios: "1. to strengthen the continuing values of independence, impartiality, integrity and professionalism; 2. to identify and connect to the needs and problems in society" (DIJK, Frans van; EMSTER, Erik van den; AMELSFORT, Elske van. Re-structuring of the judicial map. *Articles. Vertaling van een artikel dat verscheen in Trema*, n. 4, p. 127-133. Disponível em: <https://www.rechtspraak.nl>. Acesso em: 6 set. 2018).

PREPARANDO AS CONCLUSÕES

Baixos é reflexa, na medida em que advém das constantes menções e dos seguidos elogios encontrados na obra de Adrian Zuckerman, da qual nos valemos intensamente. Segundo Zuckerman:

> A experiência do sistema holandês mostra que é possível operar um sistema de justiça civil relativamente rápido e relativamente barato e, ao mesmo tempo, evitar os flagelos dos volumes excessivos de litígios, atrasos e altos custos. Em geral, os Países Baixos experimentam menos litígios judiciais e menos problemas com congestionamento judicial do que seus vizinhos. Isso não é porque não há demanda por litígios na Holanda, mas porque os advogados e as várias instituições sociais criaram uma variedade de processos que, em geral, funcionam mais rapidamente e com menos custos para o demandante do que outros países. Como observamos, cidadãos holandeses podem obter assessoria jurídica e serviços de solução de controvérsias de outras fontes que não advogados. Os advogados aprenderam a competir com esses provedores, oferecendo serviços eficazes de resolução de disputas por conta própria. A ação do tribunal é realizada somente quando é a maneira mais eficiente de prosseguir com a disputa em questão. Isso deixa os tribunais relativamente livres para se concentrar nos casos que realmente exigem atenção judicial. Mesmo nesta última categoria, os acordos podem ser possíveis e são encorajados pela habilidade dos juízes de exortá-los. Finalmente, a disponibilidade de um procedimento rápido e simples (*kort geding*) provou ser uma maneira muito popular e efetiva de lidar com uma ampla gama de casos que precisam da decisão de um juiz, mas que não exigem uma instrução exaustiva para o julgamento do processo[556] (tradução livre).

---

[556] "The experience of Dutch system shows that it is possible to operate a relatively quick and relatively cheap system of civil justice and, at the same time, avoid the scourges of excessive litigation volumes, delays and high costs. Overall, the Netherlands experiences less court litigation and fewer problems with court congestion than its neighbours. This is so not because there is no demand for litigation in Holland, but because de legal profession and various social institutions have created a variety of process that, overall, work batter and faster at less cost to the disputant than other countries.

As we have observed, Dutch citizens can obtain legal advice and dispute settlement services from sources other than lawyers. Lawyers have learnt to compete with these providers by offering effective dispute resolution services of their own. Court action is undertaken only when it is the most efficient way to proceed with the dispute in hand. this leaves the courts relatively free to concentrate on the cases that really require judicial attention. Even in this

A Holanda é um país com pouco mais de 17 milhões de habitantes e com um PIB *per capita* de mais de 39 mil euros. Como a média de quase todos os países, a Holanda investe cerca de 0,16% de seu PIB no sistema judicial.[557] Em contrapartida, do orçamento total alocado em todo o sistema de justiça (*whole jutice system*) apenas 17,5% estão alocados no sistema judicial (*judicial system*), e os outros 82,5% estão em outras finalidades, como o sistema prisional, o *probation service*, o funcionamento do Ministério da Justiça, totalizando 15 rubricas diversas. Outro dado que nos parece relevante é que dos 17,5% do orçamento dedicado ao sistema judicial, apenas 52% são alocados nos tribunais, e 48% vão para *prosecution services* e *legal aid*.[558]

O Professor Frans van Dijk é uma referência sobre eficiência do sistema judicial na Holanda e possui diversos escritos na mesma perspectiva do Professor Zuckerman na Inglaterra. Ele exerceu o cargo de diretor de estratégia do Conselho do Judiciário holandês. A relação umbilical entre direito e economia fica absolutamente clara na sua perspectiva, bem como as alterações dos sistemas em virtude do recrudescimento da escassez de recursos em tempos de crises.[559] Paralelamente às reformas dos sistemas no entorno do globo, também os Países Baixos vêm há quase duas décadas reestruturando-se. Assim, Van Dijk resume os passos na alteração tanto da estrutura quanto da cultura interna do sistema judicial holandês:

> 2002: Establishment of integrally responsible boards of the courts and Council for the Judiciary; 2002: Introduction of output-based funding system and total quality system; 2006: Establishment of quality and lead-time standards 2011: Increase of competence of small claims courts from 5,000

---

last category, settlements may be possible, and are encouraged by the ability of the judges to urge them. Finally, the availability of the quick and the simple kort geding procedure has proved to be a very popular and effective way to deal with a wide range of cases which need the decision of a judge, but which do not require the exploration or a full-blown trial process" (ZUCKERMAN, Adrian. *Civil justice in crisis*: comparative perspectives on civil procedure cit., p. 50).

[557] Vide gráfico 1, página 37.

[558] CEPEJ. European judicial systems: efficiency and quality of justice cit., p. 12, 20, 33.

[559] "The judicial organizations of many countries in Europe experience major changes. [...] they have also altered the emphasis: from quality of justice to efficiency" (DIJK, Frans van. Judiciary in times of scarcity: Retrenchment and reform cit., p. 15-24).

PREPARANDO AS CONCLUSÕES

euro to 25,000 euro; 2011/12: Introduction of new method of handling administrative law cases; 2008/12: Gradual expansion of digital access to the courts; 2013: New judicial map: from 5 to 4 appeal courts, from 21 to11 first-instance courts, from 56 to 32 court venues; 2013/17: Reform of laws of procedure, simplification and digitalization of procedures, reorganization of the administration of the courts.[560]

Mais interessante, no entanto, são as análises realizadas sobre os resultados das reformas. Nesse artigo específico, o Professor Van Dijk quantifica o proveito econômico de tais reformas e calcula assertivamente que elas alcançam de 0,13% a 0,16% do PIB ao ano, que é justamente o que o país gasta com o sistema judicial. Há estimativas em milhões de euros sobre o potencial benefício da redução dos atrasos, da melhora na qualidade das decisões, do avanço da *expertise* dos magistrados etc.[561]

De todo modo, o sistema judicial holandês não difere fundamentalmente dos demais países europeus. São, basicamente, três graus de jurisdição, iniciando com os tribunais distritais na primeira instância, tribunais de recurso em segunda e o Supremo Tribunal na cúpula do poder Judiciário.

Os números supracitados demonstram apenas tratar-se de uma distribuição equilibrada e coerente das despesas estatais, o que não é incomum quando analisados os países europeus. De acordo, então, com os parâmetros da Cepej, a Holanda atende ao primeiro critério de eficiência, que é o custo. Os benefícios como segundo critério também parecem atendidos de acordo com os dados coletados pela Cepej, notadamente no que se relaciona às atribuições do Ministério Público e ao acesso à Defensoria.[562] Todavia, nenhum dado destoa a ponto de poder explicar por si só o bom funcionamento do sistema e seu grau de eficiência.

O aspecto mais importante é a integração e a gama de possibilidades abertas para a resolução dos conflitos. No campo do acesso à população

---

[560] DIJK, Frans van. Improved performance of the Netherlands Judiciary: Assessment of the gain for society cit., p. 1-17.

[561] Idem, ibidem.

[562] CEPEJ. Access to justice in Europe. Report prepared by the Research Team on enforcement of court decisions (University Nancy (France)/Swiss Institute of comparative law) and discussed by the CEPEJ-GT-EVAL at their 8th metting. Disponível em: <https://www.coe.int/en/web/cepej/>. Acesso em: 13 ago. 2018.

carente, *v.g.*, não há qualquer elemento inovador ou com diferenças substanciais;[563] o fundamental é que existem opções e que estas têm funcionado como válvulas de escape do sistema tradicional e contribuído efetivamente, gerando maior operabilidade ao modelo.

Como regra geral, em sociedades mais avançadas, são grandes a adesão voluntária às regras e a observância dos direitos e deveres individuais e coletivos. De outro lado, todo um sistema paralelo de solução de controvérsias parece ter se desenvolvido de forma mais ou menos autônoma nos Países Baixos. Como menciona Zuckerman, há na Holanda a mesma demanda por litígios, mas "as várias instituições sociais criaram uma variedade de processos que, em geral, funcionam mais rapidamente e menos custos para o demandante do que outros".[564-565]

Talvez a complexidade desse sistema e sua intensa relação com as instituições sociais que são próprias daqueles países não sirvam como objetivo direto para as pretensões do Brasil, contudo é importante verificar que os melhores exemplos nessa área têm seu sucesso relacionado a práticas e iniciativas pautadas por critérios de eficiência da intervenção estatal.

## 7.3. Propostas e prognósticos

### 7.3.1. Meios adequados de solução de conflitos como forma de constitucionalização do conteúdo jurídico do acesso à justiça

Depois de lançar um emaranhado de ideias nos itens anteriores (itens 7.1 e 7.2), passamos agora a concatená-las e resumi-las. O conteúdo das

---

[563] Estão excluídos do sistema de gratuidade na Holanda: Litígios cujo valor seja inferior a 180 euros; quando o pedido é considerado manifestamente infundado; o custo da gratuidade é desproporcional em relação ao interesse do processo; ou o processo permite que as partes assumam a sua própria defesa sem recorrer a um advogado, entre outras hipóteses restritivas. Também para o caso de um recurso é necessário um novo pedido e uma nova verificação do cabimento do benefício. Disponível em: <https://www.rijksoverheid.nl/ministeries/ministerie-van-justitie-en-veiligheid>. Acesso em: 13 ago. 2018.

[564] ZUCKERMAN, Adrian. *Civil justice in crisis*: comparative perspectives on civil procedure cit., p. 51.

[565] Confirmando a avaliação de Zuckerman e tratando sobre os resultados da mediação pré-processual, Van Dijk aponta que: "Surprisingly, on average, mediation took longer to resolve a dispute, and the costs for courts and clients did not decline. This result may be specific to the Netherlands where many traditional, informal ways exist to resolve conflicts, and the volume of court cases is relatively low" (Improved performance of the Netherlands Judiciary: Assessment of the gain for society cit., p. 1-17).

PREPARANDO AS CONCLUSÕES

propostas é perpassado inicialmente por um conceito de racionalidade, porém não se trata de uma vertente racionalista pura a partir do conceito de "política como máximo ganho social",[566] nem de uma perspectiva meramente monetária, mas de alternativas "possivelmente" eficientes rumo a um "provável" futuro de maior equilíbrio econômico-financeiro. Não há qualquer pretensão no sentido de serem as melhores propostas, nem de serem únicas ou suficientes, apenas de terem coerência jurídica e serem finalisticamente promissoras, pois as propostas de alterações do modelo não são o objeto central do estudo.

Outro ponto é que a proposta geral não contempla a redução do aceso à justiça. Um dilema acompanha a maioria dos estudos acerca do tema, qual seja o aumento da litigância decorrente da melhora do acesso.[567] Na verdade, tal dilema é falacioso na medida em que, a depender do que se considere uma melhora no acesso à justiça, não haverá incremento no número de demandas judiciais, e sim a redução. O aumento que se espera, voltamos a repetir, diz respeito à quantidade ou volume de direito material tutelado em cada processo com a ampliação do acesso.

Aprimorar o acesso, em absoluto, não se confunde com facilitar ou baratear as iniciativas individuais, pelo contrário, vai por um caminho bem diferente, pois a única possibilidade de melhora do acesso está

---

[566] Discorrendo sobre as barreiras à formulação racional de decisões políticas, Thomas Dye observa que: "Para selecionar uma política racional, os formuladores de políticas devem (1) conhecer todas as preferências valorativas da sociedade e seus respectivos pesos relativos; (2) conhecer todas as propostas disponíveis de políticas; (3) conhecer todas as consequências de cada proposta alternativa; (4) calcular os quocientes entre benefício/custo de cada proposta; (5) selecionar a proposta política mais eficiente". E complementa: "Na verdade, há tantos empecilhos à decisão racional que ela praticamente nunca acontece no governo" (Mapeamento dos modelos de análise de política pública cit., p. 99-129).

[567] Adrian Zuckerman aponta que não é adequado pretender combater o aumento da litigância por meio de imposição de custos mais elevados ou de um processo mais lento: "[...] It would, however, be a mistake to assume that high costs, or, indeed, lengthy deals, are appropriate measures or keeping down volume of litigation. High litigation costs operate unfairly against the poorer sections of the community. Using high access costs a moderating factor is, therefore, offensive to the principle that all are equal before law. Using delay as a tactic for deterring litigation is also objectionable, since it not only creates economic inefficiency but also involves a denial of protection for the rights of those who are entitled to protection" (Civil justice in crisis: comparative perspectives on civil procedure cit., p. 49).

relacionada a processos adequados de solução de conflitos, inclusive coletivos, o que indica uma diminuição quantitativa do número de feitos, embora haja um incremento qualitativo na prestação estatal.[568] Reler sob outro prisma o inciso XXXV do artigo 5.º e buscar sua normatividade atual é uma premente necessidade.[569]

A pesquisa nessa passagem assenta a hipótese de que, se adotarmos um acesso razoável à justiça, teremos condições de constitucionalizar o sistema brasileiro com todos os parâmetros examinados, principalmente o equilíbrio econômico, sem prejuízo de novas análises sobre princípios diversos. A interpretação constitucional é um processo perene, dinâmico e dialógico.

Os números buscaram testar a hipótese com base em uma experimentação empírica preliminar e, certamente, ainda bastante rudimentar, dadas as limitações do trabalho. Não é possível queimar etapas, e o primeiro e mais importante passo está em consolidar um consenso no sentido da necessidade de tornar mais proporcionais os gastos com a atividade judicial. O aprimoramento das propostas visando tal objetivo viria na sequência e poderia ser trabalhado isolada ou conjuntamente, mas apenas se assentada a premissa inicial. As ideias que apresentamos não são exclusivas ou excludentes, mas apenas uma linha auxiliar que parte da hipótese, esperamos comprovada, de que o modelo de acesso à

---

[568] "Reservar o juiz para as novas questões, para as graves questões, para solucionar reais problemas, não a reiteração de pleitos idênticos e já solucionados, é disso que o Brasil está a necessitar. Afinal, o direito é ferramenta para resolver questões concretas, não para institucionalizá-las. A ineficiência sistêmica do equipamento estatal tendente a um crescimento vegetativo rumo ao infinito descredencia a Justiça e a converte em refúgio predileto dos violadores da lei. É ali o ambiente em que conseguem o tempo que o mercado não concede, as instituições financeiras não permitem e os credores não podem suportar" (NALINI, José Renato. É urgente construir alternativas à justiça. In: ZANETI JR., Hermes; CABRAL, Trícia Navarro Xavier (Coord.). *Justiça multiportas*: mediação, conciliação, arbitragem e outros meios de solução adequada para conflitos. Salvador: JusPodivm, 2016. p. 27-34).

[569] Citando a teoria estruturante de Müller, Nelson Nery Junior dispõe que a normatividade não é produzida pelo texto da norma, pelo contrário, "ela resulta dos dados extralinguísticos de tipo estatal-social: de um funcionamento efetivo, de reconhecimento efetivo e de uma atualidade efetiva desse ordenamento constitucional para motivações empíricas na sua área; portanto, de dados que mesmo se quiséssemos nem poderiam ser fixados no texto da norma no sentido da garantia da sua pertinência" (*Princípios do processo civil na Constituição Federal*, 10. ed. cit., p. 22).

justiça brasileiro é a causa do desequilíbrio econômico-financeiro dessa função estatal.

As propostas anteriores teriam, então, o condão de constitucionalizar o modelo de acesso à justiça? Entendemos que sim, mas em um prazo que não podemos calcular. Apenas para ilustrar e buscar indícios para a hipótese pesquisada, trazemos o seguinte exemplo: No ano de 2014 no Juizado Especial de São Paulo, 54.288 sentenças de mérito foram proferidas, desse total, mais de 10% se referem a apenas três temas: desaposentação, revisão de benefícios de acordo com o artigo 29, II, da Lei 8.213/1991 e revisão de acordo com os índices das Emendas Constitucionais 20 e 41. Poderíamos prosseguir elencando outros temas, como o fator previdenciário da Lei 9.784/1999 ou o IGP-DI, que corresponderiam a mais outros 4% do total e assim sucessivamente, em que questões homogêneas correspondem a percentuais menores, porém relativos a números expressivos da distribuição. Seriam exemplos os casos de inclusão do décimo terceiro salário no período básico de cálculo (PBC) e da dúvida sobre a aplicação do § 5.º do artigo 29 da Lei 8.213/1991, que corresponde a cerca de 1% dos processos.[570]

Todos esses temas são questões repetitivas que se acumulam a cada ano no Judiciário e poderiam ser resolvidas por uma única ação coletiva, em vez de milhares de individuais. Portanto, de acordo com o exemplo *supra*, cinco ações coletivas teriam o condão de evitar milhares de distribuições, registros, despachos de citação, mandados de citação, contestações, sentenças, recursos etc., ou seja, reduzir em cerca de 14% o volume total de sentenças proferidas, além dos efeitos na movimentação de processos, análises contábeis da Contadoria do juízo etc. Enfim, tornar possível que o serviço judicial seja prestado por custos adequados à realidade do orçamento brasileiro.

Em 2011, foi publicado um estudo patrocinado pelo CNJ sobre os cem maiores litigantes do País.[571] O estudo em questão não destaca o perfil das ações ou o objeto dos processos, mas apresenta um indicativo consistente de que as causas em que figuram esses maiores litigantes teriam alto grau de homogeneidade. Atualmente, o CNJ

---

[570] Dados obtidos pelo autor por meio do acesso ao sistema eletrônico dos Juizados Especiais Federais da 3.ª Região (SISJEF), de acordo com as informações de distribuição.

[571] Disponível em: <http://www.cnj.jus.br/pesquisas-judiciarias>. Acesso em: 15 maio 2018.

conta com um banco de dados sobre as demandas repetitivas,[572] o qual é mais visível num painel de consulta ao Banco Nacional de Demandas Repetitivas e Precedentes Obrigatórios. Trata-se de uma ferramenta de pesquisa virtual que contém informações referentes às demandas repetitivas nos tribunais estaduais, federais e superiores. Consta ainda um relatório do qual é possível extrair diversos dados concernentes a demandas repetitivas, entre eles a quantidade de temas e incidentes nos tribunais superiores em 2018, quando o Superior Tribunal de Justiça já contava com 800 recursos especiais repetitivos e o Supremo Tribunal Federal com 974 temas de repercussão geral.[573] Alguns desses temas já geravam um número de sobrestados superior a quatrocentos mil. O IRDR 9, do TJSP, que trata do ICMS incidente sobre a fatura de energia elétrica, já atingia mais de cinquenta e cinco mil processos sobrestados.[574]

No ano de 2017, o aprimorado Justiça em Números publicou um capítulo inteiro dedicado às "demandas mais recorrentes segundo as classes e os assuntos". Ainda não é possível analisar com profundidade os temas a ponto de verificar as demandas repetidas, mas com o avanço das ferramentas informatizadas espera-se que, em breve, essas informações sejam esmiuçadas a ponto de o próprio sistema identificar e reunir automaticamente as demandas passíveis de solução única.

Toda a sistemática ainda funciona de forma bastante artesanal, todavia o incremento da utilização da tecnologia, aliada à agilização na fixação do precedente, tem a possibilidade de gerar uma enorme eficiência na condução de parcela significativa dos feitos em curso no Judiciário do País. O ideal, no entanto, é que, em vez de centenas de milhares, tivéssemos modelos diversos adequados às particularidades de cada caso, de modo que a construção da decisão abrangesse toda a controvérsia e não tivesse que ser repetida individualmente.

---

[572] Idem.

[573] Relatório disponível em: <http://www.cnj.jus.br/pesquisas-judiciarias>. Acesso em: 15 maio 2018.

[574] Idem, p. 20-21.

## 7.3.2. A análise da superioridade da tutela coletiva de direitos nas class actions e sua aplicação para outras formas de resolução de conflitos

Nas ações de classe americanas, um momento processual fundamental é a análise da superioridade do meio coletivo, identificado como uma condição, talvez a mais importante, para o prosseguimento da ação. Valemo-nos desse instituto consolidado como referência de um padrão processual técnico-jurídico a sustentar o conceito de utilização autoritativa de meios adequados de solução dos conflitos.

Ada Pellegrini Grinover, lecionando sobre as *class actions* americanas, relaciona tal requisito à análise das condições da ação no Brasil, providência que faz parte do cotidiano dos operadores do processo.[575] Tal análise realizada no momento da certificação de uma *class action*, ou seja, antes de ela ser admitida, tem caráter bifronte, na medida em que evita que se dê seguimento a uma demanda coletiva se existirem alternativas mais econômicas para a solução mais justa e eficiente do litígio e, de outro lado, determinam que uma demanda individual se converta em coletiva.[576] Tudo é uma questão de análise da superioridade do modelo.[577]

---

[575] "Não é difícil, assim, estabelecer a correlação entre a exigência de superioridade da ação de classe, em relação a outros meios de solução dos litígios (própria da *common law*), com o interesse-utilidade e o interesse-adequação da *civil law*. Se o provimento jurisdicional resultante da ação civil pública em defesa de direitos individuais homogêneos não é tão eficaz quanto aquele que derivaria de ações individuais, a ação coletiva não se demonstra útil à tutela dos referidos interesses. E, ademais, não se caracteriza como a via adequada à sua proteção" (GRINOVER, Ada Pellegrini. Da *class action for damages* à ação de classe brasileira: os requisitos de admissibilidade. In: MILARÉ, Édis (Coord.). *Ação civil pública*: Lei n.º 7.347/1985 – 15 anos. São Paulo: RT, 2002. p. 26).

[576] Sobre a conversão das ações individuais em *class actions* e sua quase introdução no direito brasileiro vide: COSTA, Suzana Henriques da. Morte e vida da conversão da ação individual em coletiva. *O novo Código de Processo Civil*: questões controvertidas. São Paulo: Atlas, 2015. p. 421-438.

[577] Segundo André Vasconcelos Roque, em obra substancial sobre o tema das *class actions*: "A análise do requisito da superioridade dificilmente poderia ser compreendida por um leitor brasileiro, salvo se estivesse familiarizado com os institutos processuais americanos. [...] A falta de outras soluções realistas no direito brasileiro, além das ações individuais, reduz o campo de aplicação da superioridade. Na legislação atual, ainda que se sustente a incorporação do requisito da superioridade, mesmo sem previsão expressa, seu campo de aplicação seria bastante reduzido quando comparado ao modelo norte-americano" (*Class actions*: ações coletivas nos Estados Unidos: o que podemos aprender com eles? Salvador: JusPodivm, 2013. p. 193-194).

Não nos parece definitiva, embora seja real, a restrição apontada por André Vasconcelos Roque, destacada na nota *supra*. A questão da superioridade, mais facilmente verificada nos exemplos de ações coletivas, poderia ser perfeitamente adaptada a qualquer demanda judicializada dentro de um processo dialético-contraditório a ser conduzido pelo juiz, inclusive as próprias ações coletivas. A análise do método adequado de resolução da controvérsias e do modelo processual estaria perfeitamente de acordo com as linhas do *case management* bastante em voga atualmente no direito processual anglo-americano.

Exemplificando: Uma questão específica e complexa exposta em uma petição inicial seria respondida não com um simples "cite-se" ou, atualmente, com a designação da audiência inicial, conforme preconiza o artigo 334 do CPC, mas com um questionamento: qual a razão pela qual a controvérsia não foi previamente solucionada por meio de uma arbitragem ou outro meio que o juiz anteveja como mais rápido e eficiente? Numa lide envolvendo questões eminentemente técnicas, não seria o caso de antecipar a conclusão pericial e posteriormente levar o caso à mediação com base nesse parecer? A postura das partes seria sopesada à luz dos princípios da cooperação e da boa-fé, com as medidas próprias a partir do comportamento esperado delas no processo.

Havíamos citado a referência de Fernando Gajardoni que, embora também aponte as barreiras procedimentais do Código de Processo Civil brasileiro, é incisivo no sentido de apontar que a vontade das partes fica em segundo plano de acordo com as regras do FRCP.[578] Destacamos aqui o que nos parece o ponto mais importante, a utilização das ADRs ou das *class actions* decorre da determinação do juízo no exercício do *case management*, dentro desse referencial do interesse prevalente não individual. A análise da superioridade do meio é ponto fundamental e justifica tecnicamente o afastamento da pretensão individual e a escolha do meio mais ajustado.

O mesmo sistema poderia ser adotado e seria complementado pela utilização das formas alternativas e adequadas tratadas no capítulo anterior. A análise da superioridade é a porta que abre o caminho para as soluções multiportas. A combinação da análise da superioridade do

---

[578] GAJARDONI, Fernando Fonseca. Gestão de conflitos nos Estados Unidos e no Brasil cit., p. 43-63.

modelo de prestação da tutela com as possibilidades que se abrem diante da necessidade de colaboração e boa-fé das partes é um ferramental técnico promissor.

A confrontação dialética das partes com um meio mais adequado que o judicial, minimamente, revelaria suas reais intenções na relação processual e deixaria algumas próximas do descumprimento dos deveres do artigo 77 do CPC ou da má-fé prevista pelo artigo 80, o que possibilita ao juiz obviar ou dificultar a situação no Judiciário daqueles que não pretendem, em última análise, a resolução da controvérsia.

A crise de eficiência do serviço judicial legitima a observância de uma condicionante processual decorrente da adequação do procedimento, e, conforme a análise da superioridade, é analisada na sistemática das *class actions* que utilizamos doravante apenas para termos um ponto seguro de referência procedimental. Não se trata do pressuposto da adequação da via eleita como formalidade complementar caracterizadora do interesse de agir (necessidade-adequação), mas de um condicionante de política judiciária e de matriz constitucional. A via processual, ainda que formalmente adequada, deve ser obstada no caso concreto pela existência de outra superior, em que o direito material reste adequadamente protegido (conceito normativo-jurisprudencial) e o Judiciário possa atuar de forma eficiente.[579]

### 7.3.3. Conciliação, mediação e arbitragem em uma nova realidade cooperativa – O Judiciário como última opção

Mencionamos a posição de José Renato Nalini no sentido da urgência da construção de alternativas à jurisdição formal. Segundo ele, a evolução da chamada lei de talião para o processo comandado pelo Estado como meio de solução de conflitos num estágio mais civilizado da sociedade demanda um novo passo e de maior sofisticação.[580] A questão é que esse novo passo não pode estar unicamente atrelado ao desenvolvimento

---

[579] No REsp 1163283/RS, que mencionamos *supra*, o Superior Tribunal de Justiça sufragou a condicionante de política judiciária estabelecida pela própria da Lei 10.931/2004. Parece razoável que essas condicionantes possam ser também estabelecidas pelos magistrados nos casos concretos a partir da análise da superioridade do meio mais adequado.

[580] Cita ainda que os meios alternativos: "São respostas mais atraentes para o mercado, pois a longa duração do processo, o seu custo global em valores tangíveis e intangíveis, e a álea natural que o sistema envolve despertou alguns nichos da sociedade para a busca de

das técnicas alternativas e adequadas, mas também à necessidade de sua adoção como parte de um sistema que exige a colaboração e a responsabilidade dos envolvidos.

Nesse contexto, a adoção paralela do princípio da cooperação e dos acordos fortemente incentivados, pontuados pela análise do abuso do direito de litigar ou do exercício inadmissível de posições jurídicas, colocaria as perspectivas das soluções consensuais no sistema nacional em uma nova realidade bastante mais promissora.

Na Inglaterra, por exemplo, onde se leva muito a sério a atuação residual do Poder Judiciário, a indução aos acordos ou contra o litígio e sua manutenção é de tal forma eficiente que menos de 15% das ações propostas chegam a ser contestadas e menos de 5% chegam a qualquer audiência.[581] No Brasil, isso significaria que restaria apenas um milhão e meio de processos novos a serem analisados a cada ano pelo Judiciário, e não mais os cerca de trinta milhões. Trata-se de uma postura de enfrentamento de um problema real, que demandaria adrede o confronto de convicções bastante estabelecidas na nossa teoria jurídica.

Alhures, a pressão exercida nas partes é tamanha e tão efetiva que chega a levantar dúvidas sobre a justiça dos acordos ou se o peso das consequências as impelia a aceitar acordos iníquos por um receio fundado de continuar litigando. Owen Fiss critica a tentativa de adoção do modelo inglês nos Estados Unidos:[582-583]

---

meios mais racionais de se resolver uma questão concreta" (NALINI, José Renato. É urgente construir alternativas à justiça cit., p. 27-34).

[581] COSTA, Henrique Araújo. *Os poderes do juiz na Inglaterra e no Brasil*: estudo comparado sobre os *case management powers* cit., p. 291-292.

[582] FISS, Owen M. Against Settlement. *Faculty Scholarship Series*, 1984. Disponível em: <http:// digitalcommons.law.yale.edu/fss_papers/1215>. Acesso em: 11 abr. 2018.

[583] Analisando e ponderando a crítica, Garth e Cappelletti apontam para um sistema similar, porém mais equilibrado, o sistema de Michigan que opera da seguinte maneira: "a mediação se verifica a pedido de uma ou de ambas as partes ou por decisão do tribunal. Três peritos realizam uma audiência e chegam a uma conclusão sobre o montante exato dos danos. Se o autor não concordar com esse montante, ele deverá obter, pelo menos 110% dessa quantia, através do julgamento, ou então terá de suportar as custas do julgamento, incluindo os honorários do advogado do réu. Ao contrário do plano inglês, no entanto, o réu pode sofrer uma penalidade semelhante, se não aceitar as condições do acordo e o resultado do julgamento for superior a 90% do valor fixado pelos peritos" (*Acesso à justiça* cit., p. 89. Nota. 184).

> The "facilitation of settlement" became an explicit purpose of pre-trial conferences, and participants were officially invited, if that is the proper word, to consider "the possibility of settlement or the use of extrajudicial procedures to resolve the dispute". [...] Settlement is for me the civil analogue of plea bargaining: Consent is often coerced; the bargain may be struck by someone without authority; the absence of a trial and judgment renders subsequent judicial involvement troublesome; and although dockets are trimmed, justice may not be done. Like plea bargaining, settlement is a capitulation to the conditions of mass society and should be neither encouraged nor praised.

A discussão estrangeira é outra bem diversa, ou seja, se há exagero na indução oficial ao acordo. No entanto, se talvez tenham errado na dose do remédio para mais, isso não indica que devemos simplesmente nos abster de ministrá-lo. A par de eventuais excessos, o fato é que, enquanto convivemos com taxas pífias de resolução consensual de conflitos no Brasil, países como a Holanda chegam a alcançar percentuais de cerca 96%, sem mencionar as inúmeras conciliações em etapas pré-judiciais, como as realizadas em câmaras de conciliação de consumidores etc.[584]

A solução extraprocessual não é um fim em si, mas as posturas não razoáveis que impedem a concretização destas não podem merecer a complacência do Judiciário. Não há dúvida, e isso é repetido à exaustão, que o problema da crescente litigiosidade passa por soluções consensuais, o que não se pode perder de vista é que esse consenso deve ser obtido em um processo de entendimento que não pode deixar como alternativa vantajosa a qualquer das partes a opção pelo ingresso nos tribunais.

### 7.3.4. A possibilidade de robotização das funções do Judiciário

O emprego do termo robotização é, senão um grande equívoco terminológico, uma generalização grosseira do que hoje se concebe como a ciência de dados aplicada ao direito, no entanto preferimos mantê-lo como reforço retórico e pela catacrese.[585] Segundo o Professor Luciano

---

[584] DIJK, Frans van. Improved performance of the Netherlands Judiciary: Assessment of the gain for society cit.

[585] No texto "As 7 tendências para o uso de inteligência artificial no Direito em 2018", o Professor Alexandre Zavaglia Coelho posiciona didaticamente o tema tratando de suas

Da Ross: "O Judiciário no Brasil é caro. Ele é caro porque emprega muita gente, é caro porque os salários médios de seus colaboradores são maiores do que a média da maioria das outras categorias. E também é caro porque está sobrecarregado de trabalho".[586]

Como apontamos em algumas passagens, o custo do sistema brasileiro decorre da enorme estrutura necessária para administrar a montanha de processos e a fatia mais importante desses custos está relacionada ao pagamento de pessoal, seja por seu grande número, seja pela média salarial que destoa de outras categorias.

Uma tendência natural das grandes estruturas na modernidade é automatizar ou mecanizar as funções mediante a utilização intensiva de tecnologia.[587] De fato, o número de juízes por habitantes no Brasil é razoável, e a distorção comparativa maior encontra-se na quantidade de funcionários que, proporcionalmente, chega a cinco ou seis vezes a de outros países analisados.[588] Essa quantidade exacerbada de servidores pode ser facilmente explicada pelo total alarmante de processos. A nosso ver, a solução ideal seria reduzir a necessidade de grande parte da força de trabalho empregada no sistema judicial pela redução dos processos, com o aumento do conteúdo destes e a tutela de mais quantidade ou maior volume de direito material em cada processo,[589] mas não nos escapa que talvez a solução mais próxima seja mesmo a substituição de diversas fun-

---

diversas nuances. Nele estão explicitados conceitos como computação cognitiva, *digitization*, *data driven*, *jurimetria*, *small data*, *big data*, *legal design*, entre outros, além de situada toda a conjuntura da possível utilização da ciência de dados nos campos jurídicos, inclusive em relação ao Judiciário (As 7 tendências para o uso de inteligência artificial no Direito em 2018. Thomson Reuters. Disponível em: <https://www.thomsonreuters. com.br/pt/juridico/legal-one/biblioteca-de-conteudo-juridico/inteligencia-artificial-no-direito-2018.html>. Acesso em: 24 maio 2018).

[586] DA ROS, Luciano. O custo da Justiça no Brasil: uma análise comparativa exploratória cit., p. 1-15.

[587] Em uma obra certamente precursora, o então Juiz Federal Renato Benucci apontava que: "Para que a tecnologia da informação possa ser amplamente utilizada na prestação do serviço jurisdicional, há desafios a serem vencidos. Um dos principais desafios é subjugar o conservadorismo e as resistências naturais que permeiam o pensamento jurídico dominante e as estruturas judiciárias de nosso país" (*A tecnologia aplicada ao processo judicial*. Campinas: Millennium, 2006. p. 62).

[588] Vide nota 80.

[589] Vide item 5.1.4.

ções pela automação.[590] A possibilidade de que a computação cognitiva seja capaz de ler e classificar com acuracidade maior que a humana as petições e documentos de milhões de processos revela um novo panorama em que certamente os custos para lidar com as lides repetitivas ou mesmo individuais seria infinitamente reduzido.

No nosso mundo tecnológico, muitas das funções burocráticas e cartoriais estão em condições de ser realizadas por mecanismos tecnológicos. Num processo sem papel, a função judicial residirá quase que exclusivamente na decisão do feito ou, quando muito e se necessário, na condução da produção probatória.[591] Um exemplo foi o trabalho apresentado pelo Professor Alexandre Zavaglia em um seminário no Superior Tribunal de Justiça, onde foi demonstrada a capacidade dos novos sistemas de informação não apenas para ler documentos e encontrar os processos semelhantes, mas para prever a futura litigiosidade em determinadas regiões. Após as máquinas lerem mais de duzentos milhões de documentos, foram destacados do total todos aqueles relativos a um tema específico, no caso, as questões envolvendo os artigos 30 e 31 da Lei 9.656/1998, que é uma matéria atinente a planos de saúde e que gera um grande volume de questionamentos judiciais.

---

[590] Tratando especificamente da utilização das ferramentas de tecnologia no Judiciário, Alexandre Zavaglia enfatiza que "a computação cognitiva e sua linguagem natural, nesse ponto, ajudam muito ao permitir a busca das informações na fonte, na própria petição inicial ou na sentença, ao transformar esses dados não estruturados em estruturados (com a extração completa das informações: pedido principal e pedidos subsidiários, base legal, fatos ligados a cada pedido, dentre outros)". A partir daí, o Judiciário poderia contar com "[...] um cadastro de novos processos com base nessa tecnologia (*digitization*)". Uma vez disponíveis com segurança os dados dos processos judiciais, abrir-se-ia o ensejo para a organização e automação de diversas funções e, mais importante, em um número crescente de processos repetitivos (As 7 tendências para o uso de inteligência artificial no Direito em 2018 cit.).

[591] Sobre esse tema, um capítulo bastante abrangente escrito por: PICCOLI, Ademir Milton. Judiciário exponencial: premissas para acelerar o processo de inovação. In: FERNANDES, Ricardo Vieira de Carvalho; CARVALHO, Ângelo Gamba Prata de (Coord.). *Tecnologia jurídica e direito digital*. Belo Horizonte: Fórum, 2018. p. 191-206.

## TABELA 2
### Levantamento dos processos existentes envolvendo o tema

| Grandes Números | TJSP | TJRJ | STJ | Total |
|---|---|---|---|---|
| População de Processos | 44.322.356 | 19.877.235 | 3.276.112 | **67.475.703** |
| Setor Pesquisado | 534.980 | 213.459 | 8.912 | **757.351** |

**Fonte:** Elaborado pelo autor.

Após a análise de outros dados, como crescimento da demanda, população etc., foi possível projetar a entrada de novos processos num horizonte próximo:

## TABELA 3
### Previsão de novos processos envolvendo o tema

| Temas | TJSP | TJRJ | STJ | Total |
|---|---|---|---|---|
| Artigos 30 e 31 | 9.827 | 13.452 | 179 | **23.458** |

**Fonte:** Elaborado pelo autor.

Essa seria a função do sistema "Victor"[592] em implantação no âmbito do Supremo Tribunal Federal. A ideia é que o sistema leia os recursos extraordinários que chegam a esse Tribunal e identifique quais estão vinculados aos temas de repercussão geral, facilitando a aplicação posterior dos precedentes.

### 7.3.5. As potencialidades do Judiciário atuando corretamente em políticas pública – O projeto de lei do processo estrutural e outros em debate

Diante da positivação dos direitos sociais, seja em disposições de maior ou menor densidade jurídico-normativa, conferiu-se ao Judiciário o

---

[592] O nome do sistema "Victor" é uma homenagem ao Ministro Victor Nunes Leal, principal responsável pela sistematização da jurisprudência da corte em súmulas. Sobre o sistema vide matéria no portal do STF. Disponível em: <http://portal.stf.jus.br/noticias/verNoticia-Detalhe.asp?idConteudo=380038>. Acesso em: 8 jun. 2018.

ferramental necessário para que ele atuasse no sentido da concretização dessas disposições. O que começou de forma tímida avançou abruptamente tomando contornos preocupantes, tanto na independência e harmonia dos poderes quanto na dinâmica e eficiência do gasto público. Fora de dúvida, no entanto, que a concretização dos direitos e garantias fundamentais tende a caminhar para frente e que o Judiciário exerce papel fundamental na estrutura atual dessas garantias. Como todo avanço importante, de tempos em tempos é necessário um freio de arrumação. A existência de direitos sociais, muitas vezes indisponíveis, nas leis e na própria Constituição impele o Judiciário a se posicionar dada a notória carência relacionada à efetivação de tais direitos no Brasil.

As políticas públicas são o resultado de um conjunto de processos político-administrativos que seguem, usualmente, um esquema geral.[593] Esse caminho a ser percorrido não pode ser atalhado. Não há concretude ou coerência em decisões judiciais sobre esse tema que desconhecem os contornos sociopolítico-econômicos que as cercam, sejam elas individuais ou daquelas transcendentes e expiatórias gerais a que nos acostumamos a ver. Ao largo da necessária interseção do tema com a ciência política, no que nos interessa mais de perto, a atuação do Judiciário em políticas públicas de acordo com a doutrina moderna somente se daria de modo adequado por meio dos chamados processos estruturais.[594] Tal é a posição encampada no PL 8.058/2014 em trâmite na Câmara dos Deputados.

Após princípios e características do processo de controle de políticas públicas, o referido projeto aponta para a necessidade de uma solução coletiva e objetivamente adequada para os casos em análise. Assim dispõem os artigos do projeto de lei:

---

[593] "Identificar problemas e tornar manifestas as demandas para a ação governamental; Montar agenda para deliberação e escolher as questões a serem decididas e os problemas a serem tratados; Formular propostas de políticas e desenvolver propostas de políticas para resolver as questões e os problemas; Legitimar políticas e selecionar uma proposta; Articular apoio político para ela e transformá-la em lei; Implementar políticas, organizar burocracias, prestar serviços ou prover pagamentos e criar impostos; Avaliar políticas, estudar os programas, relatar os outputs dos programas governamentais, avaliar os impactos dos programas sobre os grupos-alvo e sobre os outros grupos e propor mudanças e ajustes" (DYE, Thomas R. Mapeamento dos modelos de análise de política pública cit., p. 99-129).

[594] ARENHART, Sérgio Cruz. Processos estruturais no direito brasileiro: reflexões a partir do caso da ACP do carvão. *Revista de Processo Comparado*, v. 1, n. 2, p. 211-229, jul.-dez. 2015.

Art. 3.º É competente para o controle judicial de políticas públicas a justiça ordinária, estadual ou federal, por intermédio de ação coletiva proposta por legitimado estabelecido pela legislação pertinente, ressalvadas as hipóteses de cabimento de ações constitucionais. Art. 4.º A petição inicial obedecerá aos requisitos previstos no Código de Processo Civil e deverá indicar com precisão a medida necessária para implementação ou correção da política pública, bem como a autoridade responsável por sua efetivação.[595]

Em termos práticos, a constatação é que a atuação do Judiciário em processos individuais acerca de políticas públicas implica um desserviço à coletividade, pois força a administração a ignorar padrões mínimos de eficiência orçamentária para acolher decisões que, em regra, simplesmente reconhecem um direito não contestado, determinam sua implementação e ignoram a forma e as medidas a serem tomadas para seu cumprimento. Em verdade, o Judiciário nada mais faz, em regra, do que deslocar fatias generosas do orçamento em benefício de alguns e em prejuízo de muitos. Nas questões relacionadas a políticas públicas, a superioridade do sistema coletivo é pronunciada em diversos aspectos. O primeiro deles é decorrente da própria concepção de política pública. De certo, em regra, não se faz política pública para indivíduos, e sim para determinada coletividade. As políticas de estado e os serviços públicos se propõem a gerar efeitos amplos e alcançar benefícios para todo o conjunto social. Ao se individualizar a discussão pelo meio judicial, perde-se a referência da totalidade da ação estatal que deveria ter como objeto todos os interessados/necessitados.

Num ambiente de recursos escassos, é mais importante definir quais prestações serão postergadas e quais serão restringidas do que a forma como as demais serão contempladas. O fundamental é administrar as carências. Nas lides individuais, essa questão não se coloca, pois, aparentemente, os recursos financeiros existem ou devem existir. Nesse aspecto, a conflituosidade reduz-se, visto que não há embate dialógico.[596] Não se

---

[595] Texto disponível em: <https://www.camara.gov.br/proposicoes>. Acesso em: 10 set. 2017. Atualmente, o referido projeto encontra-se em tramitação na Câmara dos Deputados, aguardando Parecer do Relator na Comissão de Finanças e Tributação (CFT).

[596] Nesse sentido é a doutrina que orientou as alterações recentes na LINDB: "Não basta dizer qual é o direito, qual é o princípio a ser aplicado; é preciso motivar adequadamente,

trata de argumentos consequencialistas, mas de ponderações acerca de efeitos extraprocessuais das decisões tomadas em âmbitos relacionados a políticas de espectro coletivo.

No processo estrutural, a responsabilidade do Judiciário aumenta consideravelmente, posto que a própria política pública, seus critérios e restrições devem ser discutidos. Nesse contexto, perdem qualquer sentido as ações individuais pois, de regra, não há resistência ao direito postulado, e cabe ao juiz atuar com a Administração para encontrar a forma adequada de concretização do direito para todos, e não para a parte individual.

---

considerando os efeitos da decisão no caso concreto e até mesmo as possíveis soluções alternativas, cujas razões de serem preteridas devem ser ponderadas e expostas (art. 20 da Lei de Introdução, na redação do Projeto de Lei)" (SUNDFELD, Carlos Ari; JURKSAITIS, Guilherme Jardim. Uma lei para dar mais segurança jurídica ao direito público e ao controle. In: LEAL, Fernando; MENDONÇA, José Vicente Santos de (Org.). *Transformações do direito administrativo*: consequencialismo e estratégias regulatórias. Rio de Janeiro: Escola de Direito do Rio de Janeiro da FGV, 2016. p. 21-24).

# Conclusão

Um dos papéis fundamentais do Estado está na prestação regular do serviço jurisdicional, este visto não apenas enquanto relação jurídica, mas como expressão relevante do estado de direito e da democracia.[597] Cabe ao Estado ainda, de forma muito mais ampla, até como fundamento da própria República, nos termos do artigo 1.º da Constituição Federal, promover a cidadania e a dignidade da pessoa humana. Desse modo, ainda que figure o acesso à justiça como importante direito fundamental, dado o seu especial caráter de direito-condição, ele convive naturalmente com outros direitos e outras necessidades, devendo, portanto, ser sopesado e aquilatado na divisão das possibilidades de otimização próprias de cada sociedade.

O ambiente de recursos escassos remete a uma noção de limite, de restrição, própria da realidade de qualquer país e normalmente proporcional ao estágio de desenvolvimento de cada qual. Nessa ordem de ideias, e baseados numa análise econômica que leva em conta a escassez de recursos financeiros, apontamos a desproporcionalidade dos montantes drenados pelo serviço público encarregado da prestação jurisdicional e pelos demais serviços paralelos que compõem o sistema brasileiro de acesso à justiça. A conclusão é que o desajustado sistema de acesso ao

---

[597] Nesse sentido: ABREU, Pedro Manoel. *Processo e democracia*: o processo judicial como *locus* da democracia participativa e da cidadania inclusiva no estado democrático de direito. São Paulo: Conceito Editorial, 2011. v. 3, p. 452.

longo do tempo, especialmente nas últimas décadas, consolidou e agravou o desequilíbrio das contas.

Como todos os demais, o Judiciário como serviço público deve apresentar resultados satisfatórios mediante dispêndios proporcionais de recursos. A partir de dados claros, foi possível apontar as distorções distributivas, parte substancial de suas causas e algumas de suas principais consequências. Pautados por essas circunstâncias da realidade social, buscamos a fundamentação doutrinária do estudo, notadamente na parte relativa a uma importante equivalência principiológica, o que consideramos tratar-se de um questionamento que precede a ponderação de princípios, sendo inclusive mais clara e menos desafiadora.

A fundamentação retórica do direito constitucional de ação e do princípio da inafastabilidade foi revisitada, parcialmente desconstruída e reformulada, não tentando diminuir ou apontar equívocos nos conceitos consagrados, mas visando diagnosticar uma simples falha hermenêutica que, sub-repticiamente, alocou um princípio num ambiente próprio de regras.

Baseamos a interpretação numa alternativa hermenêutica possível, sem grande sofisticação dogmática, apenas diante de uma posição concebida de naturalidade ante a presença de postulados válidos antagônicos, cuja solução não escapa de uma decisão consciente sobre qual caminho optamos por trilhar. Nesse aspecto, em especial, a ponderação de interesses e as incursões nos critérios de legitimidade política afiguraram-se como um método seguro de escolha, que justificaria de forma democrática o abandono de uma concepção adrede consagrada que traz benefícios a poucos e um ônus sensível para boa parte da coletividade.

Pontuamos incessantemente que não defendemos qualquer abandono aos esforços de décadas em prol da ampliação do acesso à justiça. Não há contradição das alternativas aventadas com a ampliação do acesso à justiça substantivo, mas é preciso que se reconheça que os efeitos colaterais do modelo atual são demasiado graves, talvez mais até do que os próprios sintomas dos problemas que se visa combater.

Também não há uma adesão irrestrita a uma análise do direito a partir de premissas econômicas. Noções de economia e análise econômica do direito foram decisivas, no entanto, para marcar o ponto de partida da pesquisa e estabelecer suas premissas fundamentais. A partir de uma análise econômica, foi possível apontar que nosso sistema gasta muito e

CONCLUSÃO

esse gasto é desproporcional. Situar o estudo na área de interseção entre as duas ciências com incursões pontuais nas searas paralelas, embora seu conteúdo seja eminentemente jurídico, foi fundamental para conferir maior rigor metodológico e validar a forma de análise dos dados recolhidos.

No mais, os números apresentados são bastante eloquentes e nosso esforço foi no sentido de que falassem por si. Toda a pesquisa empírica buscou situar nosso país na realidade socioeconômica e demonstrar que, diante dessa realidade, os investimentos públicos no sistema judicial brasileiro e em seu entorno não encontram paralelo global. O desarranjo estrutural é, segundo apontamos, fruto de um disfuncional sistema de acesso à justiça que, embora seja notoriamente dispendioso, ainda não alcança padrões adequados de proteção aos direitos consagrados, notadamente da parcela mais excluída da população.

Por fim, as propostas apresentadas, que, como dissemos, não seriam exclusivas nem excludentes, funcionaram quase como apêndices, cada uma independente e autônoma em relação ao conteúdo central da tese apresentada. Formulamos um conjunto de iniciativas que, a nosso sentir, contribuiriam para a convergência dos gastos a patamares razoáveis em um período de tempo que não foi possível precisar. Nesse passo e mantendo a coerência de todo o conjunto, todas as medidas propugnadas poderiam ser adotadas, talvez algumas delas ou até mesmo qualquer alternativa futuramente mais bem aprofundada. Essas opções e sua eventual adoção em nada prejudicam a conclusão de que o modelo atual de acesso à justiça é o responsável pela desproporção financeira do nosso sistema.

O acesso à justiça em um ambiente de recursos escassos é isso: o melhor acesso possível de acordo com um modelo de serviço público a ser construído e continuamente aprimorado; que não é necessariamente ruim ou bom, só não pode ser tão caro, justamente porque os recursos são poucos e há outras necessidades a serem atendidas.

# REFERÊNCIAS

ABREU, Pedro Manoel. *Processo e democracia*: o processo judicial como *locus* da democracia participativa e da cidadania inclusiva no estado democrático de direito. São Paulo: Conceito Editorial, 2011. v. 3.

AFONSO, José Roberto. Financiamento da saúde no Brasil: os desafios do Estado e da sociedade. Disponível em: <https://www.portalibre.fgv.br/lumis>. Acesso em: 23 jun. 2018.

ALEXY, Robert. Direitos fundamentais no estado constitucional democrático: para a relação entre direitos do homem, direitos fundamentais, democracia e jurisdição constitucional. Tradução de Luís Afonso Heck. *Revista de Direito Administrativo*, Rio de Janeiro, v. 217, p. 55-79, jul.-set. 1999.

_____. *Teoria dos direitos fundamentais* (*Theorie der Grundrechte*). Tradução da 5. ed. alemã de Virgílio Afonso da Silva. 2. ed. São Paulo: Malheiros, 2012.

ALESSI, Renato. *Principi di diritto amministrativo*. Milano: Giuffrè, 1966. t. I.

_____. *Sistema istituzionale del diritto amministrativo italiano*. Terza Edizione. Milano: Giuffrè, 1960.

ALVES, Leonardo. M. Hardin: a tragédia dos comuns. Disponível em: <https://ensaio-senotas.com/2016/12/28/hardin-a-tragedia-dos-comuns/>. Acesso em: 23 jul. 2018.

AMARAL, Gustavo. *Direito, escassez & escolha*. 2. ed. Rio de Janeiro: Lumen Juris, 2010.

ANCEL, Marc. *Utilidade e métodos do direito comparado*. Tradução de Sérgio José Porto. Porto Alegre: Fabris, 1980.

ANDREWS, Neil. *O moderno processo civil*: formas judiciais e alternativas de resolução de conflitos na Inglaterra. Orientação e revisão da tradução Teresa Arruda Alvim Wambier. São Paulo: RT, 2009.

ANDRIGHI, Fátima Nancy. Os limites subjetivos da coisa julgada e o CDC. In: SALLES, Carlos Alberto (Coord.). *As grandes transformações do processo civil brasileiro*:

homenagem ao Professor Kazuo Watanabe. São Paulo: Quartier Latin, 2009. p. 151-162.

ARENHART, Sérgio Cruz. Processos estruturais no direito brasileiro: reflexões a partir do caso da ACP do carvão. *Revista de Processo Comparado*, v. 1, n. 2, p. 211-229, jul.-dez. 2015.

ÁVILA, Humberto. *Teoria dos princípios*: da definição à aplicação dos princípios jurídicos. 12. ed. São Paulo: Malheiros, 2011.

AVRITZER, Leonardo. Judicialização da política e equilíbrio de poderes no Brasil. In: _____ et al. (Coord.). *Dimensões políticas da justiça*. Rio de Janeiro: Civilização Brasileira, 2013.

BACELLAR FILHO, Romeu Felipe. Breves reflexões sobre a jurisdição administrativa: uma perspectiva de direito comparado. *Revista de Direito Administrativo*, Rio de Janeiro, n. 211, p. 65-77, jan.-mar. 1998.

BAIARDI, Amilcar. Elinor Ostrom, a premiação da visão unificada das ciências humanas. *Caderno CRH*, Salvador, v. 24, n. 61, p. 203-216, jan.-abr. 2011.

BANDEIRA DE MELLO, Celso Antônio. *Discricionariedade administrativa e controle jurisdicional*. 2. ed. São Paulo: Malheiros, 2007.

BARBOSA MOREIRA, José Carlos. Estrutura e funcionamento do Poder Judiciário no Brasil. In: ASSOCIAÇÃO DOS MAGISTRADOS BRASILEIROS – AMB (Org.). *Justiça*: promessa e realidade: o acesso à justiça em países ibero-americanos. Tradução de Carola Andréa Saavedra Hurtado. Rio de Janeiro: Nova Fronteira, 1996.

_____. Por um processo socialmente efetivo. *RePro*, São Paulo, v. 27, n. 105, p. 183--190, jan.-mar. 2002.

BARROSO, Luís Roberto. Constitucionalidade e legitimidade da criação do Conselho Nacional de Justiça. *Direito administrativo*: estudos em homenagem a Diogo de Figueiredo Moreira Neto. Rio de Janeiro: Lumen Juris, 2006.

_____. *Curso de direito constitucional contemporâneo*: os conceitos fundamentais e a construção do novo modelo. 5. ed. São Paulo: Saraiva, 2015.

_____. O direito constitucional e eficácia das normas. 9. ed. Rio de Janeiro: Renovar, 2009.

BARROS, Sérgio Resende de. Medidas, provisórias?. *Revista da Procuradoria-Geral do Estado de São Paulo*, São Paulo, v. 53, p. 233-247, jun. 2000.

BEDAQUE, José Roberto dos Santos. *Efetividade do processo e técnica processual*. São Paulo: Malheiros, 2006.

BELINETTI, Luiz Fernando. Ação e condições da ação. *RePro*, São Paulo, n. 96, p. 260-266, 1999.

BENUCCI, Renato Luís. *A tecnologia aplicada ao processo judicial*. Campinas: Millennium, 2006.

BERALDO, Maria Carolina Silveira. O comportamento dos sujeitos processuais como obstáculo à razoável duração do processo. São Paulo: Saraiva, 2013.

# REFERÊNCIAS

BERMUDES, Sérgio. Administration of Civil Justice in Brazil. In: ZUCKERMAN, Adrian. *Civil justice in crisis*: comparative perspectives on civil procedure. Oxford: Oxford University Press, 1999. p. 358.

BINENBOJM, Gustavo. Agências reguladoras independentes, separação de poderes e processo democrático. In: OLIVEIRA, Farlei Martins Riccio de (Coord.). *Direito administrativo Brasil – Argentina*: estudos em homenagem a Augustin Gordilho. Belo Horizonte: Del Rey, 2007. p. 195-222.

BOBBIO, Norberto. *O futuro da democracia*: uma defesa das regras do jogo. Rio de Janeiro: Paz e Terra, 1986.

_____. *Teoria do ordenamento jurídico*. Tradução de Maria Celeste C.J. Santos. 10. ed. Brasília: Editora Universidade de Brasília, 1999. (Reimpressão 2006.)

_____. *Teoria geral da política*: a filosofia política e as lições dos clássicos. Tradução de Daniela Beccaccia Versiani. 11. ed. Rio de Janeiro: Elsevier, 2000.

BONAVIDES, Paulo. *Ciência política*. 23. ed. São Paulo: Malheiros, 2016.

_____. *Curso de direito constitucional*. 10. ed. São Paulo: Malheiros, 2000.

BONICIO, Marcelo José Magalhães. *Princípios do processo no novo Código de Processo Civil*. São Paulo: Saraiva, 2016.

BOTELHO DE Mesquita, José Ignacio. Processo civil e processo incivil. *RePro*, São Paulo, n. 131, p. 250-257, jan. 2006.

BUENO, Cassio Scarpinella. Ensaio sobre o cumprimento das sentenças condenatórias. *RePro*, São Paulo, v. 113, p. 24, jan.-fev. 2004.

CALABRESI, Guido. *The future of law and economics*: essays in reform and recollection. London: Yale University Press, 2016.

CALAMANDREI, Piero. *Instituições de direito processual civil*. Tradução de Douglas Dias Ferreira. 2. ed. Campinas: Bookseller, 2003.

CALMON DE PASSOS, J.J. *Mandado de segurança coletivo, mandado de injunção*, habeas data. Rio de Janeiro: Forense, 1991.

CAMARGO, Ricardo Antônio Lucas. *Custos dos direitos e reforma do Estado*. Porto Alegre: Fabris, 2008.

CANOTILHO, J.J. Gomes. *Direito constitucional e teoria da Constituição*. Lisboa: Almedina, 2003.

CAPPELLETTI, Mauro. Os métodos alternativos de solução de conflitos no quadro do movimento universal de acesso à justiça. *Revista de Arbitragem e Mediação*, São Paulo, ano 11, v. 41, p. 406, abr.-jun. 2014.

_____; GARTH, Bryant. *Acesso à justiça*. Tradução de Ellen Gracie Northfleet. Porto Alegre: Fabris, 2002.

CARLOMAGNO, Márcio C.; ROCHA, Leonardo Caetano da. Como criar e classificar categorias para fazer análise de conteúdo: uma questão metodológica. *Revista Eletrônica de Ciência Política*, v. 7, n. 1, 2016, p. 173-188. Disponível em: <https://revistas.ufpr.br/politica>. Acesso em: 26 jul. 2018.

CARMIGNANI, Amanda; GIACOMELLI, Silvia. Too many lawyers? Litigation in Italian civil courts. Temi di Discussione (Working Papers). *Banca D'italia Eurosistema*, n. 745. Disponível em: <http://www.bancaditalia.it/pubblicazioni/temi-discussione/2010/2010-0745/en_tema_745.pdf>. Acesso em: set 2017.

CARMONA, Carlos Alberto. *A arbitragem no processo civil brasileiro*. São Paulo: Malheiros, 1993.

_____. Crise do processo e os meios alternativos para a solução de controvérsias. *RePro*, v. 56, p. 91-99, 1989.

CARNEIRO, Paulo Cezar Pinheiro. *Acesso à justiça*: juizados especiais e ação civil pública. 2. ed. Rio de Janeiro: Forense, 2003.

CASSESE, Sabino. As transformações do direito administrativo do século XIX ao XX. *Interesse Público*, Belo Horizonte, ano 6, n. 24, mar.-abr. 2004. Disponível em: <http://www.bidforum.com.br/bid/PDI0006.aspx?pdiCntd=50652>. Acesso em: 23 maio 2017.

CLÈVE, Clèmerson Merlin. A teoria constitucional e o direito alternativo: para uma dogmática constitucional emancipatória. *Uma vida dedicada ao direito*: homenagem a Carlos Henrique de Carvalho. São Paulo: RT, 1995.

COELHO, Alexandre Zavaglia. As 7 tendências para o uso de inteligência artificial no Direito em 2018. Thomson Reuters. Disponível em: <https://www.thomsonreuters.com.br/pt/juridico/legal-one/biblioteca-de-conteudo-juridico/inteligencia-artificial-no-direito-2018.html>. Acesso em: 24 maio 2018.

COELHO, Inocêncio Mártires. Arbitragem, mediação, e negociação: a constitucionalidade da Lei de Arbitragem. *Revista de Direito Administrativo*, Rio de Janeiro, v. 219, p. 25, jan.-mar. 2000.

COSTA, Henrique Araújo. *Os poderes do juiz na Inglaterra e no Brasil*: estudo comparado sobre os *case management powers*. 2012. 383 f. Tese (Doutorado em Direito) – Pontifícia Universidade Católica de São Paulo, São Paulo.

COSTA NETO, José Wellington Bezerra da. *Assistência judiciária gratuita*: acesso à justiça e carência econômica. Brasília: Gazeta Jurídica, 2013.

CONSTANTINESCO, Leontin-Jean. *Tratado de direito comparado*: introdução ao direito comparado. Rio de Janeiro: Renovar, 1998.

COSTA, Susana Henriques da. *Condições da ação*. São Paulo: Quartier Latin, 2005.

_____. Morte e vida da conversão da ação individual em coletiva. *O novo Código de Processo Civil*: questões controvertidas. São Paulo: Atlas, 2015. p. 421-438.

DANIEL, Juliana Maia. *O mínimo existencial no controle jurisdicional de políticas públicas*. 2013. Dissertação (Mestrado) – Faculdade de Direito da Universidade de São Paulo, São Paulo.

DA ROS, Luciano. O custo da Justiça no Brasil: uma análise comparativa exploratória. *Newsletter. Observatório de elites políticas e sociais do Brasil*, NUSP/UFPR, v. 2, n. 9, p. 1-15, jul. 2015.

REFERÊNCIAS

DAVID, René. *Os grandes sistemas jurídicos contemporâneos*. Tradução de Hermínio A. Carvalho. 3. ed. São Paulo: Martins Fontes, 1996.

DIAS, Marco Antônio. James Buchanan e a política na "escolha pública". *Revista Ponto-e-Vírgula*, São Paulo, v. 6, p. 201-217, 2009.

DIDIER JR., Fredie. Os três modelos de direito processual: inquisitivo, dispositivo e cooperativo. *RePro*, São Paulo, n. 198, p. 213-226, out. 2011.

_____. *Pressupostos processuais e condições da ação*: o juízo de admissibilidade do processo. São Paulo: Saraiva, 2005.

_____; ZANETI JR., Hermes. Justiça multiportas e tutela constitucional adequada: autocomposição em direitos coletivos. In: ZANETI JR., Hermes; CABRAL, Trícia Navarro Xavier (Coord.). *Justiça multiportas*: mediação, conciliação, arbitragem e outros meios de solução adequada para conflitos. Salvador: JusPodivm, 2016. p. 35-66.

DIJK, Frans van. Improved performance of the Netherlands Judiciary: Assessment of the gain for society. *International Journal for Court Administration*, v. 6, n. 1, p. 1-17. Disponível em: <www.iaca.ws>. Acesso em: 10 jul. 2018.

_____. Judiciary in times of scarcity: Retrenchment and reform. *International Journal for Court Administration*, v. 1, n. 5, p. 15-24. Disponível em: <www.iaca.ws>. Acesso em: 10 jul. 2018.

_____; EMSTER, Erik van den; AMELSFORT, Elske van. Re-structuring of the judicial map. *Articles. Vertaling van een artikel dat verscheen in Trema*, n. 4, p. 127-133. Disponível em: <https://www.rechtspraak.nl>. Acesso em: 6 set. 2018.

DINAMARCO, Cândido Rangel. *A reforma do Código de Processo Civil*. 4. ed. São Paulo: Malheiros, 2001.

DI PIETRO, Maria Sylvia Zanella. *Direito administrativo*. 19. ed. São Paulo: Atlas, 2006.

DURKHEIM, Émile. *Da divisão do trabalho social*. Tradução de Eduardo Brandão. São Paulo: Martins Fontes, 1999.

DWORKIN, Ronald. *A justiça de toga*. Tradução de Fernando Santos. São Paulo: Martins Fontes, 2010.

_____. *Levando os direitos a sério*. Tradução de Nelson Boeira. São Paulo: Martins Fontes, 2010.

_____. *O império do direito*. Tradução de Jefferson Luiz Camargo. São Paulo: Martins Fontes, 1999.

DYE, Thomas R. Mapeamento dos modelos de análise de política pública. In: HAIDEMANN, Francisco G.; SALM, José Francisco (Org.). *Políticas públicas e desenvolvimento*: bases epistemológicas e modelos de análise. Brasília: UnB, 2009.

FENN, Paul; RICKMAN, Neil; VENCAPPA, Dev. The impact of the Woolf reforms on costs and delay. *Centre for Risk & Insurance Studies – CRIS Discussion Paper Series*,

2009. Disponível em: <https://www.nottingham.ac.uk/business/businesscentres/crbfs/documents/cris-reports>. Acesso em: 5 jul. 2018.

FERNANDES, Bernardo Gonçalves; PEDRON, Flavio Quinaud. *O Poder Judiciário em crise*. São Paulo: Lumen Juris, 2008.

FERREIRA DE ALMEIDA, Carlos. *Introdução ao direito comparado*. Coimbra: Almedina, 1998.

FOSTER, Richard. Towards leadership: the emergence of contemporary court administration in Australia. *International Journal for Court Administration*, v. 1, n. 5, p. 4-14. Disponível em: <www.iaca.ws>. Acesso em: 10 jul. 2018.

FREITAS, Juarez. *Direito fundamental à boa administração pública*. 3. ed. São Paulo: Malheiros, 2014.

FISS, Owen M. Against Settlement (1984). *Faculty Scholarship Series*. Disponível em: <http://digitalcommons.law.yale.edu/fss_papers/1215>. Acesso em: 11 abr. 2018.

FOUCAULT, Michel. *Vigiar e punir*. 40. ed. Petrópolis: Vozes, 2012.

GAJARDONI, Fernando Fonseca. Gestão de conflitos nos Estados Unidos e no Brasil. *Revista de Processo Comparado*, v. 4, p. 43-63, jul.-dez. 2016.

GALANTER, Marc. Why the "haves" come out ahead: speculations on the limits of legal change. *Law and Society Rev.*, v. 9, p. 95-160, 1974.

GELLI, María Angélica. El sistema presidencialista argentino y el control de la actividad administrativa. In: OLIVEIRA, Farlei Martins Riccio de (Coord.). *Direito administrativo Brasil – Argentina*: estudos em homenagem a Augustin Gordilho. Belo Horizonte: Del Rey, 2007. p. 515-542.

GICO JÚNIOR, Ivo Teixeira. *A tragédia do Judiciário*: subinvestimento em capital jurídico e sobreutilização do Judiciário. 2012. 146 f. Tese (Doutorado) – Departamento de Economia da Universidade de Brasília, Brasília.

GIDI, Antônio. *A class action como instrumento de tutela coletiva dos direitos*: as ações coletivas em uma perspectiva comparada. São Paulo: RT, 2007.

GILENS, Martin; PAGE, Benjamin I. Testing Theories of American Politics: Elites, Interest Groups, and Average Citizens. Disponível em: <file:///C:/Users/rrsilvei/Downloads/gilens_and_page_2014_-testing_theories_of_american_politics.doc.pdf>. Acesso em: 3 ago. 2018.

GIKOVATE, Flávio. Por que temos tanto medo de falar sobre dinheiro?. Disponível em: <http://flaviogikovate.com.br/por-que-temos-tanto-medo-de-falar-sobre-dinheiro/>. Acesso em: 6 mar. 2018.

GONÇALVES, Glaucio Ferreira Maciel; BRITO, Thiago Carlos de Souza. Gerenciamento dos processos judiciais: notas sobre a experiência processual civil na Inglaterra pós-codificação. *Revista da Fac. Direito UFMG*, Belo Horizonte, n. 66, p. 291-326, jan.-jun. 2015.

GRAÇA, Alexandre. Arbitragem forçada. 2015. Disponível em: <https://ocontenciosodasub6.wordpress.com/2015/11/01/96/>. Acesso em: 5 jun. 2018.

REFERÊNCIAS

GRINOVER, Ada Pellegrini. Acesso à justiça e garantias constitucionais no processo do consumidor. In: TEIXEIRA, Sálvio de Figueiredo (Coord.). *As garantias do cidadão na justiça*. São Paulo: Saraiva, 1993. p. 293-307.

_____. *A marcha do processo*. Rio de Janeiro: Forense Universitária, 2001.

_____. As garantias constitucionais do direito de ação. São Paulo: RT, 1973.

_____. Da *class action for damages* à ação de classe brasileira: os requisitos de admissibilidade. In: MILARÉ, Édis (Coord.). *Ação civil pública*: Lei n.º 7.347/1985 – 15 anos. São Paulo: RT, 2002. p. 26.

GROTTI, Dinorá Adelaide Musetti. *O serviço público e a Constituição brasileira de 1988*. São Paulo: Malheiros, 2003.

GUERRA, Marcelo Lima. *Execução indireta*. São Paulo: RT, 1998.

GUIDO, Calabresi; BOBBIT, Philip. *Tragic Choices*. New York: W. W. Norton & Company, 1978.

GUIMARÃES, Marcela Cunha; MAZETTI, Laíse Ângelo. Transparência e justiça fiscal na exigência das taxas. *Revista de Direito Tributário e Financeiro*, v. 2, n. 1, p. 240-257, jan.-jul. 2016.

HABERMAS, Jürgen. A nova intransparência: a crise do estado de bem-estar social e o esgotamento das energias utópicas. Tradução de Carlos Alberto Marques Novais. *Revista Novos Estudos*, Edição 18, v. 2, p. 103-114, set. 1987.

HARDIN, Garrett. The Tragedy of the Commons. **Science**, v. 162, p. 1243-1248, 1968. Disponível em: <http://www.sciencemag.org/content/162/3859/1243.full.pdf>. Acesso em: 6 mar. 2018.

HESSE, Konrad. *Elementos de direito constitucional da República Federal da Alemanha*. Tradução de Luís Afonso Heck. Porto Alegre: Fabris, 1998.

HOLANDA, Sérgio Buarque de. *Raízes do Brasil*. 2. ed.. Rio de Janeiro: José Olympio, 1948.

HOLMES, Stephen; SUNSTEIN, Cass R. *The cost of rights*: why liberty depends on taxes. New York: Norton, 1999.

KLEIN, Naomi. *A doutrina do choque*: a ascensão do capitalismo de desastre. Tradução de Vânia Cury. Rio de Janeiro: Nova Fronteira, 2008.

LACERDA, Galeno. Processo e cultura. *Revista de Direito Processual Civil*, São Paulo, v. 1, p. 75, 1961.

_____. *Teoria geral do processo*. Rio de Janeiro: Forense, 2006.

LAMEGO, José. *Hermenêutica e jurisprudência*. Lisboa: Fragmentos, 1990.

LAMPEDUSA, Tommasi de. *O Leopardo*. Tradução de Rui Cabeçadas. Disponível em: <http://minhateca.com.br/svdossantos/O+Leopardo+-+Giuseppe+Tomasi+di+Lampedusa>. Acesso em: 23 maio 2017.

LEUBSDORF, John. The Myth of Civil Procedure Reform. In: ZUCKERMAN, Adrian. *Civil justice in crisis*: comparative perspectives on civil procedure. Oxford: Oxford University Press, 1999.

LINN, Hammergren. Do judicial councils further judicial reform? Lessons from Latin America. *Rule of Law Series*. Democracy and Rule of Law Project, n. 28, June 2002. Disponível em: <https://carnegieendowment.org>. Acesso em: 3 set. 2018.

LOBATO, Marcelo Costa e Silva. O dever de planejar como pressuposto do atendimento do direito fundamental à boa administração e à realização do interesse público primário. *Conteúdo Jurídico*, Brasília, 19 nov. 2012. Disponível em: <http://www.conteudojuridico.com.br/?artigos&ver=2.40605&seo=1>. Acesso em: 13 jul. 2018.

LORIZIO, Marilene; GURRIERI, Antonia Rosa. Efficiency of Justice and Economic Systems. *Procedia Economics and Finance*, v. 17, p. 104-112, 2014.

LOSANO, Mário G. *Os grandes sistemas jurídicos:* introdução aos sistemas jurídicos europeus e extraeuropeus. Tradução de Marcela Varejão. São Paulo: Martins Fontes, 2007.

MAFFETONE, Sebastiano; VECA, Salvatore. *A ideia de justiça de Platão a Rawls.* Tradução de Karina Janinini. Revisão da tradução de Denise Agostinetti. São Paulo: Martins Fontes, 2005.

MARCELLINO JR., Julio Cesar. *Análise econômica do acesso à justiça*: a tragédia dos custos e a questão do acesso inautêntico. Rio de Janeiro: Lumen Juris, 2016.

MARQUES NETO, Floriano Azevedo; PALMA, Juliana Bonacorsi. Os sete impasses do controle da Administração Pública no Brasil. In: PEREZ, Marcos Augusto; SOUZA, Rodrigo Pagani de (Coord.). *Controle da Administração Pública*. Belo Horizonte: Fórum, 2017. p. 21-38.

_____; SUNDFELD, Carlos Ari. Uma nova lei para aumentar a qualidade jurídica das decisões públicas e de seu controle. In: SUNDFELD, Carlos Ari (Org.). *Contratações públicas e seu controle*. São Paulo: Malheiros, 2013. p. 277-285.

MARTINE, George. A redistribuição espacial da população brasileira durante a década de 80. *Texto para discussão* 329. Instituto de Pesquisa Econômica Aplicada – Ipea. Disponível em: <http://www.ipea.gov.br/agencia/images/stories/PDFs/TDs/td_0329.pdf>. Acesso em: 6 jul. 2016.

MARTINS FILHO, Ives Gandra. Parecer. *A natureza jurídica das custas judiciais.* São Paulo: Resenha Tributária, 1982.

MATTEI, Ugo. Access to Justice. A Renewed Global Issue?. *Electronic Journal of Comparative Law*, v. 11.3, Dec. 2007. Disponível em: <www.ejcl.org/113/article113-114.pdf>. Acesso em: 4 abr. 2018.

MEDAUAR, Odete. *Controle da administração pública*. 3. ed. São Paulo: RT, 2014.

MEDEIROS NETO, Elias Marques. A efetividade do processo, reformas processuais, o projeto de um novo Código de Processo Civil e a arbitragem: a terceira onda de transformação da doutrina de Mauro Cappelletti e Bryant Garth. In: CAHALI, Francisco José; RODOVALHO, Thiago; FREIRE, Alexandre (Org.). *Arbitragem*: estudos sobre a Lei n. 13.129, de 26-5-2015. São Paulo: Saraiva, 2016. p. 197-220.

REFERÊNCIAS

MENDES, Aluísio Gonçalves de Castro. Breves considerações em torno da questão da inafastabilidade da prestação jurisdicional. *Revista da Seção Judiciária do Rio de Janeiro*, n. 19, p. 61-73, abr. 2007.

MENDES, Conrado Hübner. Magistocracia, a "gran famiglia" judicial brasileira. *Época*, n. 1.031, p. 82, 2 abr. 2018.

MENDONÇA, José Vicente Santos de. Dois futuros (e meio) para o projeto de lei do Carlos Ari. In: _____; LEAL, Fernando (Org.). *Transformações do direito administrativo*: consequencialismo e estratégias regulatórias. Rio de Janeiro: Escola de Direito do Rio de Janeiro da FGV, 2016. p. 31-34.

MENDONÇA LIMA, Alcides de. Abuso do direito de demandar. *RePro*, São Paulo, v. 19, p. 57-66, jul.-set. 1980.

MESSITTE, Peter J. O direito administrativo nos Estados Unidos. *Revista Justiça e Cidadania*, edição 177, 28 maio 2015. Disponível em: <http://www.editorajc.com.br/o-direito-administrativo-nos-estados-unidos/>. Acesso em: 4 jun. 2018.

MITIDIERO, Daniel. Colaboração como modelo e como princípio no processo civil. *Revista de Processo Comparado*, São Paulo, v. 2, p. 83-97, 2015.

MOREIRA NETO, Diogo de Figueiredo. *Direito da participação política*. Rio de Janeiro: Renovar, 1992.

NADER, Laura; TODD JR., Harry F. *The disputing process*: law in ten societies. New York: Columbia University Press, 1978.

NALINI, José Renato. É urgente construir alternativas à justiça. In: ZANETI JR., Hermes; CABRAL, Trícia Navarro Xavier (Coord.). *Justiça multiportas*: mediação, conciliação, arbitragem e outros meios de solução adequada para conflitos. Salvador: JusPodivm, 2016. p. 27-34.

NERY JUNIOR, Nelson. Princípios do processo civil na Constituição Federal. São Paulo: RT, 1992.

_____. _____. 10. ed. São Paulo: RT, 2010.

OLIVEIRA, Fabiana Luci; RAMOS, Luciana de Oliveira; SILVA, Paulo Eduardo Alves da. Estudo de caso em consumidor. In: GABBAY, Daniela Monteiro; CUNHA, Luciana Gross. (Org.). *Litigiosidade, morosidade e litigância repetitiva no Judiciário*: uma análise empírica. São Paulo: Saraiva, 2012. p. 105-136.

OLIVEIRA JR., José Alcebíades. *Teoria jurídica e novos direitos*. Rio de Janeiro: Lumen Juris, 2000.

OLIVEIRA, Manfredo Araújo de. *A filosofia na crise da modernidade*. 3. ed. São Paulo: Loyola, 1990.

OLIVEIRA, Yonne Dolácio. Parecer. *A natureza jurídica das custas judiciais*. São Paulo: Resenha Tributária, 1982. p. 131-173.

OSÓRIO, Fábio Medina. Novos rumos da gestão pública brasileira: dificuldades teóricas ou operacionais? *Revista Eletrônica sobre a Reforma do Estado – ReRE*, Salvador,

n. 1, mar.-abr.-maio 2005. Disponível em: <http://www.direitodoestado.com.br>. Acesso em: 24 maio 2017.

_____. *Teoria da improbidade administrativa*: má gestão pública: corrupção: ineficiência. 3. ed. São Paulo: RT, 2013.

OSTROM, Elinor. *Governing the commons*: the evolution of institutions for collective actions. Cambridge: Cambridge University Press, 1990.

PEDROSO, João António Fernandes. *Acesso ao direito e à justiça*: um direito fundamental em (des)construção. 2011. 646 p. Tese (Doutoramento) – Universidade de Lisboa, Lisboa, Disponível em: <https://estudogeral.sib.uc.pt>. Acesso em: 4 ago. 2018.

PERÉZ, Jesús Gonzáles. Las costas en lo contenaosa administrativo. Disponível em: <https://dialnet.unirioja.es/descarga/articulo/2111919.pdf>. Acesso em: 20 jul. 2018.

PEYSNER, John; SENEVIRATNE, Mary. *The management of civil cases*: the courts and the post-Wolf landscape. London: Department for Constitutional Affair, The Research Unit, 2005.

PICCOLI, Ademir Milton. Judiciário exponencial: premissas para acelerar o processo de inovação. In: FERNANDES, Ricardo Vieira de Carvalho; CARVALHO, Ângelo Gamba Prata de (Coord.). *Tecnologia jurídica e direito digital*. Belo Horizonte: Fórum, 2018. p. 191-206.

PIKETTY, Thomas. *O capital no século XXI*. Tradução de Mônica Baumgarten de Bolle. Rio de Janeiro: Intrínseca, 2014.

PINHEIRO, Armando Castelar. Judicial system performance and economic development. *Série Ensaios BNDES*. Rio de Janeiro: BNDES, 1996.

PONTES DE MIRANDA, Francisco Cavalcanti. *Comentários à Constituição de 1967, com a Emenda n. 1, de 1969*. 2. ed. São Paulo: RT, 1971. t. 5.

PORTANOVA, Rui. *Princípios do processo civil*. 8. ed. Porto Alegre: Livraria do Advogado, 2013.

POSNER, Richard A. *A economia da justiça*. Tradução de Evandro Ferreira e Silva. Revisão da tradução de Aníbal Mari. São Paulo: Martins Fontes, 2010.

_____. O movimento análise econômica do direito. In: TEIXEIRA, Anderson Vichinkeeski; OLIVEIRA, Elton Somensi de (Org.). *Correntes contemporâneas do pensamento jurídico*. São Paulo: Manole, 2010. p. 270-293.

PRUDENTE, Antônio de Souza. Custas processuais e acesso à justiça. *Cadernos de Direito Constitucional e Ciência Política*, São Paulo, n. 22, p. 292-310, jan.-mar. 1998.

PUOLI, José Carlos Baptista. *Os poderes do juiz e as reformas do processo civil*. São Paulo: Juarez de Oliveira, 2001.

QUADROS, Fausto de. Arbitragem "necessária", "obrigatória", "forçada". *Breve nótula sobre a interpretação do artigo 182.º do Código de Processo nos tribunais administrativos*. Estudo em homenagem a Miguel Galvão Teles. Coimbra: Coimbra Ed., 2012. v. 2.

RAMOS, Elival da Silva. *Ativismo judicial*: parâmetros dogmáticos. São Paulo: Saraiva, 2010.

RAWLS, John. O liberalismo político. São Paulo: WMF Martins Fontes, 2011.

REBOLLO, Luis Martin. Para qué serve el derecho?: Uma reflexión sobre el derecho público en la sociedade contemporánea. In: OSÓRIO, Fábio Medina; SOUTO, Marcos Juruena Villela. *Direito administrativo*: estudos em homenagem a Diogo de Figueiredo Moreira Neto. Rio de Janeiro: Lumen Juris, 2006. p. 177-194.

RIBEIRO, Gilkarla de Souza Damasceno; SENA, Max Emiliano da Silva. Salário mínimo no Brasil é inconstitucional por afrontar dignidade humana. Disponível em: <https://www.conjur.com.br/2018-jan-19/opiniao-salario-minimo-inconstitucional-aspecto-material>. Acesso em 16 jul. 2018.

ROCHA, José Manuel de Sacadura. *Sociologia geral e jurídica*: fundamentos e fronteiras. 4. ed. Rio de Janeiro: Forense, 2015.

ROQUE, André Vasconcelos. *Class actions*: ações coletivas nos Estados Unidos: o que podemos aprender com eles? Salvador: JusPodivm, 2013.

SABINO, Marco Antônio da Costa. *Políticas públicas, Judiciário e saúde*: limites excessos e remédios. 2014. 460 p. Tese (Doutoramento) – Departamento de Direito Processual Civil da Faculdade de Direito da Universidade de São Paulo, São Paulo.

SADEK, Maria Tereza. Judiciário: Mudanças e Reformas. *Estudos Avançados* 18 - 79-101, 2004.

_____ (Coord.). O uso da justiça e o litígio no Brasil. AMB. Disponível em: <http://www.amb.com.br/wp-content/>. Acesso em: 19 set. 2018.

SALLES, Carlos Alberto de. Mecanismos alternativos de solução de controvérsias e acesso à justiça: a inafastabilidade da tutela jurisdicional recolocada. In: FUX, Luiz; NERY JUNIOR, Nelson; WAMBIER, Teresa Arruda Alvim (Org.). *Processo e Constituição*: estudos em homenagem ao Professor José Carlos de Barbosa Moreira. São Paulo: RT, 2006.

SANDER, Frank. Varieties of dispute resolution. *The Pound Conference*: perspectives on Justice in the future. St. Paul: West Publishing, 1979.

SERRANO, Pablo Jiménez. Como utilizar o direito comparado para a elaboração de tese científica. Rio de Janeiro, Forense, 2006.

SHAPIRO, Ian. *Os fundamentos morais da política*. Tradução de Fernando Santos. São Paulo: Martins Fontes, 2006.

SHERWOOD, R. M.; SHEPHERD, G.; SOUZA, C. M. Judicial systems and economic performance. *The Quarterly Review of Economics and Finance*, 34 (Supplement 1), p. 101-116, 1994. Disponível em: <https://www.sciencedirect.com/science/article/abs/pii/1062976994900388>. Acesso em: 20 jul. 2018.

SICA, Heitor. O agravo e o "Mito de Prometeu": considerações sobre a Lei n. 11.187/2005. In: WAMBIER, Teresa Arruda Alvim; NERY JR., Nelson (Coord.). *Aspectos polêmicos e atuais dos recursos cíveis*. São Paulo: RT, 2006. v. 9.

SILVEIRA, Ricardo Geraldo Rezende. Judiciário, políticas públicas e contraditório real. *Revista do Tribunal Regional Federal da 3.ª Região*, n. 136, jan.-mar. 2018.

Disponível em: <http://www.trf3.jus.br/revista/edicoes-da-revista-2008-atual/>.

SILVEIRA, Susana Amaral. *Acordos incentivados*: uma contribuição britânica nos caminhos buscados pelo Judiciário brasileiro. 2010. 174 f. Tese (Doutorado em direito) – Universidade de São Paulo, São Paulo.

SILVA, José Afonso da. *Aplicabilidade das normas constitucionais*. 8. ed. São Paulo: Malheiros, 2012.

SOUZA, Hamilton Dias; GRECO, Marco Aurélio. Consulta. *A natureza jurídica das custas judiciais*. São Paulo: Resenha Tributária, 1982. p. 36-128.

SUNDFELD, Carlos Ari. *Direito administrativo para céticos*. São Paulo: Malheiros, 2012.

_____. Uma lei geral inovadora para o Direito Público. Disponível em: <https://www.jota.info/opiniao-e-analise/colunas/controle-publico/uma-lei-geral-inovadora-para-o-direito-publico-31102017>. Acesso em: 23 ago. 2018.

_____; JURKSAITIS, Guilherme Jardim. Uma lei para dar mais segurança jurídica ao direito público e ao controle. In: LEAL, Fernando; MENDONÇA, José Vicente Santos de (Org.). *Transformações do direito administrativo*: consequencialismo e estratégias regulatórias. Rio de Janeiro: Escola de Direito do Rio de Janeiro da FGV, 2016. p. 21-24.

TESHEINER, José Maria; PORTO, Guilherme Athayde. Ações de classe nos Estados Unidos da América do Norte: histórico, características, o CAFA (Class Action Fairness Act of 2005) e a ação ajuizada contra a Petrobras na Corte de New York. *Revista dos Tribunais*, v. 971, p. 93-116, set. 2016.

THEODORO JR., Humberto; NUNES, Dierle; BAHIA, Alexandre Melo Franco; PEDRON, Flácio Quinaud. *Novo CPC*: fundamentos e sistematização. 2. ed. Rio de Janeiro: Forense, 2015.

THIRY-CHERQUES, Hermano Roberto. John Rawls: a economia moral da justiça. *Revista Sociedade e Estado*, Brasília, v. 26, n. 3, set.-dez. 2011. Disponível em: <http://www.scielo.br/scielo.php?pid=S0102-69922011000300007&script=sci_arttext#back1>. Acesso em: 31 maio 2017.

TIMM, Luciano Benetti. Custo de transação no contrato de seguro: proteger o segurado é socialmente desejável? In: _____. *O novo direito civil*: ensaios sobre o mercado, a reprivatização do direito civil e a privatização do direito público. Porto Alegre: Livraria do Advogado, 2008.

TRECENTI, Julio. Litigiosidade e desenvolvimento. Disponível em: <https://prezi.com/ngqyksv8ge9_/litigiosidade-e-desenvolvimento/>. Acesso em: 6 mar. 2018.

VIANCOS, Ivan Enrique Vargas. O sistema judiciário chileno. In: ASSOCIAÇÃO DOS MAGISTRADOS BRASILEIROS – AMB (Org.). *Justiça*: promessa e realidade: o acesso à justiça em países ibero-americanos. Tradução de Carola Andréa Saavedra Hurtado. Rio de Janeiro: Nova Fronteira, 1996. p. 33-46.

## REFERÊNCIAS

VIEIRA, Oscar Vilhena. *A constituição e sua reserva de justiça*. São Paulo: Malheiros, 1999.

VILLAS BÔAS FILHO, Orlando. *O direito na teoria dos sistemas de Niklas Luhmann*. São Paulo: Max Limonad, 2006.

VONDRA, Albert A.; CARVER, Todd B. Alternative dispute resolution: Why it doesn't work and why it does?. *Harvard Business Review*, May-June 1994. Disponível em: <https://hbr.org/archive-toc/3943>. Acesso em: 20 mar. 2018.

WAMBIER, Luiz Rodrigues. O *contempt of court* na recente experiência brasileira. *RePro*, São Paulo, v. 119, p. 35-59, jan. 2005.

WATANABE, Kazuo. Relação entre demanda coletiva e demandas individuais. *RePro*, São Paulo, n. 139, p. 29-35, 2006.

WEBER, Max. *O direito na economia e na sociedade*. Tradução de Marsely De Marco Martins Dantas. São Paulo: Ícone, 2011.

WOOLF. Final Report. The Judiciary and court resources. The principles, item 9. Disponível em: <http://webarchive.nationalarchives.gov.uk/+/http://www.dca.gov.uk/civil/final/contents.htm>. Acesso em: 9 out. 2017.

ZAFFARONI, Eugenio Raúl. Estrutura e funcionamento do Judiciário na Argentina. In: ASSOCIAÇÃO DOS MAGISTRADOS BRASILEIROS – AMB (Org.). *Justiça*: promessa e realidade: o acesso à justiça em países ibero-americanos. Tradução de Carola Andréa Saavedra Hurtado. Rio de Janeiro: Nova Fronteira, 1996. p. 33-46.

ZAVASCKI, Teori Albino. Ministros alertam deputados: sem tratar de causas coletivas, novo CPC não resolverá lentidão judicial. *O Tribunal da Cidadania*. Disponível em: <http://www.stj.gov.br/portal_stj/ objeto/texto/impressao.wsp?tmp.estilo=&tmp.area=398&tmp.texto=106724>. Acesso em: 25 ago. 2017.

_____. *Processo coletivo*: tutela de direitos coletivos e tutela coletiva de direitos. 7. ed. São Paulo: RT, 2017.

ZUCKERMAN, Adrian. A reform of civil procedure – Rationing procedure rather than access to justice. *Journal of Law and Society*, v. 22, 1995.

_____. *Civil justice in crisis*: comparative perspectives on civil procedure. Oxford: Oxford University Press, 1999.

_____. Civil Litigation: a Public Service for the Enforcement of Civil Rights. Disponível em: <http://adrianzuckerman.co.uk>. Acesso em: 19 abr. 2018.

_____. Court adjudication of civil disputes: a public service that needs to be delivered with proportionate resources, within a reasonable time and at reasonable cost. Disponível em: <www.aija.org.au/ac06/Zuckerman.pdf>. Acesso em: 6 jul. 2017.

_____. Lord Woolf's Access to Justice: Plus ça change. Disponível em: <http://adrianzuckerman.co.uk>. Acesso em: 19 abr. 2018.

## Autores entidades

A SALSICHARIA DO DIREITO. *Exame*. Disponível em: <http://www. conjur.com. br/2011-abr-19/maior-escritorio-pais-537-advogados-faturamento-110-milhoes>. Acesso em: 3 jun. 2017.

ASSOCIAÇÃO NACIONAL DE DEFICIÊNCIAS MENTAIS E RARAS. *Revista Raríssimas*. Disponível em: http://www.rarissimas.pt/__uploads/newsletter/2010-11-11511.pdf. Acesso em: 22 ago. 2017.

CEPEJ – European Commission for the Efficiency of Justice. European judicial systems: efficiency and quality of justice. *Cepej Studies*, n. 23, Edition 2016 (2014 data). Disponível em: <https://www.coe.int/en/web/cepej/>. Acesso em: 13 ago. 2018.

_____. Access to justice in Europe. Report prepared by the Research Team on enforcement of court decisions (University Nancy (France)/Swiss Institute of comparative law) and discussed by the CEPEJ-GT-EVAL at their 8th metting.

CEJA – Centro de Estudios de Justicia de las Americas. Los sistemas de justicia penal en América Latina. Disponível em: <http://www.cejamericas.org/en/>. Acesso em: 23 jul. 2018.

CONSELHO NACIONAL DE JUSTIÇA – CNJ. *Demandas Judiciais e Morosidade da Justiça Civil – Relatório Final Ajustado*. Pontifícia Universidade Católica do Rio Grande do Sul, Faculdade de Filosofia e Ciências Humanas. Porto Alegre: Conselho Nacional de Justiça – CNJ, 2011.

_____. Estudo comparado sobre recursos, litigiosidade e produtividade: a prestação jurisdicional no contexto internacional. Disponível em: <http://www.cnj. jus.br/ pesquisas-judiciarias>. Acesso em: 19 set. 2018

_____. Relatório Final Ajustado. Demandas judiciais e morosidade justiça. Faculdade de Filosofia e Ciências Humanas da PUC/RS, 2011.

_____. Relatório Justiça em Números do CNJ-2017. Disponível em: <http://www. cnj.jus.br/programas-e-acoes/pj-justica-em-numeros>. Acesso em: 17 jul. 2018.

_____. Relatório Justiça em Números do CNJ-2016. Disponível em: <http://www. cnj.jus.br/programas-e-acoes/pj-justica-em-numeros>. Acesso em: 17 jul. 2018.

_____. Relatório Justiça em Números do CNJ-2015. Disponível em: <http://www. cnj.jus.br/programas-e-acoes/pj-justica-em-numeros>. Acesso em: 17 jul. 2018.

IBGE. Fonte estatística. Disponível em: <http://www.ibge.gov.br/series_estatisticas>. Acesso em: 13 maio 2018.

MANUAL DA CONCILIAÇÃO DA JUSTIÇA FEDERAL DA 3.ª REGIÃO. Segunda Parte, Item II, números 2, 2.1, 2.2 e 2.3. Disponível em: <http://www.trf3. jus.br/ documentos/gabco/Manual_Conciliacao_6.02.2014.pdf>. Acesso em: 29 ago. 2018.

O TRIBUNAL DA CIDADANIA. Ministros alertam deputados: sem tratar de causas coletivas, novo CPC não resolverá lentidão judicial. Disponível em: <http://www.stj.

gov.br/portal_stj/objeto/texto/impressao.wsp?tmp.estilo=&tmp.area= 398&tmp. texto=106724>. Acesso em: 25 ago. 2017.

SECRETARIA DE POLÍTICA ECONÔMICA – SPE. Relatório de análise econômica dos gastos públicos federais. Evolução dos gastos públicos federais no Brasil: uma análise para o período 2006-15, maio 2016. Disponível em: <http://www.spe. fazenda.gov.br/notas-e-relatorios/relatorio_gasto_publico_federal_site.pdf>. Acesso em: ago. 2017.

Jurisprudência

STF. RE 441.318/DF, 1.ª Turma, Rel. Min. Marco Aurélio, *DJ* 24.02.2006.

STF. RE 470.135-AgR-ED/MT, 2.ª Turma, Rel. Min. Cezar Peluso, *DJe* 29.06.2007.

STJ. AgRg nos EAREsp 585.756/PR, Rel. Min. Og Fernandes, Corte Especial, j. 19.08.2015, *DJe* 31.08.2015.

STJ. REsp 1.110.549/RS, Rel. Min. Sidnei Beneti, 2.ª Seção, j. 28.10.2009, *DJe* 14.12.2009.

STJ. REsp 1.353.801/RS, Rel. Min. Mauro Campbell Marques, 1.ª Seção, j. 14.08.2013, *DJe* 23.08.2013.

STJ. EREsp 506618/RS, Rel. Min. Luiz Fux, *DJ* 13.02.2006.

TRF1. SJBA, Ação Popular Autos 3746-93.2013.4.01.3300, Recurso Extraordinário 592.581, Rel. Min. Ricardo Lewandowski.

TRF3. SJSP, Reexame Necessário Cível 000092138.2013.4.03.6125/SP.


*Sites* **consultados**

<https://archive.org/details/LittleInjustices-LauraNaderLooksAtTheLaw>
<http://reedpesquisa.org>
<https://www.coe.int/t/dghl/cooperation/cepej/default_en.asp>
<http://opj.ces.uc.pt/>
<http://idg.receita.fazenda.gov.br/dados/receitadata/estudos-e-tributarios-e-adua-neiros/estudos-e-estatisticas/carga-tributaria-no-brasil/carga-tributaria-2016.pdf>
<http://www.ihu.unisinos.br/noticias/562912>
<http://www2.camara.leg.br/atividade-legislativa/comissoes/comissoes-temporarias/especiais/54a-legislatura/8046-10-codigo-de-processo-civil>
<http://www.simers.org.br/2015/11/rio-grande-do-sul-lidera-judicializacao-na--saude/>
<www.agu.gov.br/page/content/imprimir/id_conteudo/261316>
<http://www.agu.gov.br/estrutura>
<http://www.dieese.org.br/analisecestabasica/salarioMinimo.html>
<https://noticias.uol.com.br/saude/ultimas-noticias/redacao/2017/04/24/artesa-fica--sem-remedio-que-custa-r-15-milhao-por-decisao-judicial.htm>

<http://politica.estadao.com.br/blogs/fausto-macedo/partidos-politicos-sao-as-
-organizacoes-menos-confiaveis-entre-os-brasileiros-indica-pesquisa/>

<http://www.forumseguranca.org.br/publicacoes/10o-anuario-brasileiro-de-segu-
ranca-publica/>.

<http://datafolha.folha.uol.com.br/>

<https://www.coe.int/en/web/cepej/about-cepej>

<http://www.cnj.jus.br/pesquisas-judiciarias>

<www.cnj.jus.br/programas-e-acoes/conciliacao-e-mediacao-portal-da-conciliacao>.

<http://www.trf3.jus.br/gabco/estatistica/>

<http://selmalemes.adv.br/artigos/An%C3%A1lise%20da%20pesquisa%20arbitra-
gens%20em%20n%C3%BAmeros%20_2010%20a%202015_-final%20ret.pdf>

<https://ccbc.org.br/cam-ccbc-centro-arbitragem-mediacao/sobre-cam-ccbc/
estatisticas-gerais/>

<http://www.brasil.gov.br/governo/>

<http://www.jfsp.jus.br/servicos-judiciais/custas-judiciais/>

<http://www.amb.com.br/wp-content/>

<http://www.tesouro.fazenda.gov.br/web/stn/relatorio-anual-da-divida>

<https://www1.folha.uol.com.br/mercado/2018/08/judiciario-e-o-unico-poder-a-
-nao-respeitar-limite-de-gasto.shtml>

<http://www.cnj.jus.br/programas-e-acoes/pj-justica-em-numeros>

<http://blog.portalexamedeordem.com.br/futuro-da-advocacia-brasil-devera-ter-1-
-milhao-de-advogados-em-2018>

<https://www.oab.org.br/institucionalconselhofederal/quadroadvogados>

<https://public.tableau.com/shared/364DJG7ZT?:display_count=yes&:show
VizHome=no>

<https://www.pordata.pt/Europa/M%C3%A9dicos+por+100+mil+habitantes-
1926>

<http://www.portaltransparencia.gov.br/orcamento/despesas>

<http://portugues.doingbusiness.org/data/exploreeconomies/brazil/>

 <https://www.weforum.org/reports/the-global-competitiveness-report>

<https://www4.bcb.gov.br/pec/taxas>

<https://www.economist.com/news/finance-and-economics/21725034-dollar-has-
-slipped-over-past-six-months-still-looks-dear-big-mac>

<https://www.gfmag.com/global-data/economic-data/richest-countries
-in-the-world>

<http://estadisticas.cepal.org/cepalstat/WEB_CEPALSTAT/Portada.asp>

<https://ww2.ibge.gov.br/home/estatistica/indicadores>

<http://g1.globo.com/economia/noticia/numero-de-familias-na-miseria-volta-a-
-crescer-em-2015-diz-ibge.ghtml>

<http://www.globalprice.info>

REFERÊNCIAS

<https://public.tableau.com/views/Budget2010-2012-2014/GDPBudget?:embed=
y&:display_count=yes&:toolbar=no&:showVizHome=no>
<http://www.rodoinside.com.br/a-historia-do-saneamento-basico-no-brasil>
<https://nacoesunidas.org/cepal>
<http://www.tratabrasil.org.br/saneamento-duas-decadas-de-atraso>
<http://www.forumseguranca.org.br/atividades/anuario/>
<https://e-justice.europa.eu/content_costs_of_proceedings-37-pt.do>.
<https://saude.estadao.com.br/noticias/geral,gastos-judiciais-com-tratamento-
-medico-sobem-1300-em-7-anos,70001943830>
<https://noticias.uol.com.br/saude/ultimas-noticias/estado/2017/08/21/despesa-
-judicial-no-ministerio-da-saude-avanca-1300-em-7-anos.htm>
<http://www1.folha.uol.com.br/cotidiano/2013/08/1328008-advogado-ganha-
-indenizacao-por-pegar-trem-lotado-em-sp.shtml>
<http://economia.uol.com.br/empreendedorismo/noticias/redacao/2017/09/12/
start-up-indenizacao-viagem-atraso-de-voo.htm>
<http://www.sptrans.com.br/indicadores/historico_passageiros-transportados.
aspx>
<http://www.metrocptm.com.br/cptm-teve-queda-no-numero-de-passageiros-
-transportados-em-2015/>
<http://www.metro.sp.gov.br/metro/institucional/pdf/rel-administracao.pdf>
<http://www.globalprice.info>
<file:///C:/Users/rrsilvei/Downloads/PLOA_2018_Volume_I%20(1).pdf>.
<https://www.rijksoverheid.nl/ministeries/ministerie-van-justitie-en-veiligheid>
<http://www.rvr.org/binaries/content/assets/rvrorg/informatie-over-de-raad/
brochure-legalaid_juni2013_webversie.pdf>
<https://www.conjur.com.br/2015-set-29/juizes-americanos-reclamam-carga-
-excessiva-processos#author>
<http://www.uscourts.gov/statistics-reports/analysis-reports/federal-court
-management-statistics>
<http://portal.stf.jus.br/noticias/verNoticiaDetalhe.asp?idConteudo=380038>.
<https://www.camara.gov.br/proposicoes>.
<https://pt.tradingeconomics.com/chile/gdp>
<https://www4.bcb.gov.br/pec/taxas>.
<https://pt.tradingeconomics.com/argentina/gdp>

**Referências complementares**

ALISON, JWF. *A continental distinction in the common law*: a historical and comparative
perspective on English public law. Oxford: CUP, 2006.

ALSINA, HUGO. *Tratado teórico pratico de derecho procesal civil y comercial.* 2. ed. Buenos Aires: Ediar, 1963 e 1961. t. I e t. III.

ANDREWS, Neil. *Principles of civil procedure.* London: Sweet & Maxwell, 1994.

ARCILA, Carlos Ramirez. *Teoría de la acción.* Bogotá: Temis, 1969.

BARBI, Celso Agrícola. Garantias constitucionais processuais. *Revista dos Tribunais,* São Paulo, ano 79, v. 659, set. 1990.

Barbosa Moreira, José Carlos. A função social do processo civil moderno e o papel do juiz e das partes na direção e na instrução do processo. *Temas de direito processual.* Terceira série. São Paulo: Saraiva, 1984.

_____. Estudos sobre o novo código de processo civil. Rio de Janeiro: Liber Juris, 1974.

_____. Notas sobre o problema da "efetividade" do processo. *Temas de direito processual.* Terceira série. São Paulo: Saraiva, 1984.

_____. Notas sobre o problema da "efetividade" do processo. *Estudos de direito processual em homenagem a José Frederico Marques.* São Paulo: Saraiva, 1982.

_____. *O novo processo civil brasileiro.* Rio de Janeiro: Forense, 1998.

_____. *Temas de direito processual.* Terceira série. São Paulo: Saraiva, 1984.

BEDAQUE, José Roberto dos Santos. *Efetividade do processo e técnica processual.* 3. ed. São Paulo: Malheiros, 2010.

_____. Pressupostos processuais e condições da ação. *Justitia,* São Paulo, v. 156, out.-dez. 1991.

BEVILÁQUA, Clóvis. *Teoria geral do direito civil.* 4. ed. Brasília: Ministério da Justiça, 1972.

BOBBIO, Norberto. *Da estrutura à função*: novos estudos de teoria do direito. Tradução de Daniela Beccaria Versiani. Barueri: Manole, 2007.

BOTELHO DE Mesquita, José Ignacio. *Da ação civil.* São Paulo: RT, 1975.

BUZAID, Alfredo. Linhas fundamentais do Sistema do Código de Processo Civil brasileiro. *Estudos e pareceres de direito processual civil.* São Paulo: RT, 2002.

CALMON DE PASSOS, José Joaquim. *Ação.* Digesto de processo. Rio de Janeiro: Forense, 1980. v. I.

CARNELUTTI, Francesco. *Sistema de direito processual civil.* Tradução de Hiltomar Martins de Oliveira. São Paulo: ClassicBook, 2000.

_____. *Teoría general del derecho.* Tradução para o espanhol de Carlos G. Posada. Granada-Espanha: Comares, 2003.

CARREIRA ALVIM, José Eduardo. *Teoria geral do processo.* 8. ed. rev., ampl. e atual. Rio de Janeiro: Forense, 2003.

CHIOVENDA, Giuseppe. *"L'azione nel sistema dei diritto".* Saggi di diritto processuale civile. Bolonha: Ditta Nicola Zanichelli, 1904.

_____. Princípios de derecho procesal civil. Madrid: Reus, 1977. t. I.

_____; GRINOVER, Ada Pellegrini; DINAMARCO, Cândido Rangel. *Teoria geral do processo.* 19. ed. São Paulo: Malheiros, 2003.

REFERÊNCIAS

CÓPPOLA, Patricia. 2002. *Informe de Córdoba, Argentina*. Proyecto de Seguimiento de los Procesos de Reforma Judicial en América Latina. Santiago de Chile: Centro de Estudios de Justicia de las Américas. Disponível em: <www.cejamericas.org/newsite>.

CRETELLA NETO, José. *Dicionário de processo civil*. 2. ed. Rio de Janeiro: Forense, 2002.

COUTURE, Eduardo Juan. *Fundamentos do direito processual civil*. Tradução de Rubens Gomes de Sousa. São Paulo: Saraiva, 1946.

_____. *Introdução ao estudo do processo civil*. Tradução de Mozart Victor Russomano. 3. ed. Rio de Janeiro: Konfino, [s.d.].

DAKOLIAS, Maria. The Judicial Sector in Latin America and the Caribbean: Elements of

DINAMARCO, Cândido Rangel. *A instrumentalidade do processo*. 11. ed. rev. e atual. São Paulo: Malheiros, 2003.

_____. *A reforma da reforma*. 2. ed. São Paulo: Malheiros, 2002.

_____. *Fundamentos do processo civil moderno*. 5. ed. São Paulo: Malheiros, 2002. t. II.

_____. *Instituições de direito processual civil*. São Paulo: Malheiros, 2001. 3 v.

_____. *Teoria geral do processo*. São Paulo: Malheiros, 2007.

DINIZ, Maria Helena. *Compêndio de introdução a ciência do direito*. São Paulo: Saraiva, 2000.

DWORKIN, Ronald. *Uma questão de princípio (A matter of principle)*. Tradução de Luis Carlos Borges. São Paulo: Martins Fontes, 2000.

ECHANDÍA, Devis. *Teoría general del proceso*. 8. ed. Buenos Aires: Editorial Universidad, 1984. t. I.

EPSTEIN, Lee; KNIGHT, Jack. *The choice justice makes*. Washington D.C.: CQ Press, 1998.

FAZZALARI, Elio. *Instituições de direito processual (Istituzioni di diritto processuale)*. Tradução da 8. ed. italiana de Elaine Nassif. Campinas: Bookseller, 2006.

FERRAZ JR., Tercio Sampaio. *Introdução ao estudo do direito*. São Paulo: Atlas, 1994.

FISS, Owen. *Um novo processo civil*: estudos norte-americanos sobre jurisdição, constituição e sociedade. Coordenação e tradução de Carlos Alberto de Salles. São Paulo: RT, 2004.

FREEMAN. M. D. A. *Current Legal Problems*. Edited by Michael Freeman on behalf of The Faculty of Laws University College London, v. 52, 1999.

FREIRE, Rodrigo da Cunha Lima. *Condições da ação*. Enfoque sobre o interesse de agir. São Paulo: RT, 2001.

GIDI, Antônio. *Rumo a um Código de Processo Civil Coletivo*: a codificação das ações coletivas no Brasil. Rio de Janeiro: Forense, 2008.

_____. The recognition of U.S. Class action judgments abroad: the case of Latin America. *RePro*, São Paulo, n. 224, p. 255-281, 2013.

GRECO FILHO, Vicente. *Direito processual civil brasileiro*. 11. ed. São Paulo: Saraiva, 1995. v. 1.

GRECO, Leonardo. *A teoria da ação no processo civil*. São Paulo: Dialética, 2003.

GRINOVER, Ada Pellegrini. A responsabilidade do juiz brasileiro. *Estudos de Direito Processual em homenagem a José Frederico Marques*. São Paulo: Saraiva, 1982.

_____; WATANABE, Kazuo; MULLENIX, Linda. *Os processos coletivos nos países de civil law e common law*: uma análise de direito comparado. São Paulo: RT, 2008.

GUASP, Jaime. *Concepto y metodo de derecho processal*. Madrid: Civitas, 1997.

HAMMERGREN, Linn. *Envisioning reform*: conceptual and practical obstacles to improving judicial performance in Latin America. Penn State University Press, 2007.

_____. *Justice reform and development*: rethinking donor assistance to developing and transitional countries (law, development and globalization). Routledge, Reprint edition, 2015.

_____. *The Politics of Justice and Justice Sector Reform in Latin America*: Peru in Comparative Perspective. San Francisco: Westview. Huntington, Samuel. 1969. Political Order in Changing Societies. New Haven, Conn.: Yale University Press, 1998.

HICKOK, Eugene; MCDOWELL, Gary L. *Justice vs. Law*: Courts and Politics in American Society. *New* York: The Free Press, 1993.

IHERING, Rudolf von. *A luta pelo direito*. 4. ed. rev. da tradução de J. Cretella Jr. e Agnes Cretella. São Paulo: RT, 2004.

KAPISZEWSKI, Diana; TAYLOR, Matthew M. Doing Courts Justice? Studying Judicial Politics in Latin America. *Perspectives on Politics*, v. 6, n. 4, p. 741-767, 2008.

KARPIK, Lucien; HALLIDAY, Terence C. The Legal Complex. *Annual Review of Law and Social Sciences*, v. 7, p. 217-236, 2011.

KELSEN, Hans. *Teoria geral do direito e do Estado*. Tradução de Luís Carlos Borges. São Paulo: Martins Fontes, 2000.

LARENZ, Karl. *Derecho justo*: fundamentos de la ética jurídica (Richtiges Recht). Traducción Luiz Diéz-Picazo. Madrid: Civitas, 1985.

LIEBMAN, Enrico Tullio. *L'azione nella teoria del processo civile*. Problemi di diritto processuale civile. Napoli: Morano, 1962.

_____. *Manual de direito processual civil*. Tradução de Cândido Rangel Dinamarco. 3. ed. São Paulo: Malheiros, 2005.

MANCUSO, Rodolfo Camargo. *Jurisdição coletiva e coisa julgada*: teoria geral das ações coletivas. São Paulo: RT, 2006.

MANDRIOLI, Crisanto. *Corso di diritto processuale civile*. 10. ed. Torino: G. Giappichelli, 1995. v. I.

MARQUES, José Frederico. *Instituições de direito processual civil*. Rev. e atual. por Ovídio Rocha Barros. Sandoval. Campinas: Millennium, 1999. v. 5.

# REFERÊNCIAS

MENDES, Aluísio Gonçalves de Castro. *Ações coletivas no direito comparado e nacional*. São Paulo: RT, 2002.

MONTEIRO, João. *Teoria do processo civil*. 6. ed. Rio de Janeiro: Borsoi, 1956. v. I.

OLIVEIRA, Carlos Alberto Alvaro. *Do formalismo no processo civil*. 2. ed. rev. e acrescida de apêndice. São Paulo: Saraiva, 2003.

PACHECO, José da Silva. *Evolução do processo civil brasileiro*. 2. ed. Rio da Janeiro: Renovar, 1999.

PERELMAN, Chaim. *Ética e direito (Ethique et Droit)*. Tradução de Maria Ermantina Galvão. 1. ed. 3. tiragem. São Paulo: Martins Fontes, 2000.

PEREZ, Alex Carocca. *Garantía constitucional de la defensa procesal*. Barcelona: Bosch, 1998.

PONTES DE MIRANDA, Francisco Cavalcanti. *Comentários ao Código de Processo Civil*. Rio de Janeiro: Revista Forense, 1958. t. II: arts. 80 a 160.

_____. _____. Atualização legislativa de Sérgio Bermudes. Rio de Janeiro: Forense, 1995. t. I: arts. 1.º ao 45.

POSNER, Richard A. *Economic analysis of law*. 9. ed. New York: Aspen Publishers, 2009.

PUGLIESE, Giovanni. *Polémica sobre la "actio"*. Trad. esp. de Tomás Banzhaf. Buenos Aires: Ejea, 1974.

RAWLS, John. *Teoría de la justicia*. Traducción Maria Dolores Gonzáles. 2. ed. México: Fondo de Cultura Económica, 2000.

REALE, Miguel. *Fundamentos do direito*. 3. ed. São Paulo: RT, 1998.

_____. *Lições preliminares de direito*. 27. ed. São Paulo: Saraiva, 2003.

_____. *Teoria do direito e do Estado*. 5. ed. rev. São Paulo: Saraiva, 2000.

REDENTI, Enrico. *Diritto processuale civile*. II processo ordinario di cognizione. Il procedimento di primo grado. Il sistema delle impugnazioni. 4. ed. Milano: Giufrèe 1997. v. 2.

ROBERT, C.; SÉGUIN, E. *Direitos humanos, acesso à justiça*: um olhar da Defensoria Pública. Rio de Janeiro: Forense, 2000.

RODRIGUES, Marcelo Abelha. Ação civil pública. In: DIDIER JR., Fredie (Org.). *Ações constitucionais*. Salvador: JusPodivm, 2006.

ROSEN, Lawrence. *Law as culture*: as invitation. New Jersey: New Jersey Princeton University, 2006.

SALLES, Carlos Alberto de. Entre a eficiência e a equidade: bases conceituais para um direito processual coletivo. In: FIGUEIREDO, Guilherme José Purvin de; RODRIGUES, Marcelo Abelha (Coord.). *O novo processo civil coletivo*. Rio de Janeiro: Lumen Juris, 2009.

SÁ E SILVA, Fábio. Opinião pública, pesquisa aplicada e reforma da justiça: contribuições e desafios, políticos e analíticos. In: SCHIAVINATTO, Fabio (Ed.). *Sistema de indicadores de percepção social*. Brasília: Instituto de Pesquisa Econômica Aplicada, 2011.

SANTOS, Boaventura de Sousa. *O discurso e o poder*: ensaio sobre a sociologia da retórica jurídica. Porto Alegre: Fabris, 1988.

SHIMURA, Sérgio. *Tutela coletiva e sua efetividade*. São Paulo: Método, 2006.

SILVEIRA, Ricardo Geraldo Rezende. *Execução coletiva*: teoria geral e novas perspectivas. Curitiba: Juruá, 2012.

TARUFFO, Michele. Observações sobre os modelos processuais de *civil law* e *common law*. Tradução de José Carlos Barbosa Moreira. *RePro*, São Paulo, v. 110 n. 141, abr.--jun. 2003.

TAYLOR, Matthew M. *Judging Policy*: Courts and Policy Reform in Democratic Brazil. Stanford: Stanford University Press, 2008.

TOMMASEO, Ferrucio. *Appunti di diritto processuale civile*: nozioni introduttive. 3. ed. Torino: G. Giappichelli, 1995.

TRUBEK, David M., GARCIA, Helena Alviar; COUTINHO, Diogo R. *Law and the new developmental state*: the Brazilian experience in Latin American context. Cambridge: Cambridge University Press, 2014.

UNGAR, Mark. *Elusive reform*: democracy and the rule of law in Latin America. Boulder: Lynne Rienner, 2002.

VARGAS, Juan Enrique; PEÑA, Carlos; CORREA, Jorge. El rol del estado y el mercado en la justicia. *Cuadernos de Analisis Juridico*, Santiago, v. 42, 2001.

WESTON, Maureen A. Checks on participant conduct in compulsory ADR: reconciling the tension in the need for good-faith participation, autonomy and confidentiality. *Indiana Law Journal*, v. 76, n. 591, 2001.

WOOLF. The additional responsibilities of the Judiciary in the new millennium. *Markeninis Ed. The Clifford chance millennium lectures*: the coming together of the common law e civil law. Oxford: Hart Publishing, 2000.

ZUCKERMAN, Adrian. *Zuckerman on Civil Procedure*: Principles of Practice. 3. ed. Sweet & Maxwell, 2013.